W0471483

DAS ANTIKE INDIEN

VON DEN URSPRÜNGEN BIS ZUM 13. JAHRHUNDERT

Text
Marilia Albanese

Herausgeber
Valeria Manferto De Fabianis

Redaktion
Maria Valeria Urbani Grecchi

Graphische Gestaltung
Patrizia Balocco Lovisetti

Übersetzung
Karin-Juttä Hofmann

INHALT

© by White Star S.r.l., Via C. Sassone 22/24, 13100 Vercelli, Italien
© der deutschsprachigen Ausgabe: Verlag Karl Müller GmbH, Oskar-Jäger-Straße 143D 50825, Köln, Deutschland

Alle Rechte vorbehalten
Kein Teil des Werkes darf in irgendeiner Form (durch Fotokopie, Mikrofilm oder ein ähnliches Verfahren) ohne die schriftliche Genehmigung des Verlages reproduziert oder unter Verwendung elektronischer Systeme verarbeitet, vervielfältigt oder verbreitet werden.

Lektorat: Verlagsservice Kattenbeck, Nittendorf
Satz: Verlagsservice Kattenbeck, Nittendorf

ISBN 3-89893-009-2

Gedruckt bei Grafedit, Bergamo, Italien.
Lithos: Fotomec, Torino, Italien.

*1 Diese Darstellung eines Liebespaares (*mithuna*) aus dem 13. Jahrhundert (Nordindien) ist eine Anspielung auf Glück und Vollkommenheit (R.-Freschi-Kunstsammlung).*

2–3 Die Tempel von Khajuraho in Madhya Pradesh zählen zu den Bauwerken Indiens, die im Westen am bekanntesten sind, was nicht zuletzt auf die Schönheit der unzähligen fein gearbeiteten Statuen zurückzuführen ist. Die Tempel wurden im 10.–11. Jahrhundert unter der Chandella-Dynastie errichtet und symbolisieren den Höhepunkt in der Entwicklung der nordindischen Architektur.

4–5 Der Someswar-Tempel von Kiradu im Distrikt Barmer (Rajasthan) befindet sich zwar in sehr schlechtem Zustand, doch der herrliche shikhara *(Tempelturm) hat die Zeiten überdauert. Seine* gavaksha *(Gitter) scheinen zu vibrieren und er ist von einer Krone aus* angashikhara *(Miniaturdarstellungen des* shikhara*) umgeben.*

6 Als Zeugen der Vergangenheit vermitteln die Fresken von Ajanta eine lebhafte Vorstellung vom Alltagsleben, das offensichtlich von Überfluss und Vergnügungen geprägt war. Die Wandmalereien in den Höhlen (hier ein Detail aus Höhle Nr. 17) zeigen ausschließlich die Welt der Aristokraten und der reichen Kaufleute, die großzügige Patrone der Mönchsgemeinschaft waren.

6–7 Dieses Medaillon aus der Kushana-Zeit (1.–2. Jahrhundert), das sich heute im Victoria and Albert Museum in London befindet, zeigt die buddhistische Gottheit Hariti in einem ausländischen Gewand. Die Göttin trägt ein Oberteil in hellenischem Stil, das in der Taille von einem Gürtel gehalten wird. Ihr Haupt ziert ein griechisches Diadem. Das Füllhorn in ihrer linken Hand zeugt gleichfalls vom Einfluss der westlichen Ikonographie, die Lotosblume in ihrer Rechten ist dagegen ein indisches Element.

Vorwort

8 Das Hauptanliegen der indischen Kunst ist die spirituelle Darstellung, auch wenn diese von großer Sinnlichkeit durchdrungen ist. Die manchmal etwas distanziert wirkende Lebensfreude spricht meist aus den weiblichen Hindustatuen, wie diese Yakshi (Baumnymphe) zeigt, die ungewöhnlicherweise ein kucabandha *trägt, ein Band, das die Brust stützt (Museé Guimet, Paris).*

10–11 Die Fresken in den Höhlen von Ajanta in Maharashtra gelten als prächtigste Beispiele indischer Malerei aus der Zeit zwischen dem 2. Jahrhundert v. Chr. und dem 7. Jahrhundert n. Chr. Leider haben die Werke unter dem Besucherstrom stark gelitten, so dass sich seit dem letzten Jahrhundert an ihrer Stelle meisterhaft gefertigte Kopien befinden (hier eine Kopie der göttlichen Schönheiten aus Höhle Nr. 1).

Komplex, faszinierend und manchmal auch widersprüchlich, repräsentiert die indische Kultur eines der fundamentalen Kapitel in der Geschichte der Menschheit. Als Wiege von Hinduismus und Buddhismus war Indien schon immer ein spirituelles Land, aber auch ein Zentrum wissenschaftlicher Untersuchungen, das der Welt die Zahl Null und die arabischen Ziffern brachte. In Indien wurde die Doktrin der Gewaltlosigkeit entwickelt und eines der klügsten politischen Traktate verfasst. Hier wird der spirituelle Weg, der zur Befreiung der Seele von ihrer sorgenreichen irdischen Existenz führt, von den ebenfalls hoch geschätzten Pfaden der Erotik und des Vergnügens gesäumt.

Ziel dieses Bildbandes ist es, dem Leser Einblick in einige der bedeutendsten Aspekte dieser facettenreichen Kultur zu gewähren, wobei der zeitliche Bogen vom 3. Jahrtausend. v. Chr. (als der indische Subkontinent sich einer prächtigen aber auch sehr rätselhaften Kultur rühmte) bis zum 13. Jahrhundert n. Chr. gespannt werden soll. Er beinhaltet also auch jene Zeit, in der die Moslems siegreich aus der Schlacht von Tarain (1192) hervorgingen und damit Herrscher über weite Teile Indiens wurden. Die Informationen hierfür liefern nicht nur die zahllosen literarischen Quellen, sondern auch das umfassende künstlerische Erbe des Landes, das zu allen Zeiten mithilfe seiner mannigfaltigen und detaillierten ästhetischen Sprache auszudrücken wusste, was es heißt, Inder zu sein.

Im ersten Teil dieses Buches werden die bedeutsamsten Entwicklungen in der wechselvollen Geschichte des Landes dargelegt. Im zweiten Teil werden die sozialen und politischen Strukturen Indiens beschrieben, ebenso wie die Religion, das Leben in der Stadt und auf dem Land, die bedeutendsten Kunstrichtungen und der Alltag. Im dritten Teil des Buches werden verschiedene Reiserouten vorgestellt, auf denen architektonische und bildhauerische Kunstwerke besichtigt werden können, die die unterschiedlichen Facetten der indischen Kunst am besten beleuchten. Dazu zählen nicht nur jene Attraktionen, die Weltruhm erlangt haben, sondern auch kaum bekannte, aber deshalb nicht weniger bedeutende Orte. Einige dieser Stätten sind nicht ganz einfach zu erreichen, dafür vermitteln sie jedoch das befriedigende Gefühl, eine Entdeckung gemacht zu haben, weil man der einzige anwesende Besucher ist. Den letzten Teil des Buches bildet ein Glossar, in dem unter anderem die verwendeten Sanskritbegriffe erklärt werden. Um es dem Leser so leicht wie möglich zu machen, werden die Begriffe stark vereinfacht wiedergegeben. Das palatale und linguale „s" beispielsweise wird durch ein englisches „sh" ersetzt, das dem deutschen „sch" entspricht, und das vokalische „r" wird durch „ri" ersetzt. Für die zahlreichen Nasallaute steht „n". Das „c" im Sanskrit wird durch das englische „ch" (im Deutschen „tsch") ersetzt.

Die Wurzeln und die Vergangenheit der indischen Kultur beeinflussen und faszinieren noch immer die westliche Welt. Trotz ihrer Andersartigkeit werden einige Aspekte dieser Kultur dem westlichen Leser durchaus vertraut vorkommen. Diese Dichotomie nährt den Gedanken, dass die Unterschiede zwischen den Völkern als Maßstab für den kulturellen Reichtum der Welt gelten und die Gefahr einer Monokultur abwenden, wobei ihre Ähnlichkeiten gleichzeitig die Bande zwischen den Völkern stärken, ungeachtet geographischer und politischer Schranken. Die Kenntnis der Vergangenheit anderer Kulturen bildet somit eine der wichtigsten Wurzeln des Lebensbaumes.

HIMALAJA
Brahmaputra
Indus
Ganges
Narmada
Mahanadi
Godavari
Krishna
Kaveri
GOLF VON BENGALEN
ARABISCHES MEER
INDISCHER OZEAN
1
2
3
4
5
6
7
8
9
10
11
12
13
14
15
16
17
18
19
20
21
22
23
24
25
26
27
28
29
30
31
32
33
34
35
36
37
38
39
40
41
42
43
44
45
46
47
48
49
50
51
52
53
54
55
56
57
58
59
60
61
62
63
64
65
66
67
68
69
70
71
72
73
74

DIE ORTE INDIENS ZWISCHEN DEM 3. JAHRTAUSEND V. CHR. UND DEM 13. JAHRHUNDERT N. CHR.

NORDINDIEN

1 **Bhimbetka**
2 **Bhojpur**
3 **Besnagar**
4 **Udayagiri**
5 **Udayapur**
6 **Gyaraspur**
7 **Eran**
8 **Tigava**
9 **Nacna-Kuthara**
10 **Candrehi**
11 **Sohagpur**
12 **Sirpur**
13 **Rajim**
14 **Sanchi**
15 **Khajuraho**
16 **Bodh Gaya**
17 **Osian**
18 **Kiradu**
19 **Jagat**
20 **Nagda**
21 **Baroli**
22 **Modhera**
23 **Mount Abu**

MITTELINDIEN

24 **Elephanta**
25 **Ellora**
26 **Bhaja**
27 **Kondane**
28 **Pitalkhora**
29 **Bedsa**
30 **Karla**
31 **Pandulena**
32 **Aurangabad**
33 **Ajanta**
34 **Udayagiri**
35 **Bhubaneshwar**
36 **Puri**
37 **Konarak**

SÜDINDIEN

38 **Aihole**
39 **Badami**
40 **Pattadakal**
41 **Mahakuta**
42 **Gadag**
43 **Kukkanur**
44 **Lakkundi**
45 **Dambal**
46 **Ittagi**
47 **Haveri**
48 **Kuruvatti**
49 **Alampur**
50 **Balagamve**
51 **Belur**
52 **Halebid**
53 **Arsikere**
54 **Dodda Gaddavalli**
55 **Somnathpur**
56 **Draksharama**
57 **Biccavolu**
58 **Simhachalam**
59 **Warangal**
60 **Hanamkonda**
61 **Palampet**
62 **Mahabalipuram**
63 **Kanchipuram**
64 **Uttaramerur**
65 **Nartamalai**
66 **Kodumbalur**
67 **Pullamangai**
68 **Kumbakonam**
69 **Tiruvalur**
70 **Tiruvaiyar**
71 **Tanjore**
72 **Gangaikondacolapuram**
73 **Cidambaram**
74 **Darasuram**

13 Die Tempel von Nordindien dominieren Türme (shikhara), *die den kosmischen Berg aus der Mythologie ebenso repräsentieren wie das Hinabsteigen des Göttlichen in eine materielle Form und das Aufsteigen des Menschen zu Gott. Dieses Foto zeigt den* shikhara *(10. Jahrhundert) auf dem Ghateswar-Tempel von Baroli in Rajasthan.*

Die Geschichte Indiens von den Anfängen bis zum 13. Jahrhundert

14–15 Die wenigen historischen Quellen in der ansonsten sehr umfangreichen indischen Literatur machen eine Rekonstruktion vergangener Ereignisse sehr schwierig. Die bildende Kunst ist jedoch ebenfalls eine wichtige Informationsquelle, die Rückschlüsse auf das Leben in der Vergangenheit erlaubt. Dieses Foto zeigt ein Relief am Westeingang des Großen Stupas von Sanchi in Madhya Pradesh (1. Jahrhundert). Bemerkenswert sind der reiche Behang der Elefanten und die Reiter, die mit Seilen gesichert sind.

15 Pferde wurden vermutlich im 2. Jahrtausend v. Chr. von den Ariern eingeführt und spielten sowohl im sakralen als auch im profanen Leben eine bedeutende Rolle. Da sie mit der Sonne in Verbindung gebracht wurden, waren sie zum Beispiel Teil einer komplexen Zeremonie, die mit der Opferung der Tiere endete. Pferde wurden aber auch im Krieg eingesetzt und galten als königliches Attribut. Dieses Relief, das den Großen Stupa von Sanchi schmückt, zeigt prächtig herausgeputzte Pferde.

Die Harappakultur: Es gibt noch viel zu entdecken

Der erste Beweis für die Anwesenheit von Menschen in Indien stammt aus dem Paläolithikum. Es handelt sich dabei um bearbeitete Steinkeile, die man am Fluss Soan fand, einem kleineren Nebenarm des mächtigen Indus. Diese Keile hatte vermutlich ein ostasiatisches Volk gefertigt, das vor 400 000 bis 200 000 Jahren in den Norden des Subkontinents gewandert war. Die ältesten Niederlassungen in Südindien hatte dagegen vermutlich ein Volk gegründet, das im Paläolithikum aus Ostafrika über das Meer gekommen war. Zahlreiche Werkzeuge (vor allem Äxte), die von diesem Volk hergestellt worden waren, entdeckte man in den Regionen um Madras.

Von Anfang an bildeten zwei Volksstämme und Sprachen die Basis der indischen Kultur: Im Norden lebte das indogermanische Volk, den Süden besiedelten die Drawiden.

Im Mesolithikum erreichte ein Volk von Jägern und Sammlern mit unbekannter Herkunft (vielleicht Afrika oder Europa) den indischen Subkontinent und hinterließ große Mengen kleiner Steinwaffen. Der Übergang vom Nomaden- zum Siedlertum mit Ackerbau und Viehzucht hat sich in Südasien offensichtlich um 6000 v. Chr. vollzogen. Dies schließt man aus dem Alter der von Menschenhand geschaffenen Terrassen und Bewässerungssysteme in den Lehmziegel-Siedlungen von Belutschistan. Man entdeckte hier die Knochen domestizierter Tiere wie Ziegen, Schafe, Schweine, Hunde, Affen und Pferde sowie zwei Arten von Steingut: Objekte mit hellen oder chamois Basen im südlichen Belutschistan und in Sind sowie ähnliche Objekte mit roten Ba-

Orte im Industal vom 3. bis zum 2. Jahrtausend v. Chr.

Die Harappakultur

1 Mohendjo-daro
2 Harappa
3 Lothal
4 Bhagatrav
5 Alamgirpur
6 Quetta
7 Amri
8 Rupar
9 Nal
10 Kulli

16 links Diese Kupferplatte zeigt eine anthropomorphe Gottheit und gehört zu einer Gruppe ähnlicher Figuren aus dem 1. Jahrtausend v. Chr. (Privatsammlung).

16 rechts Die Große Göttin – Herrin über Leben und Tod – muss eine zentrale Rolle in der Religion der Harappakultur gespielt haben. Diese Annahme bestärken auch die vielen Funde kleiner Terrakottafiguren in Frauengestalt. Die korbförmige Frisur deutet darauf hin, dass die Figuren als Öllampen verwendet wurden. Dieses Exemplar befindet sich im Nationalmuseum von Delhi.

17 Die vielen Siegel, die im Industal gefunden wurden, weisen die unterschiedlichsten Motive auf sowie eine Reihe von Piktogrammen, die noch nicht entziffert werden konnten. Dieses Exemplar aus Mohendjo-daro (heute im Nationalmuseum von Delhi) zeigt einen gehörnten Gott, umgeben von Büffel, Rhinozeros, Elefant und Tiger. Der spätere Hindugott Shiva könnte in seiner Form als Pashupati, „der Herr der Tiere“, mit diesem Gott in Verbindung stehen.

sen, die man vorwiegend im nördlichen Belutschistan fand.

Im Zhobtal, ca. 1500 km nördlich von Quetta, fand man Statuetten aus Ton, die Buckelrinder darstellen, sowie weibliche Figuren mit Kopfschmuck (vermutlich Muttergottheiten), Phallussymbole aus Stein und Keramiken mit geometrischen und naturalistischen Verzierungen. Weiter im Süden entdeckte man in den Siedlungen Nal und Nundara polychrome Töpferware und steinerne Bauwerke. Kulli, eine Handelsstation auf der Straße zu den Tälern von Euphrat und Tigris, war ein weiteres kulturelles Zentrum, aus dessen Lehmschichten man weibliche Figuren mit komplizierten Frisuren, Schmuck, Spielzeug und Opfergaben sowie Terrakottaobjekte mit Pflanzen- und Tierdekor barg. Hier und an allen anderen Orten weisen die Grabstätten darauf hin, dass neben Feuer- auch Erdbestattungen üblich waren.

Die Töpferware der Amrikultur – benannt nach dem Ort in Sind, den der indische Archäologe Majumdar 1929 entdeckte – war von fundamentaler Bedeutung für die zeitliche Einordnung der als Harappakultur (früher Induskultur) bekannten Zivilisation. Die ältesten in Amri gefundenen Exemplare stammen aus der Zeit um 2600 v. Chr. und waren vermutlich von Mohendjo-daro beeinflusst, der größten Stadt der Harappakultur, deren Ruinen ca. 150 km von Amri entfernt liegen.

Im Licht der jüngsten Entdeckungen scheint es, als ob die Harappakultur das Resultat eines Entwicklungsprozesses war, der während der Jungsteinzeit im Nordwesten des Subkontinents begonnen hatte. Die Entstehungszeit der Harappakultur wurde zwar weitgehend erforscht und man kam auch überein, dass sie ihre Blütezeit zwischen 2300 und 1800 v. Chr. erlebte, zu den Zwischenperioden sind jedoch noch viele Fragen offen.

Eindringendes Grundwasser verhindert, dass Mohendjo-daro bis zur untersten Schicht freigelegt werden kann. Deshalb versucht man, die fehlenden Bindeglieder durch Nachforschungen in anderen Orten wie Amri und Kot Diji zu finden, während archäologische Grabungen im nordwestlichen Indien weitere Entwicklungspunkte in der Geschichte der Harappakultur ans Tageslicht bringen.

Als der englische Ingenieur William Brunton 1856 im Gebiet von Harappa im Pandschab Baumaterial für die Trasse der Eisenbahnstrecke Karachi–Lahore sammeln ließ und dabei ein seltsames Siegel fand, entstanden die unterschiedlichsten Hypothesen über Anfang, Struktur und Ende einer der facettenreichsten asiatischen Kulturen. Die ersten Nachforschungen unternahm im Jahr 1902 Sir John Marshall, der Direktor des Archäologischen Amtes in Indien. 1922 entdeckte der indische Archäologe Bannerjee die Ruinen einer großen und wesentlich älteren Stadt, als er in Mohendjo-daro einen buddhistischen Gebäudekomplex aus dem 2. Jahrhundert v. Chr. freilegte. Er lieferte somit den Beweis für die Existenz einer wohlhabenden und mächtigen Kultur.

Jüngste Grabungen belegen, dass sich der Einfluss der Harappakultur über ein weites Gebiet erstreckte: im Westen vom Golf von Cambay bis zur Makran-Küste an der iranisch-pakistanischen Grenze und im Osten von den Gebirgsausläufern von Lahore bis nach Alamgirpur, etwa 40 km von Delhi entfernt. Der südlichste Ort war das etwa 250 km von Bombay entfernte Bhagatrav. Bis heute hat man etwa 40 ähnliche Orte entdeckt, man kann jedoch davon ausgehen, dass es noch viele solcher Stätten gibt.

Ungeachtet der Schwierigkeiten, die Harappakultur zeitlich einzuordnen, geht man im Allgemeinen davon aus, dass die Harappakultur um 2600 v. Chr. in Sind (wie Amri beweist) weit verbreitet war und dass Mohendjo-daro, nahe an der Mündung des Indus gelegen, bereits eine große Hafenstadt war.

Zwischen 2500 und 2300 v. Chr. wurden die folgenden Städte gegründet: Chanhudaro in der Nähe von Amri, Harappa am Fluss Ravi, Kalibangan am Fluss Sarasvati und Rupar am Fuß des Himalaja im Norden. Die Kultur ließ sich aber auch in südlicher Richtung nieder und gründete auf den Inseln Kutch und Kathiavar (heute Halbinseln) die Orte Desalpar und Lothal am Fluss Sabarmati sowie den Handelsposten Bhagatrav an der Küste.

Trotz der immensen räumlichen Distanz weisen alle Orte untereinander große Ähnlichkeiten auf, vor allem hinsichtlich ihres Grundrisses, der Bauweise der Häuser, des Maß- und Gewichtssystems, der schwarzroten Opferkeramiken und der Verzierung menschlicher Figuren. Diese Uniformität lässt darauf schließen, dass eine stark zentralisierte politische und administrative Struktur existierte. Möglicherweise handelte es sich dabei um eine Theokratie, in der die Regierungsgeschäfte in den Händen der Priesterschaft und/oder einer göttlichen Macht ruhten. Diese Macht repräsentiert vielleicht eine der schönsten Statuen der Harappakultur: der geheimnisvolle „Priesterkönig", den man in Mohendjo-daro fand. Offensichtlich oblag die Kontrolle über die Harappakultur jahrhundertelang einer einzigen herrschenden Klasse, eine unveränderliche Tradition, die keinerlei Raum für Entwicklungen ließ.

Die Hauptaktivität der Orte scheint der Handel gewesen zu sein, vor allem mit dem nahe gelegenen sumerischen Reich, wie einige Tafeln im Archiv von Sargon dem Großen (um 2370–2344 v. Chr.) indizieren. Sie nehmen Bezug auf Malukka oder Maluhha, womit vermutlich das Industal gemeint ist, das „reich an Elfenbein" war. Gemäß der Ikonographie jener Periode, war damals tatsächlich der Elefant das hier am häufigsten vorkommende Tier. Dies ist allerdings der einzige Anhaltspunkt, da die schriftlichen Aufzeichnungen bisher noch nicht entziffert werden konnten.

Etwa 400 000 Siegel mit gravierten Bildern wurden im Industal gefunden. Sie tragen keine Inschriften mehr, da diese vermutlich mit Tinte auf vergängliche Materialien wie Palmblätter und Baumwollgewebe geschrieben worden waren. Wissenschaftler halten die Siegel für phonetische Symbole, Grapheme oder Piktogramme, die mit figürlichen oder

18 Zu den faszinierendsten Funden aus dem Industal gehört die kleine Specksteinstatue des „Priesterkönigs" (entdeckt in Mohendjo-daro, heute im Nationalmuseum von Karachi). Über das politische und administrative System der großen Harappakultur ist nur bekannt, dass die Potentaten in befestigten Zitadellen lebten (zumindest in Mohendjo-daro und in Harappa). Dies deutet darauf hin, dass das Volk nicht von einem absoluten Herrscher regiert wurde.

19 Anhand der Töpferware lässt sich die Harappakultur in verschiedene Perioden gliedern. Diese qualitativ hochwertigen Objekte zum Beispiel zeigen, dass die Kultur ihre Blütezeit zwischen 2300 und 1800 v. Chr. erlebte. Neben anderen Daten beweist das Auftreten gewisser Farben und Muster an der Keramik späterer Jahrhunderte die Ankunft eines fremden Volkes. Die hier abgebildeten Exemplare fand man in der Nekropole H in Mohendjo-daro, wo ortsfremde Menschen begraben wurden (Nationalmuseum, Delhi).

symbolischen Mustern bislang Unbekanntes ausdrücken sollten. Den bisher überzeugendsten Entzifferungsversuch unternahm das Institut für Orientalistik in Moskau. Es bewies, dass sich die Sprache des Industals (Protoindisch) von den beiden anderen asiatischen Sprachen unterschied, die ebenfalls zu jener Zeit jedoch außerhalb des Tales gesprochen wurden. Darüber hinaus unterschied sich die Sprache des Industals auch von den späteren indischen und pakistanischen Sprachen, die sich aus dem indogermanischen Zweig entwickelten. Gleichzeitig weist sie jedoch Gemeinsamkeiten mit den drawidischen Sprachen aus Südindien auf.

Die in riesigen Mengen gefundenen Siegel bilden die Basis für das Wissen über die Harappakultur. Die meisten Siegel sind quadratisch, aus Steatit gefertigt und tragen eine durchbrochene Erhebung auf der Rückseite. Ihre Größe beträgt ungefähr 17 x 30 mm. Nachdem die Oberfläche des Steins abgeschliffen worden war, ritzte man das Motiv mit einem dünnen Messer ein. Für kleinere Einzelheiten verwendete man einen Stichel. Der Glanzeffekt wurde durch Aufstreuen von Alkali und anschließendem Erhitzen des Steins erzielt. Eines der immer wiederkehrenden Motive ist das Einhorn. Die Schabracke auf seinem Körper und die es stets begleitende Kohlenpfanne deuten darauf hin, dass es als heilig betrachtet wurde. Rinder, Rhinozerosse und Tiger wurden vor einer Art Futtertrog dargestellt, Elefanten, Büffel, Zebus und Krokodile jedoch nie. Darüber hinaus tragen die Siegel Abbilder von Menschen und Gottheiten. Das bekannteste zeigt einen gehörnten Gott, umgeben von Tiger, Elefant, Rhinozeros und Büffel. Vermutlich handelt es sich dabei um den Gott Shiva, dargestellt als Pashupati, „der Herr der Tiere", eine der wichtigsten Gottheiten des späteren Hinduismus.

Der Sinngehalt der Siegel ist vollkommen unbekannt. Einige Elemente scheinen sich

20 Die Harappakultur besiedelte ein weites Gebiet. Durch intensiv betriebenen Ackerbau und Handel genossen ihre vielen großen Städte einen hohen Lebensstandard. Darauf weisen unter anderem Schmuckstücke wie Ohrringe und Armreife hin, die man in Harappa fand. Sie können heute im Nationalmuseum von Delhi bewundert werden.

jedoch auf Mythen zu beziehen, die weit verbreitet waren, wie zum Beispiel der Kult um das Einhorn und seine Kämpfe mit wilden Bestien. (Es besteht vermutlich eine Verbindung zum mesopotamischen „Gilgamesch-Epos", wobei hier jedoch die Löwen durch Tiger ersetzt sind.) Auch Fruchtbarkeitsriten in Bezug auf die Agrikultur sowie die Anbetung von Bäumen und Tieren waren üblich. Die Heiligkeit der Natur scheint darüber hinaus die weibliche Figur zu bestätigen, deren Körper eine Pflanze gebiert. Der Kult der Großen Göttin war im Industal offensichtlich ebenfalls weit verbreitet. Davon zeugen Keramikfiguren, die Frauen mit großen Brüsten und einem übertrieben großen Nabel darstellen. Sie verkörperten Fruchtbarkeit und Mutterschaft. Die Frisuren der Figuren erinnern an einen Korb und legen die Vermutung nahe, dass sie als Lampen benutzt wurden. Weitere Keramikfunde sind männliche Figuren (oft Karikaturen), Spielzeug und Modelle von Wagen, die möglicherweise als Opfergaben dienten. Der rituelle Tanz, der später ein wichtiger Bestandteil des Hinduismus wurde, scheint ebenfalls bekannt gewesen zu sein. Hierauf deutet die Bronzeskulptur einer Tänzerin hin, die in Mohendjo-daro gefunden wurde.

Die Hypothesen über die Harappakultur basieren auf den archäologischen Überresten ihrer Orte, vor allem von Mohendjo-daro und Harappa, die wie Zwillingsstädte wirken. Sie haben den gleichen gitterförmigen Grundriss, in dem die Straßen von Norden nach Süden und von Osten nach Westen verlaufen. Die dadurch entstandenen Häuserblocks waren annähernd rechteckig.

Der zentrale westliche Block befand sich an der Stelle, an der die befestigte Zitadelle auf einem künstlichen Hügel errichtet worden war. Die mehrstöckigen Häuser, die aus einem Holzgerüst und gebrannten Lehmziegeln bestanden, wurden um einen Innenhof errichtet.

21 links Dieses Bronzeporträt eines nackten Mädchens mit Armreifen deutet bereits auf die Existenz von Tanzriten hin, die später im sakralen Leben eine wichtige Rolle spielen sollten. Die negroiden Gesichtszüge des Mädchens sind eher als protoaustraloid, denn als protomediterran zu bezeichnen, obwohl man aufgrund der wenigen Skelettfunde nicht weiß, welcher der beiden Rassen die Harappakultur zuzuordnen ist (Nationalmuseum, Delhi).

21 rechts Dieses Siegel aus Mohendjo-daro ziert ein Einhorn, jenes mystische Tier, das in der Religion der Harappakultur offensichtlich einen Ehrenplatz innehatte. Das Tier trägt eine Schabracke und steht vor einem rituellen Objekt, das einer Kohlenpfanne ähnelt, bisher jedoch nicht eindeutig identifiziert werden konnte. Am oberen Rand sind Piktogramme zu erkennen. Auf den Siegeln des Industales sind Tiere ein beliebtes Motiv und viele wurden später in das hinduistische Pantheon aufgenommen.

Ihre Flachdächer waren mit Bambus und Binsenmatten gedeckt. Die Wände zur Straße hatten keine Fenster, dafür gab es im Innern der Häuser Badezimmer mit fließendem Wasser und Toiletten, die mit einem Abwasserkanal verbunden waren. Entlang der Hauptstraßen, die bis zu 9 m breit waren, verlief ein ausgeklügeltes Kanalsystem, das über eingelassene Falltüren problemlos gereinigt werden konnte. Öffentliche Brunnen lieferten Wasser und die vielen Tonscherben, die man um diese Brunnen entdeckte, legen den Schluss nahe, dass es unüblich war, mehr als einmal aus derselben Tasse zu trinken.

Mohendjo-daro liegt 320 km nördlich von Karachi. Es bedeckt eine Fläche von 1,6 km^2 und war vermutlich die Heimat von etwa 40 000 Menschen. Die Stadt lag einst am Ufer des Indus und wurde von der Zitadelle dominiert, die man auf einer rechteckigen Plattform aus Lehmziegeln und gebrannten Ziegeln errichtet hatte. Ein Schutzwall umgab die wichtigen öffentlichen Gebäude, wie das Priesterkolleg, den Versammlungsraum und das Große Bad, in dessen Mitte sich ein 12 x 7 x 2,4 m großes Becken befand, das mit Bitumen ausgekleidet war, damit kein Wasser auslaufen konnte. Das Becken war von einem Portikus und auf drei Seiten von kleinen Zellen umgeben.

Harappa liegt im Pandschab, 160 km westlich von Lahore. Es wurde am Fluss Ravi gegründet, zwar zu einem späteren Zeitpunkt als Mohendjo-daro, aber mit dem gleichen Grundriss und mit einer Zitadelle mit hohen, rechteckigen, turmähnlichen Elementen. Auch die Zitadelle von Harappa steht auf einer künstlichen Plattform im Nordwesten der Stadt und ist von Westen durch ein kunstvolles Tor zu erreichen. Die vielen Terrassen deuten darauf hin, dass hier zahlreiche öffentliche Zeremonien und Prozessionen stattfanden.

Zu den bekanntesten Bauwerken der Stadt zählen der Kornspeicher und die Mahlplattformen, auf denen das Getreide gemahlen wurde. Sie befinden sich in dem Viertel, in dem die Arbeiterklasse in identischen Zweizimmer-Reihenhäusern lebte (ebenso wie in Mohendjo-daro). Dies legt die Vermutung nahe, dass Ackerbau und Handwerk zentral organisiert waren. Die umliegenden Felder lieferten Weizen, Sesam, Gerste, Erbsen, Kohl und Baumwolle (man fand davon ein mit Krapp eingefärbtes Stückchen).

Südlich der Zitadelle entdeckte man zwei Friedhöfe. Die Nekropole R 37 weist etwa 50 Gräber auf. Sie bargen Leichname, die mit dem Kopf nach Norden lagen und mit Schmuck aus Gold, Karneol und Jade behängt waren. In der jüngeren Nekropole H bestattete man die Toten nach dem Niedergang der Harappakultur. Es waren Erd- und Feuerbestattungen üblich, denn man fand unter anderem große Urnen mit den Knochen verbrannter Leichname.

Der Niedergang der Harappakultur begann völlig unerwartet zwischen 1800 und 1700 v. Chr., abhängig von der Lage der einzelnen Städte. Gründe dafür werden in Klimaveränderungen oder in der Ankunft fremder Völker gesucht, die das Ende der größeren Siedlungen herbeiführten. Geologische Forschungen belegen, dass es zu jener Zeit auch tektonische Störungen gab, die möglicherweise zu verheerenden Überschwemmungen des Indus führten. Dies würde zumindest die Schlammablagerungen in Mohendjo-daro erklären.

Paläobotaniker fanden heraus, dass sich durch Klimaveränderungen zwischen 1800 und 1500 v. Chr. die Niederschlagsmenge drastisch reduzierte, was zweifellos negative Auswirkungen auf die Agrikultur hatte. Die umliegenden Felder boten der Stadtbevölkerung nicht mehr genug Nahrung, so dass viele Menschen abwanderten. Aber auch die Form des Landes veränderte sich. Luftaufnahmen sowie Beispiele aus Flora und Fauna beweisen den fortschreitenden Rückzug des Golfes von Sind und die Veränderung der Küste. Lothal wurde überschwemmt, Kathiavar wurde zur Halbinsel, der Fluss Sarasvati trocknete aus und der Indus änderte seinen Lauf.

Durch den Wegzug vieler Stadtbewohner veränderte sich zugleich auch die soziale Ordnung, denn die verlassenen Häuser wurden nun überwiegend von Landarbeitern und Armen bewohnt. Die Kriminalität und die Zahl der Überfälle durch nomadische Stämme stiegen an. Dies erklärt die Spuren von Massakern und Verwüstung, die man zum Beispiel in Mohendjo-daro erkennt. Die Theorie, dass die Harappakultur durch die Arier oder Arja (Eindringlinge unbekannter Herkunft und die Begründer der nachfolgenden indischen Kultur) zerstört wurde, ist jedoch nicht mehr haltbar. Einige Siedlungen wurden zwar tatsächlich verwüstet und verlassen, so zum Beispiel Harappa, aber die archäologischen Überreste der anderen Stätten indizieren die friedliche Koexistenz der verschiedensten Gruppen und Außenseiter. Dies ist zum Beispiel der Fall in Mohendjo-daro. Hier liefern das stadtplanerische Durcheinander, die vielen unterschiedlichen Keramiken und die diversen Bestattungsriten in Form von Einäscherung, Erdbestattung sowie dem Sammeln der Knochen in großen Urnen den Beweis dafür, dass sich die ortsansässige Bevölkerung problemlos mit Neuankömmlingen mischte. Die Präsenz von Ausländern in Lohumjo-daro, Amri und Jhukar zeigt sich auch an anderen Elementen, wie beispielsweise an der Bauweise der Hütten und an gewissen Keramiktechniken, deren Merkmale dazu führten, dass man zur Zeit des Niedergangs der Harappakultur von der Jhukarkultur in Sind spricht.

22 Diese drei Tiere wurden bei archäologischen Grabungen in Chanhudaro entdeckt (Nationalmuseum, Delhi). Man weiß nicht genau, ob sie als Amulette, Opfergaben oder Spielzeug dienten. Da die Schrift der Harappakultur bisher nicht entziffert werden konnte, bleibt das Leben im Industal ein Mysterium.

23 Dieser Kalksteinkopf datiert vermutlich aus der letzten Periode der Harappakultur (um 1500 v. Chr.). Er weist einige Ähnlichkeiten mit dem Gesicht des „Priesterkönigs" auf, wie zum Beispiel die über der Nase zusammengewachsenen Augenbrauen, die längliche Augenform und der kurze, gerade Bart. Möglicherweise übte die Priesterschaft Macht in Form einer Theokratie aus, die ein stark zentralisiertes, bürokratisches und administratives System charakterisierte.

Die Arier und die Gründung der ersten Reiche

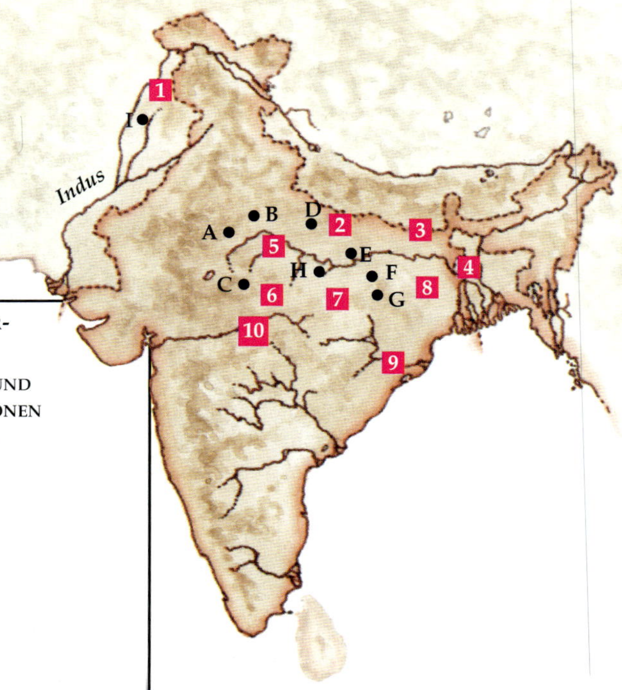

Indien zwischen dem 16. und dem 6. Jahrhundert v. Chr.

Städte		Königreiche und Konföderationen	
A	Indraprastha	1	Gandhara
B	Hastinapura	2	Malla
C	Kaushambi	3	Vriji
D	Kapilavastu	4	Anga
E	Vaishali	5	Kosala
F	Pataliputra	6	Vatsa
G	Rajagriha	7	Kashi
H	Varanasi-Kashi	8	Magadha
I	Takshashila	9	Kalinga
		10	Avanti

Es existieren nur wenige Quellen, die die Frühgeschichte Indiens dokumentieren. Erst nach der Ankunft der Moslems im 13. Jahrhundert begann man mit der detaillierten Aufzeichnung der Ereignisse. Auch scheint es keinerlei archäologische Beweise für das Erscheinen der Arier zu geben. Die Jahrhunderte zwischen der Invasion der Völker, die sich Arja („die Edlen") nannten, und dem Etablieren der ersten politischen Machtzentren im Nordosten Indiens (1800–600 v. Chr.) haben nur wenige archäologische Spuren hinterlassen. Die einzigen literarischen Hinweise findet man im „Veda", den heiligen Schriften der alten Inder, die sich unter anderem auf Opfer und Rituale beziehen und um 1500 v. Chr. entstanden, sowie in den Epen „Ramayana" und „Mahabharata", die zwischen dem 4. Jahrhundert v. Chr. und dem 4. Jahrhundert n. Chr. verfasst wurden. In diesen Schriften wird zwar oft auf die Wanderungen und die Bräuche der Arier eingegangen, doch sind diese Beschreibungen stets in Mythen eingebettet und liefern nur indirekte Hinweise auf die unterworfenen Völker.

Mehr als zwölf Jahrhunderte liegen im Dunkeln, jene Zeit also, in der die Arier sich in Nordindien ansiedelten, sich politisch und sozial organisierten und ein kulturelles Erbe von immenser Bedeutung entwickelten. Fakten, Legenden, Vorschriften oder Glaubensbezeugungen wurden fast unverändert mündlich weitergegeben, bis man sie letztendlich in der traditionellen heiligen Sprache, dem Sanskrit, niederschrieb. Es scheint, als ob die Harappakultur im Gegensatz zu den Ariern über eine eigene Schriftsprache verfügte. Die Brahmi-Schrift, die um 250 v. Chr. über ganz Indien verbreitet war, hat sich vermutlich aus dem Phönizischen entwickelt und kann daher nicht früher als im 9. Jahrhundert v. Chr. entstanden sein. Die Kharoshti-Schrift, die von links nach rechts geschrieben wurde, geht nicht auf die Brahmi-Schrift zurück, sondern stammt von der aramäischen Schrift ab.

Vermutlich kamen im ausgehenden 2. Jahrtausend v. Chr. halbnomadische barbarische Stämme aus der Region zwischen dem Kaspischen und dem Schwarzen Meer über den Khyberpass mit zweirädrigen Streitwagen, die von Pferden gezogen wurden, über den Hindukush und zerstörten die Siedlungen im Industal, ehe sie die Gangesebene hinabzogen. Die Existenz der Arier lässt sich durch archäologische Funde nicht beweisen (obwohl eine gewisse Art von grauer Keramik mit ihnen assoziiert wird), sondern allein durch die Erforschung der Sprache. Sir William Jones, der in der zweiten Hälfte des 18. Jahrhunderts Richter der englischen Ostindischen Kompanie in Kalkutta war, hatte die Ähnlichkeiten zwischen Griechisch, Lateinisch, Germanisch und Sanskrit demonstriert und die Theorie einer gemeinsamen linguistischen Basis entworfen, die er als indogermanisch bezeichnete. Ein Jahrhundert später versuchte Max Müller die Wurzeln dieser Sprachen im Kaukasus zu lokalisieren. Jener Ursprungsort ist heute allerdings heftig umstritten. Es werden immer wieder andere Gebiete vorgeschlagen, wie zum Beispiel Anatolien, während einige indische Wissenschaftler behaupten, es habe nie eine Invasion gegeben und die Arier seien Eingeborene gewesen. Lässt man diese gegenwärtig unlösbare Frage außer Acht, ist zumindest eine teilweise Rekonstruktion des Lebens der Arier anhand der bereits genannten literarischen Quellen möglich.

Bei den Ariern handelte es sich um Nomadenstämme, die ihren Lebensunterhalt durch Raub und Plünderung sicherten. Sie zogen mit Wagen umher und waren somit von Pferden und Vieh abhängig, die sie mit großer Achtung behandelten. Als sie irgendwann nach 1000 v. Chr. begannen, Eisen zu verwenden, holzten sie Wälder ab und ließen sich auf dem neu gewonnen Land nieder. Die runden Hütten der Arier bestanden aus Bambus und Lehm. Sie wurden von einem Patriarchen und den Familien seiner verheirateten Söhne bewohnt.

Ein Hinweis auf die Zusammenstöße mit den eingeborenen Stämmen findet sich in den Geschichten, die von den Göttern handeln: Indra, der Kriegsgott, der für die Arier sehr bedeutend war, trägt den Beinamen „Zerstörer der Zitadellen" und seine Feinde „Dasa" oder „Dasyu", werden als dunkelhäutig und stupsnasig beschrieben. Dabei denkt man sofort an die befestigten Städte des Industales und an ihre eingeborenen, protoaustraloiden Bewohner.

Der arische Siedlungsprozess, der nach 1000 v. Chr. begann, bedeutete aber nicht nur, dass die ortsansässige Bevölkerung unterworfen oder ausgelöscht wurde, sondern brachte auch kontinuierliche Spannungen zwischen den verschiedenen arischen Völkern mit sich, die vermutlich in mehreren aufeinander folgenden Wellen nach Indien gelangten. Allmählich etablierte sich dabei eine neue Regierungsform. Der Häuptling, der von den männlichen Stammesangehörigen gewählt und von einem Rat unterstützt worden war, wurde durch einen Raja (König) ersetzt, der die anderen Mitbewerber ausgestochen und von den Priestern die Aufgabe übertragen bekommen hatte, das Volk zu regieren. Aufgrund dieser politischen Veränderung entstanden zahllose lokale Dynastien und die Priesterschaft, die königlichen Schutz genoss, nahm im Regierungsapparat einen überaus hohen Stellenwert ein.

24–25 Viele Felszeichnungen dokumentieren die Anwesenheit verschiedener Völker in Nordindien vor der Ankunft der Arier. Hier ein Beispiel aus dem Mesolithikum, das aus Krishnabilas in Rajasthan stammt.

25 Da die Arier Nomaden waren, können ihnen nur wenige Fundstücke eindeutig zugeordnet werden, wie der Typ der grauen Keramik. Das hier abgebildete Objekt wurde in Hastinapura entdeckt und befindet sich heute im Nationalmuseum von Delhi. Das einfach geformte Stück ziert ein geometrisches Muster (8.–4. Jahrhundert v. Chr.).

Die Gesellschaft wandelte sich von kleinen halbnomadischen Stämmen *(jana)* zu organisierten Gemeinschaften mit dem Status von *janapada* (vom Volk bewohntes Territorium), unter denen jedoch ständige Spannungen herrschten. Im 7.–6. Jahrhundert v. Chr. verschmolzen die einzelnen Territorien zu 16 *mahajanapada*, „große Königreiche“. Die erste historisch belegte Periode begann im 6. Jahrhundert v. Chr. mit Dokumenten, die von der Gründung des Jainismus und des Buddhismus berichten.

Die größten Königreiche lagen im Nordosten am Flusslauf des Ganges, der eine der Hauptadern für Kommunikation und Handel war. Zu den bedeutendsten Reichen zählten Magadha und Kosala (südöstlich beziehungsweise nördlich des Flusses), Vatsa (südlich des Ganges und rund um den Fluss Jumna), Kashi (Benares), Avanti (rund um Ujjain), Kalinga (südliches Orissa) und Anga (nördliches Bengalen). Die Städte wurden etwa ab dem 7.–6. Jahrhundert v. Chr. befestigt. Kaushambi, die Hauptstadt von Vatsa, besaß eine über 6 km lange Stadtmauer mit 9 m hohen Bastionen. Die Theorie, dass der Handel gut entwickelt war, wird durch die Entdeckung zahlreicher geprägter Münzen und standardisierter Gewichte gestützt sowie durch die weit verbreitete glänzend schwarze Keramik, die um 500 v. Chr. im Norden überaus beliebt war.

Eine weitere soziale Struktur bildeten die Clans, die von einem Rat regiert wurden, dessen Mitglieder aus einer kleinen Gruppe privilegierter Familien stammten. Einer der ältesten Clans waren die Shakya, zu denen auch Siddhartha gehörte. Sie lebten an der nepalesischen Grenze. Daneben gab es die Licchavis, deren Hauptstadt in Vaishali im nördlichen Patna lag. Einige dieser „Aristokratenrepubliken“ konföderierten, wie zum Beispiel Malla und Vriji, die gemeinsam ein riesiges Gebiet nördlich des Ganges kontrollierten. Der Kampf um das Monopol des Flusshandels war lang und erbittert, aber letztendlich unterlagen die Konföderationen und die Königreiche bildeten neue politische Zentren. Zwei dieser Zentren taten sich im 6. Jahrhundert v. Chr. besonders hervor: Kosala und Magadha. Kosala vergrößerte seine Macht, indem es die Territorien der Shakya und des alten Königreiches Kashi annektierte, wobei Letzteres in der mystischen Hindugeographie sehr bedeutend war. Magadha dagegen sollte die Wiege der wichtigsten indischen Reiche werden und erreichte den Höhepunkt seiner Macht unter König Bimbisara, der zwischen 540 und 490 v. Chr. lebte und ein Zeitgenosse Buddhas war. Nachdem er Anga erobert hatte und damit die ertragreichen Gebiete im Gangesdelta, reorganisierte der König sein Reich und gründete eine neue Hauptstadt, Rajagriha, die das alte Girivraja ersetzte.

Bimbisara wurde von seinem Sohn Ajatashatru ermordet, der wiederum am Zusammenfluss des Ganges und des Son die Stadt Pataliputra, das heutige Patna, gründete, um den Flussverkehr zu kontrollieren und der Expansion der Vriji-Konföderation entgegen zu wirken. Die Vriji wurden tatsächlich schon bald darauf geschlagen und Vaishali, eine wohlhabende Stadt der Licchavis wurde annektiert. Ajatashatru setzte die Politik seines Vaters, sich Vorteile durch strategisch günstige Ehen zu sichern, fort und heiratete eine Prinzessin aus Kosala, wodurch sich sein Einflussbereich abermals vergrößerte. Im 5. Jahrhundert v. Chr. fiel auch das Avanti-Reich an Magadha und somit die Stadt Kaushambi sowie das annektierte Königreich Vatsa. Avanti wurde zunächst von König Shishunaga und dessen Dynastie regiert, die jedoch von einem Usurpator namens Mahapadma Nanda gestürzt wurde. Dieser stammte angeblich aus einer niederen Kaste – er soll ein Barbier gewesen sein – und war unglaublich grausam. Mahapadma Nanda vergrößerte das Reich, indem er Kalinga eroberte. Er herrschte über ein Gebiet, das sich von Bengalen bis zum Pandschab und im Süden bis nach Bombay erstreckte. Acht Generationen folgten Mahapadma Nanda auf den Thron, bis der letzte seiner Nachkommen um 320 v. Chr. von Chandragupta, dem Gründer der Maurya-Dynastie, gestürzt wurde.

26 Der kleine Alabasterkopf im Museum von Kairo stellt Alexander den Großen dar, der im Jahr 327 v. Chr. nach Indien kam. Zwar drang er bis zum Fluss Beas vor, aber die Folgen dieses Feldzuges waren weniger politischer als vielmehr kultureller Natur.

27 Der Einfluss der hellenischen Kunst ist vor allem in Nordindien belegt. Die beiden hier abgebildeten Beispiele stammen aus Gandhara (2.–3. Jahrhundert). Im Hintergrund ist das typisch griechische Abbild eines Atlanten zu erkennen, im Vordergrund sieht man den fein gearbeiteten Kopf eines buddhistischen Bodhisattva. (R.-Freschi-Kunstsammlung).

In derselben Dekade des 4. Jahrhunderts v. Chr. fand im Nordwesten des Subkontinents der Indienzug Alexanders des Großen sein Ende. Gandhara (Kabul, Peshawar und deren Territorien), das Pandschab und Sind hatten seit der Zeit Dareios' I. von Persien (522–486 v. Chr.) die 20. Satrapie und die östlichste Provinz des persischen Reiches gebildet. 517 v. Chr. sandte Dareios eine Expedition aus, um nach einem Seeweg vom Indus zum Roten Meer zu suchen. Das Unternehmen leitete Scylax von Caryanda, wie der Geschichtsschreiber Herodot berichtet (IV, 44). Dareios hatte der 20. Satrapie wegen ihres fruchtbaren Bodens zwar enorme Tributzahlungen auferlegt, dafür genoss die Provinz jedoch viele politische Freiheiten und war eine der Pforten, durch die sich persische Einflüsse ihren Weg nach Indien bahnten, wie zum Beispiel die Anbetung der Sonne oder die Monarchie als göttliche Institution. Auch in der Kunst wird der persische Einfluss deutlich, zum Beispiel anhand der sich verjüngenden Säulen, der Kapitelle in Löwenform und der Darstellungen von Tieren.

336 v. Chr. wurde Alexander der Große König von Makedonien und eroberte die übrige antike Welt innerhalb von zehn Jahren im Sturm. Über die 20. Satrapie erzählte man sich zu jener Zeit die wunderbarsten Geschichten und nicht zuletzt hatten Herodots halb wahre Erzählungen Alexanders Neugier auf diese Provinz geweckt. Der Kontakt zwischen Indien und dem Westen war bereits einige hundert Jahre alt und nie unterbrochen worden, zum Teil auch deshalb, weil sich im Indusgebiet kleine griechische Gemeinden aus ehemaligen Söldnern und Kaufleuten niedergelassen hatten.

Im Jahr 327 v. Chr. zog Alexander von Baktrien aus über die Pässe des Hindukush und durch das Kubultal in Richtung Pandschab, wobei er unterwegs viele Feldlager für seine Truppen errichtete. Nachdem er die Bergvölker des Swattales besiegt hatte, erreichte ihn schließlich eine Nachricht von König Ambhi aus Gandhara in Taxila. Der Herrscher bat Alexander um Unterstützung im Kampf gegen seinen Rivalen König Porus, dessen Reich sich vom Fluss Jhelam bis zum Chenab erstreckte. Nach einem kurzen Zwischenstopp in Nysa (heute Jalalabad) marschierte Alexander im Jahr 326 v. Chr. mit seinen Truppen nach Taxila und eroberte es. Kurz darauf besiegte er auch König Porus, behielt ihn jedoch als Marionette auf dem Thron. Nachdem er die Flüsse Jhelam und Ravi überquert und die dort ansässigen Stämme unterworfen hatte, musste Alexander am Fluss Hyphasis (heute Beas) umkehren, weil sich sein Heer weigerte, ihm weiter zu folgen.

Als die Truppen Nicea und Bucephalus erreichten, zwei der bedeutendsten griechischen Lager am Fluss Jhelam, teilten sie sich auf. Alexander und seine Flotte unter Nearchos segelten die Flüsse Jhelam, Chenab und Indus nach Pattala hinab, während das Heer mit den Elefanten und den Wagen an den Flussufern entlangmarschierte. In Pattala angekommen, zogen sie 324 v. Chr. weiter nach Susa, während Nearchos die Flotte zum Persischen Golf brachte.

Ein Jahr später starb Alexander in Babylonien. Seine indischen Territorien – Sind, das von Python regiert wurde, Gandhara unter Ambhi und Philipp sowie ein Teil des Pandschabs, regiert von Porus – bekamen die Auswirkungen seines Todes zu spüren. Philipp wurde ermordet, Porus weitete seine Herrschaft auf Sind aus und Python zog sich in das Pandschab zurück. Im Jahr 318 v. Chr. wurde Porus von Agenten des griechischen Generals Eudamos ermordet. Dieser verließ Indien jedoch bald, um wie Python an den Diadochen-Kämpfen teilzunehmen.

Der politische Einfluss, den Alexanders Expedition nach Indien hatte, war minimal, da es ihm nur zeitweilig gelang, die Machtverhältnisse im Nordwesten zu ändern. Der kulturelle und kommerzielle Austausch zwischen Indien und Europa verstärkte sich jedoch, wobei diese Auswirkungen seines Feldzuges im Westen stärker zu spüren waren als im Osten. Alexanders Heldentaten wurden bis ins Mittelalter verherrlicht und trugen dazu bei in der Fantasie der Europäer den Mythos um Indien zu erschaffen.

Indien zwischen 268 und 233 v. Chr.

Autonome Gebiete

Dynastien und autonome Gebiete

- **A** Thar (Wüste)
- **B** Stammesgebiete
- **C** Satyaputra
- **D** Keralaputra
- **E** Pandya
- **F** Chola

Provinzhauptstädte

- **a** Pataliputra (Verwaltungshauptstadt)
- **b** Ujjain
- **c** Toshali
- **d** Suvarnagiri
- **e** Taxila

Provinzen des Reiches

1. Gandhara (indogriechisch)
2. Avanti
3. Magadha
4. Kalinga
5. Andhra (Satavahana)

Die Maurya-Dynastie und die moralische Legitimierung der Macht

Die Uneinigkeiten, die zwischen 322 und 320 v. Chr. die Nanda-Dynastie kennzeichneten, endeten darin, dass das Herrschergeschlecht von Chandragupta Maurya, einem Mann obskurer Herkunft, gestürzt wurde. Von den Ereignissen, die zur Gründung der Maurya-Dynastie führten, wird im „Mudrarakshasa" erzählt, einem Drama von Vishakhadatta. In der Geschichte wird auch der Kanzler des neuen Herrschers namens Kautilya (Canakya) erwähnt, der Verfasser des „Arthashastra", eines politischen Traktats, das die Grundlage für das machiavellistische Handeln der meisten hinduistischen Herrscher bilden sollte.

Nachdem Chandragupta seine Position in Magadha gefestigt hatte, gebot er 305 v. Chr. in einer Schlacht der Invasion des Diadochen Seleukos I. Nikator Einhalt. Er rang dem Verlierer Territorien rund um Kabul, Kandahar, Herat und dem heutigen Belutschistan ab, schenkte ihm jedoch im Gegenzug eine stattliche Anzahl Kriegselefanten. Chandragupta beherrschte nun ein Gebiet, das vom Indus bis nach Bengalen reichte und vom Himalaja bis zur Vindhya-Kette.

Die guten Beziehungen zwischen Chandragupta und Seleukos wurden durch die Heirat zwischen dem Maurya-Herrscher und einer Tochter des Seleukiden gefestigt sowie durch den Austausch von Gesandten. Viele Informationen über diese Zeit, stammen von Seleukos' griechischem Gesandten Megasthenes, wenngleich seine Aufzeichnungen nur als Niederschriften aus zweiter Hand vorliegen. Megasthenes beschreibt die Hauptstadt Pataliputra – überaus exakt, wie archäologische Grabungen bestätigten –, die stark zentralisierte Staatsverwaltung, das bürokratische System und die Unterteilung der Bevölkerung nach Berufsgruppen. Auch wenn er nicht direkt vom Kastenwesen spricht, führt Megasthenes die wichtigsten Gruppen der Gesellschaft der Mauryas auf. Da er sich als Ausländer nie vollkommen in die Mentalität der Hindu hineinversetzen konnte, basiert sein Urteil auf seinem eigenen kulturellen Hintergrund. So bemerkt er beispielsweise, dass es in Pataliputra keine Sklaverei gibt. Eine erstaunliche Tatsache für einen Griechen, in dessen Heimat die Sklaven eine überaus bedeutende Rolle für das Funktionieren der Gesellschaft spielten. In Indien entsprachen die Shudras (Stand der dienenden Kaste) und die Unberührbaren (diejenigen, die keiner Kaste angehören) den Sklaven, sie wurden jedoch für ihre Arbeit bezahlt. Sklaven spielten in der indischen Öffentlichkeit keine Rolle, sie verrichteten meist nur Hausarbeit.

Chandragupta konvertierte zum Jainismus. Im Einklang mit dem jainistischen Ausdruck höchster Losgelöstheit und spiritueller Realisation hungerte er sich zu Tode. Seinen Platz nahm sein Sohn Bindusara ein, der um 298–274 v. Chr. regierte. Vermutlich konnte Bindusara sein Reich durch die Eroberung des Deccan vergrößern. Sein Sohn Ashoka diente zunächst in den westlichen Zonen als Gouverneur, ehe man ihn nach Taxila und dann nach Ujjain sandte. Als Bindusara starb, bestieg Ashoka nach mehreren Massakern im Jahr 273 oder 268 v. Chr. den Thron. Von seiner Herrschaft berichten buddhistische Quellen, aber auch singhalesische Erzählungen, wie die „Dipavamsa" (eine anonyme „Geschichte der Insel") aus dem 4. Jahrhundert und die „Mahavamsa" („Große Geschichte") aus dem 5. Jahrhundert, sowie die „Geschiche des Buddhismus" von dem Tibeter Taranatha. Am informativsten sind jedoch die von Ashoka erlassenen Edikte, die in Kharoshthi- und Brahmi-Schrift (Letztere entzifferte 1837 der Hobbyphilologe James Prinsep) auf Stelen, Felsen und Säulen niedergeschrieben wurden. So drückt beispielsweise das 13. Felsedikt Ashokas tiefes Bedauern über das Gemetzel und das Leid aus, das der Kalingakrieg verursacht hatte, der im achten Jahr seiner Herrschaft stattfand. Der Kaiser verkündet darin außerdem seine

28 Dieses Terrakottafragment aus der Maurya-Zeit (3.–2. Jahrhundert v. Chr.) zeigt das klassische Thema „Baum und junges Mädchen", das auf die Zeiten der Großen Göttin und des Fruchtbarkeitskultes zurückgeht. Frauenfiguren wurden mit der Natur assoziiert, über die sie auch Macht hatten. Hier zum Beispiel verneigt sich einer der Wedel dieser Pflanze zum Dank für die Berührung des Mädchens.

29 Dieses Fragment einer Dreiergruppe aus der Maurya-Zeit wurde in Bengalen gefunden. Es belegt die Bedeutung des Turbans und die Vorliebe für schweren Schmuck. Vermutlich dienten Terrakottabilder rituellen Zwecken oder als Opfergaben, obwohl nicht auszuschließen ist, dass sie, vor allem in der aufstrebenden Mittelklasse, einfach nur Dekoration waren.

Absicht, in Zukunft gemäß den Imperativen des Dharma (moralisches Gesetz) zu regieren.

Ab diesem Zeitpunkt stand Ashoka dem Buddhismus noch näher und gründete seine politischen Entscheidungen, administrativen Regeln und Prinzipien für das soziale Verhalten auf das Diktat von Gerechtigkeit, Mildtätigkeit und alles umfassender Liebe. Bestimmte Beamte wurden damit beauftragt, den Bürgern (einschließlich der Familie des Herrschers) das Dharma zu lehren. Unter Ashokas Protektion befasste sich die Dritte Buddhistische Versammlung, die 236 Jahre nach Buddhas Tod in Pataliputra abgehalten wurde, mit der Ausarbeitung eines endgültigen buddhistischen Kanons. Außerdem finanzierte der Herrscher die Reisen buddhistischer Missionare in benachbarte Länder und spendete große Summen an Klostergemeinschaften. Ashokas Liebe zum Buddhismus wird in den literarischen Quellen jener Religion stets als Konversion beschrieben. Abgesehen davon war sie jedoch auch ein nicht zu unterschätzendes Mittel, die politische Macht in dem großen Königreich moralisch zu legitimieren.

Das Reich war in fünf Provinzen unterteilt. Magadha mit seiner Hauptstadt Pataliputra bildete das Zentrum, um das sich vier Vizekönigreiche gruppierten: Gandhara im Nordwesten, Avanti im Westen, Andhra im Süden und Kalinga im Osten. Diese Vizekönigreiche wurden von Fürsten regiert und waren in einzelne Distrikte gegliedert, denen königliche Beamte vorstanden. Die direkte Kontrolle des Kaisers und die zentralisierte Bürokratie waren vor allem im Kern des Reiches zu spüren, die entfernteren Provinzen genossen dagegen eine Art Autonomie. Vermutlich war die Macht der Mauryas südlich der Vindhya-Kette auf die Küstengebiete und einige Karawanenstraßen beschränkt, während riesige Bereiche des Landes, vor allem die Waldgebiete, die unangefochtenen Territorien von Stammesgemeinschaften blieben.

Ashoka erkannte, dass interne militärische Eroberungszüge und das Aufrechterhalten der absoluten Kontrolle über weit vom Machtzentrum entfernte Gebiete sinn-

los waren. Umso mehr betonte er den moralischen Aspekt einer Regierung und bewies durch seinen Einsatz für die Verbreitung des Buddhismus politische Weitsicht. Überall entlang der wichtigen Karawanenstraßen im Reich entstanden Klöster und Pilgerherbergen, die nicht zuletzt ein gut organisiertes Kommunikationsnetz bildeten, über das der Kaiser seine Botschaften verbreiten lassen konnte.

Über die Zeit nach Ashokas Tod (237 oder 232 v. Chr.) ist nicht viel bekannt. Man weiß lediglich, dass das Reich rasch zerfiel und dass Brihadratha, der letzte Herrscher der Maurya-Dynastie, 185 v. Chr. von seinem Heerführer Pushyamitra ermordet wurde, der daraufhin die Shunga-Dynastie gründete. Diese neue Linie stammte aus der Kaste der Brahmanen und setzte sich für die Wiedereinführung der hinduistischen Riten und Traditionen ein, die der Buddhist Ashoka verboten hatte, wie zum Beispiel Tieropfer, Tanz und Musik. Außerdem wurde die Hauptstadt von Pataliputra nach Vidisha verlegt, um griechische Invasoren aus Baktrien zu vertreiben. Informationen über die Shungas liefert das Drama „Malavikagnimitra" aus dem 4. Jahrhundert, das der berühmte indische Dichter Kalidasa verfasste. Es berichtet davon, dass Pushyamitras Thronerben sein Sohn Agnimitra und sein Enkel Vasumitra waren.

Die Shunga-Dynastie herrschte 112 Jahre, ihr Territorium beschränkte sich jedoch auf Magadha und die unmittelbare Umgebung. Devabuthi, der letzte König, wurde von seinem Minister Vasudeva ermordet, der die Kanva-Dynastie gründete, die 45 Jahre regierte. Ihre Herrschaft endete im Jahr 28 v. Chr. mit dem Tod des vierten Königs in der Schlacht gegen das Königreich Andhra. Die Ländereien der Kanvas wurden von den Andhras annektiert und in Amaravati, das bis zum 2. Jahrhundert eines der wichtigs-

30 In der Maurya-Zeit blühte der Buddhismus. Es wurden viele Stupas errichtet, Kultbauten, deren Form sich von Begräbnishügeln ableitete und die einst Relikte Buddhas oder seiner Schüler enthielten. Reliquienbehälter waren weit verbreitet und wurden mit großer Kunstfertigkeit gefertigt, wie dieses Objekt belegt, das im Victoria and Albert Museum in London bewundert werden kann. Bemerkenswert sind die lebendig gestalteten Tierfiguren.

31 In der Maurya-Zeit fertigten die Künstler zu Ehren der Großen Göttin weibliche Statuetten wie die hier abgebildete aus rötlicher Terrakotta, die heute im Museé Guimet in Paris zu sehen ist. Die Priesterkaste hatte zwar ein patriarchalisches Pantheon etabliert, doch die Große Göttin behielt eine Ehrenposition. Sie verkörperte auch Shakti, die göttliche weibliche Energie, die für die ganze Welt verantwortlich ist.

ten Machtzentren im mittleren Südindien bleiben sollte, etablierte sich die Satavahana-Dynastie.

Inzwischen waren in den Nordwesten des Subkontinents indogriechische Invasoren eingedrungen. 206 v. Chr. hatte sich Euthydemos, König von Baktrien und formaler Vasall von König Antiochos III., unabhängig gemacht und ein Königreich gegründet, das Baktrien, Sogdiana, Parthien und Belutschistan umfasste. Sein Sohn Demetrios setzte die Expansionspolitik fort und startete 183 v. Chr. eine Expedition gegen Indien. Ihm zur Seite standen sein Bruder Apollodor und sein General Menander. Sie stiegen ins Kubultal hinab, nahmen Taxila ein und erreichten schließlich das Indusdelta, wo Apollodor über Kathiavar und Gujarat nach Ujjain aufbrach, während Menander auf die Tore von Pataliputra zumarschierte. An diesem Punkt zwang jedoch eine Revolte in Baktrien Demetrios zur Umkehr. Diese hatte Eukratides angezettelt, ein Partisan Antiochos' IV. Apollodor blieb als Vizekönig im Industal und Menander als Gouverneur im Pandschab. Demetrios fiel dem Aufstand in Baktrien zum Opfer und Eukratides führte sein Heer nach Indien, wo er auch Apollodor besiegte. Menander gelang es dagegen, die Unabhängigkeit des Pandschabs zu bewahren und er ernannte Shakala zur Hauptstadt seines wohlhabenden und friedlichen indogriechischen Reiches. Er ist der einzige westliche Herrscher, der in der indischen Literatur jener Zeit Erwähnung findet. Der „Milindapanha" („Fragen des Milinda"), ein buddhistischer Lehrtext, erzählt von den Dialogen zwischen dem Weisen Nagasena und Menander (Milinda), der offensichtlich großes Interesse am Buddhismus zeigte. Als Menander 130 v. Chr. starb (andere Quellen nennen das Jahr 150 als Todesjahr), zerfiel sein Reich in Fürstentümer, die zum Teil mehrere Generationen überdauerten.

Der politische Einfluss der Indogriechen war zwar äußerst gering, doch lässt sich ihre Bedeutung auf anderen Gebieten nicht verleugnen. Das von ihnen eingeführte Münzsystem zum Beispiel galt nachfolgenden indischen Dynastien als Vorbild und dient der Wissenschaft als Informationsquelle, mit deren Hilfe sich bedeutende Ereignisse jener Zeit rekonstruieren lassen. Zudem trug ihre Kunst zur Entstehung der Gandhara-Kunst bei, die die ersten Buddhabilder schuf. Wissenschaftliche Kenntnisse und Begriffe griechischen Ursprungs gingen in die indische Astrologie und Heilkunde

32 links Die Shakas (im Westen als Skythen bekannt) zogen zwischen dem 1. Jahrhundert v. Chr. und dem 1. Jahrhundert n. Chr. aus den asiatischen Steppen nach Indien. Grund dafür war ihre Vertreibung durch die Kushanas, die wiederum von den Hunnen aus ihrem Land verdrängt worden waren. Bei ihrer Ankunft zerstörten die Shakas die meisten der indogriechischen Königreiche, übernahmen jedoch deren Kultur. Der konische Hut dieses Sandsteinkopfes aus dem 2. Jahrhundert indiziert, dass hier ein Shaka dargestellt ist (Nationalmuseum, Delhi).

32 oben rechts Yakshis, Baumnymphen, gehören zum Buddhismus ebenso wie zum Hinduismus. Diese Darstellung aus der Zeit der Shunga-Dynastie befindet sich heute im Victoria and Albert Museum in London.

ein und als Folge des andauernden Friedens in Menanders Reich etablierte sich ein Handelsnetz, das mit kurzen Unterbrechungen bis zum Ende des 18. Jahrhundert genutzt wurde. Drei Handelsrouten wurden eröffnet: die Straße von Babylonien nach Indien über Herat und Kabul sowie zwei Seewege. Der erste Seeweg führte an der Küste Persiens und Belutschistans entlang bis nach Barygaza (heute Broach) im Golf von Cambay und der zweite, den Monsun zu seinem Vorteil nutzend, überquerte den Indischen Ozean von Arabien nach Calicut (heute Kozhikode) in Kerala.

Nach Menanders Tod kam es zu einer erneuten Einwanderungswelle aus Zentralasien nach Indien. 170 v. Chr. vertrieben die Hsiung-nu (Hunnen) die nomadischen Kuei-shang (Kushanas) in das Land der Saiwang (Shakas), wodurch diese ihrerseits in das Gebiet der Pahlavas (Parther) verdrängt wurden, deren Souveränität jedoch unerschütterlich war. Daher zogen die Shakas weiter nach Indien, besetzten das Pandschab, Sind, Gujarat und den westlichen Deccan und gelangten sogar nach Ujjain.

Der erste Shaka-König in Indien hieß Maues und soll irgendwann zwischen 94 v. Chr. und 22 n. Chr. regiert haben. Unter der Herrschaft seines Enkels Azes wurden zwar viele indogriechische Königreiche erobert und zerstört, doch die Shakas übernahmen

32 unten rechts Dieser polierte Sandsteinring wurde in der Nähe von Taxila gefunden. Er wird den Shungas zugeordnet, die im 2. Jahrhundert v. Chr. auf die Mauryas folgten. Die Shungas waren Brahmanen und etablierten Rituale und Traditionen des Hinduismus wieder, die unter dem buddhistischen Kaiser Ashoka an Bedeutung verloren hatten. Die Darstellung der weiblichen Figur zwischen Bäumen ist jedoch in beiden Religionen zu Hause.

33 Durch die Kontrolle über die Karawanenstraßen weiteten die Mauryas die Verbindungen zwischen Indien und dem übrigen Asien aus. Kaufleute, Pilger, Diplomaten, Soldaten und Abenteurer benutzten die Handelswege. Wie dieser Sandsteinkopf aus Sarnath in Uttar Pradesh zeigt, durchquerten auch viele Ausländer das Land. Heute befindet sich das Stück im Nationalmuseum von Delhi.

die Kultur der Indogriechen. In den letzten Jahren des 1. Jahrhunderts v. Chr. setzte schließlich der Niedergang ein und viele *kshatrapa* (Satrapen) erklärten ihre Unabhängigkeit.

Um das Jahr 20 gelang es Gondophares, der einem indoparthischen Volk angehörte, einen gewissen Grad an Macht zu erlangen. Er ist unter dem Namen Gundufar in christlich historischen Texten zu finden und wird als Beschützer des Apostels Thomas aufgeführt, der die Botschaft Christi nach Indien gebracht haben soll. In späteren Quellen wird Gondophares mit Kaspar (armenisch Gathaspar) gleichgesetzt, einem der Heiligen Drei Könige. Dies war die Zeit, in der das Christentum über den Iran nach Indien gelangte und das Judentum mit palästinensischen Kaufleuten ins Land kam.

Zu Beginn des 1. Jahrhunderts ließen sich in Baktrien die Kuei-shang (Kushanas) nieder, einer der fünf Stämme der Yue-chi. Die Kushanas hatten türkisch-mongolische Ahnen, doch bisher ist es noch nicht gelungen, ihrer Geschichte eindeutige Daten zuzuordnen.

Der erste König, von dem chinesische Erzählungen berichten, ist Kujula Kadphises (Kadphises I.). Er vereinigte die Yue-chi und führte sie in die nordwestlichen Regionen Indiens, wobei er vermutlich Hermeos besiegte, den letzten indogriechischen König aus dem Gebiet um Kabul. Die Ikonographie auf Münzen zeigt Kadphises I., der sowohl die buddhistischen als auch die iranischen Götter verehrt. Sein Nachfolger Vima Kadphises (Kadphises II.) eignete sich die von den Shakas kontrollierten Ländereien östlich des Indus an und drang möglicherweise bis Benares und zum Fluss Narmada vor. Er änderte das Währungssystem vom indogriechischen Maß zum römischen Denar und die neuen Münzen belegen, dass er Shiva anbetete. Es ist durchaus möglich, dass die Arbeiter in der Münze Römer waren und dass man Gold durch das Einschmelzen von Aurei gewann, die zu jener Zeit sehr häufig waren. Der Handel mit Rom blühte und sowohl die Kushanas als auch die Römer waren den Parthern feindlich gesinnt, da diese ihre Karawanen zu überfallen pflegten.

Eine Reihe obskurer Ereignisse führte zur Thronbesteigung Kanishkas. Er sollte der bedeutendste Kushana-König werden und der umstrittensten, zumindest hinsichtlich seiner Regierungszeit. Man geht heute davon aus, dass Kanishka den Thron zwischen 120 und 144 bestieg.

34 Die Kleidung dieser kopflosen Statue des Kanishka aus dem 2. Jahrhundert (Mathura Museum in Uttar Pradesh) weist auf die zentralasiatische Herkunft des Kaisers hin.

Man weiß, dass Kanishka die Hauptstadt nach Purushapura (heute Peshawar in Pakistan) verlegte und seinen Einflussbereich von Ostturkestan bis nach Afghanistan, in das Pandschab, nach Kashmir, in das Industal und zum oberen Ganges ausdehnte. Tolerant und kosmopolitisch erlaubte er die Anbetung griechischer und indischer Götter und er ließ Münzen mit dem Bildnis Shivas sowie anderer Gottheiten aus dem iranisch-mithraischen Pantheon prägen. Er selbst war überzeugter Buddhist und wird in der buddhistischen Literatur als zweiter Ashoka bezeichnet. In der Kunst protegierte er die griechisch beeinflusste Gandhara-Kunst ebenso wie die indische Mathura-Kunst, die eine Statue von ihm fertigte (heute ohne Kopf). Der große Stupa, den er in Purushapura errichten ließ, hatte einen Durchmesser von 86 m und galt zu seiner Zeit als Wunder.

Huvishka folgte Kanishka auf den Thron. Unter seiner Herrschaft verschwanden die buddhistischen Bilder auf den Münzen und wurden durch ägyptische und zoroastrische Götter sowie durch Indus-Götter ersetzt. Die Umstände, die zum Machtwechsel führten, sind nicht bekannt, aber die Existenz von Kanishka beweist eine Inschrift aus Ara im Pandschab, in der auch der Titel „Kaisar" erwähnt wird, vielleicht, um den römischen Sieg über die gemeinsamen Feinde, die Parther, zu verherrlichen.

Der Shiva verehrende Vasudeva I. war der letzte große König des immer kleiner werdenden Kushana-Reiches, das sich schließlich nur noch über Afghanistan und Zentralasien erstreckte. Der Untergang des Reiches wurde vielleicht durch die neue politische Situation in Persien verursacht:

Im Jahr 224 beendeten die Sassaniden die Herrschaft der Parther (Arsakiden) und übernahmen Baktrien sowie Teile Afghanistans, das für die Kushanas von besonderer Bedeutung war, weil sie von dort ihre Söldner rekrutierten. Außerdem lag das wahre Zentrum des Reiches in Afghanistan und Pakistan. Die Macht, die von den Herrschern in Nord- und Mittelindien ausgeübt wurde, ähnelte eher einer Hegemonie als direkter Kontrolle. Ihr Einfluss gründete sich weniger auf Zentralisierung als auf das Föderalisieren lokaler Regenten, ein System, das sich offensichtlich seit nomadischen Zeiten bewährt hatte. Auf diese Weise genossen viele Satrapien der Shakas und zahlreiche indische Fürstentümer eine bemerkenswerte Freiheit. So zum Beispiel auch eine Dynastie der Shakas, die im 2. Jahrhundert großen Einfluss in Nordwestindien erlangte, vor allem in Suarashtra, Gujarat und Malva. Rudradaman, eine der bedeutendsten Persönlichkeiten dieses Herrscherhauses, ist für die Felsinschriften in Junagarh verantwortlich, bei denen es sich um das älteste Sanskritepigraph in reich verziertem Stil handelt.

Als die Macht des Kushana-Reiches schwand, waren Frieden, Wohlstand und blühender Handel (basierend auf einem standardisierten Währungssystem) durch das Entstehen zahlloser Kleinstaaten bedroht sowie durch ein Machtvakuum im Nordwesten, aufgrund dessen sich schließlich – wieder von Magadha ausgehend – die Gupta-Dynastie erheben konnte.

35 Während in den nordwestlichen Regionen Indiens in den ersten Jahrhunderten nach Christus die hellenische Kunst vorherrschte, blieb der Kunststil in den mittleren und östlichen Teilen Nordindiens frei von fremden Einflüssen. Diese Marmortafel (2. Jahrhundert; Museé Guimet, Paris) zeigt den Träger des königlichen Fliegenwedels, der sich stets im Gefolge des Königs befand. Er trägt einen Turban und ist mit Schmuck behängt.

34–35 Dieses marmorne Relief aus Gandhara (2. Jahrhundert; Museé Guimet, Paris) stellt jene Episode dar, in der der Bodhisattva Maitreya das Gelübte ablegt, die Welt nicht zu verlassen, ehe das letzte Lebewesen sich selbst von Ignoranz und Leid befreit hat. Die Figuren werden von griechisch inspirierten Bauelementen umrahmt. Das Gebiet von Gandhara gehörte zu den alten indogriechischen Königreichen.

Das goldene Zeitalter Indiens unter der Gupta-Dynastie

Unter der Gupta-Dynastie erlebte die indische Kultur eine ihrer blühendsten Epochen. Die Herkunft dieser Herrscherfamilie ist nicht eindeutig geklärt, es scheint jedoch, als stammte sie von einem ortsansässigen hohen Herrn namens Gupta ab, dessen Ländereien sich im 4. Jahrhundert nahe bei Allahabad oder Varanasi befanden. Die Geschichte der Dynastie wird erst unter der Herrschaft seines Enkels Chandragupta I. klarer, dessen Münzen seine Heirat mit Kumaradevi verherrlichen. Die Braut kam aus der alteingesessenen und gloriosen Familie Licchavi, die einen Großteil von Bihar im Norden kontrollierte. Einige Wissenschaftler vermuten, dass diese Familie zu demselben präarischen, mongolisch-tibetanischen Volksstamm gehörte wie die Shakya, jener Clan, dem Siddhartha entstammte.

Viele Familien hatten eine hohe Position in der aristokratischen Hierarchie inne, weil sie zu einer alten Linie reinen Blutes gehörten. Ihre Prinzessinnen waren als Gemahlinnen überaus begehrt, vor allem wenn eine neue Dynastie einen gewissen Grad an Charisma erreichen wollte. So läutete auch die Hochzeit zwischen Chandragupta I. und Kumaradevi im Jahr 320 den Beginn der Gupta-Zeit ein.

Allerdings entwickelte sich das Königtum erst unter Chandraguptas Nachfolger Samudragupta (328–376) zu einem Reich, das im Norden von den Ländereien der Naga zwischen den Flüssen Ganges und Jumna begrenzt wurde, im Westen von Satrapien und im Süden von der Vakataka-Dynastie im nördlichen Deccan. Samudragupta attackierte die Naga, bis er Pataliputra einnehmen konnte, das er zur Hauptstadt seines Reiches machte. Die Raubzüge, die auf seinen Befehl nach Westen und Nordwesten unternommen wurden, fügten den Satrapien keinen großen Schaden zu. Nachdem er die Tributzahlungen von Assam, Bengalen und Nepal erhalten hatte, zog er mit seinem Heer nach Süden, wo er König Vishnugopa (Pallava-Dynastie) von Kanchipuram besiegte. Die Taten Samudraguptas sind auf der Ashokasäule in Allahabad verewigt.

Das Gupta-Reich wurde zunächst nach dem Prinzip des *rajamandala* („königlicher Kreis“) regiert. Es basierte auf einem zentralen Bereich, der vom König verwaltet wurde, umgeben von einem Ring rangniedriger Herrscher, die zwar Tributzahlungen, aber keinen Kriegsdienst leisteten. Am weitesten vom Kern entfernt lagen die Gebiete der Stämme, die noch nicht ganz unterworfen waren. Jenseits der Ländereien der Vasallenkönige befanden sich die unabhängigen Königtümer, mit denen die Guptas vielleicht diplomatische Beziehungen unterhielten. Mit seinen Feldzügen im Süden überschritt Samudragupta das *ramajandala* und machte sein Königtum zum Königreich. Dies bekräftigte er durch das *ashvamedha*, das alte Ritual des Pferdeopfers, das die Souveränität des Monarchen aufrechterhalten sollte. Bei diesem Ritual durfte der auserwählte weiße Hengst ein Jahr lang frei in den Territorien umherstreifen, auf die der Herrscher Anspruch erhoben hatte. Das Pferd wurde von Fürsten und anderen Würdenträgern begleitet, die gegen jeden kämpften, der ihnen den Weg verwehrte, und die den Hengst davon abhielten, sich zu paaren. Nach Ablauf des Jahres wurde das Pferd zum Opferplatz geführt und erstickt. Zum Ritual gehörte auch, dass die erste Frau des Königs Geschlechtsverkehr mit dem Hengst mimen musste, während andere Tiere als Opfer für die Götter verbrannt wurden.

Chandragupta II. (380–414), der Sohn Samudraguptas, der auch in dem Drama „Devichandragupta“ von Vishakhadatta erwähnt wird, verheiratete seine Tochter Prabhavatigupta mit Rudrasena II., dem Vakataka-König, und gewann damit einen mächtigen Verbündeten. Anschließend besiegte er die Satrapen von Gujarat und eroberte ihre Hauptstadt Ujjain. Offensichtlich drang er bis nach Afghanistan vor, so dass sich das Gupta-Reich von Bengalen zum Indus und von den nepalesischen Gebirgsausläufern bis zum Fluss Narmada erstreckte, wobei es die bedeutende Handelszone Barygaza mit einschloss. Dies war für das Reich die Ära des größten Wohlstandes, das goldene Zeitalter Indiens, das nicht zuletzt der Allianz mit der Vakataka-Dynastie zu verdanken war, die das Land jenseits der Vindhya-Kette fest in ihrer Hand hatte. Der chinesisch buddhistische Mönch Fa-hsien, der seine Reise über Ostturkestan nach Nordindien und über Sri Lanka nach Java (um 399–414) aufzeichnete, behauptete, Frieden und Wohlstand dieser Periode seien der politischen Stabilität und den Aktivitäten der Arbeitergilden *(shreni)* zu verdanken, unter denen vor allem Bankiers, Kaufleute und Handwerker ein hohes Maß an Autonomie genossen. Die Gilden wurden in vier Kategorien eingeteilt: Lehrlinge, unerfahrene Arbeiter, erfahrene Arbeiter und Meister. Palastfunktionäre erhielten ein festes Gehalt, wurden jedoch nicht mit Grundbesitz entlohnt, wie es später der Fall war.

Chandragupta II. setzte sich für die Verwendung von Silbermünzen im ganzen

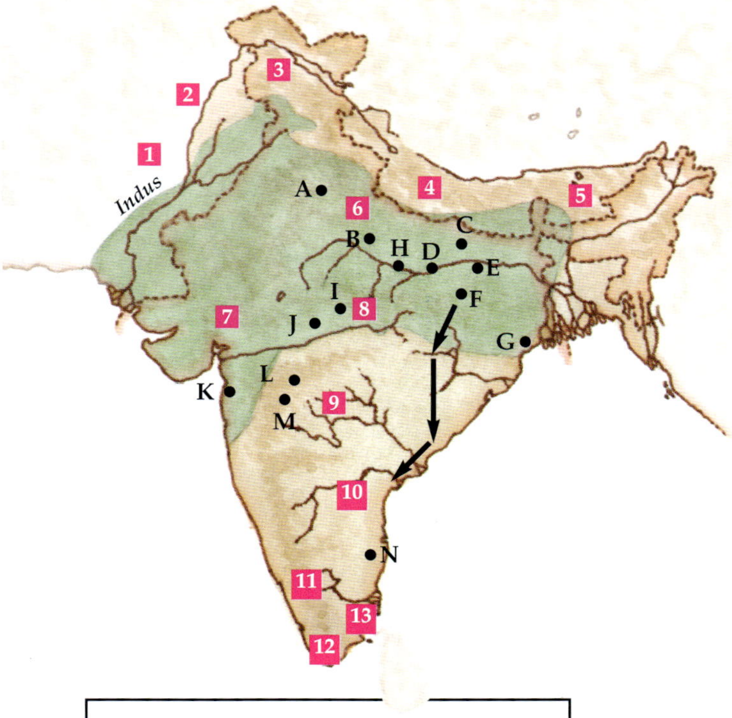

Indien um das Jahr 400

Das Gupta-Reich

1 Das Reich der Sassaniden
2 Kushana und Shaka
3 Kashmir
4 Nepal
5 Kamarupa (Assam)
6 Naga
7 Satrapien
8 Pushyamitra
9 Vakataka
10 Pallava
11 Cera
12 Pandya
13 Chola

A Indraprastha
B Kanauj
C Vaishali
D Kashi
E Pataliputra
F Bodh Gaya
G Tamralipti
H Prayaga
I Sanchi
J Ujjain
K Barygaza
L Ajanta
M Ellora
N Kanchipuram

↓ Die südlichen Gebiete Samudraguptas

36 Zu den Hauptmotiven der Architektur der Guptas zählt der kudu, *ein in verschiedenen Stilen ausgeführter Bogen, der manchmal mit floralen oder figürlichen Motiven verziert ist, wie dieses Exemplar der Kunstschule von Mathura belegt (Museé Guimet, Paris). Die Figur stellt vermutlich einen Vidhyadhara dar, „Überbringer der Weisheit" und Genius der Luft. Diese Figuren sind häufig – das Fliegen symbolisierend – mit einem Bein unter dem Körper abgebildet, wärend das andere nach hinten gestreckt ist.*

37 Dieser rote Sandsteinkopf der Kunstschule von Mathura (5. Jahrhundert; Museé Guimet, Paris) stellt den Bodhisattva Avalokiteswar dar, den gnädigen „Herrn, der herabsieht". Er trägt einen Kopfputz, der den meditierenden Buddha darstellt. Die Gupta-Zeit (320–480) gilt als Blütezeit der indischen Bildhauerkunst und Literatur.

Reich ein, wobei jedoch nach wie vor Kupfermünzen und Muscheln in Umlauf waren.

Die Landarbeiter konnten frei umherziehen, da sie nicht an Grund und Boden gebunden waren. Offensichtlich waren ihre Lebensbedingungen nicht zu hart, obwohl sie ein Viertel der Ernte an den Staat abtreten mussten und eine Steuer auf das in der Landwirtschaft verwendete Wasser erhoben wurde. Der fruchtbare Boden ließ Zuckerrohr, Reis, Mais, Mangos, Melonen, Bananen, Birnen, Pflaumen, Aprikosen, Trauben, Orangen, Granatäpfel, Kokosnüsse, Ingwer und Pfeffer gedeihen. Neben den Minen kontrollierte der Staat die Prägestätten und andere Handwerksbetriebe, die den Hof unter anderem mit Waffen und Schmuck belieferten. Die Kastenordnung war fest verankert, die Unberührbaren wurden stark diskriminiert.

Der Herrscher unterstützte alle religiösen Gemeinschaften mit Spenden. Die Buddhisten erhielten Gold und die Brahmanen Land oder die erwirtschafteten Produkte eines Dorfes. Dafür halfen sie bei der Urbarmachung des Landes. Die zentrale Region des Reiches war in Provinzen, Distrikte und Dörfer eingeteilt. Über die Dörfer regierte ein Oberhaupt, dem Schreiber und die Ältesten der Bauersfamilien zur Seite standen. Die Provinzen wurden von einem Gouverneur verwaltet, den der König ernannte. Die Städte administrierte ein Hauptverwalter, der von Sekretären, hohen Beamten der Gilden und von den Oberhäuptern der bedeutendsten Familien unterstützt wurde.

38 Dieses Bild von Shiva Ekamukhalinga (5. Jahrhundert) stammt aus Mathura. Es kombiniert die anthropomorphe Form des Gottes mit dem Linga, dem Phallussymbol, das noch viele andere Bedeutungen hat. Das dritte Auge, Ausdruck der höchsten Erkenntnis, die Gegensätze (symbolisiert durch das rechte und das linke Auge) durchdringt und eint, ist auf Shivas ausgeprägten Gesichtszügen gut zu erkennen (Victoria and Albert Museum, London).

39 Die Gupta-Kunst schuf viele bezaubernde Buddhadarstellungen. Dieser Kopf ist eine herrlich gearbeitete Sandsteinskulptur aus dem 5. Jahrhundert. Die gebogenen Augenbrauen, die länglichen Augäpfel, die geweiteten Nasenlöcher und die vollen Lippen mit den nach oben gebogenen Mundwinkeln verleihen dem Gesicht eine anmutige Sanftheit.

Kumaragupta I. (415–455) stärkte die Macht des Reiches und sicherte den Wohlstand, obwohl sich im Nordwesten die ersten Hunnen niederließen und die Autorität von Pataliputra im Herzen des Gupta-Reiches von Pushyamitra-Stämmen infrage gestellt wurde, die am Fluss Narmada lebten. Die Gefahr, die von den Hunnen ausging, erkannte Skandagupta (455–470), der nachfolgende Monarch, offenbar nicht. Er war auch nicht der legitime Thronerbe, sondern erhielt die Krone zum Dank dafür, dass er die Pushyamitra-Stämme und die Steppenvölker besiegt hatte, obwohl dies das Reich eher geschwächt hatte.

Budhagupta war der letzte Herrscher, der das Gupta-Reich zusammenhalten konnte. Doch schon bald nach seinem Tod im Jahr 497 zerfiel es in unabhängige Königtümer.

Im Jahr 484 besiegten die Hunnen den sassanidischen König Firuz und eroberten sein Königreich. Neue Forschungen ergaben, dass vier Gruppen iranischer Hunnen in Indien einfielen: die Kidariten, die im 4. Jahrhundert unter Kidara Gandhara und Kashmir heimsuchten; die Kioniten, deren erster König, Khingila, Taxila im Jahr 460 überwältigte; die Gruppe, die als ReNspk bekannt ist und Mitte des 5. Jahrhunderts in Ghazna und Kabul siedelte sowie die „Weißen Hunnen" (Hephtaliten), die in ganz Chorasan zu finden waren.

Toraman, ein Nachfolger Khingilas, fiel in Nordwestindien ein und schlug im Jahr 510 bei Eran in Madhya Pradesh das Heer König Bhanuguptas. Mihirakula, Toramans Sohn, gründete seine Hauptstadt in Sakala (heute Shalkot). Von dort herrschte er über das Pandschab, über Kashmir und Rajasthan sowie über den westlichen Teil von Uttar Pradesh. Zu dieser Zeit erstreckte sich das Reich der Hunnen von Persien nach Khotan, wobei Indien sein südlicher Teil war. Die Hunnen verursachten in Indien nie wieder gutzumachende Schäden: Sie zerstörten buddhistische Zentren im Nordwesten, brannten jahrhundertealte Universitäten nieder, brachten den Handel zum Erliegen, vernichteten Karawanen, stürzten Städte in Armut und behandelten die unterworfene Bevölkerung mit unerhörter Grausamkeit. Münzen zeigen, dass Mihirakula Shiva anbetete, aber die Kioniten übernahmen die indische Kultur nur oberflächlich. Im Jahr 528 gebot ihnen ein vereintes Heer unter Führung des Malva-Königs Yashodharman Einhalt. Die vernichtend geschlagenen Hunnen mussten sich nach Afghanistan und in das Oxustal zurückziehen, wo sie auf Betreiben von Cosroe I. von Persien (der dieser Region später den Namen Turkestan

verlieh) von türkischen Stämmen aufgerieben wurden.

Den letzten Versuch, Nordindien zu einem Reich zu vereinigen, unternahm Harsha, ein Mitglied der Vardhana-Dynastie aus Thaneswar, nördlich von Delhi. Diese relativ ruhige Periode wird von drei Quellen bestätigt: von einem Sanskritroman mit dem Titel „Harshacarita" von Bhana (der Barde am Hofe Harshas), von dem „Bericht über das westliche Land" des chinesischen Pilgers Hsüan Tsang, der acht Jahre in Harshas Königreich lebte, und von verschiedenen Inschriften.

Harsha war nach der Ermordung seines Bruders Shashanka auf den Thron gelangt. Shashanka, König von Bengalen, war Harshas ewiger Feind. Harsha marschierte gegen Kanauj, um seine Schwester zu verteidigen, die von einem Gupta aus Malva zur Witwe gemacht worden war. Er eroberte die Stadt und machte sie in wenigen Jahren zur Hauptstadt eines Reiches, das sich vom Pandschab bis Orissa und vom Himalaja bis zum Fluss Narmada erstreckte. Darüber hinaus gehörten zu Harshas Reich mehrere Vasallenstaaten wie Kamarupa (heute Assam).

Harshas einziger politischer Fehler war, die Macht der südlichen Dynastien zu unterschätzen. Als er im Jahr 630 beschloss, in das Territorium der Chalukyas in Karnataka einzufallen, wurde er von deren König Pulakeshin II. am Narmada geschlagen.

Harshas Regierungszeit, die im Jahr 606 begonnen hatte, scheint relativ

40 links Der Dashavatara-Tempel in Deogarh (Uttar Pradesh) wird dem 6. Jahrhundert zugeordnet. Er verherrlicht Vishnu, einen der Hauptgötter des Hinduismus. Auf diesem Foto ist ein göttliches Paar zu erkennen.

40 rechts Darstellungen Buddhas mit menschlichen Zügen tauchen ab der Gupta-Zeit auf. Dieses Exemplar (5. Jahrhundert) stammt vom Großen Stupa in Sanchi und zeigt den Erleuchteten beim Meditieren.

41 Einige der schönsten Statuen Indiens sind der Kunstschule von Mathura in Uttar Pradesh zu verdanken. Dieses kunstvoll gearbeitete Exemplar aus rötlichem Sandstein stammt aus dem 5. Jahrhundert und zeigt den Gott Shiva.

friedlich verlaufen zu sein. Die Steuern waren nicht allzu hoch, Ackerbau und Handel blühten und die verschiedenen Gemeinschaften tolerierten einander. Großzügige Spenden an die Klöster und die berühmte Universität von Nalanda nahe Bodh Gaya (Bihar) weisen darauf hin, dass Harsha persönlich den Buddhismus bevorzugte. Unter seiner Herrschaft formierte sich ein neues politisches System, das das kommende Zeitalter dominieren sollte: Weiter entfernt gelegene Gebiete des Reiches wurden von *samanta* regiert, unterworfenen Fürsten, die als Tributzahler auf ihren Thronen belassen wurden. Das *samanta*-System begünstigte die Entwicklung der späteren mittelalterlichen Königreiche in Indien. Die unterworfenen Fürsten verhielten sich zwar dem König gegenüber loyal und zahlten Tribut, sie waren jedoch jederzeit bereit, ihre Unabhängigkeit erneut zu beanspruchen, sollte die zentrale Macht ins Wanken geraten.

Die Schwäche der mittelalterlichen Reiche wird der Struktur des *samantachakra* („Kreis der Samanta") zugeschrieben, denn schon bald wurde die Kontrolle dieser wenig vertrauenswürdigen Fürsten zur Hauptbeschäftigung der Könige. Man versuchte Abhilfe zu schaffen, indem man den göttlichen Auftrag des Königs hervorhob, um sich die Loyalität der Brahmanen zu sichern. Die Ländereien, die sie zum Lohn dafür erhielten, befanden sich jedoch nicht nur im Zentrum des Reiches, sondern auch in den Gebieten der *samanta,* die aus Geldmangel nicht in der Lage waren, die alte Tradition aufrecht zu erhalten, der Priesterkaste Spenden zukommen zu lassen. Regionale Herrscher unterstützten auch den Bau königlicher Tempel, die tausende von Gläubigen beherbergen konnten und ebenfalls Ländereien oder Dörfer zugesprochen bekamen, die sich manchmal in weit entfernten Distrikten befanden.

Der *purohita,* der persönliche Priester des Königs, war zugleich Oberhaupt des Tempels und Verwalter enormer Reichtümer. So kam es, dass Tempel- und Hofzeremonien allmählich miteinander verschmolzen und die Figur des Königs mit der Figur Gottes beinahe gleichgesetzt wurde. Die neuen Könige bauten unaufhörlich Tempel und übergaben immer größere Spenden an die Brahmanen. Dies führte zu einer Besteuerung des Volkes bis an die Grenzen des Erträglichen, so dass die *samanta,* die eigentlich durch dieses System stärker kontrolliert werden sollten, die Bevölkerung leichter gegen die zentrale Autorität mobilisieren konnten als je zuvor.

Regionale Königreiche und das indische Mittelalter

Unter Harsha war das Zentrum der Macht in Nordindien von Pataliputra und Magadha nach Kanauj und Doab in der Region zwischen Ganges und Jumna verlegt worden. Aber auch nach dem Tod des Königs im Jahr 647 spielte Kanauj weiterhin eine tragende Rolle in Indiens politischer Geschichte. Im 8. Jahrhundert versuchte König Yashovarman die Pracht von Harshas Königreich wieder zu beleben. Er wurde jedoch von dem Kashmir-König Lalitaditya seiner Territorien beraubt.

Wissenswertes über Kashmir berichtet Kalhana, der im 12. Jahrhundert das bedeutende Sanskritepos „Rajatarangini" („Chronik der Könige") verfasste, das einzige indische Werk vor dem Einfall der Moslems, das auf historischen Fakten beruht. Darin wird beschrieben, wie sehr die Politik in Kashmir vom Konflikt zwischen dem König und seinen adeligen Vasallen beeinflusst wurde sowie von den ehrgeizigen Bestrebungen der Verwalter und Steuereintreiber, in den abgelegeneren Gebieten des Reiches ihre eigene Macht zu vergrößern. Das Volk musste große Mühsal ertragen. Den Bauern und Landarbeitern wurde zum Leben nur das Nötigste gelassen und der Staat verlangte, dass sie über lange Perioden am Bau öffentlicher Gebäude mitarbeiteten.

Nach dem Tod Lalitadityas fielen Kanauj und seine Umgebung in die Hände einer neuen Dynastie, der Gurjara-Pratiharas, die einem Rajputenclan angehörten. Diese Clans waren Nachfahren der zentralasiatischen Völker, die den Hunnen gefolgt waren und sich mit den eingeborenen Stämmen von Nordwestindien vermischten. Die Überlieferung besagt, dass diese Völker mit einer großen Zeremonie, die 747 auf dem Mount Abu abgehalten wurde, in die hinduistische Kaste der Kshatriyas (Stand der Krieger) aufgenommen wurden.

Der erste König der Gurjara-Pratiharas, Vatsaraja, eroberte 783 einen Großteil Rajasthans und Nordwestindiens. In derselben Periode vergrößerten die ersten Könige der Pala-Dynastie in Bengalen – der offensichtlich vom Volk gewählte Gopala und Dharmapal – ihre Territorien im Westen, indem sie den letzten Gupta-König in Magadha stürzten. Danach weitete sich der Konflikt zwischen den Gurjara-Pratiharas und den Palas zu einem Krieg aus, der durch das Eingreifen der Rashtrakutas aus dem Deccan noch komplizierter wurde und in dessen Mittelpunkt die Stadt Kanauj stand.

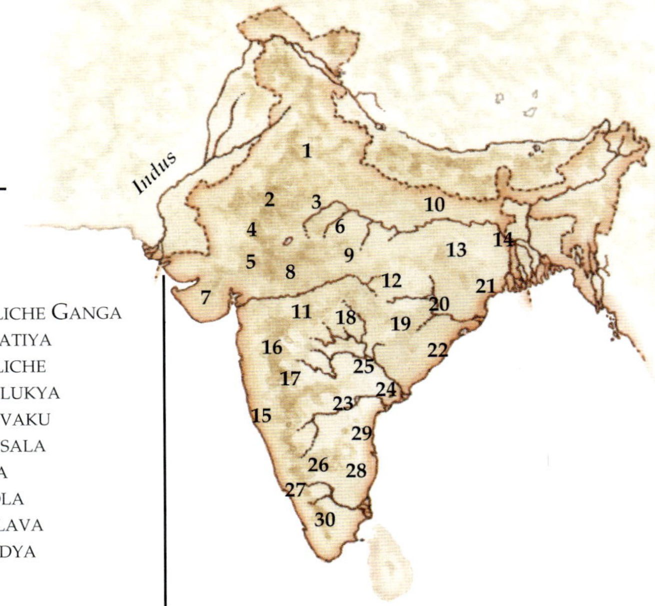

Regionale Königreiche zwischen dem 1. und dem 12. Jahrhundert

1 Tomara
2 Chauhan
3 Cedi
4 Gurjara-Pratihara
5 Guhilot
6 Kacchapaghata
7 Solanki
8 Paramara
9 Chandella
10 Gupta
11 Yadava
12 Kalachuri
13 Pala
14 Sena
15 Kadamba
16 Rashtrakuta
17 Westliche Chalukya
18 Vakataka
19 Satavahana
20 Somavamshi
21 Bhaumakara
22 Östliche Ganga
23 Kakatiya
24 Östliche Chalukya
25 Ikshvaku
26 Hoysala
27 Cera
28 Chola
29 Pallava
30 Pandya

42 Politische Umbrüche schlugen sich stets auch in der Kunst nieder. Diese Bronzefigur aus Mittelindien datiert aus dem 8. Jahrhundert und stellt Vishnu dar (British Museum, London). Sein Gesicht entspricht jedoch nicht den traditionellen indischen Vorstellungen von Schönheit, sondern betont physische Eigenarten. Als positive Konsequenz brachte der Zerfall in lokale Königtümer eine größere künstlerische Vielfalt und damit eine Bereicherung der indischen Kunst mit sich.

43 Nach dem Tod Harshas im Jahr 647 zerfiel Indien in zahlreiche regionale und feudalistische Königreiche, in denen es üblich war, dass der König besondere Verdienste mit dem Verschenken von Land würdigte. Die Gravur auf diesem Objekt aus dem 7. Jahrhundert bezeugt eine Schenkung König Maitrakas aus der Dynastie der Valabhis von Gujarat an die Gemeinschaft der Brahmanen, die dem Monarchen treu ergeben waren.

Die Gurjara-Pratiharas erlebten ihre Blütezeit unter König Mihira Bhoja im 9. Jahrhundert, als sie Gujarat, Rajasthan sowie die Gebiete der Flüsse Ganges und Jumna kontrollierten und damit ein solides Bollwerk gegen die Araber bildeten, die seit 711 in Sind und im Pandschab siedelten. Als Mahapala aus Kanauj im 10. Jahrhundert von Indra III. aus der Rashtrakuta-Dynastie besiegt wurde, setzte der Niedergang der Gurjara-Pratiharas ein und die Tür für die Invasion der Moslems wurde aufgetan.

Das Fehlen einer starken Herrscherdynastie im Westen begünstigte die Entstehung kleiner Rajputen-Fürstentümer, deren Clans zwar durch Ehe-Allianzen verbunden waren, die aber dennoch in ständigem Konflikt miteinander standen. Am bekanntesten sind die Solanki-Dynastie, die vom 10. bis zum 12. Jahrhundert Gujarat und Kathiavar kontrollierte, und die Chandella-Dynastie in Bundelkhand. In Malva herrschten im 10. und 11. Jahrhundert die Paramaras, die unter König Bhoja zeitweilig auch über Rajasthan, Gujarat und einen Teil des Deccan regierten. Die Guhilot-Dynastie von Chittor und die Kacchapaghata-Dynastie von Gwalior kamen aus Rajaputana (heute Rajasthan), die Kalachuri-Dynastie schuf sich dagegen ein kleines Reich in Tripuri (Madhya Pradesh).

Die Vorherrschaft der Palas in Bengalen und Bihar wurde bereits durch die Kalachuri-Dynastie aus dem östlichen Madhya Pradesh geschwächt und im 12. Jahrhundert von der Sena-Dynastie endgültig gebrochen. Die Palas waren die letzte große Linie buddhistischer Herrscher. Sie gründeten die Klosteruniversität von Vikramashila, die das komplexe buddhistische Dharma des Mahayana („großes Fahrzeug [der Erlösung]") lehrte und damit das Hinayana („kleines Fahrzeug [der Erlösung]") verdrängte. Aus dem Mahayana, das bis in die Nachbarländer verbreitet wurde, entwickelte sich in Tibet das Vajrayana („diamantenes Fahrzeug [der Erlösung]"), das zur dritten großen buddhistischen Strömung wurde.

In der Region Kalinga (heute Teil des Staates Orissa) beschreiben die Felsinschriften in der Hathi Gumpha (Elefantenhöhle) von Udayagiri die Taten, die König Kharavela im 1. Jahrhundert vollbrachte. Er entstammte der Cedi-Dynastie, die von Madhya Pradesh nach Orissa emigriert war und in späteren Jahrhunderten in Bundelkhand siedelte. Kharavela besetzte viele benachbarte Territorien und drang in Magadha sowie in das Königreich der Satavahanas ein. Im sechsten Jahr seiner Herrschaft erließ er seinem Volk die jährliche Steuer, weil er bei seinen militärischen Eroberungen reichlich Kriegsbeute gemacht hatte. Vielleicht bezieht sich Plinius d. Ä. in seiner „Naturalis historia" auf die Herrschaft von König Kharavela und dessen Thronfolger, wenn er die Stadt Parthalis, die Hauptstadt von Kalinga, erwähnt.

Das Königreich zerfiel nach dem Tod des Herrschers in kleine Fürstentümer und versank in Bedeutungslosigkeit, bis sich durch die Schwächung des Gupta-Reiches starke Dynastien in Orissa erhoben. Die Ersten waren die Shailodbhavas (5. Jahrhundert), gefolgt von den Bhaumakaras (8. Jahrhundert), den Somavamshis (10. Jahrhundert) und den Östlichen Gangas oder Gajapatis (bis zum 15. Jahrhundert). Diese Dynastien übten direkte Kontrolle über die Küstengebiete Bengalens bis nach Madras aus, während das Landesinnere unter der Herrschaft relativ autonomer Stammes-Dynastien stand.

Das Machtvakuum im Nordwesten, das durch den Niedergang der Gurjara-Pratiharas entstanden war, begünstigte die Invasion der Moslems. Prithvi Raj III. aus der Dynastie der Chauhan-Rajputen bildete eine Koalition gegen die Tomara-Rajputen (die vermutlich 736 Delhi gegründet hatten) und schlug sie 1191 bei Tarain. Ein Jahr später jedoch kehrten sie zurück und vertrieben den König. Danach stürzten sie sich auf Delhi, so dass die moslemische Ära mit einem Blutbad begann.

In der Zwischenzeit hatte sich im Deccan eine starke regionale Macht unter den Satavahanas formiert, die zum Andhra-Stamm gehörten. Nachdem sie im 1. Jahrhundert v. Chr. die Kanva-Dynastie vernichtet hatten, wurden sie im mittleren Südindien unter König Satakarni I. zu einer bedeutenden Macht. Sie etablierten ihre Hauptstadt in Pratisthana (Paithan) am Ufer des Godavari und expandierten am Fluss entlang in südöstliche Richtung. Ihr Territorium wurde allerdings im Nordwesten von den Satrapen beschnitten, so dass die Satavahanas erst 125 unter Gautamiputra wieder zu voller Größe gelangten. Im Jahr 140 drängten die Pulumavis (vielleicht die Siri Polemaios, von denen Claudius Ptolemäus spricht) nach Osten und ein Jahrhundert später, als die nordwestlichen Gebiete zurückerobert waren, erstreckte sich das Königreich endlich von Küste zu Küste.

Die administrative Struktur der Satavahanas basierte nicht auf einer zentralisierten Bürokratie, sondern auf einem Netzwerk aus nur teilweise kontrollierten adeligen Vasallen, aus brahmanischen Siedlungen auf königlichen Ländereien, die von Steuern befreit waren, und aus Garnisonen mit judikativer und administrativer Vollmacht in allen Distrikten des Königreiches. Die Satavahanas leisteten einen herausragenden Beitrag in der Geschichte Indiens. Sie trieben die Verbreitung der brahmanischen und sanskritischen Kultur im Süden voran und produzierten überaus hochwertige Kunst. Indem sie die Autonomie der Städte und

Berufsgilden anerkannten, begünstigten sie den Handel mit dem Westen, insbesondere mit Rom. So wurde Indiens Rolle in kommerzieller Hinsicht bedeutender als jemals zuvor, da es nicht nur eigene Waren exportieren konnte, sondern auch als wichtiger Anlaufpunkt auf den Handelsrouten zwischen Ostindien, dem Nahen Osten und dem Westen fungierte.

Im 3. Jahrhundert läutete eine Reihe vernichtender Zusammenstöße den Niedergang der Satavahana-Dynastie ein. Das Delta der Flüsse Krishna und Godavari fiel in die Hände der Ikshvaku-Familie, die bedeutende Protektoren des buddhistischen Klosters in Nagarjunakonda waren. Bereits ein Jahrhundert später wurden sie jedoch von den Pallavas von Kanchipuram vom Thron gestoßen.

Was vom Land der Satavahanas übrig blieb, eroberten die Vakatakas (3.–4. Jahrhundert), die vermutlich von den Shakas abstammten und sich in Bundelkhand zwischen den Flüssen Narmada und Tungabhadra sowie Jumna und Chambal angesiedelt hatten. Nachdem sie ihre Macht in Mittelindien etabliert hatten, hielten die Vakatakas zunächst die Guptas davon ab, die Vindhya-Kette zu überqueren, wurden dann jedoch deren Verbündete und setzten sich sogar für die Verbreitung der Gupta-Kultur im Süden des Landes ein.

Im Deccan gelangte die Chalukya-Dynastie an die Macht. Als Vasall der Kadambas, die seit dem 4. Jahrhundert die Küste von Kanara kontrollierten, verlegte der Chalukya-Herrscher Pulakeshin I. (543–566) seine Hauptstadt von Aihole nach Badami. Pulakeshin II. (610–642) gelang es, Harshas Invasion am Narmada Einhalt zu gebieten. Anschließend stürzte er sich in mehrere Schlachten gegen die Pallavas, die an der Ostküste großen Einfluss gewonnen hatten und nun zu expandieren beabsichtigten. Pulakeshin II. verbündete sich mit der Pandya- und der Chola-Dynastie, beide aufständische Vasallen der Pallavas, und eroberte das Delta der Flüsse Godavari und Krishna, wo er in Vengi seinen Bruder als Vizekönig einsetzte. Aufgrund der Ausmaße seines Reiches erhielt Pulakeshin II. den Beinamen „Herr der westlichen und östlichen Gewässer" und Badami wuchs zu einer prächtigen Stadt heran, deren Umfang etwa 8 km betrug. Im Jahr 642 wurde die Stadt von Narasimhavarman I. angegriffen. Pulakeshin II. fiel bei deren Verteidigung und Badami wurde von den Pallavas besetzt. Unter Vikramaditya (655–681), dem Sohn Pulakeshins II., eroberte die Chalukya-Dynastie Badami wenige Jahre später zurück und verleibte sich auch Kanchipuram ein.

Das Ende der Chalukyas nahte erst 752, als Dantidurga, ein Mitglied der Rashtrakuta-Dynastie aus Malkhed, Badami eroberte und die Hauptstadt nach Ellora verlegte. Diese Dynastie erlebte ihre Blütezeit unter Amoghavarsha (815–877), der in jainistischen Chroniken als Jünger des Mahavira gefeiert wird. Wie bereits erwähnt schlug Indra III. Mahapala aus der Gurjara-Pratihara-Dynastie und Krishna II. (939–968) wandte sich nach Süden, wo er die Cholas unterwarf. 982 ließ Taila, der Gouverneur des nördlichen Rashtrakuta-Reiches, seine Abstammung von den Chalukyas und seine Unabhängigkeit verkünden. Er gründete die Kalyani-Linie der Chalukyas im Norden von Hyderabad, eine Nebenlinie, die die örtliche Geschichte bis zum 11. Jahrhundert beherrschen sollte. Sie wurde von Bilhana, einem indischen Dichter des 11. Jahrhunderts aus Kashmir verherrlicht, der daraufhin von seinem Mäzen, dem Chalukya-König Vikramaditya VI., zum Hofdichter ernannt wurde.

Der Untergang der Rashtrakutas gab den Cholas die Möglichkeit, sich als eine der bedeutendsten Dynastien Südindiens zu etablieren. Durch Berge und Wälder abgegrenzt, war Südindien erst kurze Zeit vorher in politischen Kontakt zu Nordindien getreten. Die unwirtlichen Gegenden und Schwierigkeiten mit der Kommunikation hatten die nördlichen Königreiche davon abgehalten, sich intensiv mit ihren Eroberungen im Süden zu befassen, so dass sie sich lediglich mit Tributzahlungen (allerdings auf einer völlig irregulären Basis) zufrieden geben mussten.

Zwischen dem 2. Jahrhundert v. Chr. und dem 2. Jahrhundert n. Chr. war der Süden von Völkern bewohnt, die sich in der Regel in Stämmen organisiert hatten, und er galt als Wiege der drawidischen Kultur. Einige Forscher glauben, dass dort noch immer Elemente der Harappakultur gebräuchlich waren. So findet man beispielsweise in den Namen der Herrscher noch Spuren der matriarchalischen Traditionen: Neben ihren individuellen Namen trugen die Könige der Satavahana-Dynastie den Namen ihrer mütterlichen Linie. In der Nayarkaste lebte der Ehemann nicht mit seiner Frau zusammen, sondern durfte sie nur besuchen, außerdem wurde das Familienerbe allein über die mütterliche Linie weitergegeben.

Erst zur Zeit des Maurya-Reiches brachten Händler sowie buddhistische und jainistische Mönche die nördliche Kultur in den Süden. Die Hindukultur verbreiteten jedoch die Brahmanen, da sie von allen Herrscherdynastien mit offenen Armen aufgenommen wurden. Das Konzept, bei dem das Brahmanentum von den Herrschern unter-

44 Diese prächtige Sandsteinfigur aus Rajasthan zeigt eine Yakshi (Baumnymphe), ein beliebtes Thema in der indischen Kunst. Die Yakshis galten nicht nur als überaus attraktive Symbole für Fruchtbarkeit und Reichtum, sondern konnten auch Menschen, die leichtsinnigerweise unter ihren Bäumen einschliefen, in Gefahr bringen oder sogar in den Wahnsinn treiben. Das hier abgebildete Exemplar befindet sich in Privatbesitz.

45 Das indische Mittelalter gilt als die Epoche, in der die Kaste der Kshatriyas (Stand der Krieger) ihre Blütezeit erlebte. Heroische Ideale und höfische Etikette inspirierten zu jener Zeit die Taten von Fürsten und Königen ebenso wie die literarischen Werke, die in lokalen Sprachen verfasst waren. Diese Statue aus Sandstein (12. Jahrhundert) stammt aus Nordindien und stellt einen Aristokraten dar, der mit einem Schwert bewaffnet ist, der bevorzugten Waffe der Kshatriyas.

46 Die Avataras (Inkarnationen) Vishnus waren bei den mittelalterlichen Künstlern ein beliebtes Thema. Diese Statue aus dem 12. Jahrhundert stammt aus Kashmir (Museé Guimet, Paris) und zeigt den Gott mit drei Köpfen. Der Löwenkopf weist auf seine Inkarnation als Narasimha (Löwenmann) hin, der Eberkopf verkörpert Varaha. Die Tiergestalten des Gottes gehen zurück auf uralte – vermutlich vorarische – religiöse Vorstellungen.

47 Ganesha, der Gott mit dem Elefantenkopf, gilt als gutes Omen und wird vor der Durchführung eines Vorhabens angebetet. Diese Statue aus grauem Chlorit (11. Jahrhundert) wird der Pala-Dynastie zugeschrieben (Kunstgalerie John Eskenazi, London). Der dickbäuchige Gott fischt mit seinem Rüssel in der Süßigkeitenschale und tanzt dabei auf seinem Reittier, einer Maus. Ganesha gilt auch als Beseitiger von Hindernissen, jedoch weniger mit Gewalt, als vielmehr mit Geduld.

stützt wurde, bot jedem Regenten mit Ambitionen zum Alleinherrscher die Gelegenheit, seine absolute Macht zu legitimieren. Außerdem war die hinduistische Kastenordnung ein wertvolles Hilfsmittel, um die Gesellschaft zu dominieren, vor allem die Stammesgemeinschaften. Die ersten historischen Informationen über Südindien sind in einer Inschrift von Ashoka, einigen tamilischen Inschriften aus dem 2. Jahrhundert v. Chr. und in der Inschrift von Kharavela aus dem 1. Jahrhundert v. Chr. enthalten. Die darin erwähnten Dynastien sind die Pandyas, die an der Südspitze lebten, die Ceras, die der heutigen Region Kerala ihren Namen gaben, und die Cholas, von denen der Name Koromandel für die Südostküste stammt. Um ihre Territorien zu kontrollieren, setzten die Ceras auf ein Netzwerk, das sich aus ihrer Verwandtschaft formierte. Die Cholas und Pandyas am anderen Ende des Landes tendierten hingegen dazu, ihre Macht in der Figur eines Alleinherrschers zu zentrieren.

Eine wichtige Quelle ist die Sangam-Literatur der Pandya-Dynastie. Die wichtigsten Texte wurden zwischen dem 1. und dem 3. Jahrhundert verfasst. In diesen Texten werden unter anderem fünf Landschaftstypen erwähnt, die als Chiffre für innere oder äußere Zustände stehen. Die beiden ersten Landschaften waren die von Wäldern bedeckten Berge, bewohnt von Jägern und Sammlern, und deren von Grasland überzogene Ausläufer, an deren Hänge die Hirten ihre Schafe weiden ließen. Hier kam es vor allem zu Viehdiebstählen. Die dritte Landschaft war die unfruchtbare und unwirtliche Savanne, in der gewissermaßen nur Durchgangsverkehr herrschte, die jedoch beliebter Zufluchtsort für Banditen war und zugleich als Pufferzone zwischen zwei Königreichen diente. Die vierte und fünfte Region bildeten die Flusstäler und Küsten. Hier hatten sich viele Herrscherfamilien niedergelassen. Künstliche Bewässerung steigerte den Ernteertrag, vor allem beim Reisanbau, so dass an den Flüssen auch Siedlungen mit Farmern, Handwerkern und Brahmanen entstanden. Die Küsten dagegen boten Fisch, Salz und die Möglichkeit zum Seehandel. Im 1. Jahrhundert gab es im Landesinneren und an den Küsten florierende Städte, von denen einige in Ptolemäus' „Geographia" erwähnt sind, die im 2. Jahrhundert verfasst wurde.

Ethnologisch war der Süden durch Sprache und Kultur von Madras bis Kap Comorin in eine tamilische Region unterteilt und von Chennai bis Orissa in das Telugu- oder Andhra-Gebiet. Im heutigen Kerala befand sich das Malayali-Gebiet und im heutigen Karnataka lag die Kanara-Region. Ab dem Jahr 500 war die vorherrschende Sprache Tamil.

An der Südostküste entstanden drei zentrale Gebiete: Todaimandala unter den Pallavas (4.–8. Jahrhundert) mit der Hauptstadt Kanchipuram, Cholamandala unter der Chola-Dynastie (9.–12. Jahrhundert) mit der Hauptstadt Tanjore sowie das Königreich der Pandyas in Madurai, deren Perlenfischerei im 3. Jahrhundert v. Chr. bei Megasthenes Erwähnung findet. Die Pandyas wurden im 14. Jahrhundert von den Sultanen von Delhi niedergemetzelt. Ein Gebiet, das die südlichen und mittleren Königreiche begehrten, war das Delta, in dem die Flüsse Krishna und Godavari in den Indischen Ozean mündeten. Eine weitere Region mit bedeutenden Dynastien war Karnataka, das im 5. Jahrhundert von den Gangas und im 12. Jahrhundert von den Hoysalas regiert wurde.

Die bedeutendste Macht, die sich im Süden formierte, war die Pallava-Dynastie. Sie ließ sich ab dem 4. Jahrhundert in Kanchipuram nieder und vernichtete im 6. Jahrhundert die Kalabhras, bei denen es sich vermutlich um einzelne Stammesgruppen handelte. Die Kalabhras waren offensichtlich aus den Bergen gekommen und unter Acchutavikkanta, einem Dichter und Vertreter des Buddhismus, zur königlichen Macht herangewachsen. Die Pallavas gehörten vermutlich keiner alten Stammeslinie an und trugen wesentlich zur Verbreitung der brahmanischen Kultur in den drawidischen

Ländern bei. Tatsächlich wurde Kanchipuram Sitz einer der bedeutendsten Sanskrit-Universitäten Südindiens. Die Dynastie erlebte ihre Blütezeit unter Narasimhavarman I. (630–668), als erste Kontakte über das Meer mit Südostasien geknüpft wurden. Ständige kriegerische Auseinandersetzungen mit den Chalukyas schwächten jedoch die Macht der Pallavas. Nach der friedvollen Herrschaft von Narasimhavarman II. Rajasimha (690–728), die in etwa der ebenfalls ruhigen Regierungszeit des Chalukya-Herrschers Vijayaditya I. (696–733) entspricht, eroberten die Chalukyas unter Vikramaditya II. (733–744) Kanchipuram.

Diese Entwicklung nutzte die Chola-Dynastie zu ihrem Vorteil. Der Chola-König Aditya forderte die Pallavas 897 heraus und besiegte sie. Anschließend ließ er sich in Tanjore nieder, aber die Anwesenheit der Rashtrakutas hielt die Cholas davon ab, ihr Territorium in Kaveri zu vergrößern. Als Taila im Jahr 982 jedoch die Macht der Rashtrakutas brach, konnten die Cholas im Verlauf des 10. und 11. Jahrhunderts expandieren. Rajaraja I. (985–1014) und sein Sohn Rajendra I. (1014–1044) schlugen die Pandas und die Ceras, eroberten anschließend die Chalukya-Städte Kalyani und Venji (in letzterem Fall durch Einheirat) und drangen schließlich bis nach Bengalen vor. Die Cholas entwickelten sich rasch zu einer Seemacht, vereinnahmten die Insel Andaman und die Malediven und segelten weiter nach Sri Lanka, wo sie Anuradhapura plünderten. Rajendra I. unternahm im Jahr 1025 einen siegreichen Feldzug, um das Handelsmonopol des Shailendra-Reiches zu brechen. Bei dieser Expedition eroberte er Sumatra und Malakka. Dies sollte jedoch keine permanente Annexion des Gebietes sein, sondern lediglich eine Demonstration seiner Stärke, um sich rein kommerziell die Oberhoheit in Südostasien zu sichern. Rajendra I. etablierte ein Netzwerk aus Diplomaten, das nicht nur die Reiche der Cholas und der Srivijayas abdeckte, sondern auch das Reich der Khmer in Angkor (Kambodscha) und das Reich des chinesischen Kaisers. Diese gloriose Periode des internationalen Handels dauerte an, bis Kulottunga III. (1178–1218) die Macht an die Pandyas abtreten musste.

Seit der Zeit Salomos war der Süden Indiens bekannt als das Gebiet, in dem man exotische Waren wie Gold, Silber, Elfenbein, Sandelholz, Affen und Pfauen erstehen konnte und der Hafen von Bharukaccha (heute Barygaza) an der Mündung des Narmada florierte bereits zur Zeit der Mauryas. Den großen Aufschwung im Seehandel mit dem Westen erlebte Indien zur Zeit des Römischen Reiches, vor allem in den ersten beiden Jahrhunderten nach Christi Geburt. Hippalus hatte im 1. Jahrhundert entdeckt, dass es möglich war, während des Monsuns innerhalb von 15 Tagen das Arabische Meer zu durchsegeln, was einen schnelleren und regelmäßigeren Handel erlaubte. Viele bedeutende Werke, wie die „Geographika" von Strabo, die zwischen 17 und 23 verfasst wurde, die „Reise durch das Eritreische Meer" von einem unbekannten griechischen Händler des 1. Jahrhunderts und die „Geographia" von Claudius Ptolemäus beschreiben die Häfen und das Verschiffen der Waren. Archäologische Grabungen haben die Existenz römischer Handelshäfen bestätigt, die sich in der Nähe von Cranganore in Kerala und in Arikamedu, nahe Pondicherry befanden (vermutlich die Stadt Poduka, die in tamilischen Texten erwähnt wird). Weitere wichtige Häfen an der Koromandelküste waren Kamara (heute Karikal), Sopatma (Supatama) und Tamralipti (Vanga oder Tamluk) in Bengalen. Die Römer importierten Elfenbein, Onyx, Baumwolle, Seide und Gewürze und exportierten Antimon, Wein, Zinn, Blei und Kupfer. Aus China importierte Indien Moschus, Seide und Bernstein, während man Baumwolle, Affen und Elefanten nach China exportierte.

Unabhängig davon, wie hoch entwickelt diese Städte waren, sie blieben stets abhängig von den umliegenden Ländereien. Die ökonomische Basis bildete daher das Dorf, regiert von einer Ratsversammlung, deren Oberhaupt ein Brahmane war, der zwischen der zentralen Autorität und dem Dorf vermittelte.

Die Administration der indischen Südterritorien folgte dem Prinzip des Feudalismus: Das Königreich war in Provinzen, Distrikte und Dörfer unterteilt, mit deren Verwaltung wiederum Statthalter betraut waren. Der Gouverneur einer Provinz zum Beispiel verfügte über militärische und administrative Macht. Ihm zur Seite stand ein Rat, der sich größtenteils aus Mitgliedern der Bauernkaste zusammensetzte. Dieser Rat fungierte wie ein Herrscher, besaß einen eigenen Hofstaat und wartete im Grunde nur auf eine Gelegenheit seine Unabhängigkeit zu erklären. Aufgrund der Ambitionen solcher Funktionäre entstanden zahlreiche neue Dynastien. So wurde zwar die Macht dezentralisiert, aber auch die Entstehung großer stabiler Territorien verhindert.

Der Niedergang der Cholas im 12. Jahrhundert führte zur Gründung lokaler Dynastien, darunter die Kakatiyas in Warangal (1110–1326), die Hoysalas (1111–1318) in Dorasamudra im südlichen Deccan und die Yadavas (1187–1313), die im nördlichen Deccan lebten. Die Hoysalas griffen die Cholas an, die sich gleichzeitig mit den Pandayas auseinander setzen mussten. Letztendlich gelang es den Pandayas, die Stelle der Cholas einzunehmen und Südindien eine weitere ruhmreiche Periode zu bescheren, bis Malik Kafur, der General des Sultans von Delhi, Madurai im Jahr 1311 eroberte.

48 Devi, Shivas Gemahlin, ist hier als Parvati dargestellt. Die Bronze aus dem 13. Jahrhundert befindet sich im Besitz der Privatgalerie Tanjaveve. Der Künstler hat es verstanden, eindrucksvoll die entspannte Haltung der Göttin wiederzugeben, die einen Fuß angewinkelt hat und sich leicht zurückgelehnt auf eine Hand stützt. Ihr Bauch ist wie beim Einatmen leicht eingezogen. Obwohl dieses Werk dem künstlerischen Kanon folgt, ist es dem Bildhauer gelungen, den Körper überaus realistisch wiederzugeben.

49 Die Sena-Dynastie in Bengalen (im 12. Jahrhundert von den Palas vertrieben) protegierte den Buddhismus. Diese Bronze mit Kupfer- und Silbereinlagen stellt Lokeswar dar, den Bodhisattva „Herr der Welt". Der Bodhisattva-Kult war im indischen Mittelalter weit verbreitet, da die edlen Taten dieser erleuchteten Personen perfekt zu dem Verlangen nach Abenteuer und Heldentum passte.

Chronologie

Indien im Lauf der Jahrhunderte

50 Das entrückte Lächeln des Hindugottes spielt auf die Philosophie der Maya an, jenes Prinzips, das als metaphysische Grundlage für die als Trugbild aufgefasste Erscheinungswelt dient. Das Foto zeigt Varuna, Herr des Ozeans und Lenker der sittlichen Ordnung. Er steht auf seinem Reittier Makara und hält die Schlinge (pasha), mit der er das Böse besiegt.

51–54 Die Perfektion der Architektur am Sonnentempel von Konarak lässt sich an den Details erkennen. Dies beweist der herrliche Fries, auf dem Elefanten in unterschiedlichen Posen dargestellt sind.

Die Harappakultur

Nachdem der Nordwesten des indischen Subkontinents im Neolithikum von eingeborenen Stämmen bevölkert worden war, entstand im Industal eine hoch entwickelte Kultur, die Handel trieb und ihre Blütezeit zwischen 2300 und 1800 v. Chr. erlebte. Das Gebiet dieser Kultur erstreckte sich vom Golf von Cambay bis zur Makran-Küste an der pakistanisch-iranischen Grenze und von den Gebirgsausläufern von Lahore bis nach Bhagatrav, 250 km von Bombay entfernt. Die Kultur ist von einer derart auffälligen Uniformität geprägt, dass der Schluss nahe liegt, dass sie von einem stark zentralisierten Regierungs- und Verwaltungssystem kontrolliert wurde, vermutlich in Form einer Theokratie. Die bedeutendsten archäologischen Stätten sind die Zwillingsstädte Mohendjo-daro und Harappa (heute in Pakistan) sowie der Hafen Lothal am Fluss Sabarmati in Gujarat.

Bisher ist es nicht gelungen, die Schrift der Harappakultur zu entziffern, so dass sich die Theorien über ihre Lebensweise allein auf die Darstellungen stützen, die man auf hunderttausenden von Siegeln fand. Das Vorherrschen von Tier- und Frauenfiguren lässt darauf schließen, dass eine Religion ausgeübt wurde, die mit der Natur und dem Kult der Großen Göttin in Verbindung stand.

Der Niedergang der Harappakultur begann um 1800 v. Chr., vermutlich in Folge klimatischer und geomorphologischer Veränderungen, nicht wie bisher angenommen aufgrund des Eindringens fremder Völker.

Prähistorische Periode
bis 6000 v. Chr.
Harappakultur von
3000–1800 v. Chr.

Die Arier und die ersten Königreiche

Die Herkunft der Arier ist zwar noch immer umstritten, es scheint jedoch, als hätten sie den Hindukush über den Khyberpass durchquert. Sie stiegen ins Industal hinab, zerstörten die größten Städte und verteilten sich in der Gangesebene. Informationen über die Arier liefert Indiens älteste sakrale Literatur, der „Veda". Die Arier waren Nomadenstämme, die von Häuptlingen angeführt wurden. Sie zogen mit Karren umher und betrieben Viehzucht, lebten jedoch vor allem von Überfällen und Plünderungen.

Mit der Entdeckung des Eisens nach 1000 v. Chr. wurden die Arier sesshaft, was zunächst zu Auseinandersetzungen mit den einheimischen Niederlassungen, aber auch unter den Stämmen führte. Allmählich begann sich jedoch eine neue Regierungsform zu bilden, die auf einem König beruhte, dessen Aufgabe es war, sein Volk mit Unterstützung der Priesterschaft anzuführen. Die kleinen halbnomadischen Stämme entwickelten sich im Lauf des 7. und 6. Jahrhunderts v. Chr. zu Fürstentümern, die fortwährend um die Kontrolle über den Ganges kämpften. Das bedeutendste Königreich jener Zeit war Magadha, das später zu einer Großmacht heranwachsen sollte. Im 6. Jahrhundert v. Chr. wurden auch Buddha und Mahavira geboren, die Begründer des Buddhismus und des Jainismus. Im Jahr 326 v. Chr. marschierte Alexander der Große in die Gebiete im Nordwesten ein und erklärte sie zur 20. persischen Satrapie. Dieses Ereignis hatte zwar kaum politische Auswirkungen, führte jedoch zum ersten Kontakt zwischen der persischen und der indischen Kultur.

Felsmalereien in Bhimbetka
Vermutliche Invasion der Arier ab 1800 v. Chr.
Ab dem 7. Jahrhundert v. Chr. erste Königreiche und Konföderationen der Stämme.
Das Königreich Magadha mit der Hauptstadt Rajagriha (später Pataliputra)erhebt sich im 6. Jahrhundert v. Chr. Herrscher: Bimbisara-Dynastie (6.–5. Jahrhundert v. Chr.); Shishunaga-Dynastie (5. Jahrhundert v. Chr.); Nanda-Dynastie (4. Jahrhundert v. Chr.)
Indienzug Alexanders des Großen 327–325 v. Chr.

Das Maurya-Reich

Die stark zentralisierte Maurya-Dynastie begann mit Chandragupta Maurya um 320 v. Chr. Ihr bedeutendster Herrscher war Ashoka, der 273 (oder 268) v. Chr. gekrönt wurde. Sein Reich erstreckte sich vom Indus bis nach Bengalen und vom Himalaja bis zur Vindhya-Kette. Ashoka übernahm die buddhistische Religion und nutzte sie als moralische Legitimation seiner Macht. Der Kern des Reiches stand unter imperialer Verwaltung, aber südlich der Vindhya-Kette reichte der Arm der Mauryas nur bis an die Küste und entlang der Karawanenstraßen.

Nach Ashokas Tod 237 (oder 232) v. Chr. wurde das Reich kleiner, bis es 185 v. Chr. von der Shunga-Dynastie übernommen wurde, die 112 Jahre regierte, ehe sie von der Kanva-Dynastie vertrieben wurde. Der letzte König der Kanvas starb 28 v. Chr. im Kampf gegen das Andhra-Reich. Amarvati, die Hauptstadt des Andhra-Reiches war im 2. Jahrhundert n. Chr. unter der Satavahana-Dynastie eines der größten Zentren der mittleren südindischen Kultur. Im 2. Jahrhundert v. Chr. waren in Nordwestindien neue Invasoren eingedrungen. Hierbei handelte es sich um Indogriechen und Volksstämme aus den asiatischen Steppen, wie die Shakas (Skythen), die Pahlavas (Parther) und die Kushanas. Kanishka, der bedeutendste Kushana-König, protegierte die griechisch beeinflusste Kunstschule in Gandhara und die indische in Mathura. Unter seinen Thronfolgern zerfiel das Reich in viele kleine Staaten und es entstand ein Machtvakuum, das die Gupta-Dynastie im Nordwesten zu ihrem Vorteil nutzte.

Maurya-Dynastie, um 320–185 v. Chr. (Stupa in Sanchi, Edikte auf Felsen und Säulen)
Shunga-Dynastie, um 185–73 v. Chr. (Stupa in Sanchi)
Kanva-Dynastie, um 73–28 v. Chr.
Königreich unter Menander, um 182–150/130 v. Chr. und indogriechische Reiche bis 200 n. Chr. (Gandhara-Kunst)
Andhra- oder Satavahana-Dynastie, um 220 v. Chr.–200 n .Chr. (Portale in Sanchi, Höhlen in Bhaja, Karla und weitere Felsentempel in Maharashtra)
Kushana-Dynastie, 1.–2. Jahrhundert (Gandhara- und Mathura-Kunst)

Das Gupta-Reich

Chandragupta I. begründete die Gupta-Dynastie im Jahr 320 n. Chr. am Gangesbecken. Unter seinen Nachfolgern expandierte das Reich, bis es sich von Bengalen bis zum Indus und von den Bergen Nepals bis zum Narmada erstreckte. Nach dem Tod des letzten Gupta-Königs im Jahr 497 zerfiel das Reich in viele kleine unabhängige Königtümer.

Das Gupta-Reich gilt auch als das goldene Zeitalter der indischen Kultur. Sein Zentrum stand unter direkter Kontrolle des königlichen Palastes. Um dieses Zentrum gruppierten sich Königtümer, die Tribut zahlten, und am äußeren Rand die Ländereien der nicht unterworfenen Stämme. Wirtschaft und Handel florierten. Palastfunktionäre wurden nicht mehr mit Landbesitz, sondern mit einem festen Gehalt entlohnt. Im ganzen Reich waren offizielle Silbermünzen in Umlauf, auf lokaler Ebene jedoch auch Muscheln und Kupfermünzen. Die Kastenordnung hatte sich etabliert – und diskriminierte die Unberührbaren –, obwohl die Krone Schenkungen an alle religiösen Gemeinschaften machte.

Im Jahr 510 fielen die Hunnen in Indien ein und übten ihre Schreckensherrschaft über das Pandschab, über Kashmir und Rajasthan und über den westlichen Teil von Uttar Pradesh aus. Einer Koalition, die sich unter König Yashodharman von Malva formierte, gelang es jedoch, die Hunnen im Jahr 528 zu besiegen und zu vertreiben.

Den letzten Versuch, das Reich zu vergrößern, unternahm König Harsha aus der Vardhana-Dynastie. Er verlegte die Hauptstadt nach Kanauj und nach Doab im Gebiet zwischen Ganges und Jumna und bewirkte damit eine Machtverlagerung in Nordindien.

Gupta-Dynastie, 320–497 (Tempel 17 in Sanchi und Dashavatara-Tempel in Deogarh)
Vakataka-Dynastie, 275–550 (Höhlen von Ajanta)
Bau der Höhlentempel von Elephanta ab dem 6. Jahrhundert
Harsha aus der Vardhana-Dynastie, 606–647

Das indische Mittelalter

Ab dem 7. Jahrhundert breitete sich eine Art Feudalsystem aus und das Schenken von Landbesitz wurde zur bevorzugten Methode der Entlohnung. Um die Macht der Fürsten auszugleichen, erhöhte der König die Landschenkungen und finanziellen Zuwendungen an die Priesterkaste, die dem König direkt unterstellt war. Dies führte dazu, dass sich zahlreiche regionale Königtümer bildeten, die das Reich politisch zwar instabil machten, sich gleichzeitig jedoch positiv auf die künstlerische Vielfalt auswirkten. Zu den bedeutendsten Dynastien Nordindiens gehörten die Gurjara-Pratiharas. Ihr Niedergang bereitete den Moslems den Weg, die im Jahr 1192 Tarain eroberten. Da Südindien durch eine natürliche Barriere von Bergen und Wäldern vom Norden getrennt ist, entwickelte es sich unabhängig davon und trieb lange Zeit regen Handel mit Rom und Griechenland. Eine seiner mächtigsten Dynastien waren die Cholas, deren Einfluss sich bis nach Südostasien und Indochina erstreckte. Sie fielen 1311 jedoch ebenfalls den Moslems zum Opfer.

Pallava-Dynastie, 6.–9. Jahrhundert (Tempelkomplex von Mahabalipuram und Kailashanatha in Kanchipuram)
Chalukya-Dynastie, 6.–8. Jahrhundert (Höhlen von Badami, Tempel in Aihole und Pattadakal)
Östliche Ganga-Dynastie, 8.–13. Jahrhundert (Tempel von Bhubaneswar und Konarak)
Rashtrakuta-Dynastie, 8.–10. Jahrhundert (Kailasha-Tempel in Ellora)
Gurjara-Pratihara-Dynastie, 8.–11. Jahrhundert (Tempel in Osian, Kiradu, Jagat, Nagda, Baroli)
Solanki-Dynastie, 10.–12. Jahrhundert (Tempel in Modhera und am Mount Abu)
Paramara-Dynastie, 10.–11. Jahrhundert (Udayeswar-Tempel in Udayapur)
Chandella-Dynastie, 10.–13. Jahrhundert (Tempel in Khajuraho)
Chola-Dynastie, 9.–12. Jahrhundert (Tempel in Tanjore, Gangaikondacolapuram, Darasuram)
Kakatiya-Dynastie, 12.–14. Jahrhundert (Warangal, Tempel in Hanamkonda und Palampet)
Hoysala-Dynastie, 12.–14. Jahrhundert (Tempel in Halebid, Belur, Somnathpur)
Beginn der Moslem-Zeit in Indien, 1192

Religion, Alltag und Kunst

56–57 Die Wiedergabe des alltäglichen Lebens war bei den indischen Künstlern ein beliebtes Thema. Auf dem Portal (torana) *des Muktes-war-Tempels (10. Jahrhundert) in Bhubanes-war (Orissa) ist eine lächelnde, himmlisch entrückt wirkende Nymphe mit viel Schmuck und kunstvoller Frisur dargestellt. Der Affe zu ihren Füßen mit seinem leicht geöffneten Maul verleiht der Szene dagegen einen lebhaften, profanen Ausdruck.*

Historische Quellen

58 oben Lakshmi, die Göttin des Wohlergehens, erscheint auf der Rückseite dieser Goldmünze, die im 11. Jahrhundert unter der Kalachuri-Dynastie von Tripuri geprägt wurde.

58 unten Münzen und Siegel sind wertvolle Informationsquellen. Dieses Exemplar (6.–7. Jahrhundert) zeigt Gajalakshmi, die Göttin Lakshmi, die von Elefanten mit Wasser benetzt wird, ein Symbol des Wohlstands (Victoria and Albert Museum, London).

Das traditionelle indische Verständnis von Zeit ist nicht das einer linearen Dimension mit definiertem Anfang und Ende, sondern das eines sich immer wiederholenden Kreises. Daraus ergibt sich, dass auch das Universum sich immer wieder auflöst und in der Dunkelheit des Unstofflichen wiedergeboren wird. Im alten Indien tendierte man dazu, den momentanen historischen Augenblick angesichts der transzendenten Ewigkeit zu vernachlässigen. Die Neigung, die Welt als magisch und wunderbar zu betrachten, half dabei, die Grenzen zwischen dem Menschen und dem Göttlichen auszuradieren und in der Kunst wurde wesentlich mehr Wert auf die Form als auf den Inhalt gelegt.

Aus diesem Grund entwickelte sich keine Historiographie im Sinne einer Aufzeichnung von Ereignissen in chronologischer Reihenfolge. Die einzige Ausnahme bildet

das „Rajatarangini“ („Chronik der Könige“), das Kalhana im 12. Jahrhundert verfasste. Erst die Ankunft der Moslems brachte historische Beschreibungen basierend auf wissenschaftlichen oder sozialen Kriterien mit sich, wie man sie im Westen kennt.

Die Quellen, die sich auf Ereignisse vor dem 13. Jahrhundert beziehen, sind daher rein archäologisch, epigraphisch oder literarisch. Für die Archäologie sind Münzen eine große Hilfe, um die aufeinander folgenden Herrscher chronologisch zu ordnen. Die Epigraphik (Inschriftenkunde) stellt historische, politische, wirtschaftliche oder soziale Nachforschungen an. Inschriften sind seit dem 3. Jahrhundert v. Chr. bekannt. Man hat sie in zwei Kategorien eingeteilt: Inschriften auf Stein und Kupfergravuren. Erstere erinnern meist an die Taten von Herrschern, verkünden Edikte oder feiern den Bau heiliger Stätten. Mit den Kupfergravuren ratifizierte man Landschenkungen oder gestand Privilegien zu. In beiden Fällen wird oft auch der jeweilige Herrscher gelobt, rhetorisch zwar meist übertrieben, historisch jedoch äußerst wertvoll.

Die indische Literatur ist in Bezug auf historische Ereignisse und deren Chronologie nicht sehr hilfreich. Nur wenige Informationen über die Streitigkeiten der nomadischen Clans liefert das älteste heilige Dokument, der „Veda“. Die „Puranas“ bestehen aus gemischten Werken mit mythologischer Intention, von denen die meisten im 4. und 5. Jahrhundert verfasst wurden. Sie enthalten außerdem die Geschichte der Königsgeschlechter. Die singhalesischen Erzählungen „Dipavamsa“, „Mahavamsa“ und „Culavamsa“ sind etwas genauer, beziehen sich jedoch vor allem auf die Geschichte von Sri Lanka. Eine relativ bedeutsame Quelle für die historische Rekonstruktion des Lebens bei Hofe ist der panegyrische Roman „Harshacarita“ („Leben des Harscha“), den der Dichter Bana im 7. Jahrhundert zu Ehren seines Patrons, König Harsha, verfasste.

Weitere Informationen liefern die kanonischen Schriften der Buddhisten und der Jaina, einige Theaterstücke und insbesondere die Literatur der *trivarga*, der „drei Lebensziele“ der menschlichen Existenz. Diese sind Dharma (die ethischen Regeln, die das Verhalten des Menschen leiten), Artha (praktische Aktivitäten und Politik) sowie Kama (sexuelle Freuden und Liebe).

Viele Texte handeln vom Dharma, wie das „Dharmasutra“ („Leitfaden des Dharma“) und das bedeutende „Manusmrti“ („Rechtslehrbuch des Manu“). Diese Werke befassen sich mit der Kastenordnung, mit den Regeln sozialen und familiären Verhaltens, mit politischen und ökonomischen Systemen sowie mit der Rechtsprechung.

Die Abhandlungen über das Artha berichten, dass die zweithöchste Kaste, die Kshatriyas, für die Kriegführung und die Regierung zuständig war, die dritthöchste Kaste, die Vaishyas, dagegen für den Handel. Von jedem einzelnen wurde erwartet, dass er bereit war, für seine Familie alles zu tun.

Die Politik war für einen Herrscher oberste Pflicht und es war ihm erlaubt, alle not-

58–59 Die buddhistische Literatur befasst sich mit dem Leben heiliger Männer und der Erläuterung ihrer Doktrinen. Man kann jedoch auch etwas über den Alltag erfahren, wenn man zwischen den Zeilen liest. Die Manuskripte wurden oft illustriert und die minutiösen Zeichnungen bilden eine weitere Informationsquelle. Dieses Beispiel aus dem 13. Jahrhundert ist eine hölzerne Seite, die aus dem „Jataka Vessantara" stammt, einer der Geschichten, die die früheren Leben von Buddha beschreiben – in diesem Fall sein Leben als Prinz Vessantara (Nationalmuseum, Delhi).

machen, ist das „Kamasutra" („Leitfaden der Liebe") hilfreich, das Mallanaga Vatsyayana im 4. Jahrhundert verfasst haben soll und in dem – überaus distanziert und objektiv – die Kunst der sexuellen Liebe beschrieben wird. Das Werk wurde für die Bürger der Oberschicht geschrieben sowie für Frauen und Mädchen, ob Gemahlinnen oder Kurtisanen, deren Aufgabe es war, sexuelles Vergnügen zu bereiten. Neben den erotischen Lehren findet man darin auch zahlreiche Hinweise auf Bräuche und auf den Alltag des Bürgertums sowie erfundene Geschichten.

Der Roman „Dashakumaracarita" („Leben der zehn Prinzen"), den der Dichter Dandin

sischen Pilger, die zwischen dem 4. und dem 10. Jahrhundert buddhistische Stätten in Indien besuchten und heilige Texte sammelten, wie zum Beispiel Fa-hsien, ein buddhistischer Mönch, der um 399–414 von Ostturkestan nach Nordindien und über Sri Lanka nach Java reiste. Er hinterließ wertvolle Informationen über die Gupta-Zeit.

Es ist den Ausländern zu verdanken, dass man zwei historisch bedeutsame Perioden, die der Maurya- und der Gupta-Dynastie, rekonstruieren konnte. Bei den Mauryas übte eine stark zentralisierte Bürokratie die Macht aus. Der König saß isoliert in seinem Palast und wurde wie ein Halbgott behandelt. Das Land war unterteilt in Provinzen,

wendigen Schritte zu unternehmen, um an der Macht zu bleiben. Einer der Sanskritbegriffe für Macht, *dandaniti* („herrschen mit dem Stock"), sagt viel über die königliche Autorität aus. Das berühmteste Lehrbuch zu Politik und Verwaltung ist das „Arthashastra", das Kautilya zugeschrieben wird, der im 4. Jahrhundert v. Chr. Kanzler des Kaisers Chandragupta Maurya war. Das Werk ist in 15 Bücher unterteilt und in Sanskrit verfasst. Es geht darin hauptsächlich um den König und um die geopolitische Theorie, dass der natürliche Feind des Staates das Land ist, das unmittelbar an das eigene grenzt, während der natürliche Verbündete der Staat ist, der neben dem Land des Feindes liegt. Weitere Themen sind die Erziehung und der Alltag des Königs, die Sicherheitsvorkehrungen, die er treffen muss, seine Wahl der Vertrauten, die Verwaltung, Zivil- und Strafrecht sowie die zehn Elemente, die den Staat bilden: König, Minister, Territorium, Befestigungen, Reichtum, das Heer, Verbündete, das politische Procedere, Militärtaktiken und Tricks, mit denen man den Feind vernichtet, einschließlich Zauberei und Gift.

Um sich ein Bild von den Lebensumständen vor allem in den größeren Städten zu

im 7./8. Jahrhundert verfasste, schildert die Abenteuer und Streiche von zehn Prinzen, wobei kulturgeschichtlich Interessantes in die Erzählung einfließt.

Eine weitere hilfreiche Quelle sind ausländische Berichte, insbesondere griechische, wie jene von Herodot aus dem 5. Jahrhundert v. Chr. Die bedeutendsten historischen Quellen stammen jedoch von den Historikern Alexanders des Großen. Die Originalaufzeichnungen gingen zwar verloren, aber ihr Inhalt wurde zum Teil von dem römischen Geschichtsschreiber Curtius Rufus (1. Jahrhundert) und von dem griechischen Schriftsteller Arrian (1.–2. Jahrhundert) bewahrt. Letzterer beschrieb unter anderem die Expedition des Nearchos, des Flottenbefehlshabers Alexanders des Großen. Auch die Beiträge der griechischen Geographen sind von Bedeutung, vor allem die von Strabo (1. Jahrhundert v. Chr.–1. Jahrhundert n. Chr.) und Ptolemäus, einem Wissenschaftler aus dem 1.–2. Jahrhundert. Megasthenes, der Gesandte Seleukos' I. Nikator (um 358–281 v. Chr.), beschrieb unter anderem Pataliputra, die Hauptstadt der Maurya-Dynastie, ihre Sozialstruktur und ihre Bürokratie. Ebenfalls sehr interessant sind die dynastischen Beschreibungen der chine-

Distrikte, Territorien und Dörfer. Der König beanspruchte ein Viertel des Bruttosozialproduktes für sich, die Lebensbedingungen für die Bauern waren hart. Die Gesetze waren streng, vor allem in den Städten, die als Brutstätten für Revolten und Aufstände galten. Die Gesellschaft war in Kasten organisiert und respektierte die strengen Sittenvorschriften. Der Verkauf alkoholischer Getränke – vom Staat kontrolliert – war jedoch erlaubt. Der Buddhismus erfreute sich großer Beliebtheit und wurde von den Monarchen unterstützt.

In der Gupta-Zeit änderte sich jedoch einiges. Der König blieb zwar die dominante Figur, aber das Gesetz war weniger streng und die Besteuerung der landwirtschaftlichen Produkte wurde auf ein Sechstel reduziert. Der Handel förderte den Wohlstand in den Städten ebenso wie auf dem Land, so dass sich eine Mittelschicht bilden konnte. Dies war das goldene Zeitalter Indiens, in dem sich Religion, Kunst und Kultur entfalteten, obwohl allem der Stempel kultureller Einheit aufgedrückt wurde. In den darauf folgenden Jahrhunderten zerfiel das Reich jedoch, ähnlich wie im mittelalterlichen Europa, in kleine Königtümer, die die Invasion der Moslems begünstigten.

Die Welt der Götter

Das Phänomen, das später vom Westen den unzureichenden Namen Hinduismus erhielt, ist extrem komplex und entwickelte sich in mehreren Phasen. Die ältesten archäologischen Funde, sowohl die prähistorischen als auch die der Harappakultur, deuten auf eine chthonische Religion hin, die dem Kult der Großen Göttin entspricht. Wohltätig und Furcht einflößend zugleich erschafft, nährt, erhält und zerstört die urtümliche Göttin in einer Folge von positiven und negativen Formen, die für sie charakteristisch sind. Die Figur der üppigen und allumfassenden Frau, wie zum Beispiel die Baumnymphen von Didarganj und Besnagar, zählt zu den ersten bekannten Arbeiten indischer Künstler. Die Assoziation von Weiblichkeit mit Vegetation wurde in allen Bereichen des Lebens zur Tradition, vor allem jedoch in Kunst und Religion.

Einzigartigkeit und Alleinherrschaft der Großen Göttin wurden in Indien wie auch andernorts durch einen männlichen Gott an ihrer Seite zusehends in Frage gestellt. Zunächst war ihr der männliche Gott untergeben, dann gleichberechtigt und schließlich erhob er sich über sie. Diese göttliche Hierarchie, die von einem Mann angeführt wurde und bei der die Göttin auf die Rolle der Gemahlin reduziert wurde, war zugleich das Spiegelbild einer neuen sozialen Struktur in Indien.

Nach dem Untergang der Harappakultur favorisierte die Vedische Religion (benannt

60 Diese sitzende Frauenfigur datiert aus dem 2.–1. Jahrhundert v. Chr. und zeigt die Große Göttin, den weiblichen Archetyp, die Mutter aller Lebewesen und die omnipotente Herrin des Lebens. Die Figur wurde in Bihar gefunden und kann heute in der Kunstgalerie John Eskenazi in London besichtigt werden. Die übertrieben großen Brüste weisen auf die nährende Funktion der Göttin hin. Der massige und majestätische Körper symbolisiert die umfassenden Kräfte der Natur.

61 Da die Natur als Manifestation des Heiligen gilt, werden im Hinduismus Wasser, Bäume, Steine, Höhlen und Berge verehrt. Oft versteckt sich die göttliche Kraft eines Ortes hinter anthropomorphen Verkleidungen, wie zum Beispiel den Yakshis oder den Shalabanjikas, Nymphen, die in Bäumen wohnen und deren Lebenskraft verkörpern. Die hier abgebildete Baumnymphe (10. Jahrhundert) wurde in Rajasthan entdeckt (Museé Guimet, Paris).

nach dem „Veda“, den ältesten heiligen Schriften der Inder) eine neue Dimension. Darin war das Heilige mit dem Himmel verbunden und es dominierten die Devas, die männlichen Gottheiten. Sie waren in drei Kategorien unterteilt: die Herren der Erde, die Herren der Luft und die Herren des Himmels. Der wichtigste unter den terrestrischen Göttern war Agni, der Gott des Feuers. Indra, der Götterkönig, dessen Domäne die Luft war, wurde Vorbild der Krieger und Varuna war der Hüter der kosmischen und magischen Wahrheit. Außerdem wachte er über die Taten der Menschen. Die wenigen weiblichen Götter, die noch verehrt wurden, waren Ushas, die Göttin der Dämmerung, Aditi, die Mutter der Götter, und Prithivi, die Erdgöttin.

In einem ewigen Kampf gegen die Asuras (Dämonen) beschützten die Götter die Menschen und hielten die Harmonie im Universum aufrecht, wenn ihnen zu Ehren die korrekten Riten ausgeführt wurden. Im Lauf der Zeit entwickelte sich die einfache Opfergabe, die dazu diente, die Götter gnädig zu stimmen, zu einer komplexen Zeremonie mit Tieropfern, Rezitationen von Formeln und Lobpreisungen sowie einem kodifizierten Zeremoniell. Nur der Brahmane (Priester) durfte die umfangreichen Feierlichkeiten abhalten und die göttlichen Energien zum Wohl der Menschen ordnen. Derartige Zeremonien wurden nicht nur begangen, um sich weltliche Dinge wie Gesundheit, Wohlstand, Siege oder Kinder zu wünschen, sondern auch, um die Lebenskraft der Götter zu stärken. Zudem war der unerschütterliche Glaube, dass der Mensch ein Mikrokosmos des Universums sei, ein Grund, die Zeremonien mit magischen und symbolischen Werten zu beladen, so dass Tieropfer das große kosmische Ritual der Existenz repräsentierten. Das Vielfache, das die profane Welt mit ihren Sorgen und ihren Fehlern darstellte, war aus der Zerstückelung eines riesigen Wesens entstanden, so dass das Eine zu Vielem wurde. Zweck des Opfers war es, die perfekten Bedingungen der Einheit wiederherzustellen, die vor der Manifestation der Welt bestanden. Mit zunehmender Bedeutung des Rituals an sich, wurden die Götter auf katalysierende Elemente zur Rechtfertigung einer Reihe sakraler Handlungen reduziert, die den Brahmanen große Macht verliehen. Vom

8. bis zum 6. Jahrhundert v. Chr. hatte der Terminus Brahmane eine philosophische Bedeutung und wurde im Sinne von „absolut“, „göttliches Mysterium“ und „Einer jenseits des Vielfachen“ verwendet.

Neben dem religiösen Verständnis der Priesterkaste, das von der Kriegerkaste geteilt wurde, lebte die übrige Bevölkerung, insbesondere die eingeborenen Völker, einen einfacheren und unmittelbareren Naturglauben. Steine, Bäume, Höhlen, Berge und Furten galten als Objekte oder Orte, über die man mit dem Göttlichen in Verbindung treten konnte. Die Beziehung war nicht durch komplexe oder obskure Rituale getrübt, sondern basierte allein auf Glaube und Hingabe. Dieser Aspekt verlieh der brahmanischen Liturgie neue Bedeutung und schuf die Grundlage für zwei außergewöhnliche Epen, das „Mahabharata“ und das „Ramayana“. In dieser Epoche (4. Jahrhundert v. Chr.–4. Jahrhundert n. Chr.) wurden die vedischen Götter in den Hintergrund gedrängt, viele gerieten sogar in Vergessenheit. Indra blieb zwar der König der Götter, aber er nahm keine Vormachtstellung mehr ein, und Varuna, Hüter der Wahrheit und Richter aller Lebewesen, war zum Gott des Ozeans geworden.

Den Platz der vedischen Götter nahm nun die Trimurti („göttliche Dreifaltigkeit“) ein, die das Göttliche im kosmischen Prozess von Schaffen, Erhalten und Zerstören des Universums annahm. Brahma, Vishnu und Shiva gelten als die drei Götter, die über die Existenz wachen, und obwohl sie voneinander unabhängig erscheinen, sind sie doch Formen des einzigen erhabenen Gottes. Brahma war das Produkt priesterlicher Spekulation und daher beim Volk weniger beliebt. Seine Funktion war die Erschaffung der Welt, die als große liturgische Handlung verstanden wurde, worauf auch die Symbole anspielen, die Brahma stets in seinen vier Händen hält. Er wird mit den Tafeln des „Veda“ dargestellt, die für das sakrale Lernen stehen, mit dem *mala,* einer Art Rosenkranz, mit einem Krug für rituelle Waschungen und mit einer Lotosknospe, die den Urzustand des Universums symbolisiert. Die vier Köpfe Brahmas stehen für die Ausdehnung der Welt in die vier Richtungen des irdischen Raumes, der von der Sonne markiert wird, die wiederum die Zeit verkörpert. Zeit und Raum sind die beiden Koordinaten oder Größen, innerhalb derer sich das kosmische Drama mit dem Menschen als Protagonisten abspielt. Hierauf verweist auch der Terminus *maya,* der im Allgemeinen „Illusion“ bedeutet, im Sinne

von falscher Beurteilung: Da die Welt messbar ist, hat sie einen relativen Wert. Wenn ihr der Mensch jedoch einen absoluten Wert zuweist, liegt er falsch und bleibt ein Gefangener der materiellen Dimension. *Avida* („Ignoranz") ist der Hauptgrund für die schmerzlichen Irrtümer des Menschen, der den Pfad, der zum nicht definierbaren und nicht messbaren Göttlichen führt, nur erreichen kann, wenn er die Nebel des *maya* auflöst.

Vishnu, der zweite Gott der Trimurti, galt als Bewahrer des Lebens. Als ursprünglich vedischer Sonnengott von geringer Bedeutung spielte er während der epischen Zeit eine größere Rolle und wurde Herr der Vorsehung. Auf Erden pflegte er in unterschiedlichen Avataras (Inkarnationen) zu wandeln, von denen Rama und Krishna die bekanntesten sind. Die Symbole, die Vishnu in seinen vier Händen hält, weisen auf seine Aufgaben hin: Die Muschel erinnert an das Entstehen des Lebens im Urgewässer, das Tschakra (Schleuderwaffe) wird von den Göttern gegen die Dämonen eingesetzt, die Keule ist gleichzeitig Zepter und Stab, die Vishnus Rolle als Führer und Richter (ähnlich der eines Königs) unterstreicht, und die geöffnete Lotosblüte verkörpert die Welt in ihrer vollen Entfaltung.

Die Inder betrachten das Universum als einen sich ständig wiederholenden Kreislauf von Geburt, Leben und Tod. Sobald es seinen gegenwärtigen Kreislauf beendet hat, löst der Gott Shiva es in der kosmischen Nacht auf, um das Entstehen einer neuen

62 Dieser Shiva Lingodbhavamurti (13. Jahrhundert) aus Basalt zeigt den Gott als Linga (Phallussymbol). Die Legende erzählt von einer riesigen Feuersäule, die im Universum erschien und deren Ende Brahma und Vishnu suchten. Vishnu gab zu, dass er das Ende nicht finden konnte, während Brahma so tat, als hätte er die Spitze erreicht. Die Säule jedoch war Shivas Linga und als sich der Gott in ihr manifestierte, verfluchte er Brahma für seine Lüge.

63 links Brahma galt als Schöpfer und Lenker der Welt. Auf diesem Relief in der Höhle Nr. 16 in Ellora (8. Jahrhundert) ist er mit drei Köpfen (der vierte fehlt aufgrund der Darstellungsweise) und vier Armen dargestellt. Köpfe und Arme symbolisieren die Ausdehnung der Welt in die vier Richtungen des Raumes. Brahma, der eng mit der Priesterkaste und deren Ritualen verbunden war, hält in seinen Händen den mala*, eine Art Rosenkranz, und den Krug mit Wasser für rituelle Waschungen.*

63 rechts Eine Gestalt Shivas ist seine Verkörperung als Gott der Zerstörung. Als Nachfolger des Furcht erregenden Rudra, eines grausamen Gottes der Vedischen Religion, versuchten die Priester, ihn mit dem Namen Shiva („der Gütige") dem Volk nahe zu bringen. Diese Bronzefigur (10.–11. Jahrhundert) wurde von Künstlern der Cholas erschaffen (Museé Guimet, Paris). Shiva ist als Bhairava („der Schreckliche") dargestellt, was der Kranz von Totenschädeln auf seinem Haupt eindrucksvoll betont.

Welt zu ermöglichen. Shiva ist ein komplexer und zweideutiger Gott, der in der Hand einen Dreizack hält, um die vielen Triaden der indischen Welt zu vergegenwärtigen, wie zum Beispiel die Trimurti, die drei grundlegenden Eigenschaften der Natur (Sublimation, Expansion, Kondensation), die drei Dimensionen der Zeit oder die Dreiteilung des Universums in Erde, Luft und Himmel.

Brahma, Vishnu und Shiva werden jeweils von einer Göttin begleitet, die oftmals die gleichen Attribute aufweist wie ihr Partner. Die Gemahlin Brahmas ist Sarasvati, die in vedischer Zeit „Mutter der Ströme" genannt wurde und in nachvedischer hinduistischer Zeit als Göttin der Gelehrsamkeit und Beredsamkeit verehrt wurde. In späteren Epochen ordnete man ihr auch das Wissen und die Künste zu, daher wird sie mit der Vina, einem Saiteninstrument, in Händen dargestellt. Die Gattin Vishnus ist Lakshmi, die wunderschöne Göttin der Fruchtbarkeit und des Überflusses, auch bekannt als Shri. Sie begleitet Vishnu in unterschiedlichen Herabkünften bei seinen Ausflügen auf die Erde. Shivas Partnerin ist die Verkörperung der archaischen Großen Mutter. Ihre Gestalten sind Parvati, die hingebungsvolle Gemahlin, Annapurna, die Ernährerin, Durga, die Kämpferin gegen Dämonen, und Kali („die Schwarze"), die Zerstörerin.

Die drei Götter der Trimurti und ihre Gemahlinnen sind umgeben von anderen Göttern, darunter Ganga, die Göttin des Ganges, Ganesha, der elefantenköpfige Sohn des Shiva und der Parvati, sowie Hanuman, der Affengott. Die Überlieferung berichtet, dass das Pantheon 33 Millionen Götter umfasst, wenn man die lokalen und sekundären Gottheiten berücksichtigt. Daneben gibt es Diener, untergeordnete Götter, Halbgötter, verschiedene Kategorien böser Mächte sowie die *vahana*, die Reittiere der Götter. Brahma und Sarasvati beispielsweise reiten auf der Gans Hamsa, Vishnu und Lakshmi fliegen auf Garuda, einem Mischwesen aus Vogel und Mensch, Shiva und Parvati reiten den Stier Nandi, während Karttikeya, Kriegsgott und Sohn des Shiva, einen Pfau besitzt.

Dennoch sind die Götter des Brahmanismus lediglich Formen des unbeschreiblichen, gesichtslosen, nicht manifestierten Brahmans, das die Weltseele symbolisiert und jeder beliebigen Form innewohnt. Nach

64 Götter und Göttinnen werden oft neben einer Shakti dargestellt, der weiblichen Inkarnation der göttlichen dynamischen Macht. Hier umarmen sich Shiva und Parvati in anmutiger Pose (11.–12. Jahrhundert, R.-Freschi-Kunstsammlung).

65 oben Die Lotosblume, das Symbol für Reinheit und Spiritualität, tritt oft in Verbindung mit Gottesdarstellungen auf. Bei diesem Exemplar aus dem 10.–11. Jahrhundert dient die Form als schützender Schrein für die Figur des Gottes Vishnu (Ahmolean Museum, Oxford).

65 unten Auf diesem Relief aus dem Dashavatara-Tempel in Deogarh (Uttar Pradesh) reitet Vishnu auf Garuda, um einen Elefanten zu retten, der von einer Naga, einer Schlangengottheit, bedroht wird (6. Jahrhundert).

66 Bhakti, die liebende Hingabe an Gott, wird in unterschiedlichen Intensitätsstufen ausgedrückt. Auch die Beziehung zwischen Gott und Mensch kann auf unterschiedliche Weise erfahren werden, von Ergebenheit bis zur leidenschaftlichen Liebe. Der Lohn für uneingeschränkte Hingabe ist die göttliche Gnade, die die Seele befreit und mit Gott vereint. Das Foto zeigt ein Detail eines Reliefs vom Sonnentempel in Konarak, das einen Anbeter Suryas, des Sonnengottes (13. Jahrhundert v. Chr.), darstellt.

67 oben Zu den ersten Kultstätten in Indien gehörten Bäume, da sie als Symbol für Fruchtbarkeit galten und zugleich eine Verbindung zwischen Himmel und Erde darstellten. Dieses Detail vom Eingang zum Großen Stupa in Sanchi zeigt geflügelte Gottheiten und Adelige beim Gebet vor einem geschmückten Baum, der von einem Zaun umgeben ist. Der Bodhi-Baum (Ficus religiosa) nimmt im Buddhismus eine Sonderstellung ein, da Siddhartha unter seinen Zweigen sitzend die erlösende Erleuchtung erlangte und damit zum Buddha wurde. Das Bild des Bodhi-Baumes gilt auch als Symbol für Buddha selbst.

67 unten Als Quelle des Lebens und als heiliges Element bei Reinigungsritualen spielt Wasser eine wichtige Rolle in der Symbolik. Auf diesem Medaillon von der Balustrade des Stupas in Bharhut (1. Jahrhundert v. Chr.; Indisches Museum, Kalkutta) ist Makara dargestellt, ein mythisches Wasserwesen. Es repräsentiert die Lebenskraft des Wassers, aber auch Kama, den indischen Liebesgott. Außerdem dient es Varuna, dem Gott des Ozeans, und Ganga, der Göttin des Ganges, als vahana (Reittier).

ihm, dem größten Mysterium, sehnt sich Atman („Atem"), das unsterbliche Selbst, denn er weiß, dass das religiöse System nur ein Hilfsmittel ist, um das Individuum vom Samsara zu erlösen, dem endlosen Kreislauf von Tod und Wiedergeburt.

Das religiöse Leben im antiken Indien regelten viele Rituale. Zu den bedeutendsten Riten der Vedischen Religion gehörten das Pferdeopfer, das die Souveränität des Königs sanktionierte, sowie die Zubereitung des Soma, eines stark berauschenden Opfertranks unbekannter Zusammensetzung. Im Lauf der Jahrhunderte gewann die zeremonielle Amtseinsetzung des Herrschers immer mehr an Bedeutung, so dass dafür im Palast eigens ein Pavillon errichtet wurde. Die meisten Rituale erfolgten jedoch in Form religiöser Verehrung *(puja)* der Götter mittels Gaben, die in der Regel mit den fünf Grundelementen des Universums zu tun hatten: Erde wurde durch Nahrung symbolisiert, Wasser durch Benetzen mit Weihwasser, Feuer durch das Anzünden von Lampen, Luft durch Blütenduft oder durch das Verbrennen duftender Substanzen und der Äther durch das Einwickeln in Stoff. Es scheint, als wären die ersten Opfergaben zwischen die Wurzeln von Bäumen gelegt worden, während man ihre Äste und Zweige mit Girlanden schmückte. *Puja* wurde

sowohl in Tempeln als auch zu Hause zelebriert. Der Tempel galt nicht als Ort der gemeinsamen Anbetung, sondern als Wohnsitz des Gottes und als Hilfsmittel, um den Gott sichtbar zu machen und ihm Audienzen zu ermöglichen. Zur Anbetung wurden dagegen Orte in der freien Natur bevorzugt, vor allem Flussufer, da Wasser als Leben spendend und reinigend galt. Höhlen und Berggipfel waren Wallfahrtsorte, da sie mit dem Hinabsteigen der Götter auf die Erde und dem Aufsteigen der Menschen in den Himmel in Verbindung gebracht wurden. Morgen- und Abenddämmerung repräsentierten *sandhya* (die Vereinigung von Licht und Dunkelheit) und wurden daher als beste Zeiten zur Ausübung religiöser Riten erachtet. Sowohl weiße als auch schwarze Magie waren weit verbreitet.

Das Bewusstsein einer sakralen Dimension, die der profanen Welt zugrunde liegt, sowie einer immanenten und unendlichen Göttlichkeit prägte das indische Verständnis einer vielschichtigen Religiosität, die in der Lage war, vom naivsten Glauben bis zur metaphysischen Askese alles zu umfassen. Wie stets war auch hier die Kunst das Mittel des direkten Ausdrucks.

DIE GROSSEN INDISCHEN EPEN

Das „Mahabharata“ und das „Ramayana“ sind die zwei großen indischen Epen. Sie entstanden zwischen dem 4. Jahrhundert v. Chr. und dem 4. Jahrhundert n. Chr. und gelten als Hauptquelle der Inspiration für die Ikonographie der indischen Kunst. Die Heldensagen, die seit dem 1. Jahrtausend v. Chr. von umherreisenden Troubadours und Barden vorgetragen wurden, wurden von der Priesterkaste aufgeschrieben, da sie erkannt hatte, welch effizientes Mittel die Epik bei der Verbreitung der eigenen religiösen, moralischen und sozialen Vorstellungen war. Als Ergebnis vieler Hinzufügungen und Umarbeitungen handeln die beiden Epen von unterschiedlichen Kulturen, von denen die ältere die drawidische ist. Die dunkle Hautfarbe der Hauptfiguren, das Vorkommen vermenschlichter Tiere und insbesondere familiäre und soziale Gepflogenheiten enthüllen eindeutig einen nicht arischen Hintergrund, den auch die letzten brahmanischen Schreiber des „Mahabharata“ und des „Ramayana“ nicht ganz verwischen konnten. Die Erzählungen haben zwar keinen historischen Kern, liefern jedoch interessante Informationen über die soziale Umgebung, in der sich die Helden bewegen, zumal es aus jener Epoche kaum archäologische Funde gibt.

Das „Mahabharata“ („Die umfangreiche Geschichte der Nachkommen Bharatas“) besteht aus 18 Büchern sowie einem Anhang und umfasst über 100 000 Doppelverse. Es wird traditionell Vyasa zugeschrieben, als fünfter „Veda“ betrachtet und gilt als Lehrwerk für Frauen und Shudras (Stand der dienenden Kaste), denen nicht gestattet ist, die vier kanonischen „Veden“ zu lesen oder zu studieren.

In *shloka* (der gebräuchlichsten Strophenform in der klassischen Sanskritdichtung) verfasst, erzählt das „Mahabharata“ vom Streit zwischen zwei Linien der Bharata-Dynastie – den Kauravas aus Indraprashtha

und den Pandavas aus Hastinapura –, die beide das Gebiet Kurukshetra in der Nähe von Thanesar nördlich von Delhi für sich beanspruchten.

Vyasa selbst war ein Sohn von Satyavati, der jungen Frau, die von einem Fisch geboren worden war und mit einem Asketen zusammenlebte. Später heiratete sie König Shantanu, dem sie zwei Söhne schenkte. Bhishma, ein anderer Sohn des Königs, hatte den Eid abgelegt, unverheiratet zu bleiben, so dass Satyavatis Söhne die Thronfolger wurden. Aber die beiden Prinzen starben früh und hinterließen keine Erben, deshalb drängte Satyavati darauf, dass Vyasa seine beiden verwitweten Schwägerinnen heiratete, um die Kontinuität der königlichen Linie zu sichern.

Aus dieser Verbindung gingen Dhritarashtra hervor, der blind geboren wurde, und Pandu, der jedoch mit einem Fluch belegt war und keinen Geschlechtsverkehr ausüben durfte, wollte er nicht sterben. Glücklicherweise kannte Kunti, eine von Pandus Frauen, eine magische Formel, mit der sie fünf Götter herbeirufen konnte. Diese schenkten Pandus Königinnen fünf Söhne, die Pandava-Prinzen. Pandu überwältigte schließlich doch die Leidenschaft für seine jüngste Gemahlin – dies kostete ihn das Leben. Da die junge Königin als Verursacherin seines Todes galt, wurde sie mit ihrem Gatten eingeäschert.

Pandus Gemahlin Kunti war unterdessen mit den fünf Prinzen an den Hof ihres Onkels Dhritarashtra geflohen, der mit seiner Frau Gandhari 100 Kinder hatte, die Kauravas. Zwischen den Pandavas und deren Cousins, den Kauravas, herrschte erbitterte Feindschaft, nachdem die Pandavas bei einem Würfelspiel – bei dem die Kauravas mogelten – ihr Reich verloren hatten und 13 Jahre in der Verbannung leben mussten. Als es an der Zeit war, den ihnen zustehenden Teil des Königreiches einzufordern, verweigerten die Kauravas ihnen dieses Recht und es brach ein blutiger Krieg aus, den die Pandavas jedoch mit Krishnas Hilfe für sich entscheiden konnten (Krishna ist eine Inkarnation des Gottes Vishnu und zugleich Cousin beider verfeindeter Parteien). Nach einer langen, gerechten und friedvollen Regierungszeit übergaben die fünf Pandava-Brüder den Thron ihren Erben und unternahmen zusammen mit ihrer gemeinsamen Gemahlin Draupadi eine Pilgerfahrt in den Himalaja. Die beschwerliche Reise forderte jedoch ihren Tribut und ein Pandava nach dem anderen starb. An der Himmelspforte mussten die Padavas einige Prüfungen bezüglich ihrer Standhaftigkeit und Treue bestehen, ehe sie in den Himmel aufgenommen wurden, wo sie ewige Freuden genießen durften.

Obwohl die Ereignisse auf indischem Boden stattfinden, ist die Geschichte nicht realistisch. Im Grunde lebt hier lediglich der archaische Mythos von dem Zusammenstoß zwischen Göttern und Dämonen – ein typisch indogermanisches Erbe – in epischer Form wieder auf. Die Grenzen zwischen Mensch und Gott verschwimmen und der in der Menschenwelt angesiedelte Konflikt wird mit einer breit gefächerten Palette an herzergreifenden Gefühlsregungen angereichert. Die Erde, die von zu vielen Dämonen, in Gestalt der Prinzen, unterdrückt wird, fleht den Himmel um Hilfe an, und die Götter steigen in Menschengestalt herab oder zeugen Kinder, um Moral und soziale Ordnung wiederherzustellen. Zum Schluss geraten Gut und Böse in eine letzte Konfrontation miteinander. Das daraus resultierende Blutbad beendet eine kosmische Ära, reinigt die Erde und lässt eine neue Familienlinie entstehen, die Recht und Frieden aufrechterhalten wird. Die Botschaft der Hoffnung ist auch in dem berühmten Exkurs „Bhagavadgita" („Gesang des Herrn") im 6. Buch des Epos zu finden. Dieses Lehrgedicht verherrlicht die Einzigartigkeit des Göttlichen, das sich als Gott Krishna manifestiert und ist zugleich eine Heilsverkündung für alle, die *bhaktimarga* folgen, dem „Weg der mystischen Hingabe".

68–69 Die illustrierten Handschriften und Hofmalereien aus der Zeit vor dem Jahr 1000 sind zwar nicht erhalten, aber viele der alten Motive wurden bis in jüngere Epochen fast unverändert weitergegeben. Szenen aus Epen, die einst antike Königshöfe zierten, schmückten auch neuere Palastwände. Dieses Werk (18. Jahrhundert) aus Bundi in Rajasthan stellt die Götter dar, die bei der Hochzeit von Rama und Sita anwesend waren. Oben links erkennt man Indra, der auf Airavata reitet, dem Elefanten mit sieben Rüsseln.

69 Vedische Götter treten im „Mahabharata" zwar auf, spielen jedoch keine große Rolle. Diese Darstellung aus Konarak (Nationalmuseum, Delhi) zeigt Surya, den Sonnengott. Surya war der Vater von Karna, einem Halbbruder der Pandavas. Als junges Mädchen hatte Kunti mit einer magischen Formel Surya herbeigerufen und sich von ihm schwängern lassen. Als Karna geboren wurde, setzte ihn Kunti jedoch in einem Korb auf dem Fluss aus, wo er von einem Paar von niederer Herkunft gefunden und aufgezogen wurde.

Das andere Epos, das die indische Ikonographie stark beeinflusste, ist das „Ramayana" („Die Wanderung Ramas"), das von den Taten des gerechten und tapferen Königs Rama erzählt, der siebten Inkarnation des Gottes Vishnu. Als Verfasser des Epos gilt der mythische Weise Valmiki, der irgendwann zwischen dem 2. Jahrhundert v. Chr. und dem 2. Jahrhundert n. Chr. lebte. In sieben Büchern und etwa 24 000 Doppelversen erzählt er die Geschichte von Rama, dem Thronerben, der nach einer Verschwörung in den Wald flüchten musste. Sita, Ramas wunderschöne Gattin, und Lakshma, einer seiner Brüder, folgten ihm. Nach einer Reihe von Abenteuern trafen Rama und Lakshma auf die Dämonin Surpanaka, die sich in die jungen Männer verliebte. Die beiden wiesen sie jedoch zurück und verspotteten sie. Nach Rache dürstend machte sich Surpanaka auf die Suche nach ihrem Bruder Ravana, dem mächtigen Dämon, Herr der Insel Lanka und ein unbesiegbarer Krieger mit tausend Köpfen. Surpanaka kannte die Vorliebe ihres Bruders für hübsche Frauen und beschrieb ihm listig Sitas Schönheit, woraufhin Ravana beschloss, sie zu entführen. Er schickte eine Gazelle mit goldenem Fell, um Ramas und Lakshmas Jagdfieber zu wecken und die beiden Männer von Sita wegzulocken. Kaum waren sie davongeeilt, näherte sich Ravana der Frau, die jedoch in einem magischen Schutzkreis stand. In Gestalt eines alten Asketen brachte Ravana Sita dazu, aus dem Kreis zu treten und entführte sie. Nach ihrer Rückkehr waren die beiden Brüder so verzweifelt über Sitas Verschwinden, dass sie Sugriva, den König der Affen, und seine Armee um Hilfe baten.

Auf der Insel Lanka entdeckte Hanuman, der fliegende Minister des Affenkönigs, Sita, die sich bisher Ravanas Annäherungsversuchen widersetzen konnte. Nachdem Ravana von Brahma erwischt worden war, als er versuchte eine Nymphe zu vergewaltigen, und der Herr der Götter ihm gedroht hatte, er werde ihm seine tausend Köpfe abschlagen, falls er je wieder einer Frau Gewalt antäte, wagte Ravana nicht mehr, sich einfach zu nehmen, wonach ihm verlangte.

Nun, da Rama wusste, wo Sita sich aufhielt, kam es zum Kampf zwischen Rama und Ravana, aus dem Rama als Sieger hervorging und im Triumph nach Ayodhya zurückkehrte. Sita jedoch, die Gefangene eines anderen Mannes gewesen war, musste ihre Unversehrtheit durch eine Feuerprobe beweisen. Der Gott des Feuers verkündete die Keuschheit der Königin und sie durfte zu ihrem Gemahl zurückkehren. Kurz darauf erfuhr Rama jedoch, dass sein Volk abermals Sitas Treue infrage stellte und er fühlte sich gezwungen, sie zu verstoßen. Sita fand Zuflucht in der Hütte des weisen Einsiedlers Valmiki (des Autors des „Ramayana") und brachte dort die Zwillinge Ramas zur Welt.

Einige Jahre später trafen die Jungen ihren königlichen Vater und beeindruckten ihn durch ihr würdevolles Auftreten. Als Rama sie nach ihrer Herkunft befragte, erfuhr er, dass sie seine Kinder waren und nahm sie mit an seinen Hof. Er war auch bereit, Sita wieder aufzunehmen, unter der Voraussetzung, dass sie sich noch einmal einem Keuschheitstest unterzog. Dieses Mal jedoch flehte Sita die Erde an, sie als Zeichen ihrer Unschuld zu verschlingen, was auch geschah, woraufhin Rama in tiefe Trauer versank. Doch dann vernahm er eine himmlische Stimme. Sie erzählte ihm, er sei die Inkarnation des Gottes Vishnu und Sita sei Lakshmi, seine göttliche Gemahlin, und sie würden beide im Himmel wieder vereint werden.

Vom indischen Volk heiß geliebt, repräsentieren die Hauptpersonen des „Ramayana" archetypische Helden: der perfekte Herrscher, die tugendhafte Gemahlin, der loyale Bruder, der hingebungsvolle Freund und der grimmige Schurke. So wurden sie jahrhundertelang in den Darstellungen an den Tempelwänden verewigt, wodurch zugleich eine unmittelbare Verbindung mit dem fundamentalen Mythos der Hindu entstand.

70 links Krishna, eine Inkarnation Vishnus, wird nicht nur im „Mahabharata" (4. Jahrhundert v. Chr.–4. Jahrhundert n. Chr.) verherrlicht, sondern auch in den jüngeren mythisch-rituellen Texten, den „Puranas". Diese Szene stammt aus einem Manuskript des „Bhagavatapurana" und zeigt den Gärtner Sudama, der Krishna einen Blumenkranz überreicht. Der Gott, dessen Name „der Schwarze" bedeutet, ist mit dunkler Hautfarbe dargestellt. Hinter ihm steht sein Bruder Balarama.

70 rechts Diese Bronze der Cholas aus dem 10. Jahrhundert (Ethnographisches Museum, Genf) zeigt Sita, die tugendhafte Gemahlin König Ramas. Sie wurde nicht natürlich geboren, sondern entsprang einer Ackerfurche, als König Janaka sein Feld bestellte – offensichtlich eine Repräsentation der Großen Göttin. Von dem Dämon Ravana entführt, wurde Sita von ihrem Gatten zunächst befreit, doch dann verstoßen. Sie war von ihm schwanger und gebar in der Verbannung (in der Hütte Valmikis, der zugleich als Autor des „Ramayana" gilt) Ramas Zwillingssöhne. Ebenso wie Rama als Inkarnation von Vishnu gilt, wird Sita als Inkarnation von Vishnus Gattin Lakshmi betrachtet. Rama verkörpert den Prototyp des tapferen Königs, während Sita die Erde und das Königreich symbolisiert.

71 Die sechste und die siebte der zehn bekannten Inkarnationen Vishnus waren Versionen König Ramas: Ramacandra, der Held des „Ramayana", und Parashamura, der in dieser Bronze der Cholas mit seiner Streitaxt (parashu) dargestellt ist (Ethnographisches Museum, Genf). In einer Episode des „Ramayana" erkennt Parashamura die Überlegenheit Ramacandras an.

Die Reise der Menschheit

Gemäß der traditionellen Auffassung der Hindu, lenkt jedes Individuum sein Schicksal durch seine Taten, deren Akkumulation letztendlich die Gestalt zukünftiger Wiedergeburten, von der Pflanze bis zum Gott, bestimmen. Das Samsara, der endlose Kreislauf von Tod und Wiedergeburt, ist jedoch im „Veda", den ältesten heiligen Schriften Indiens, nicht zu finden. Vermutlich stammt dieser Glaube aus der drawidischen Zeit, noch vor dem Eindringen der Arier.

Der Glaube an die Wiedergeburt schlug im 6. Jahrhundert v. Chr. tiefe Wurzeln. Dies war die Epoche, in der Buddha geboren und die ersten metaphysischen und philosophischen Texte geschrieben wurden. Es handelte sich bei der Reinkarnation jedoch keinesfalls um ein positives Phänomen. Die Rückkehr ins Leben bedeutete Einschränkungen, Leid, Tod und eine an Materie gebundene Seele. Daher versuchte man schon bald, die Effekte der Handlungen zu neutralisieren, die das Karma blockierten. Da eine völlige Inaktivität unmöglich war, bemühte man sich, in einem Bewusstseinsprozess, der durch Rituale kontrolliert, von Hingabe inspiriert und durch Wissen erleuchtet wurde, seinen Taten eine neue Bedeutung zu verleihen. Karmamarga, Bhaktimarga und Jnanamarga (der Pfad von Ritual, Hingabe und Wissen) waren die drei Möglichkeiten, das Leben zu transformieren und *moksha* (Befreiung) von materiellen Fesseln sowie von dem schmerzhaften und fortwährenden Kreislauf von Leben und Tod zu erlangen. Der Weg dorthin wurde in einem System definiert, das für die Brahmanen Lebensstandard war, aber auch von anderen Kasten zumindest teilweise befolgt wurde.

Das System legte zugrunde, dass ein Mann vier Stufen durchlebt:

1. Kindheit und Jugend. Der Heranwachsende wird unter Aufsicht eines Guru (religiöser Lehrer) gestellt und praktiziert Keuschheit.
2. Der Junge tritt durch Heirat offiziell in die Gemeinschaft ein und wird Ehemann, Vater und *grihastha* (Hausherr), der für das Wohlergehen der Familie verantwortlich ist.
3. Wenn der Mann zum ersten Mal Großvater eines Jungen wird, muss er sich als Hausherr zurückziehen und *vanaprashta* (Eremit) werden.
4. Die letzte Lebensstufe dient der Vorbereitung auf den Tod. Der Mann führt das Dasein eines Sanyasi (umherwandernder Asket), der von Almosen lebt und frei von allen weltlichen Dingen ist.

Ein wichtiger Punkt auf diesem Pfad war das *upanayana,* das Brahmanen mit acht Jahren ereilte, Kshatriyas mit elf Jahren und Vaishyas mit zwölf Jahren. Der Knabe wurde dabei der Obhut eines Gurus anvertraut, der das *yajnopavita,* das heilige blaue Band, von der linken Schulter des Jungen nahm und an dessen rechter Hüfte befestigte. Diese Handlung stand als Symbol für *dvija,* eine zweite Geburt, und konnte nur von Angehörigen der ersten drei Kasten empfangen werden.

Auf jeder Stufe sollten bestimmte Ziele erreicht werden: Als Brahmacari musste der Knabe das Dharma studieren, jene Regeln, die jeder Lebensform innewohnen und eine Garantie für das harmonische Zusammenleben sind. Als Familienoberhaupt wurde vom Mann erwartet, dass er nach Artha und Kama strebte (materiellen Wohlstand und sexuelles Vergnügen). Reife und der allmähliche Rückzug von den weltlichen Freuden führten zum Verlangen nach Moksha (Befreiung), was im Alter und in der Stufe als umherwandernder Asket letztendlich das einzige Ziel war.

Das Leben eines Hindu wurde von der Empfängnis bis zum Tod durch eine aufeinander folgende Reihe von Zeremonien bestimmt. Die bei der Geburt durchgeführten Rituale sollten das Neugeborene vor negativen Einflüssen schützen. Man glaubte,

72 links Das Rad hat unterschiedliche symbolische Bedeutungen. Im „Brhadaranyaka Upanishad" aus dem 4. Jahrhundert findet man den Vers: „Wie alle Speichen an Nabe und Reifen eines Rades befestigt sind, sind alle Lebewesen im Ersten Prinzip fixiert …" (2,5; 15). Die Existenz ist ein Kreislauf an Wiedergeburten, bis es gelingt, die Seele mithilfe des Karmas zu befreien. Das Rad auf dem Foto ist eine Skulptur an einem Tempel in Orissa (13. Jahrhundert).

72 rechts Diese Lotosblume stammt von der Balustrade des Stupas Nr. 2 in Sanchi und symbolisiert die spirituelle Auferstehung. Der Teich, in dem ihre Wurzeln wachsen, repräsentiert die profane Welt, in der sich der Mensch seinen Leidenschaften hingibt. Die Blätter auf der Wasseroberfläche stehen dagegen für das Erwachen des Verständnisses und die beginnende Transformation. Die Blüte im vollen Sonnenlicht symbolisiert die Erleuchtung.

73 oben Die Kletterpflanze auf der Balustrade des Stupas von Bharhut (Indisches Museum, Kalkutta) steht für die Erfüllung aller Wünsche und die Vervollkommnung der Existenz.

73 unten Das Gebet spielt in der indischen Spiritualität eine bedeutende Rolle, wie diese Figur im Sonnentempel von Konarak verdeutlicht. Die Sonne stellt hier das Licht der Erkenntnis dar.

dass die Seele einer Person auch über ihren Namen erreicht werden könne, deshalb durfte der Vater den wahren Namen eines Säuglings nur in dessen Ohr flüstern und man verwendete im Babyalter einen Ersatznamen für das Kind. Die Eheschließung war ebenfalls geprägt von Zeremonien, die im rituellen Gang der Frischvermählten um das heilige Feuer gipfelte, wobei das Brautpaar mit Teilen seiner Kleidung aneinander gebunden wurde. Der Tod galt als ein Ereignis, bei dem die Hinterbliebenen sich der Gefahr der Verunreinigung aussetzten. Der Transport des Leichnams zum Friedhof, seine Einäscherung und die Rückkehr der Hinterbliebenen nach Hause wurden daher von zahlreichen Reinigungsritualen begleitet.

In vedischer Zeit überließ man den Leichnam offensichtlich den wilden Tieren oder man bestattete den Verstorbenen unter einem Erdhügel. Später ging man dazu über, den Leichnam auf dem Scheiterhaufen zu verbrennen und die Asche über einem Fluss zu verstreuen. Vor allem bei den Armen, die sich das Holz für den Scheiterhaufen nicht leisten konnten, war es jedoch üblich, den Leichnam dem Fluss anzuvertrauen, wo er von Krokodilen und Schildkröten gefressen wurde. Kleine Kinder, spirituelle Meister und die Toten einiger orthodoxer Randgruppen der Hindu wurden dagegen stets beerdigt.

Himmel und Hölle waren im Volksglauben eine Projektion weltlicher Freuden und Qualen, während das höchste Ziel der spirituelleren Menschen die Loslösung vom Samsara und die Befreiung der Seele war. Das Leben im Jenseits wurde von den verschiedenen religiösen und philosophischen Gruppen auch unterschiedlich interpretiert. Für die einen war es eine Begegnung mit dem Göttlichen in Form von Shiva, Vishnu oder der Großen Göttin, für die anderen die Rückkehr zu Brahman, dem Absoluten. Ungeachtet aller Unterschiede teilten jedoch alle die gleiche Überzeugung: Es existiert eine andere Dimension und es ist möglich, sie zu erreichen.

Die streng patriarchalische Hindugesellschaft begründete sich auf Blutlinien, die wiederum von mythischen Vorfahren abstammten, und wurde durch eine hierarchische Kastenordnung *(varna)* geregelt. Unter Führung des Vaters umfasste eine Familie alle Söhne – verheiratete und unverheiratete – sowie die unverheirateten Töchter.

Der Einfluss der Frau in der Gesellschaft wurde immer stärker eingeschränkt. In vedischer Zeit durften die Frauen noch studieren, über heilige Themen diskutieren und ihre Meinung zu ihrer Verheiratung äußern. Etwa ab der Mitte des 6. Jahrhunderts v. Chr. zeigte sich jedoch eine starke Tendenz zu einer misogynen Gesellschaft. Es wurden Gesetze verabschiedet, die die Frauen unter ständige männliche Begleitung und Bewachung stellten – Vater, Ehemann oder älterer Bruder – und ihnen jegliche Entscheidungsfreiheit absprachen.

Aufgrund ihrer Neigung zur Lüsternheit wurden die Mädchen sehr früh verheiratet, manchmal schon im Kindesalter. Es gab acht Arten von Eheschließungen: die brahmanische Hochzeit, bei der der Vater seine Tochter einem Bewerber seiner Wahl anbot; die Hochzeit der Götter, bei der das Mädchen dem amtierenden Priester überlassen wurde; die Prajapati, benannt nach einer alten vedischen Gottheit, bei der es keinen Ehevertrag und keine Mitgift gab; die Hochzeit der weisen Männer, bei der der Bräutigam dem Vater der Braut Geschenke übergab; die Hochzeit der Asuras (Dämonen), bei der das Mädchen gekauft wurde; die Hochzeit der Gandharva (Halbgötter in Wasser und Luft), bei der die heimliche Vereinigung eines jungen Paares bei gegenseitigem Einverständnis anerkannt wurde; die Hochzeit des Rakshasa (eine Art mythisches Monster), bei der die Braut entführt wurde, und die Hochzeit der Pishacas (Geister, die auf Friedhöfen spuken), die in etwa einer Vergewaltigung entsprach. In der Kriegerkaste war außerdem das *svayamvara* üblich, ein Pferderennen, bei dem der Gewinner die Hand des Mädchens erhielt.

Ehefrauen schuldeten ihren Männern strengen Gehorsam, da diese als eine Art Gott galten. Mit dem Sati-Ritual ging man in der Kriegerkaste und in königlichen Kreisen sogar so weit, dass sich die Ehefrau mit ihrem toten Gemahl auf dem Scheiterhaufen verbrennen lassen musste. Den ersten Hinweis auf diesen Brauch lieferte eine Inschrift aus Uttar Pradesh, die aus dem Jahr 510 datiert. Das Sati-Ritual war in Indien weit verbreitet, ehe es die Briten im Jahr 1829 verboten. Häufig wurde die Ehefrau von der Familie ihres Mannes auch ausgebeutet oder, falls sie verwitwet war, misshandelt und Erniedrigungen ausgesetzt. Die Religion gestattete den Frauen dagegen eine gewisse Freiheit: Die tugendhafte Sati war eine Inkarnation der Shakti (Urkraft, die meist als weibliche Gottheit dargestellt wird) und man glaubte, dass jede Frau, die dem Pfad der Sati folgte, dereinst den Status einer Göttin erhalten würde.

74 Diese Szene an der Balustrade des Stupas von Bharhut (1. Jahrhundert) zeigt ein Ehepaar, das sich um seine Kinder kümmert. Mutterschaft spielte im Alltag eine wichtige Rolle, in der Welt der Götter war sie dagegen von geringer Bedeutung. Während die Geburt eines Sohnes für jedes Paar das oberste Ziel war, hielten die Götter das unbeschreibliche Vergnügen des „zwei in Einem" für bedeutender als die Geburt.

74–75 Das Relief in der Höhle Nr. 29 in Ellora zeigt unter anderem eine Szene, in der Shiva und Parvati in ihrem Palast auf dem Berg Kailasha sitzen, während der tausendköpfige Dämon Ravana versucht, den Berg zu erschüttern. Heiter und hieratisch wirkend stellen Shiva und Parvati das perfekte Paar dar. Ehen zwischen den Familien einer Kaste waren für die Solidität und die Balance der Hindugesellschaft unerlässlich.

Jede Familie gehörte einer Kaste an, die deren hierarchische Stellung in der Gesellschaft bestimmte. Die erste Kodifizierung der Kastenordnung findet man im 90. Gesang des „Rigveda", des ersten Buches des „Veda". Hierbei handelte es sich um eine Sammlung poetischer Anrufungen der Götter bei rituellen Zeremonien, die um 1500 v. Chr. von Propheten zusammengetragen wurden. Dieser spezielle Gesang namens „Purushasukta" erzählt davon, wie nach der Opferung des mythischen Riesen Purusha aus seinen verbrannten Gliedern das Universum mit der Kastenordnung entstand. Die Brahmanen (Priesterstand) entsprangen aus dem Mund des Riesen, die Kshatriyas (König, Krieger- und Adelsstand) aus seinen Armen und die Vaishyas (Händler- und Bauernstand) aus seinen Beinen. Die Shudras entsprangen aus den Füßen des Riesen und waren daher dazu bestimmt, den anderen Kasten zu dienen.

Die Verteilung von Pflichten scheint ein Charakteristikum indogermanischer Völker gewesen zu sein, das heißt von Nomadengruppen ungewisser Herkunft mit ähnlichen Sprachen, wie Lateinisch, Germanisch, Altpersisch oder Sanskrit. Ihre Götter waren in drei Kategorien unterteilt: die Götter der Priesterschaft, die Götter des Krieges und die Götter, die mit der Lebensmittelproduktion zu tun hatten. Hierin spiegelt sich auch die Unterteilung der Gesellschaft in Individuen wider, von denen die einen die Verbindung zwischen Mensch und Gott darstellten, die anderen das Volk verteidigten und wieder andere die Ernährung des Volkes sicherten. Die vierte Kaste ist offensichtlich erst nach Ankunft der Arier entstanden, denn sie umfasste die einheimischen indischen Völker, die erobert und unterworfen worden waren. Auf die Unterteilung in Rassen scheint der Begriff *varna* in der Bedeutungen „Farbe" hinzuweisen. Im „Rigveda" heißt es, dass die Arier helle Haut hatten, die Eingeborenen dagegen dunkelhäutig und stupsnasig waren.

Die vier Kasten der vedischen Zeit hatten sich im Lauf der Jahrhunderte in territoriale Zweige gegliedert, die schon fast Unterkasten bildeten und *jatih* („Geburt", „Gattung") genannt wurden. Auch sie waren hierarchisch organisiert und hatten sich auf bestimmte Berufe spezialisiert, denen jeweils ein gewisser Grad an Reinheit zugeordnet wurde. Reinheit war unerlässlich für die Ausübung religiöser Rituale und für die Verbindung zum Göttlichen. Daher mussten sich die Brahmanen, die die religiöse Erkenntnis besaßen, viele Einschränkungen auferlegen, um sich ihre Reinheit zu bewahren. Jede Kaste schützte ihren Reinheitsgrad, indem sie Endogamie praktizierte, das heißt, Eheschließungen fanden nur innerhalb der Gruppe statt, jedoch nie innerhalb der Verwandtschaft. Da Polygamie erlaubt war, galten die Regeln der Endogamie nur für die erste Ehe. Bei allen anderen Eheschließungen konnte die Frau sogar aus einer niedereren Kaste stammen.

Nahrung war ein weiteres Element, das die Polarität von Reinheit und Unreinheit reflektierte. Sowohl die Zubereitung als auch der Verzehr waren strengen Regeln unterworfen. So galten zum Beispiel rohe Nahrungsmittel als ungefährlich, während gekochte Speisen durchaus unrein sein konnten, da sie von Menschen angefasst worden waren. Wasser konnte ebenfalls unrein sein und musste mit besonderer Aufmerksamkeit gereicht und angenommen werden. Zugleich diente Wasser jedoch der Reinigung: Benetzen, Waschen und das Bad in Flüssen spielten bei indischen Ritualen oft eine entscheidende Rolle.

Das Charakteristikum jeder Kaste war die Tatsache, dass sie eine spezialisierte Gruppe umfasste, die einen bestimmten Beruf ausübte, der wiederum vom sozialen Status bestimmt wurde, wobei das Individuum keinerlei Wahlmöglichkeiten besaß. An der Spitze der Pyramide standen die Brahmanen, die für den Erhalt und die Verbreitung des religiösen Wissens verantwortlich waren. Eine Erklärung für das Einrichten von Kasten scheint zu sein, dass die Brahmanen als Vermittler zwischen Gott und Mensch möglichst rein sein mussten. Wer einen Beruf in der Nähe einer unreinen Quelle ausübte, galt selbst als unrein und wurde in der niedersten Kaste (oder sogar außerhalb der Ordnung) eingestuft. Als unrein galt außerdem, wer aufgrund seines Berufes in Kontakt mit Körpersekreten oder Schmutz kam (zum Beispiel Wäscher und Toilettenreiniger) und wer mit gefahrvollen Ereignissen wie Geburt und Tod (zum Beispiel Hebammen und Totengräber) oder mit toten Tieren, insbesondere mit Kühen (wie Metzger und Seilmacher), zu tun hatte. Diese Arbeiten mussten die Unberührbaren verrichten, jene große Gesellschaftsgruppe, der das Gesetz kaum Rechte zusprach.

76 Angeblich soll Vishnu die Entstehung der Kastenordnung unterstützt haben. In dieser Darstellung sitzt der Gott auf Shesha, der Weltenschlange. Die Szene ist Teil eines Reliefs am Dashavatara-Tempel in Deogarh, der im 6. Jahrhundert erbaut wurde.

76–77 Dieser Kopf aus poliertem grauem Stein (3. Jahrhundert v. Chr.) stammt aus Sarnath. Vermutlich zeigt er einen Kshatriya , einen Angehörigen der zweiten Kaste. Es könnte sich aber auch um einen Vaishya handeln, einen Angehörigen der dritten Kaste, die in shreni, *einflussreiche Berufsgilden, eingeteilt war.*

77 *Die Reliefs am Großen Stupa von Sanchi (1. Jahrhundert) zeigen Prozessionen mit Elefanten, Kamelen, Adeligen und Kaufleuten, eine Referenz an die reiche Karawanenstadt Vidisha, deren Bewohner entscheidend zur Errichtung dieser berühmten buddhistischen Stätte beitrugen. Das Unternehmertum der Kaufleute, die in eskortierten Gruppen reisten, um die Gefahr von Überfällen gering zu halten, wird auch außerhalb Indiens in Inschriften gewürdigt.*

Die Verteilung der Arbeit auf die Kasten und die Tatsache, dass die Berufe über Generationen weitergegeben wurden, führten zur Entstehung einflussreicher Berufsgilden *(shreni)*, die in Politik und Gesellschaft eine wichtige Rolle spielten.

Jede Gilde wurde von einem Vorsitzenden und von einem Rat geleitet, besaß ihr eigenes Siegel, ihre eigenen Vorschriften und auch eine Miliz, die für Ordnung und Schutz sorgte. Oftmals fungierte die Gilde auch als Bank und sie stellte dem König im Kriegsfall Söldner zu Verfügung. Ihr wirtschaftlicher Einfluss verlieh den *shreni* einen Grad an Anerkennung, den ihnen die Kastenordnung verweigerte. Die bekanntesten Gilden bildeten die Weber, die Färber, die Zimmerleute, die Gärtner und Girlandenmacher, die *puga*-Zubereiter (eine Art Roulade aus Arekanüssen, die gekaut wurden), die Elfenbeinschnitzer und insbesondere die Händler, die in Indien und in anderen Ländern sakrale Gebäude errichten ließen. Viele Karawanen folgten der Seidenstraße, die von Syrien über die Berge Afghanistans, durch die Oasen des Tarim-Beckens und durch die Gobi bis nach China führte. Seewege brachten die Handelsschiffe nach Indochina und nach Südostasien, wo man ebenfalls Inschriften indischer Händler fand.

Trotz der Tatsache, dass die Hierarchie der indischen Gesellschaft auf ritueller Reinheit basierte, waren finanzielle und physische Macht zwei Faktoren, mit denen die Brahmanen zu kämpfen hatten. So kam es, dass die Kriegerkaste eine Position einnehmen konnte, die sie normalerweise nie erreicht hätte, da Blutvergießen als unrein galt. Die Kshatriyas töteten, jagten, aßen Fleisch, tranken Alkohol und waren alles andere als keusch. Aber weil sie stark waren, besaßen sie große politische Macht. Im Gegensatz zu ihnen durften die Brahmanen, um ihre Reinheit zu erhalten, keinerlei Gewalt anwenden. So einigten sich die beiden Kasten auf einen Kompromiss, bei dem die Krieger ihr gewalttätiges Benehmen wieder gutmachten, indem sie die Brahmanen beschützten. Als Ausgleich dafür, dass der König den Brahmanen Ländereien überließ, erhielt er von ihnen die offizielle Amtseinsetzung, die wiederum als Legitimation für die Anwendung königlicher Gewalt zur Aufrechterhaltung von Recht und Ordnung (die auf der brahmanischen Kultur basierten) galt. Da die Krieger einer niedereren Kaste angehörten, unterwarfen sie sich den Brahmanen in einem Ritual. Die Folge dieser Abmachungen war, dass die Brahmanen zwar in politischer und ökonomischer Hinsicht vom Herrscher und den Kshatriyas abhängig waren, jedoch in religiösen Angelegenheiten als oberste Autorität galten. Auf diese Weise wurden weltliche und religiöse

78 oben Dieses Relief aus dem 2.–3. Jahrhundert (R.-Freschi-Kunstsammlung) handelt von der ersten und der letzten Stufe im Leben eines Hindu: Der linke Abschnitt zeigt mehrere Brahmacarin (brahmanische Studenten), der rechte dagegen zwei Sanyasin (umherwandernde Asketen).

78 unten Diese jungen Männer sind im Dashavatara-Tempel in Deogarh zu sehen und stellen vermutlich Kshatriyas dar. Bemerkenswert sind die Phalli, eine ikonographische Eigenheit, die später verschwand.

Bestandteile der Regierung getrennt und die beiden Kasten konnten gemeinsam die niederen Stände kontrollieren.

Hinweise auf die Kastenordnung liefern auch nicht indische Quellen, wie zum Beispiel der Bericht des Megasthenes über Pataliputra, die Hauptstadt des Maurya-Reiches. Der Grieche beschreibt darin sieben Berufsgruppen: Philosophen, mit denen zweifellos die Brahmanen gemeint waren, Bauern, Viehzüchter und Handwerker (Vaishyas), Krieger (Kshatriyas), Magistrate (vermutlich geheime Gesandte des Königs bei Verhandlungen) und Ratsherrn (Beamte in der staatlichen Bürokratie). Megasthenes berichtet außerdem, dass es keine Sklaverei gebe, was sich jedoch als Irrtum erwies. In indischen Gesetzestexten ist von dieser Institution durchaus die Rede. Es heißt darin, Sklaven (meist Hausdiener) seien von Geburt an Sklaven, zum Beispiel wegen einer nicht bezahlten Schuld, aber sie hätten die Möglichkeit, sich freizukaufen. Es ist unwahrscheinlich, dass die Sklaven für die schwere Arbeit bei öffentlichen Bauten eingesetzt wurden, wie es in Rom und Griechenland der Fall war. Sie galten jedoch als Unberührbare und einige von ihnen wurden so von der Gesellschaft ausgeschlossen, dass sie nur nachts umhergehen durften, damit sie niemanden durch ihren Anblick unrein machen konnten.

79 Diese Kassette ziert ein Kreis aus Kriegern, die mit Schwertern bewaffnet sind. Sie gehörte zur Decke eines Tempels in Nordwestindien (8. Jahrhundert) und befindet sich heute im Ashmolean Museum in Oxford. Die wichtigste Aufgabe der Kshatriyas war der Schutz des Volkes, aber häufig setzten sie auch Gewalt ein, um das Vermögen der niederen Kasten zu erpressen. Die Kshatriyas hatten meist mehr als eine Ehefrau , wobei nur die erste Gemahlin aus der eigenen Kaste stammen musste.

Mönchtum und Askese

Das Erkennen der Unterschiede zwischen den Menschen und die Unausgewogenheit einer manifestierten Welt, die von Dualismus geprägt war, führte zur Erschaffung einer Kastenordnung und somit einer hierarchischen Gesellschaft. Das Individuum spielte in dieser Kastenordnung kaum eine Rolle, es hatte lediglich die vorgeschriebenen familiären und sozialen Funktionen zu erfüllen. Innerhalb dieses Rahmens war es dem Individuum jedoch gestattet, sich einer Philosophie zuzuwenden oder einer Reli-

gion anzugehören, so lange es dadurch nicht in Konflikt mit den Vorgaben seiner Kaste geriet.

Wenn sich allerdings ein Mann entschloss, das Leben eines Asketen zu führen, als Mitglied einer religiösen Gemeinschaft oder als Eremit, war er nicht länger an die Regeln der Kaste gebunden. Im 6. Jahrhundert v. Chr. stieg die Zahl der Männer, die aus der Gesellschaft ausschieden, um den Weg des Asketen zu gehen, sprunghaft an, vermutlich verursacht durch die rigide Autorität der Brahmanen. Zu dieser Zeit wurden auch die beiden größten spirituellen Führer Indiens geboren: Siddhartha und Mahavira.

Der Mann, der einst Buddha werden sollte, erblickte um 560 v. Chr. das Licht der Welt. Er wurde in der Nähe von Kapilavastu geboren, der Hauptstadt der Shakya-Dynastie, an den Ausläufern des Himalaja. Die Geburt wurde seiner Mutter, der Königin, in einem Traum angekündigt. Als das Baby

80 links Dieser Stuckkopf aus Gandhara stellt Buddha dar, eine historische Person, die im 6. Jahrhundert v. Chr. geboren wurde. Für Buddha galt das Festhalten an weltlichen Gütern als Ursache allen Leidens, das Loslassen dagegen als Weg zur Erlösung.

80 rechts Königin Maya war die Gattin von Shuddhodana, dem Herrn der Shakya-Dynastie. Sie hatte einen Traum, in dem ein weißer Elefant mit dem Rüssel ihre rechte Hüfte berührte. Dies interpretierten die Weisen bei Hofe als Ankündigung der Geburt eines Wunderkindes, das entweder ein Weltherrscher werden würde oder ein Buddha, der Erlöser der Menschheit. Der Traum ist auf der Balustrade des Stupas von Bharhut aus dem 1. Jahrhundert v. Chr. dargestellt (Indisches Museum, Kalkutta).

81 Königin Maya gebar den zukünftigen Buddha aus ihrer rechten Hüfte, als sie im Lumbini-Park, nahe Kapilavastu, der Hauptstadt der Shakyas, nach einem Baum griff. Da der Baum die Weltachse repräsentierte und außerdem als Bindeglied zwischen Himmel und Erde galt, verlieh er dem Ereignis etwas Sakrales. Die Götter nahmen das Kind ehrfurchtsvoll auf und wickelten es in prächtige Tücher, wie man auf diesem Relief aus Gandhara erkennen kann (Ashmolean Museum, Oxford).

geboren wurde (aus der rechten Hüfte der Mutter), trug es die prophetischen Male des Erleuchteten und die eines Weltherrschers. Sein Vater, Oberhaupt einer Kriegerfamilie, beschloss, das Kind selbst großzuziehen, damit kein spirituelles Ereignis seine asketische Berufung wecken würde. Unter dem Namen Siddhartha („der sein Ziel erreicht hat") Gautama (vom Namen seiner Familie, Gotama, abgeleitet) wuchs der Knabe, abgeschieden von der Realität des Lebens, in einem luxuriösen Palast auf und wurde im Alter von 16 Jahren mit seiner Cousine Yashodhara verheiratet. Neugierig auf die Welt außerhalb seines goldenen Käfigs schlich er sich jedoch eines Tages verkleidet aus dem Palast und traf auf vier Personen, die sein Leben grundlegend verändern sollten: ein seniler Greis, ein Kranker, eine Leiche und ein Asket. Während ihm die ersten drei enthüllten, wie leidvoll das menschliche Dasein sei, zeigte ihm die Entrücktheit und Heiterkeit des Asketen das Heilmittel gegen die Sorgen des Lebens.

Siddhartha verließ den Palast und seine junge Frau, die ihm gerade einen Sohn geboren hatte, und begann seine Reise auf der Suche nach Wahrheit. Als er keine Antworten auf seine existenziellen Fragen erhielt, beschloss er, dem Pfad zu folgen, der spirituellen Pilgern wohlbekannt ist: die Selbstkasteiung. Schon bald erkannte er, wie sinnlos es ist, den Körper mit Schmerzen und Fasten zu quälen, da es ihn an die Schwelle des Todes gebracht hatte, ohne ihm jedoch Erkenntnis zu schenken. Also gab er dieses Vorgehen auf und versuchte, in sich hineinzublicken. Er setzte sich unter einen *ashvatta* – einen Bodhi-Baum, der als Symbol des himmlischen Baumes gilt, um den sich das ganze Universum dreht – und versank in tiefe Meditation, während der er sogar unempfänglich war für die Schmeicheleien und Drohungen von Mara, dem Versucher und Teufel. Schließlich gewann Siddhartha die Erleuchtung und wurde zu Buddha („der Erwachte" oder „der Erleuchtete").

Als Buddha vor der Wahl stand, in das freudvolle Nirvana einzugehen oder auf der Welt zu bleiben und andere auf den Pfad der Erleuchtung zu führen, entschied er sich für die zweite Möglichkeit und predigte mehr als 40 Jahre auf seinen Reisen durch die Königreiche Nordindiens, bis er um 480 v. Chr. starb. Seine Anhänger waren überwiegend Kshatriyas oder Vaishyas, da sie die größten Antipathien gegen die Arroganz und den Dogmatismus der Brahmanen hegten. In den folgenden 200 Jahren erlebte die Mönchsgemeinschaft, die Buddha gegründet hatte, stürmische Zeiten, da sie nun ohne ihren charismatischen Führer auskommen musste. Im 3. Jahrhundert v. Chr. wurde das Tipitaka („Dreikorb"), der Kanon der heiligen Schriften des Buddhismus festgelegt. Nach Jahrhunderten des Wohlstandes, in denen sich der Buddhismus über die Karawanenstraßen und Seewege in ganz Asien ausbreiten konnte, führten das Eindringen der Hunnen und der Mongolen sowie die Ankunft der Moslems im 12. Jahrhundert zu seinem Niedergang. Mit dem Verschwinden der großen Reiche, die Handel und Siedlungen beschützt hatten, wurde das Leben in den klösterlichen Gemeinschaften zunehmend härter. Die Mönche waren stets den Händlern gefolgt, hatten ihre Lehren verkündet und entlang der Handelsstraßen Klöster errichtet, um darin

geln legte als auf metaphysische Spekulationen und Mystizismus, befürwortete er existenzielle Modalitäten von großer Einfachheit, die das Fundament für den Theravada-Buddhismus („Weg der Älteren") legten. Die Tatsache, dass der Erleuchtete nie über grundlegende Themen, die die Seele und Gott betreffen, gesprochen hatte, kombiniert mit dem Wunsch nach einem philosophischen und religiösen Rahmen, führten zur Entwicklung des Mahayana, des „großen Fahrzeugs (der Erlösung)", um den Bedürfnissen des buddhistischen Laienstandes

82 oben Buddha hielt seine erste Predigt im Wildpark in Sarnath, man sagt auch „er setzte das Rad der Lehre in Bewegung" (Dharma). Dieses Relief vom Eingang des Großen Stupas von Sanchi (1. Jahrhundert) gibt diese Szene wieder. In der buddhistischen Welt gilt das Rad als Symbol für die Predigten des Erleuchteten und für den achtfachen Pfad, der das Leben beschreibt, das letztendlich ins Nirvana führt, den erstrebenswerten Zustand völliger Ruhe.

82 unten Dieses Relief aus Gandhara (3. Jahrhundert) zeigt Siddhartha, der sein Ehebett verlässt und sich aus dem Haus schleicht. Sein Pferd wird von einem Kobold geführt, damit es sich ruhig verhält (R.-Freschi-Kunstsammlung).

Reisende willkommen zu heißen. Als der Handel immer riskanter wurde, nahm die Zahl der Städter, die damit zu tun hatten und unter denen die Mönche ihre größte Anhängerschaft hatten, stark ab. Da der Großteil der Inder auf dem Land lebte und die Dörfer dem Hinduismus zugetan waren, verschwand der Buddhismus, der dem Hinduismus in Form und Inhalt sehr nahe gekommen war, allmählich aus Indien.

Die Essenz von Buddhas Lehren verkörpern die „vier edlen Wahrheiten":
1. Alles Dasein ist unablässigem Leiden unterworfen.
2. Die Ursache des Leidens ist Verlangen.
3. Die Beseitigung des Verlangens hebt das Leiden auf.
4. Das Verlangen kann systematisch beseitigt werden, wenn man dem edlen achtfachen Pfad folgt: rechte Ansicht und rechtes Denken, rechte Rede, rechtes Handeln und Leben, rechtes Streben, rechte Wachsamkeit und Sammlung. Der materiellen Welt des Leidens steht das Nirvana gegenüber, das nicht definierbar ist, da es außerhalb des menschlichen Verständnisses liegt. Nur ein Mönch, der durch ein hingebungsvolles und strenges Leben den Rang eines *arhat* (ehrwürdiger Heiliger) erreicht hat, kann ins Nirvana eingehen. Die Klostergemeinschaft war somit der fundamentale Ausdruck des Buddhismus und neben dem Dharma (der Lehre) sowie der Sangha (die Gesamtheit der Menschen, die die Lehre befolgen) eines der „drei Juwelen" dieser Religion.

Indem der Buddhismus mehr Bedeutung auf moralische Lehren und klösterliche Regeln legte als auf metaphysische Spekulationen ... gerecht zu werden, der allmählich immer größer wurde.

Nachdem der Theravada mit dem etwas abfälligen Namen Hinayana („kleines Fahrzeug") bedacht worden war, begannen die Anhänger des Mahayana zu behaupten, sie würden der wahren buddhistischen Lehre folgen und ihre esoterischeren Aspekte würden vom Theravada nicht abgedeckt. Vom 1. bis zum 4. Jahrhundert erfreuten sich beide Formen des Buddhismus gleich großer Beliebtheit, doch in den darauf folgenden 300 Jahren gewann das Mahayana die Oberhand.

Etwas weniger starr in der Auslegung der Vorschriften und Regeln und in der festen Überzeugung, dass alle Lebewesen (nicht nur der *arhat)* Erlösung finden konnten, kultivierten die Anhänger des Mahayana die

Figur des Bodhisattva („ein Wesen“, dessen Ziel „die Erleuchtung“ ist). Obwohl der Bodhisattva die Erleuchtung bereits gewonnen hat und ins Nirvana eingehen könnte, bleibt er freiwillig auf Erden, um anderen Menschen auf dem Pfad der Erlösung zu helfen. Dadurch demonstriert er in vollkommener Weise die beiden Kardinaltugenden des Mahayana: Güte und Mitgefühl. Auf diese Weise wuchsen Mystizismus und Hingabe in der buddhistischen Religion, nicht nur indem man heilige Nachfolger des göttlichen Buddha schuf, sondern auch indem man sie in unbegrenzter Anzahl vervielfältigte.

Das Aufnehmen weiblicher Gottheiten ab dem 5. Jahrhundert signalisierte das Entstehen des Vajrayana („diamantenes Fahrzeug“). Es basierte auf esoterischen Ritualen und Interpretationen, die viele erotische Elemente einschlossen. Die verschiedenen Göttinnen symbolisieren *prajna* (perfekte, intuitive Weisheit), die man durch *upaya*, die richtigen Mittel, erreicht, zu denen auch Mitgefühl und Liebe für alle Lebewesen zählen. Die Vereinigung von *prajna* und

83 oben rechts Das Leben der buddhistischen Mönche war einfach und weit entfernt von den Gefahren der Tabulosigkeit und der Selbstkasteiung. Die Mitglieder der Sangha (der buddhistischen Gemeinschaft) hatten keinen festen Wohnsitz und nur wenige persönliche Besitztümer. Sie trugen eine Art ockerfarbenen Dhoti und ein Übergewand, wie man auf diesem Abbild Buddhas (10.–11. Jahrhundert) aus Bodh Gaya erkennen kann (Ashmolean Museum, Oxford).

83 unten Dieses Relief (2.–3. Jahrhundert) aus Gandhara zeigt Buddhas Tod. Ananda, Buddhas Lieblingsschüler, liegt von Trauer übermannt am Boden, während sein Gefährte Aniruddha versucht, ihn aufzuheben. (R.-Freschi-Kunstsammlung).

83 oben links An dieser afghanischen Stele aus dem 2. Jahrhundert ist der Einfluss der Gandhara-Kunst deutlich zu erkennen. Der nachdenkliche Buddha auf diesem Relief mag Maitreya sein, der Erleuchtete der Zukunft, der im Himmel auf Tushita wartet, um auf Erden wiedergeboren zu werden (R.-Freschi-Kunstsammlung).

upaya bringt das reine und unveränderliche Wissen der Wahrheit mit sich, deren Emblem der Vajra („Donnerkeil", „Diamant") ist.

Ein Zeitgenosse Buddhas war Vardhamana Mahavira („großer Held"), besser bekannt als Jaina („Sieger"), wonach auch seine Lehre, der Jainismus, benannt wurde. Die jainistische Tradition verdankt die Verbreitung ihrer Lehre 24 mythischen Charakteren, den Tirthankara („Furtbereiter"), erleuchteten Meistern, die verkündeten, wie man den Ozean der Wiedergeburten durchschreiten und sich von der irdischen Existenz befreien konnte. Historisch belegbar sind allerdings nur zwei der Tirthankaras: Parshva und Vardhamana Mahavira, wobei Letzterer als Begründer des Jainismus gilt.

Vardhamana Mahavira wurde um 549 v. Chr. in Vaishali (nördlich von Patna in Bihar) geboren. Auch seine Empfängnis und Geburt waren von wundersamen Ereignissen begleitet. Nach zwölf Jahren strengster Askese gewann er die Erleuchtung und wurde der Jaina, der Sieger über Unwissenheit und Tod. Er gründete eine asketische Klostergemeinschaft und fand in den Kaufmannsgilden sowie in der Kriegerkaste viele Laien-Anhänger. Seine Doktrin wurde bis ins 5. Jahrhundert nur mündlich weitergegeben.

Kurz nach dem Tod Vardhamana Mahaviras (um 477 v. Chr.) kam es zur Spaltung seiner Lehre, die zu zwei Traditionen führte: die nackt gehenden Mönche der Digambara („luftgekleidet") und die weiß gekleideten Mönche der Shvetambara („weiß gekleidet"). Die Divergenzen zwischen den beiden Traditionen betreffen vor allem die Modalitäten eines asketischen Lebens, weniger die fundamentalen Inhalte der Doktrin.

Die jainistische Vision hält das Universum für real und im Gegensatz zur buddhistischen und zur hinduistischen Auffassung für ewig. Auf seinem Weg von der Vervollkommnung zur Degeneration (und umgekehrt) passiert es sechs Entwicklungsstufen. Obwohl alles, was aus Atomen besteht, ewig ist, können fundamentale Qualitäten geändert werden. Daher ist alles einem fortwährenden Prozess von Entstehen, Verändern und Zerstören unterworfen. Somit ist die Welt zugleich eines und vieles, universal und speziell, permanent und veränderlich. Das Wissen um die pluralistischen Aspekte des Daseins und deren kontinuierliche Evolution führte zu der jainistischen These, dass alle Erkenntnis relativ sei und dass alles, je nach Blickwinkel, auf sieben verschiedene Arten betrachtet werden kann.

Unbeseelter Materie und ihren Prozessen stehen die unendlich vielen *jiva* (Seelen) gegenüber, die ewig, immateriell und fähig sind – in Abhängigkeit ihrer Verdienste – Körper verschiedener Größen zu bewohnen sowie göttliche, menschliche, infernalische oder tierische Formen anzunehmen. Kommt die Seele mit der Materie in Kontakt, wird sie von Begehren erfasst und bleibt durch ihr Karma (geistige, körperliche und verbale Taten) im Kreislauf der Wiedergeburt gefangen. Um das existierende Karma auszulöschen oder um sich vor einem neuen Karma zu schützen, ist es nötig, rechtes Wissen, rechten Glauben und rechtes Verhalten zu kultivieren, die „drei Juwelen" des Jainismus. Ist die Seele vom schlechten Karma gereinigt, muss sie nicht länger wiedergeboren werden und begibt sich auf den Gipfel der Welt, den höchsten Punkt des Universums, wo sie zusammen mit den anderen befreiten Seelen in vollkommener Erfüllung existieren kann.

Da das Gesetz des Karmas das Universum und die Ziele der Menschheit erklärt, sind im Jainismus keine göttlichen Elemente nötig. Die Tirthankara sind sowohl für jene, die bereits etwas Erleuchtung gewonnen haben, als auch für die rituelle Anbetung der Mehrheit die idealen Vorbilder. Das jainistische Pantheon umfasst zwar männliche und weibliche Gottheiten, die vom Hinduismus übernommen wurden, aber sie werden nur als eine Art Hilfe für diejenigen betrachtet, die noch in der Menschenwelt gefangen sind. Die Götter sind lediglich eine höhere Form der Existenz und müssen als Menschen wiedergeboren werden, wenn sie die finale Erlösung erreichen wollen.

Im Gegensatz zu den buddhistischen Klosterregeln sind die der Jainisten sehr streng. Niemals darf ein Mönch gegen sein Gelübde der Keuschheit, Gewaltlosigkeit und Armut verstoßen. Viele andere asketischen Gemeinschaften lassen sich von den Vorschriften der Jainisten inspirieren oder übernehmen Praktiken, um Körper und Geist kontrollieren zu lernen, und manchmal auch, um okkulte Kräfte zu erlangen. Das Yogadarshana (Yoga-System), eine der sechs brahmanischen Traditionen, war für diejenigen von großer Bedeutung, die ihren Geist beherrschen wollten, während Hathayoga mehr auf körperliche Disziplin und die Entstehung eines perfekten, freien und unsterblichen Lebewesens ausgerichtet war. Das gleiche Ziel verfolgte der Tantrismus, der nicht Keuschheit als asketisches Mittel einsetzte, sondern das erotische Potenzial des Menschen durch anstrengende Praktiken ausschöpfte.

Trotz aller Differenzen und zu manchen Zeiten exakter Abgrenzungen zwischen den Religionen, hat die Figur des mächtigen Asketen – manchmal Heiliger, manchmal Magier – die indische Kultur stark geprägt.

84–85 Als Tirthankara („Furtbereiter") wurden jene bezeichnet, die anderen durch ihre Lehren dabei halfen, den Ozean der Wiedergeburten zu überwinden. Die Figur in der Mitte dieses jainistischen Altars aus dem 10. Jahrhundert ist Parshava, der 23. Tirthankara. Man erkennt ihn an der vielköpfigen Kobra, die ihn beschützt. Der Altar wurde in Gujarat gefunden und befindet sich heute im Los Angeles County Art Museum.

85 Yoga ist eine philosophische Lehre mit vielen Aspekten und wird in Indien seit alters praktiziert. Als sich ab dem 4. Jahrhundert der Tantrismus verbreitete, glaubte man, wer Yoga ausübe, verfüge auch über esoterische Kenntnisse. Daher wurden solche Personen in der Kunst oft mit erschreckenden Attributen wie Flammen, Tierzähnen oder Menschenschädeln dargestellt. Diese Basaltskulptur (9.–10. Jahrhundert) stammt aus Südindien (Museé Guimet, Paris).

Das Dorf und die Stadt

Das Dorf bildete seit alters die Grundlage der indischen Wirtschaft und galt als Bewahrer der hinduistischen Tradition, im Gegensatz zur Stadt, die stets geneigt war, neue Lehren wie Buddhismus und Jainismus zu übernehmen. Eine Siedlung wurde immer möglichst nahe am Wasser gegründet. In vedischer Zeit umgab sie eine hölzerne Palisade mit einem schmalen Eingang, der aus zwei Torpfosten und einem dreifachen Architrav bestand. Da die patriarchalische Familie sämtliche verheirateten Söhne und andere Verwandte umfasste, bestand das Haus aus mehreren einstöckigen Bereichen, die sich um einen geschlossenen Innenhof gruppierten. Die Armen dagegen lebten in einfachen Hütten.

Als Baumaterial dienten Bambus, Schilf, Holz, Lehm gemischt mit Kuhdung (der nicht nur als Bindemittel, sondern auch als reinigendes Element eingesetzt wurde) sowie Kalk als Putz. Das Dach erhielt seine Form durch Zweige und Stroh, die auf einen Bambusrahmen gebunden wurden. Die Trennwände im Innern bildeten Matten, der Fußboden bestand aus gestampfter Erde. Die Außenwände wurden weiß gekalkt und vermutlich mit ockerfarbenen Mustern verziert. Wie arm die Bewohner des Hauses auch waren, man fand darin stets einen häuslichen Schrein. Fast das gesamte Alltagsleben spielte sich im Freien ab, gekocht wurde unter einer Abdeckung, um die Feuergefahr gering zu halten. Die Möblierung beschränkte sich auf ein Minimum, wie Truhen, Körbe, Krüge, Regale, Wandnischen, sanduhrförmige Halterungen für flache Schalen und vierbeinige Bettgestelle, die mit einem Geflecht aus Lederstreifen bespannt waren.

Wichtige öffentliche Bereiche im Dorf waren die Zisterne, der Tempel und das Versammlungsgebäude des Rates, dessen Mitglieder von den Dorfältesten gewählt wurden. Das Oberhaupt des Rates hatte die Aufgabe, die Dorfbewohner vor Raubüberfällen zu schützen, Recht zu sprechen, Steuern zu erheben und sich um die Erhaltung der Straßen und um die Wasserversorgung zu kümmern.

Weit entfernt vom Dorf, aber dennoch nahe am Wasser, wenn möglich einem Fluss, lag der Ort, an dem die Leichen verbrannt wurden. Dieses Gebiet galt als unrein und als Domizil für Dämonen und Geister.

Auf den Feldern wurden vor allem Reis, Weizen, Gerste, Hirse, Zuckerrohr, Sesam, Gemüse, Obst, Hülsenfrüchte und Gewürze angebaut. Die Bauern bestellten ihr Land

86 Die Vase mit Lotosblumen (purnaghata) erinnert an die Geburt Buddhas. Sie wurde aus einem der Kuben gehauen, die die Architrave am Nordtor des Großen Stupas in Sanchi voneinander trennen.

86–87 Der erste Architrav am Nordtor des Großen Stupas in Sanchi (1. Jahrhundert) ist mit verschiedenen Episoden aus dem „Jataka Vessantara" verziert, das von einem früheren Leben Buddhas erzählt. In diesem Leben war er mit seiner Frau und seinen beiden Kindern in den Wald verbannt worden. Die Hütten der Asketen auf dem Relief sind ein wertvoller Hinweis auf die Architektur jener Zeit.

87 Die Vaishyas waren in einflussreichen Berufsgilden (shreni) organisiert, die ein hohes Maß an Autonomie genossen und sich bis nach Asien sowie in den Westen ausbreiteten. Dieses Relief aus dem 3. Jahrhundert zeigt einige Transportmittel und Lasttiere, die zu jener Zeit eingesetzt wurden (R.-Freschi-Kunstsammlung).

nach dem Prinzip des Fruchtwechsels und düngten mit Kuhmist. Es gab Schäfer, Imker und Ziervogelzüchter. Die Nähe eines Waldes oder Flusses ermöglichte Jagd oder Fischfang, jedoch stets den Richtlinien entsprechend, die der lokale Herrscher festgesetzt hatte. Das Verbot, Fleisch zu essen, beschränkte sich in der Regel auf Rindfleisch, bei den Brahmanen jedoch mit wenigen Ausnahmen auch auf alle anderen Tiere. Für die übrige hinduistische Bevölkerung gab es kaum Beschränkungen. Mit der Machtergreifung des buddhistischen Königs Ashoka musste der Hof den Fleischverzehr allerdings stark reduzieren, die Asketen wurden sogar zu Vegetariern.

Die Struktur der Städte war komplex und basierte auf einem rituellen Gittergrundriss, bei dem jeder Bereich von einem speziellen Gott beschützt und mit einer speziellen Art von Gebäuden assoziiert wurde. Die ersten städtischen Siedlungen nach dem Niedergang der gut geplanten Städte der Harappakultur entstanden Mitte des 1. Jahrtausend v. Chr. im Gangestal. Heute ist jedoch nicht mehr viel erhalten von Hastinapura, Indraprashtha, Girivraja oder Ayodhya, die einst von Lehmmauern und Palisaden umgeben waren. Steinerne Befestigungen wurden erst ab dem 6. Jahrhundert v. Chr. errichtet, zum Beispiel in Rajgir, der alten Stadt Rajabriha in Bihar.

Die Architektur der Städte in den ersten Jahrhunderten nach Christus lässt sich teilweise anhand der archäologischen Grabungen rekonstruieren, teilweise aber auch mithilfe künstlerischer Darstellungen, wie dem „Raghuvamsha-Fresko" in Kalidasa, das im 5.–6. Jahrhundert zur Zeit der Ayodhya-Dynastie erschaffen wurde, oder mithilfe der Reliefs an den Stupas in Bharhut, Sanchi und Amaravati. Die Stadt war oftmals von einer Mauer mit Türmen und Toren sowie von einem breiten Graben umgeben. Das Haupttor besaß zwei Frontgebäude und ein *torana* (Portal). Eine Säule aus Holz, Stein oder Eisen neben dem Tor symbolisierte kosmische Zentralität und die Königswürde. Die eiserne Säule von Chandragupta II. in Delhi ist ein Beispiel für den hohen Grad an Kunstfertigkeit, der in der Metallurgie erreicht worden war. Der Gittergrundriss der Städte sollte bewirken, dass die Straßen im rechten Winkel aufeinander trafen. Tatsächlich jedoch verlief kaum eine Straße gerade und die kleineren Gassen bildeten ein Gewirr an gewundenen Durchgangswegen. Die Straßen der Hauptstadt waren gepflastert, besaßen Abwasserkanäle auf beiden Seiten und waren so breit, dass mehrere Wagen nebeneinander fahren konnten. Nahrungsmittel wurden auf schweren, von Ochsen gezogenen, zweirädrigen Karren

transportiert. Die Menschen (vor allem die Frauen) fuhren in geschlossenen Pferdekutschen mit abgerundeten Dächern und Vorhängen, die sie vor neugierigen Blicken schützten. Die Hauptstraße, an der sich der Königspalast befand, verlief von Ost nach West quer durch die Stadt.

In der Hauptstadt galten Tempel, Hospitale, Gefängnisse, öffentliche Gärten und Wasserbecken als wichtige Gebäude und sogar Bildergalerien werden mehrmals in literarischen Quellen erwähnt, was auf ein großes Kunstinteresse der Inder schließen lässt. Die Distrikte waren gemäß der Kastenordnung eingeteilt und wurden nochmals durch die Gilden unterteilt. Die mehrstöckigen Häuser der Reichen waren aus Backsteinen, Holz, Bambus und mit Stroh vermischtem Lehm erbaut und verfügten oft über Gärten mit künstlichen Wasserbecken sowie über Veranden mit niedrigen Balustraden und über kleine Pavillons. Die Fensterrahmen bestanden aus Bambus, die Fenster der Dachgeschosse waren hufeisenförmig. Die Dächer selbst waren flach oder tonnenförmig, mit Schindeln aus Terrakotta gedeckt und verfügten manchmal über Terrassen. Die verschiedenen Bereiche eines Hauses, die für Männer, Frauen, Diener und Tiere reserviert waren, gruppierten sich um Innenhöfe und Brunnen. Der wichtigste Raum eines jeden noch so bescheidenen Hauses, war jener, in dem die heilige Flamme aufbewahrt wurde. Häufig befanden sich Toilette und Waschgelegenheiten in einem separaten Gebäude und oftmals

88 Die königlichen Stallungen waren kunstvolle Gebäude. Dieses Detail stammt vom Westtor des Großen Stupas in Sanchi und zeigt das königliche Elefantenhaus. Es verfügt über ein schräges, mit Schindeln gedecktes Dach und über ein hohes Eingangstor.

88–89 Da die Häuser überwiegend aus vergänglichen Materialien wie Lehm und Holz bestanden, können sie nur noch auf Kunstwerken bewundert werden. Die Architrave an den Toren des Großen Stupas in Sanchi (hier ein Detail vom Nordtor) liefern wertvolle Informationen über die Architektur. Die Städte waren von Mauern mit Zinnen umgeben, in deren Schatten Gräben und Gärten angelegt waren. Den Eingang bewachten monumentale Türme und die mehrstöckigen Häuser verfügten über Balkone.

gab es ein Geheimzimmer, in dem die Familienschätze aufbewahrt wurden.

Zum Mobiliar zählten Betten, Sofas, Stühle mit Beinen, die in Tierfüßen endeten, Truhen, sanduhrförmige Halterungen für Schalen, Regale, Spucknäpfe und Maltische. Matten und Vorhänge trennten die Räume voneinander. Im Sommer hängte man vor die Fenster dünne Tücher oder Vorhänge aus gewebtem Gras, die in parfümiertes Wasser getaucht waren, um die Luft im Innern des Hauses zu kühlen und zu befeuchten. Öllampen aus Terrakotta oder Metall mit Baumwolldochten spendeten Licht. Die Spiegel bestanden aus einer großen runden Metallscheibe mit Elfenbeingriff. Elfenbein war allgemein ein beliebtes Material, aus dem kunstvolle Objekte hergestellt wurden, wie man am Schatz von Begram erkennen kann, der zwischen 1936 und 1940 in Afghanistan gefunden wurde.

Der Hausbau erfolgte gemäß einer Reihe komplexer Rituale. Zunächst musste ein Priester-Architekt die Natur, Solidität und Konsistenz sowie Geschmack, Geruch und Farbe des Untergrundes prüfen, auf dem das Haus stehen sollte. Idealerweise war der Untergrund für Brahmanen weiß, für Kshatriyas rot, für Vaishyas gelb und für Shudras schwarz. Bei der Wahl des geeigneten Datums für den Baubeginn wurde die Meinung eines Astrologen eingeholt. Erst dann durfte man, der Tradition folgend, die beiden Pfosten für den Haupteingang in den Boden rammen, die vorher von einem Priester geweiht worden waren.

Tavernen und Spielhallen waren zahlreich in den Städten vertreten. Der Genuss von Alkohol war nicht verboten. Hochprozentige Getränke wurden aus Palmen- oder Kokossaft gewonnen, aber auch die Destillation von Reis und Weizen war bekannt.

90–91 Diese Rekonstruktion einer Stadt aus frühchristlicher Zeit basiert auf den Darstellungen aus Sanchi, die wiederum vermutlich von der nahe gelegenen reichen Handelsstadt Vidisha inspiriert waren. Die mit Zinnen besetzten und von einem Graben umgebenen Mauern werden durch Türme verstärkt. Die prächtigen Eingangstore beeindrucken durch ihre Frontgebäude und ein torana (Portal) mit dreifachem Architrav, das jenen in Sanchi ähnelt. Die Häuser weisen ziegelgedeckte Flach- oder Tonnendächer auf, die Fenster in den Obergeschossen sind hufeisenförmig.

Besonders beliebt scheint ein Gemisch aus Zucker, Pfeffer und Mangoschnaps gewesen zu sein. In Kashmir wurde zwar Wein hergestellt, aber der Wein aus Trauben musste aus Rom oder dem Mittleren Osten importiert werden und galt als höchster Luxus. Ganz knapp dahinter rangierte der Wein aus Zuckerrohr. Weit verbreitet war das Glücksspiel mit Würfeln aus Elfenbein, Holz oder Muscheln. Offensichtlich wurde auch ein antikes Schach mit zwei Würfeln, vier großen Figuren (König, Elefant, Pferd und Wagen) und vier Bauern gespielt, an dem vier Spieler teilnahmen. Für Unterhaltung sorgten unter anderem Theater (mit männlichen und weiblichen Schauspielern), Tierkämpfe, öffentliche Geschichtenerzähler sowie Akrobaten und Zauberer. Die vielen Feste, die das ganze Jahr über stattfanden, boten weitere Gelegenheiten, sich zu amüsieren.

Wie das Glücksspiel und der Alkoholausschank unterlag auch die Prostitution einer königlichen Besteuerung. Sie galt als alltägliches Phänomen, das nicht missbilligt wurde. Im Gegenteil, die eleganten und gebildeten Kurtisanen der höheren Schichten waren bekannt dafür, dass sie 64 Künste beherrschten, von der Musik bis zur Kriegführung. Als respektierte Mitglieder der Gesellschaft übergaben sie den Brahmanen Spenden und finanzierten den Bau heiliger Gebäude.

Der Gouverneur, der die Stadt regierte, wurde von einem Rat aus Bürgern unterstützt, der sich aus dem Obersten der Kaufleute, der Bankiers und der Schreiber sowie aus Repräsentanten der verschiedenen Berufsgilden zusammensetzte.

Die Straßen, die eine wichtige Rolle im Königreich spielten, wurden aufgrund der vielen Überschwemmungen oftmals erhöht angelegt und waren von Kanälen oder Bäumen gesäumt. Um ihre Instandhaltung zu sichern, forderte der König hohe Zölle von den Händlern sowie gelegentliche Zwangsarbeit von seinen Bauern. In regelmäßigen Abständen waren Kilometersteine aufgestellt und an den Kreuzungen befanden sich Wegweiser. Poststationen und Karawansereien boten den Reisenden Übernachtungsmöglichkeiten.

Auf den Flüssen und Meeren herrschte ebenfalls reger Verkehr. Zu den Hauptexportartikeln gehörten Elfenbein, Perlen, Perlmutt, Edelsteine, Teakholz, Ebenholz, Rosenholz, Sandelholz, Gewürze, Parfüm, exotische Tiere und Sklaven.

92 links Das Glücksspiel war bereits zur Zeit der Harappakultur ein beliebter Zeitvertreib. Diese Würfel aus Sandstein und die Keramiken wurden in Harappa entdeckt (2300–1750 v. Chr.) und befinden sich heute im Nationalmuseum von Delhi. In einer Episode des „Mahabharata" spielt ein Würfelspiel eine entscheidende Rolle.

92 rechts Diese amüsante Szene an der Balustrade des Stupas von Bharhut (1. Jahrhundert v. Chr.) zeigt Akrobaten und musizierende Affen auf einem Elefanten. Im alten Indien gab es viele wandernde Schausteller mit Tier- und Theaterdarbietungen, aber auch Puppenspieler, Geschichtenerzähler und Akrobaten (Indisches Museum, Kalkutta).

93 Dieses Steinrelief (2. Jahrhundert) aus Mathura in Uttar Pradesh zeigt eine betrunkene Kurtisane, die von einem Diener gestützt und von zwei Verehrern eskortiert wird. Kurtisanen genossen zu jener Zeit in der indischen Gesellschaft hohes Ansehen und waren im Gegensatz zu allen anderen Frauen äußerst gebildet und kultiviert. Auch in der Literatur, zum Beispiel in Dramen, spielen sie oft eine Hauptrolle (Nationalmuseum, Delhi).

Der König und sein Hofstaat

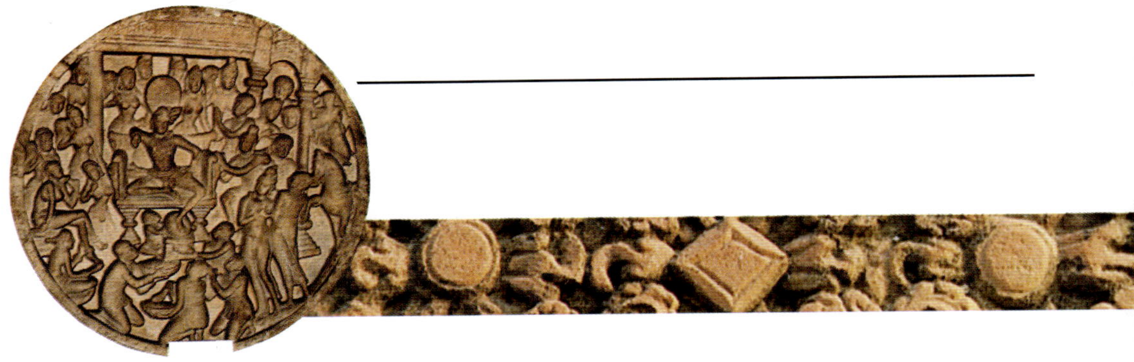

Chakravarti galt als universaler Herrscher über das Dharma, die heilige Doktrin, die alle Phänomene und Beziehungen lenkt. Seine erleuchtete Anwesenheit sollte die Menschheit aus dem „Zustand des Fisches" befreien, das heißt anstelle des Naturgesetzes, bei dem die Starken die Schwachen fressen, sollten Zurückhaltung und Gerechtigkeit walten. Die hingebungsvolle Führung des Königs sollte das Wohlbefinden seiner Untertanen und die Fruchtbarkeit der Erde begünstigen, doch die Realität musste in vielen Fällen stark von dieser Idealvorstellung abweichen, wenn der Herrscher eine komplexe Gesellschaft erfolgreich lenken wollte.

Fähige Herrscher förderten die Landwirtschaft und ließen Zisternen, Brunnen und Kanäle anlegen, als Ausgleich für die enorm hohen Steuern, für die Verpflichtung der Bürger zur Zwangsarbeit und für Monopole (zum Beispiel auf Salz), die der König für sich einforderte. Die Besteuerung der Bauern variierte zwischen einem Drittel und einem Sechstel aller Agrarprodukte. Zunächst wurden die Steuern in Naturalien, später mit Geld bezahlt. Am Anfang verwendete man hierfür kleine Silberbarren, die nicht mehr als 50 g wogen und in Hälften, Viertel oder Achtel geteilt wurden. Später kamen *pana* in Umlauf, Silbermünzen mit einem Anteil von 25 % Kupfer, die 12 g wogen. Als niedrigste Währungseinheit galten Kauris (Muschelgeld). In christlicher Zeit zirkulierten goldene griechisch-römische *dinara,* die 38 *pana* entsprachen, und in der Gupta-Zeit waren die *dinara* 16 Silbermünzen wert.

Unter anderem wurden Viehzucht, Wasser, Honig und Holz besteuert und die Dörfer mussten eine kollektive Steuer für staatliche Dienstleistungen wie Bewässerung oder Landvermessung entrichten. Einige Gruppen waren jedoch von der Landsteuer ausgenommen, so zum Beispiel die Brahmanen, die Land als Lohn für ihre Unterstützung erhielten.

Der König lebte in der Hauptstadt in einem befestigten Palast, der stets an der gepflasterten Hauptstraße erbaut wurde, auf der unter anderem Paraden und Prozessionen abgehalten wurden. Von Mauern umgeben und um mehrere Innenhöfe gruppiert, bestand die Palastanlage in der Regel aus drei Sektoren: dem offiziellen Bereich mit Dienstgebäuden und Ställen, dem privaten Bereich mit der Waffenkammer, der Schatzkammer, den königlichen Werkstätten und den Privatgemächern des Königs sowie dem Bereich für die Frauen. Säulen und Pfeiler mit silbernen und goldenen Blumen- und Vogelornamenten oder mit prächtigen Fresken stützten die Flach-, Schräg- oder Tonnendächer der mehrstöckigen Gebäude. Außerdem gehörten zum Palast Bibliotheken, Kunstgalerien, Spielzimmer, Musikzimmer, Ballsäle, Bäder und Geheimgänge, die nach draußen oder in sichere Verstecke führten. Der Thronsaal war der wichtigste Raum im ganzen Palast. Der Thron symbolisierte den Mittelpunkt der Welt und war daher mit kosmischen Motiven verziert. Ebenfalls von großer Bedeutung war der Balkon, auf dem sich der König einmal am Tag seinem Volk zeigte.

Zu den königlichen Insignien gehörten ein weißer Sonnenschirm, ein Schwert, Sandalen, die neben den Thron gestellt wurden, wenn der König abwesend war, ein Wedel und eine Standarte. Bei offiziellen Anlässen und in der Schlacht ritt der König auf einem besonderen Hengst oder auf einem weißen Elefanten. Die Tiere wurden in luxuriösen Ställen gehalten und von vielen Pflegern versorgt. Die Bedeutung, die diesen Tieren beigemessen wurde, erkennt man an der Pracht ihrer Geschirre und Schabracken, die häufig auf Reliefs abgebildet sind. Der Elefant und das Pferd des Herrschers galten als zwei der sieben Schätze des Königreiches. Die anderen fünf waren die Kutsche, die Kronjuwelen, die Königin, der Staatsschatz und das Chakra („Rad"), das die königliche Macht und Ordnung symbolisierte.

Der Tag des Königs begann bereits vor Sonnenaufgang. Viel Zeit nahmen Gespräche mit Ministern, Verwaltern, bedeutenden Hofmitgliedern, Botschaftern und Geheimagenten in Anspruch. Vor dem Mittagsmahl nahm der König ein Bad und zollte den Göttern Tribut. Nach einem kurzen Mittagsschlaf wurden die Audienzen und Zusammenkünfte fortgesetzt. Erst am Abend durfte sich der König privaten Vergnügungen hingeben: Kampfsport, Tierdressuren und -kämpfe, Schach oder Würfelspiele, Musik, Malerei und Spaziergänge in den luxuriösen Gärten des Frauensektors mit seinen Schwimmbecken, Schaukeln, Pergolen und Pavillons für amouröse Abenteuer. Spät in der Nacht, wenn der König seine gegenwärtige Favoritin verließ, zog er sich in sein eigenes Schlafgemach zurück, das er niemals mit einer Frau teilte. Mit Ausnahme der

Königin besaßen Frauen in der Politik kein Stimmrecht. Sie lebten in ihren eigenen Bereichen, die von Eunuchen und weiblichen Wächtern beschützt wurden, bei denen es sich offensichtlich um junge Ausländerinnen, insbesondere um *yavana* (Griechinnen), handelte. Die Polygamie erlaubte dem König nicht nur eine Hauptfrau, die ihn als Königin bei Zeremonien begleitete und (rein theoretisch) Mutter des Thronerben war, sondern auch zahlreiche Prinzessinnen, Konkubinen und Favoritinnen. Die Frauen verbrachten den Tag mit Schönheitspflege, Tanz und Musik, während sie auf den König warteten, wobei Intrigen und Rivalitäten unter den Damen nicht selten waren. Die Frauen waren gebildet und reich, wie man aus der Literatur und von den Inschriften an den vielen Tempeln erfährt, die von Königinnen oder Prinzessinnen gestiftet wurden.

Die wichtigsten Personen bei Hofe waren: der Premierminister, der Minister für Krieg und Frieden, der Justizminister, der Schatzkämmerer, der *purohita* (brahmanischer Ratgeber des Königs) und der *senapati* (General). Die Armee umfasste vier Abteilungen: Infanterie, Kavallerie, Elefanten und Wagen, wobei Letztere nach dem 7. Jahrhundert verschwand. Selbst die königlichen Friseure nahmen eine wichtige Stellung bei Hofe ein, obwohl sie aus der niedersten Kaste stammten. Sekretäre, Schreiber und Archivare kümmerten sich um das komplexe bürokratische System. Die persönliche Macht des Königs wurde durch den königlichen Rat, der aus mindestens drei Ministern bestand, stark eingeschränkt.

95 oben Die königliche Kutsche (hier eine Darstellung am Eingang des Großen Stupas in Sanchi) gehörte zu den sieben Juwelen des Königreiches und war vielleicht von den Ariern in Indien eingeführt worden. Epische Dichtungen erzählen auch oft von Kriegswagen, zum Beispiel in der „Bhagavadgita", in der Arjunas Wagen von Krishna, der goldenen Inkarnation des Vishnu, gefahren wird.

95 unten Truppen auf Kriegselefanten waren ein fester Bestandteil des indischen Heeres, wie man auf diesem Relief am Nordeingang des Großen Stupas in Sanchi (1. Jahrhundert) erkennen kann. Als Reittier des Gottes Indra war der Elefant aber auch das perfekte Transportmittel für einen König. In Form und Farbe assoziierte man den Elefanten mit den Regenwolken während des Monsuns, daher galt er zugleich als Symbol für Fruchtbarkeit. Die acht lokopala *(Wächter der Himmelsrichtungen) werden ebenfalls auf Elefanten dargestellt, deren Rüssel die Quelle aller Winde auf der Welt sind.*

94 oben Der Thron, das wichtigste Kennzeichen eines Palastes, repräsentierte das Zentrum des Universums. Dieses Medaillon an der Balustrade des Stupas in Amaravati (2. Jahrhundert) zeigt eine Szene, in der ein Thron im Mittelpunkt steht (Chennai Museum, Madras).

94 unten Dieses Fresko zeigt das Innere eines Palastes und stammt aus der Höhle Nr. 1 in Ajanta. Die beiden zentralen königlichen Figuren thronen auf breiten Sitzen. Der Hof verfügte über Möbel wie Betten, Sitze in verschiedenen Ausführungen, sanduhrförmige Halterungen für Schalen, Tische, Truhen und Regale. Viele Informationen über Gegenstände des Alltags findet man in literarischen Texten, wie zum Beispiel im „Kamasutra", dem „Leitfaden der Liebe" (4.–5. Jahrhundert).

96 oben Diese weibliche Terrakottafigur, die vor einem blühenden Baum steht, stammt aus Bengalen (3.–2. Jahrhundert v. Chr.). Ihr Dhoti wird von einem reich verzierten Gürtel (mekhala) *gehalten. Bemerkenswert ist die Kette mit dem prächtigen Medaillon oberhalb des Nabels, die wie eine Art Geschirr um den Oberkörper getragen wird (Museé Guimet, Paris).*

96 unten Eine andere bengalische Terrakottafigur aus dem 3.–2. Jahrhundert v. Chr. stellt ein junges Mädchen mit kunstvoller Haartracht und durchsichtigem Dhoti dar. Auf den Hüften ruht der breite, aus mehreren Ketten gefertigte Gürtel (mekhala), *Hand- und Fußgelenke sind reich mit Schmuck behängt. Die Quasten, die unterhalb der Brust herabhängen, deuten darauf hin, dass das Mädchen ein transparentes Oberteil trägt. Auf der rechten Schulter erkennt man den zusammengerollten Schal (Museé Guimet, Paris).*

97 Diese weibliche Figur datiert ebenfalls aus dem 3.–2. Jahrhundert v. Chr. und ist aufgrund ihrer komplexen Haartracht äußerst interessant. Der bestickte Turban wird von dreizackförmigen Nadeln gehalten und auf die Schultern fallen Perlenschnüre. Der Knoten auf dem Kopf und die großen Armreife sind typische Charakteristika der Maurya-Zeit.

Kleidung

Literarische Hinweise, einige wenige erhaltene Bilder, Reliefs an den Stupas, Bronzefiguren und Steinstatuen bilden die unverzichtbaren Quellen für das Wissen über Kleidung, Haartracht und Schmuck im alten Indien. Bis zum 6./7. Jahrhundert reproduzierten die Künstler detailgetreu die Mode ihrer Zeitgenossen und schmückten ihre Götter mit Gewändern und Juwelen, die von den Königen und Aristokraten ihrer Epoche getragen wurden. Später jedoch unterlag die Darstellung von Bekleidung und Schmuck exakten Regeln, die die Handwerker- oder Künstlergilden in Büchern festgelegt hatten.

Das traditionelle Kleidungsstück, das von Männern und Frauen jeder sozialen Schicht getragen wurde, war der Dhoti, ein ungesäumtes rechteckiges Stück Stoff. Er wurde um die Taille gewickelt und mit einem Gürtel oder Band am Platz gehalten. Manchmal führte man eines der Stoffenden zwischen den Beinen hindurch und steckte es hinten in den Gürtel. Die Länge des Stoffes und die Art ihn zu tragen, variierte je nach Region und Epoche. Die Männer gingen für gewöhnlich mit freiem Oberkörper, lediglich in der Schlacht trugen sie eine Art Tunika, die offensichtlich gesäumt war. Beispiele dafür findet man auf den Bildern in den Höhlen von Ajanta, die jedoch auch Ausländer darstellen könnten oder Inder, die sich nach fremdländischem Stil kleideten. Die Frage, ob die Frauen ihre Brust bedeckten, blieb bisher unbeantwortet. Fast alle weiblichen Skulpturen sind mit entblößter Brust dargestellt, man darf jedoch nicht vergessen, dass es sich dabei um Göttinnen handelt. Auch auf den Gemälden, insbesondere in den Werken von Ajanta, wird die Mehrheit der Frauen von der Taille aufwärts nackt dargestellt, nur wenige tragen eine Art Leibchen oder Mieder, das die Brüste verhüllt. Ausschließlich das Hüfttuch wurde vermutlich im Frauensektor im Palast und von Prinzessinnen getragen, während die Dienerinnen (vor allem die ausländischen) ihre Brüste bedeckten. Einige literarische Quellen weisen auch auf eine Art Tunika hin, die von Bändern gehalten wurde.

Beide Geschlechter trugen einen leichten Schal, der bei Bedarf um den Körper gewickelt werden konnte, ansonsten jedoch zusammengerollt auf der Schulter lag, wobei ein Ende lose über den Rücken hing. Möglicherweise wurde dieses Kleidungsstück

98 *Diese Nymphe schmückt den Parshvanatha-Tempel in Khajuraho (10. Jahrhundert). Sie trägt einen Dhoti mit floralem Muster und zarten Linien und bemalt ihre Fußsohle mit rotem Pigment. Schon damals unterstrichen die indischen Frauen ihre Schönheit mit schwarz umrandeten Augen, roten Handflächen und Fußsohlen sowie mit Hennatattoos am Körper.*

99 *Detail einer Kopie von einem Fresko in Ajanta, die zu Beginn des 20. Jahrhunderts von Katchadourian gefertigt wurde. Sie zeigt das traditionelle indische Gewand, den Dhoti, der von Männern und Frauen getragen wurde. Es handelt sich dabei um ein Stück Baumwollstoff, das man um die Hüfte wickelte und mit einem Band an seinem Platz hielt. Baumwolle wird bereits seit 2300 v. Chr. in Indien angebaut.*

allmählich immer länger, bis aus ihm gegen Ende des 18. Jahrhunderts der Sari geworden war, der bis heute das traditionelle Gewand der indischen Frauen ist.

Schals und Umhänge dienten offensichtlich seit frühester Zeit als Schutz vor der Kälte. Als besonders wichtiger Bestandteil der Garderobe beider Geschlechter galten auch Gürtel aus edlem Metall oder mit herabhängenden, kunstvoll gearbeiteten Ketten.

Den bevorzugten Stoff gewann man aus Baumwolle. Funde aus Mohendjo-daro, bestätigen, dass Baumwolle seit 2300 v. Chr. in Indien kultiviert und vermutlich auch in großen Mengen exportiert wurde. Farbige Seide, eine seltene Importware, war dagegen vor allem im 1.–4. Jahrhundert bei den wohlhabenderen Schichten sehr beliebt, wie die Fresken von Ajanta bestätigen. Die Farbe Weiß wurde bevorzugt, vielleicht als Symbol der Reinheit. Manchmal findet man sie verziert mit floralen und geometrischen Mustern oder mit feinen Streifen. Nach dem Jahr 1000 kamen zunehmend auch andere Farben in Mode. Handschriften aus dem 11.–12. Jahrhundert zeigen Figuren mit gemusterten Kleidungsstücken in Rot, Ocker, Gelb, Grün und Indigo.

Andere Materialien, aus denen Kleidung gefertigt wurde, waren gesponnene und gewebte Wolle von Schafen, Widdern und Antilopen sowie Kapok, die Samenfasern des Kapokbaumes. Manche Volksstämme stellten ihre Bekleidung sogar aus Baumrinde her. Es scheint außerdem, dass Samt bereits bekannt war, wohingegen keine Hinweise auf die Verwendung von Leinen existieren.

Statuen aus dem 2.–1. Jahrhundert v. Chr. bekunden, dass die indischen Weber solch dünne Baumwollstoffe herzustellen vermochten, dass diese transparent wirkten. In jener Epoche trugen die Männer außerdem enorm große Ohrringe und Turbane, die mit einem runden Knoten über der Stirn befestigt wurden.

Gürtel aller Art erfreuten sich im 1. und 2. Jahrhundert großer Beliebtheit, wie die Paare von Karla belegen, die verschlungene und geknotete Kleidungsstücke tragen. Die Fußkettchen wurden breiter und die Turbane erhielten die Form kleiner Türme. Im Süden des Landes tauchten die ersten *yajnopavita* auf, schwere Bänder, die quer über den Oberkörper von der linken Schulter bis zur rechten Hüfte reichten. Sie belegten die Zugehörigkeit zu einer der drei höchsten Kasten und bis zum 3. Jahrhundert durften auch Frauen diese Bänder tragen. Im darauf

folgenden Jahrhundert wurden die Gürtel wieder einfacher, in manchen Fällen verzichtete man sogar ganz darauf. Dagegen wurden die Hüfttücher (Dhoti) immer voluminöser, so dass sie auch über den Arm drapiert werden konnten. Turbane erhielten an der Vorderseite eine Art Schnabel als Verzierung und die Fußkettchen wurden abermals breiter.

Statuen aus dem 6.–7. Jahrhundert beweisen, dass gestreifte Stoffe in Mode waren und dass bei den Männern eine Art Helmfrisur beliebt war, mit Ponyfransen und kleinen Löckchen, die bis auf die Schultern reichten.

In den beiden darauf folgenden Jahrhunderten maß man dem Gürtel wieder mehr Bedeutung bei. Die Gewänder waren entweder vorn oder an der linken Seite in Falten gelegt und der Gürtel, der mit Ketten, Anhängern und tropfenförmigen Ornamenten geschmückt war, wurde mehrere Male

100 oben Eine Auswahl an kunstvoll gearbeiteten Schmuckstücken wird im British Museum in London gezeigt. Es handelt sich dabei meist um Anhänger (6.–11. Jahrhundert) aus Südindien. Ornamente sollten das Böse abwehren und wurden nach bestimmten Funktionen ausgewählt. Steine brachte man mit den Tierkreiszeichen in Verbindung und nahm sie in viele Mythen auf. Der berühmteste ist der Cintamani, der Edelstein, der jeden Wunsch erfüllt.

100 unten Diese drei goldenen Objekte werden ebenfalls im British Museum in London aufbewahrt. Der Stil, in dem die Figurine aus Gandhara (1.–2. Jahrhundert) gehalten ist, zeigt deutlich hellenische Einflüsse. Die kleine Figur diente als Abschluss einer großen Nadel. Der Amuletthalter rechts (2.–3. Jahrhundert) wurde als Anhänger um den Hals getragen und enthielt oft ein Mantra, eine Glück bringende oder besänftigende Formel, die auf Stoff geschrieben wurde. Die Kette unten wurde zu Beginn der christlichen Zeit in Bodh Gaya gefertigt. Ihre Glieder bilden Blüten mit Saphiren und Muscheln.

um die Taille geschlungen. Die *yajnopavita* waren reich verziert, das Haar wurde hochgesteckt und man legte immer mehr Schmuckstücke an. Dafür wurden die Fußkettchen wieder schmaler und der Form des Ristes angepasst. Die *yajnopavita* wurden schließlich von einer Art Geschirr ersetzt, das man um den Oberkörper trug. Es wurde unterhalb der Brust von einem Medaillon zusammengehalten, teilte sich darüber und lag wie eine Kette um den Hals.

Im 10. Jahrhundert trugen die Männer Bärte und schmückten sich mit Juwelen, darunter auch Ohrringe im oberen Ohrbereich. Zu jener Zeit wird ein geographischer Unterschied in der Mode des Hüfttuches deutlich: Im Norden fiel es frei an den Seiten herab, im Süden dagegen bestand es aus reich besticktem oder gemustertem Stoff und wurde eng um jedes Bein gewickelt, so dass es an eine Hose erinnerte. Die Schuhe bestanden für beide Geschlechter aus Sandalen mit einer hohen Holzsohle.

Die größte Vielfalt an persönlichen Verzierungen findet man jedoch in den kunstvoll gearbeiteten Schmuckstücken. Ihre Schönheit war nie allein das Ergebnis künstlerischen Designs, denn jedes *alamkara* (Ornament) kombinierte spirituelle und ästhetische Werte. Darüber hinaus mussten alle Schmuckstücke im sozialen oder religiösen Kontext einen praktischen magischen oder symbolischen Zweck erfüllen. Jede Art von Stein und Metall besaß eine eigene Bedeutung: Gold zum Beispiel stand für göttliche Vollkommenheit und galt als Manifestation der Sonnenstrahlen. Aus diesem Grund wurden Fußkettchen, die am weniger reinen Teil des Körpers getragen wurden, immer aus Silber gefertigt. Ringe, Armreife, Halsketten, Gürtel, Kronen und Diademe zierte eine reiche Ikonographie, die zumeist

101 Diese Schmuckplatte aus getriebenem Gold (Kushana-Zeit; 1.–2. Jahrhundert; Victoria and Albert Museum, London) zeigt Hariti und Pancika, zwei populäre buddhistische Gottheiten. Hariti, einst eine Dämonin, wurde von Buddha konvertiert und zur Schutzgöttin der Kinder erklärt. Pancika entspricht dem hinduistischen Gott Kubera, dem Herrn der Reichtümer. Das Paar galt als Glücksbringer. Der Kleidungsstil, insbesondere die Hosen und das Schuhwerk der Gottheiten, weist auf einen Herstellungsort in Zentralasien hin.

von der Pflanzen- und der Tierwelt inspiriert war, manchmal aber auch von mythologischen Wesen, wie Naga (halb Mensch, halb Schlange), Makara (krokodilgestaltiges Mischwesen) und Garuda (halb Mensch, halb Vogel).

Eine andere Form von Körperschmuck waren Blumengirlanden, die um den Hals und im Haar getragen wurden. Ihre tägliche Produktion beschäftigte eine ansehnliche Zahl an Kunsthandwerkern. Literarische Quellen berichten, dass die Frauen Kosmetika aus *ghi* (geklärte Butter) herstellten und mit Kurkuma oder Sandelholzpaste ihre Haut heller färbten. Auf der Stirn trugen sie das *tikala* (rotes Zeichen), das die verheirateten von den unverheirateten Frauen unterschied, aber auch eine Art Schmuck war. Außerdem bemalten sie ihren Körper mit roten, schwarzen oder weißen Mustern, wofür sie das Öl der Aloe verwendeten, während sie ihre Handflächen mit Henna bemalten. Für die Fußsohlen und die kleinen Finger verwendete man einen Lack, den man aus der Pflanze *Tacchardia lacca* gewann. In Dichtungen liest man oft von den roten Zeichen, die die Heldin auf glatten Fußböden hinterlässt. *Anjana* (aus *ghi* gewonnen), Kajal und andere Substanzen dienten dem Schminken der Augen. Zu den Kosmetikartikeln jener Zeit gehörten eine kleine Dose und ein Metallstäbchen, mit dem das Augen-Make-up aufgetragen wurde. In einer anderen Dose bewahrte man Betelblätter, Betelnüsse und Gewürze auf, die den Mund rot färbten, wenn man sie kaute.

All die anderen Accessoires, die auf Darstellungen verewigt sind, wie zum Beispiel Spiegel, Kästchen, Fächer, Sonnenschirme und Fliegenwedel, zeugen von der großen Kunstfertigkeit der indischen Handwerker.

Tanz und Musik

Archäologische Funde lieferten bisher nur wenige Informationen über die Entstehung des indischen Theaters. Literarische Quellen berichten, dass die ersten Vorführungen Dialoge und Tänze waren, die im 2. Jahrtausend v. Chr. bei Opferritualen dargeboten wurden. Hinduistische Mythen erzählen, die darstellende Kunst sei die Erfindung des Schöpfergottes Brahma, den die anderen Götter darum gebeten hatten, für etwas Unterhaltung zu sorgen. Brahma griff auf den „Veda" zurück und nahm Hymnen aus dem „Rigveda", Musik aus dem „Samaveda", Pantomimen aus dem „Yajurveda" und Gefühle aus dem „Atharvaveda". Auf diese Weise entstand ein fünfter „Veda", der „Natyaveda" („Veda der dramatischen Kunst"), der in der Lage war, auch den Menschen zu erhöhen, der nicht zu metaphysischem Denken fähig war, und ihn auf den rechten Weg der Erlösung zu führen.

Weiterhin heißt es, dass Bharata, eine nebulöse Figur aus den ersten Jahrhunderten nach Christus, den mythischen „Natyave-

102 oben Götter wurden oft tanzend dargestellt, wie diese Statue der Cholas aus dem 11. Jahrhundert belegt, die Krishna als Knaben zeigt (Museé Guimet, Paris). Der Rhythmus des Tanzes wurde mit der Urvibration in Verbindung gebracht, die den Prozess der Manifestation einleitet, während sequenzielle Bewegungen im Raum auf das Sichentfalten der Existenzformen und auf das Entwirren der Zeit anspielten.

102 unten Der Tanz war Bestandteil von Riten und bewegter Ausdruck der Mythen, die in Literatur und bildender Kunst verewigt wurden. Dieses Foto zeigt einen tanzenden jainistischen Gott im Tempel von Adinatha in Palitana (Gujarat). Die ältesten Elemente dieses Tempels datieren aus dem 10. Jahrhundert.

102–103 Diese Skulptur aus dem 11. Jahrhundert besticht aufgrund des Kontrastes zwischen der angespannten Haltung von Armen und Beinen und dem heiteren Gesichtsausdruck von Shiva Nataraja, dem „Herrn des Tanzes", der bei den Künstlern der Cholas ein beliebtes Motiv war. Die Figur unter dem Fuß des Gottes stellt Apasmara dar, den Dämon der Finsternis. Der Ring aus Flammen, der die Welt zerstört, repräsentiert das Wissen, das die Ignoranz des Egos auflöst.

da" adaptierte und daraus das „Natyashastra" („Lehre von der Schauspielkunst") formte, das die fundamentalen Prinzipien aller darstellenden Künste darlegt, wie Tanz, Pantomime, Musik und die Sprache der Stücke. Bharata hielt es für unerlässlich, dass daran auch Frauen teilhatten, deshalb behauptete er, Brahma hätte die Apsaras (himmlische Wassernymphen) in diesen Künsten unterwiesen.

Während man die Theaterkunst für ein Geschenk Brahmas hielt, galt der Tanz als eine Gabe Shivas, der seinem Anhänger Tandu den Tanz beibrachte, der das Universum manifestierte und auflöste und ab diesem Zeitpunkt als *tandava* bekannt war. Tandu lehrte Bharata den *tandava,* der ihn an die Männer weitergab, während Parvati, Shivas Gemahlin, den Frauen den anmutigeren und sinnlicheren Tanz *lasya* beibrachte. Dafür erhielt Shiva den Beinamen Nataraja, „Herr des Tanzes".

Im „Natyashastra" werden zwei Tänze erwähnt. Der eine drückt mit *abhinaya,* festgelegten Gesten, den ewigen Kampf zwischen Göttern und Dämonen im Herzen des Menschen aus, während der Tänzer beim anderen Tanz, dem *nritta,* seine Emotionen durch eine freiere Choreografie zum Ausdruck bringt. Die Posen, die der Körper einnimmt, die Gestik der Hände, die Bewegungen der Augen und des Kopfes folgen dem Rhythmus der Füße mit dem Ziel, dem Zuschauer die tiefsten Gefühle mitzuteilen, zu denen die menschliche Seele fähig ist.

Bereits alte Darstellungen zeigen Tänze, die später zu Orissi und Bharatanatya wurden, den klassischen Formen, die bis zum heutigen Tag weitergegeben wurden, wobei die Lehrer meist Männer, die Ausführenden dagegen Frauen sind. Der Bharatanatya war von tamilischen Tänzen inspiriert, die in

104 Dieses Fenstergitter vom Parashurameswar-Tempel (7. Jahrhundert) in Bhubaneswar beweist, dass Tänze auch von Männern dargeboten wurden. Die Legende erzählt, der Tanz sei von Shiva erfunden und an Tandu, seinen Anhänger, weitergegeben worden. Tandu schließlich brachte ihn den Männern bei und der Tanz wurde nach ihm benannt: tandava. *Ein anderer, femininer wirkender Tanz* (lasya) *wird dagegen Parvati, Shivas Gattin, zugeschrieben.*

105 links Der Venugopala-Tempel aus dem 13. Jahrhundert befindet sich im großen Komplex von Ranganatha Svami in Tiruchirapalli. Die himmlische Wassernymphe, die diesen Tempel ziert, spielt Vina, ein Saiteninstrument, dessen Resonanzkörper aus zwei Flaschenkürbissen bestehen, die an beiden Enden des Griffbretts angebracht sind. Vermutlich entwickelte sich dieses Instrument aus der älteren gebogenen Harfe, die in der Harappakultur verbreitet war.

105 rechts Zu den Aufgaben der Apsaras, der himmlischen Wassernymphen des Götterkönigs Indra, zählten musikalische und tänzerische Darbietungen. Diese prächtig herausgeputzte Nymphe hält Zimbeln in den Händen, die durch Aufeinanderschlagen gespielt wurden. Die Skulptur, die aus dem 12. Jahrhundert datiert, stammt aus Karnataka und befindet sich heute im Los Angeles County Art Museum.

den Tempeln von den *devadasi* („Dienerinnen des Gottes") aufgeführt wurden. Diese Dienerinnen waren Mädchen, die bei Zeremonien halfen und im Tanz sowie in anderen schönen Künsten unterrichtet wurden. Der Orissi entstand im Staat Orissa. Er wurde in den Tempeln von Konarak und Puri sowie in einigen heiligen Gebäuden von Bhubaneswar von den *mahari* dargebracht, die in etwa dieselben Aufgaben erfüllten wie die *devadasi.* Die Skulpturen an den Portalen von Chidambaram und im Tanzpavillon von Konarak stellen die wichtigsten Posen so eindeutig dar, dass sie für Gelehrte und Kunststudenten als Vorlage dienten, als man zu Beginn der 90er-Jahre des letzten Jahrhunderts versuchte, die klassischen Formen des Tanzes wieder zu beleben. Die Flachreliefs zeigen neben den Tänzern auch Musiker, deren Instrumente für Musikhistoriker besonders interessant sind.

Zur musikalischen Untermalung verwendete man Blasinstrumente, Tamburine, Zimbeln, Harmonien und die Vina, ein Saiteninstrument, das als Vorläufer des Sitar gilt. Ein Mann oder eine Frau erzählte singend von den mythischen Ereignissen, von denen die Tänze handelten, wobei bestimmte Silben betont wurden, um den Rhythmus zu bewahren. Die indische Musik entstand als Unterstützung der liturgischen Hymnen, deren exakte Regeln im „Samaveda", dem „Veda der Lieder", festgehalten wurden.

Auch die Musik war übernatürlichen Ursprungs und mit dem *nada,* der Urvibration des Universums, verbunden. Mantras sind magische Formeln, die die göttlichen Mäch-

te ins Gedächtnis rufen und sie sind Teil desselben metaphysischen Kontexts. Musik wurde vor allem bei Zeremonien gespielt und begründet sich auf drei Elemente: *tala,* der Rhythmus, der als eine Art Gerüst für die Melodie dient; *raga,* die Melodie (abgeleitet von dem Verb ranj = färben), die die Seele des Menschen mit Gefühlen „färbt", und *rasa,* das Wesen der ästhetischen Erbauung. Improvisation war ein wichtiger Aspekt in der indischen Musik, wurde jedoch von präzisen Standards gelenkt, wie zum Beispiel der Aufteilung des *raga* in weibliche und männliche Parts, der Gruppierung und der Assoziation mit Tages- und Jahreszeiten sowie mit dem Seelenzustand.

Als Geschenk der Götter und als Mittel der Kommunikation existierte der Tanz nicht um seinetwillen. Er war vielmehr ein bewegtes Gebet, eine dynamische Darstellung von Schönheit, Rhythmus und Balance des Universums und er erfüllte ausdrucksvolle und erzählerische rituelle Funktionen. Dies wird explizit in Texten betont, die darauf hinweisen, dass der Blick der Augen der Stellung der Hände folgen muss und dass der Richtung der Augen (die Gefühle darstellt) der Geist folgen muss. Wenn das Gefühl so intensiv ist, dass es den Geist des Tänzers und den der Zuschauer vollkommen beherrscht, entsteht ästhetische Erbauung.

Das ultimative Ziel jeden künstlerischen Ereignisses ist das Erreichen von *rasa,* der ästhetischen Erbauung, die dem Erkennen der perfekten und ewigen Schönheit in einer vergänglichen und unvollkommenen Welt entspricht. Dieser Prozess umfasst mehrere Phasen: Der Künstler nimmt ein bestimmtes Ereignis wahr, das ihn gefühlsmäßig anspricht. Er gerät in einen Zustand, der ihn dazu drängt, seine emotionalen Erfahrungen zu reproduzieren. Dadurch entsteht ein Kunstwerk, das sich verbal, musikalisch oder formal ausdrückt, festgelegt durch die Tradition, mit dem Ziel, die Individualität des Künstlers zu beschränken und ihm eine allgemein gültige Form der Kommunikation zu bieten.

Der Wert eines indischen Künstlers wird an seiner Fähigkeit gemessen, die universalen Zusammenhänge der Kultur, in der er aufwuchs, wiederzugeben und sich zum Gefährt für ästhetische Vollendung zu machen. Die festgelegten Regeln, in denen dies geschieht, bewahren sein Werk vor persönlichen Interpretationen und lehren ihn Ausgewogenheit sowie eine expressive Klarheit. Auf diese Weise wird ein echter Künstler – ein Fachmann, der sich nicht nur einer langen Ausbildung unterzog, sondern auch der psychologischen inneren Einkehr fähig ist – dem Betrachter erfolgreich das gleiche Gefühl vermitteln können, das ihn zu seinem Werk inspirierte, so dass jener ebenfalls *rasa* erreicht.

Die eigentliche Bedeutung des Begriffes *rasa* ist „Saft, Ausgepresstes, Quintessenz" und spielt auf den Prozess der spirituellen Alchemie an, bei dem menschliche Emotionen veredelt werden. Die bedeutendsten Emotionen werden durch neun Gefühle verursacht: Liebe, Heiterkeit, Leidenschaft, Wut, Heroismus, Furcht, Verachtung, Erstaunen und Frieden. Diese Gefühle werden wiederum mit bestimmten Gottheiten, Farben, Jahres- oder Tageszeiten assoziiert, die diese Emotionen reflektieren. *Rasa* wird erreicht, wenn der Künstler und der Zuschauer durch ein Kunstwerk, das außerhalb von Zeit und Raum erlebt wird, dasselbe Gefühl empfinden. Sobald die ästhetische Erbauung eintritt, wird Vergängliches unvergänglich.

106–107 Dieses herrliche Relief stammt vom Kiradu-Tempel in Rajasthan (11. Jahrhundert). Das tanzende Paar wird von Musikern begleitet, zu deren Instrumenten eine Flöte und die Mridanga gehören. Die Mridanga ist eine leicht konische Trommel, die an beiden Enden gespielt wird. Durch grazile Bewegungen der Finger und Hände (Mudra) wird eine exakte tänzerische Umsetzung des literarischen Textes ermöglicht, der die Grundlage des Tanzes bildet.

107 oben Bei Festen und von Schaustellern, wie Geschichtenerzählern und Akrobaten, wurde ein Tanz praktiziert, der offensichtlich frei von jeglicher sakraler Bedeutung war. Dieses Foto zeigt ein Detail eines Reliefs an einer Säule im Mallikarjuna-Tempel (8. Jahrhundert) in Pattadakal (Karnataka). Hier werden verschiedene Arten der Volksbelustigung, unter anderem auch der Tanz, dargestellt.

107 unten Zimbeln, Flöte und Mridanga sind die Instrumente dieser drei Musiker an einem der Fenster im Parashurameswar-Tempel in Bhubaneswar (Orissa). Musik bestand aus dem rhythmischen Grundgerüst (tala) und der Melodie (raga). Die sechs wichtigsten raga wurden jeweils mit einer bestimmten Tages- oder Jahreszeit, einer Situation und einem Gefühl assoziiert.

Bildhauerkunst

Die indische Bildhauerkunst stellt fast immer die unzähligen Aspekte des Göttlichen in menschlicher Form dar, nur sehr selten dagegen Könige und andere Würdenträger. Das bekannteste Beispiel einer nicht religiösen Figur ist die des Königs Kanishka aus der Kushana-Dynastie, die sich heute im Museum von Mathura befindet. Als Ergebnis innerer Visionen, die durch Entsagung und Meditation herbeigerufen wurden, und gefertigt mithilfe präziser Standards, die in künstlerischen Traktaten *(shastra)* niedergeschrieben wurden, fördern bildliche Darstellungen die göttliche Intuition und die heilige Dimension, die der profanen Welt zugrunde liegt.

Die Proportionen der Figuren, die fast immer vollständig dargestellt werden, entsprechen ästhetischen Normen, deren Ziel nicht die realistische Reproduktion war, sondern der Ausdruck himmlischer Schönheit, die erheblich von der menschlichen abwich. Als Grundmaß galt eine Handlänge *(tala)*, die die Entfernung zwischen Kinn und Haaransatz repräsentierte. Die Anzahl an *tala* unterschied sich nach Geschlecht, Position und Status. Gottheiten beispielsweise wurden meist 12 *tala* groß dargestellt.

108 links Das wunderschöne Mädchen aus rotem Sandstein stammt von der Balustrade des Stupas von Bharhut (1. Jahrhundert). Die Inschrift besagt, dass es sich dabei um eine Yakshi namens Chandra handelt. Neben wichtigen Informationen über Kleidung und Schmuck jener Zeit liefert diese Darstellung auch den Beweis, dass Tätowierungen im Gesicht üblich waren. Die üppigen Hüften, der tief liegende Nabel, die hoch angesetzten Brüste und die horizontalen Falten am Bauch waren typische Merkmale femininer Schönheit.

108 rechts Tiere spielen in der indischen Bildhauerkunst eine große Rolle. Eine der beliebtesten Kreaturen ist die Gans Hamsa, das Reittier des Gottes Brahma und seiner Gattin Sarasvati und zugleich das Symbol des Atman (Seele). Hier ist Hamsa zu Füßen einer weiblichen Gottheit, vielleicht einer Yakshi, dargestellt (Victoria and Albert Museum, London).

109 Diese Bronzefigur aus dem 11. Jahrhundert (Museé Guimet, Paris) stellt Shiva Vinadhara-dakshinamurti dar, das „südliche Porträt mit der Vina". Die Vina fehlt zwar, man erkennt jedoch die korrekte Haltung der beiden vorderen Hände zum Spielen des Instruments. In seiner Gestalt als Dakshinamurti lehrte Shiva, die Stille zu nutzen, aber die meisten Menschen verstanden diese Botschaft nicht. Deshalb erschien der Gott als Vinadhara, um seine Botschaft mithilfe der Musik für alle begreiflich zu machen.

Weibliche Statuen mussten eine schmale Taille haben sowie hoch angesetzte, runde Brüste, die so eng zusammenstanden, dass „nicht einmal die Faser eines Lotos dazwischen passte". Der Nabel musste tief sitzen und Bauch und Hals mussten drei Hautfalten aufweisen, um Sinnlichkeit darzustellen. Die Schenkel sollten schlank und geschmeidig sein wie der Rüssel eines jungen Elefanten oder wie ein Baum und die Haut sollte schimmern wie der Mond. Das Haar musste seidig, lang und dick sein. Das ovale Gesicht sollte üppige Lippen und perlengleiche Zähne haben sowie Augenbrauen, die geschwungen waren wie der Bogen des Liebesgottes Kama und über mandelförmigen, lotosblauen Augen saßen. Auch einige Körperteile männlicher Statuen mussten den Standards der Frauenfiguren entsprechen, so zum Beispiel Taille und Hals. Bei den Männern mussten jedoch die Arme von der Schulter bis zu den Fingerspitzen biegsam sein wie Elefantenrüssel. Anatomische Korrektheit war daher kein Thema. Die fleischigen Glieder der Götter sind glatt und vollkommen und weisen keinerlei Spuren von

Knochen oder Gelenken auf. Sie galten als erfüllt von *prana* (Lebensenergie), die ihre Figur anschwellen ließ. *Tribhanga*, die S-förmige Haltung der Statuen, die von den Hüften ausgeht, sollte die erotische Anmut der Figur unterstreichen. Auf ewig jung und mit den Körpern von Heranwachsenden dargestellt, die sich wie eine Lotosblüte entfalten, kennzeichnet sie ein inneres Lächeln und eine geheimnisvolle Heiterkeit.

Schönheit war durchaus eine Möglichkeit, in den Himmel zu gelangen. Nymphen, wie Yakshis, Apsaras und Surasundaris galten als Botschafterinnen der Shakti, der weiblichen kosmischen und erotischen Kraft, die mit der Dynamik der Natur assoziiert wurde. Sie waren im Wasser, in Pflanzen, im Himmel und in allen Lebewesen präsent und stellten das lebende Symbol für die göttliche Existenz dar, die in allen lebendigen Formen fließt und pulsiert. Aber gleichzeitig waren sie auch Initiierte, die ihre Attraktivität nutzten, um den Menschen zu Gott zu führen. Vereinigung galt das Ziel jeden spirituellen Pfades. Die extremste Form ist das Linga, der phallische Stein der Schöpfungskraft, der sich vielleicht aus dem Menhir entwickelte und mit dem Yoni, dem weiblichen Gegenstück, verbunden ist.

Jede Gottheit besitzt Attribute *(lakshana)*, die sie in Händen hält, als Ornamente trägt oder die sie als begleitende Gegenstände umgeben. Manche Gottheiten können sich in zwei Formen manifestieren: *shanta* (friedvoll und gütig) und *ugra* (Furcht einflößend und wütend). Die Anzahl der Arme, mit denen ein Gott dargestellt wird, drückt seine Macht und seinen Einfluss aus.

Die *lakshana* von Buddha unterliegen einem speziellen Kodex. Abbilder von Buddha in menschlicher Form entstanden ab dem 2. Jahrhundert im Nordwesten des Landes. Dort hatte die hellenisch-buddhistische Gandhara-Kunst ihre Wurzeln. Davor waren keine Darstellungen des Erleuchteten erlaubt, da die Anhänger des Hinayana – der älteren buddhistischen Strömung – ihn als höchsten Meister betrachteten und nicht als Gottheit. Abbilder waren daher sinnlos,

110 Aus dem fruchtbaren Zusammentreffen hellenischer und indischer Ästheten resultierte die Gandhara-Kunst. Dieser Gipskopf aus dem 4. Jahrhundert (Nationalmuseum, Delhi) ist hierfür ein herrliches Beispiel: Die Frisur erinnert an die griechische Kunst, während die mandelförmigen Augen und die vollen Lippen typisch indisch sind. Gips ist ein leicht zu bearbeitendes und gleichzeitig robustes Material, das zudem bemalt werden kann.

111 links Dieser Kopf mit Schnauzbart und ausgeprägten Gesichtszügen entspricht der Kunst seiner Zeit. Die Ausdruckskraft ging jedoch im Lauf der nachfolgenden Epochen verloren. Die Figur entstand im 3.–4. Jahrhundert unter der Gupta-Dynastie (R.-Freschi-Kunstsammlung).

111 rechts Dieses Sandsteinfragment des Stupas in Bharhut (Nationalmuseum, Delhi) stellt vielleicht eine Dryade dar. Die angedeutete Korpulenz, das Grübchen am Kinn und die Form der Lippen verleihen ihr das Aussehen einer Heranwachsenden. Göttliche Wesen wurden generell mit jugendlichen Körpermerkmalen dargestellt, da diese als ästhetisch vollkommen galten.

112 oben Der Einfluss der hellenischen Kunst ist am Faltenwurf des Gewandes dieses Buddhas zu erkennen, während sein Kopf zwei der 32 Hauptmerkmale eines Buddhas aufweist: urna, *die Falte zwischen den Augenbrauen, die das Zusammentreffen von Intellekt und Sinnen symbolisiert, und* ushnisha, *die Schwellung am Oberkopf, die Nirvana repräsentiert. Für gewöhnlich wird sie als Haarknoten dargestellt, obwohl Buddhas Kopf in Wirklichkeit kahl geschoren war (Nationalmuseum, Delhi).*

112 unten Das mondförmige Gesicht, die volle Unterlippe und die mandelförmigen Augen machen diesen Buddha aus der Gupta-Zeit (5. Jahrhundert) zu einem typischen Vertreter des Schönheitsideals jener Epoche (Museé Guimet, Paris).

da seine menschliche Form ausgelöscht worden war, als er ins Nirvana gelangte. Außerdem war es weniger die historische Figur, die verehrt wurde, sondern die Lehre, die Buddha verbreitete.

Beinahe zeitgleich wurde der Erleuchtete in Mathura (Uttar Pradesh) im zentralen Norden Indiens als Mensch dargestellt. Man weiß jedoch nicht, welche der beiden Schulen diesen Schritt als Erste unternahm. Die Gemeinschaft in Mathura ließ sich vermutlich von den Darstellungen der Tirthankaras (jainistische Propheten) und der Yakshas (Baumgeister) inspirieren, während die Künstler in Gandhara zweifellos die hellenischen Kunst beeinflusste.

Die Figur des griechischen Philosophen war das Vorbild für Buddha: Beide waren Meister des Lebens. Der eine galt als lebender Ausdruck des Logos, der Weltvernunft in der griechischen Philosophie, der andere war die Inkarnation des Dharma, der Doktrin. Die Gandhara-Kunst stellte Buddha zwar mit welligem Haar (in Wirklichkeit war er kahl rasiert wie ein Mönch) dar, aber dennoch wesentlich realistischer als die Mathura-Kunst, die ihn zum Zeichen innerer Konzentration mit lockigem Haar abbildete. Die drei Kleidungsstücke Buddhas, das hüftlange Untergewand, die Tunika und der Mantel, zeugen in Gandhara vom hellenischen Einfluss, im Gegensatz zu dem klein gefältelten Gewand der Buddhafiguren von Mathura, das stets die Umrisse des Körpers und die rechte Schulter enthüllt. Sowohl in Gandhara als auch in Mathura wurde Wert darauf gelegt, dass vor der Figur des sitzenden Buddha Blumengirlanden arrangiert wurden.

Bei Buddhaporträts unterscheidet man 32 Haupt- und 80 Nebenmerkmale. Zu Ersteren gehört zum Beispiel *ushnisha,* eine Schwellung am Oberkopf, die Bezug nimmt auf das Nirvana; *urna,* eine Haarlocke oder eine Falte zwischen den Augenbrauen, an der Stelle, an der die Sinne und der Intellekt zusammentreffen; das Rad des Gesetzes auf der Handinnenfläche; durch schwere Ohrringe verlängerte Ohrläppchen, die an die königliche Abstammung Buddhas erinnern; ein Nimbus, der vermutlich persischen Ursprungs ist.

113 oben rechts Der Stil der Gandhara-Kunst ist auch an dieser etwas realistischeren Darstellung anhand der Frisur und des Faltenwurfes zu erkennen. Diese Statue aus dem 2. Jahrhundert (Nationalmuseum, Delhi) zeigt Maitreya, den Buddha der Zukunft, mit der typischen Ikonographie eines Bodhisattva: mit Schmuck behängt und barbrüstig. Der fehlende Arm war vermutlich in der Geste der Abhayamudra erhoben.

112–113 Dieses Porträt eines Bodhisattva zeigt vermutlich Maitreya. Es stammt aus dem 2. Jahrhundert und ist Teil der Sammlung im Fitzwilliam Museum der Universität Cambridge. Der natürliche Schwung der Haare und die etwas plumpen Gesichtszüge lassen als Herkunftsort Gandhara erkennen. Der Nimbus symbolisiert die Erleuchtung. Das kleine Kästchen an der Halskette, in dem Amulette aufbewahrt wurden, ist auf diesem Foto nicht zu sehen.

a

b

114 oben Ein weiteres Merkmal der Abbilder Buddhas ist das Rad auf der Fußsohle, das bei dieser Statue gut zu erkennen ist. Sie wurde im 10. Jahrhundert unter der Pala-Dynastie gefertigt und zeigt Buddha sitzend in der padmasana*-Pose (Lotossitz). Seine linke Hand berührt den Boden als Zeichen, dass der Versucher Mara besiegt und Erleuchtung gewonnen wurde. Das leichte Gewand lässt eine Schulter frei und ist in dekorative Falten gelegt.*

114 unten Dieser Buddha von der Fassade des Mahabodhi-Tempels in Bodh Gaya (Bihar) datiert vermutlich aus dem 10. Jahrhundert. Auf der rechten Handfläche ist das Rad des Gesetzes zu erkennen und das durchsichtige Gewand enthüllt die perfekten Proportionen des Körpers.

c

d

Die Stellung der Hände (Mudra) steht für Buddhas Seelenzustand und für seine Geisteshaltung: Die erhobene rechte Hand mit geöffneter Handfläche bedeutet Beruhigung. Der nach unten gestreckte rechte Arm mit nach vorn geöffneter Handfläche verkörpert die Geste des Schenkens. Der rechte Handrücken in der linken Handfläche repräsentiert die Geste der Meditation. Die Geste der Erdberührung nimmt Bezug auf Buddhas Sieg über den Versucher Mara und auf die darauf folgende Erleuchtung. Die Hände nahe an der Brust, wobei die Finger der Rechten einen Ring bilden und einen Finger der Linken berühren, bilden die Geste, die die Lehre darstellt.

Die Buddhafigur wurde stets spiritualisiert und erreichte die Vollkommenheit des Ausdrucks in der Gupta-Zeit (4.–6. Jahrhundert). Das Gewand wurde auf einen beinahe nicht existenten Schleier reduziert, der nur noch an den Falten zu erkennen ist. Buddhas Gliedmaßen wurden feiner und geschmeidiger und noch stärker betont durch *tribhanga.* Auch die Malerei wurde von der fortschreitenden Transformation des Buddhismus und von der Idee der drei Körper beeinflusst: der menschliche Körper als historischer Buddha, der göttliche Körper mit der Pracht des himmlischen Buddha und der unbeschreibliche kosmische Körper Buddhas als das Absolute. Maler und Bildhauer stellten die göttlichen Züge dar und erweiterten den himmlischen Hofstaat um den Bodhisattva, den werdenden Buddha, der den Schritt in die letzte Vollkommenheit hinauszögert, um anderen zur Erlösung zu verhelfen. Wunderschöne Skulpturen junger Männer entstanden, geschmückt mit Juwelen und Kronen. Sie repräsentierten die spirituelle Transformation Chakravartis, des Weltherrschers. Daneben findet man weibliche Statuen, insbesondere von Tara, der Herrin des Mitgefühls, sowie gewisse Symbole, anhand derer sich die buddhistischen Statuen von den immer ähnlicher werdenden hinduistischen Statuen unterscheiden lassen.

e

114 und 115 Die Zeichnungen illustrieren fünf Handstellungen (Mudras) Buddhas:
a) Dhyanamudra, die Geste der Meditation.
b) Bhumisparshamudra, die Geste, die die Erde als Zeugin für den Sieg über Mara und die darauf folgende Erleuchtung anruft.
c) Varadamudra, die Geste des Schenkens.
d) Abhayamudra, die Geste, die auffordert, keine Angst zu haben.
e) Vitarkamudra, die Geste, die die Lehre darstellt.

114–115 Dieses Relief aus Gandhara (3. Jahrhundert) zeigt fünf Buddhas in drei verschiedenen Haltungen, die von der Mudra (Stellung der Hände) angezeigt werden. Die hier dargestellten Gesten bedeuten Lehren, Meditation und Beruhigung (R.-Freschi-Kunstsammlung).

Die Paläste der Götter

Aus der Zeit, die das Ende der Harappakultur und die Errichtung der ersten Felsentempel im 3. Jahrhundert v. Chr. in Barabar (Bihar) markiert, sind kaum Beispiele für architektonische Elemente erhalten, die andere als praktische Zwecke erfüllen sollten. Man vermutet daher, dass die Kultstätten sehr einfach gestaltet waren oder aus vergänglichem Baumaterial bestanden.

Ausgehend von der Anbetung der Yakshas, der männlichen Baumgeister, bediente sich der Buddhismus besonderer Bäume als Kultstätten, die mit Episoden aus dem Leben Buddhas verknüpft wurden. Am bedeutendsten war der Bodhi-Baum, unter dem Siddhartha Gautama Erleuchtung gewann und zu Buddha wurde. Von einem Zaun umgeben und manchmal von einfachen Pavillons umringt, wurden die Heiligtümer der Yakshas zum Prototyp der ersten buddhistischen Gebetsstätten. Der Zaun markierte den Bereich für das *pradakshina,* das rituelle Umwandeln des angebeteten Objektes im Uhrzeigersinn.

In dieser frühen Periode entwickelten sich auch die Stupas zu heiligen Orten. Hierbei handelte es sich zunächst um Begräbnishügel, später jedoch um Aufbewahrungsstätten für buddhistische und jainistische Reliquien und um Kultdenkmäler.

Zwar hatte Buddha stets gepredigt, dass die Mönche nicht an einem Ort verweilen sollten, damit sie sich nicht an etwas binden konnten, doch während des Monsuns, wenn das Reisen wegen der schweren Regenfälle beinahe unmöglich war, benötigten die Mönche dringend Orte, an denen sie Schutz fanden. Die regelmäßigen Spenden für die buddhistische Bewegung ermöglichten die Errichtung prächtiger *vihara* oder *sangharama* (Klöster). Eine weitere Neuerung war ein Gebäude (in der Regel mit einer Apsis), das einen Stupa als Kultobjekt umschloss und – ab dem 2. Jahrhundert – ein Abbild Buddhas. Dieses neue Bauwerk nannte man *caityagriha* („Sitz des Caitya"), *caitya*-Halle, wobei *caitya* ein Synonym für Stupa ist.

Wie der hinduistische *ashrama* (eine Kultstätte, die aus mehreren Hütten und einem offenen Platz für Versammlungen besteht) wurden die Klöster am Anfang aus Holz und anderen vergänglichen Materialien erbaut, später verwendete man jedoch Stein. Die Gebäude der ersten Niederlassungen wurden aus Holz und Stein errichtet. Dies belegen Miniaturdarstellungen an den Fassaden von Klosterkomplexen. Wenn solche Niederlassungen aus dem Fels gehauen wurden, zeichnete man als Erstes eine Skizze der Anlage auf den Felsen. Das Innere eines solchen Komplexes wurde mit Pickeln aus dem Fels gehauen, wobei man die nicht benötigten Brocken durch ein großes Fenster am Eingang nach draußen transportierte. Bei der Feinarbeit im Innern kamen Hammer und Meißel zum Einsatz und zum Schluss wurde ein mehrstöckiger hölzerner Vorbau mit Galerien oder Veranden angefügt, der als Portikus oder Vestibül diente.

Die hinduistischen Tempel waren in vedischer Zeit (2. Jahrtausend v. Chr.) offensichtlich mit Dolmen (Steinkreise), Altären und Hütten für Initiationsriten sowie mit tragbaren Schreinen verbunden. Die Erinnerung an die Dolmen diente vielleicht auch als Inspiration für die antiken Gebäude mit Flachdach sowie mit drei gemauerten Wänden und einer offenen Seite. Die Initiationshütten wurden dagegen in den ersten Felsheiligtümern reproduziert und sind auch im Drapaudi-Tempel (7. Jahrhundert) in Mahabalipuram (Tamil Nadu) zu sehen. Die ersten Schreine bestanden aus Zweigen mit Blättern, aus Schilf oder anderen Pflanzen, die gebogen und zusammengebunden werden konnten. Sie beeinflussten später das Aussehen massiver Überbauten. Es scheint jedoch, als ob die Tempel allmählich zum festen Wohnsitz der Götter wurden und gleichzeitig als *tirtha* (Furt) in die heilige Dimension fungierten. In den ältesten indischen Überlieferungen bezeichnete *tirtha* im Allgemeinen einen Ort in der Natur, an dem ein Baum von einem übernatürlichen Wesen (dem männlichen Yaksha oder der weiblichen Yakshi) bewohnt wurde. Der Begriff konnte aber auch einen Fluss, einen Teich oder eine Quelle bezeichnen, die meist weibliche Gottheiten bevölkerten. Einer der ersten Versuche, den man als Errichtung einer Kultstätte bezeichnen kann, war die Umzäunung eines Baumes. Auch die ersten richtigen Tempel wurden neben einem natürlichen heiligen Ort erbaut (manchmal auch um diesen Ort), weil sich dadurch deren Anziehungskraft auf die Gläubigen beträchtlich erhöhte. Darüber hinaus wurden Bäume und Gewässer auch auf ikonographische oder architektonische Weise in den Tempel integriert. Am beliebtesten war die Methode, ein Wassergefäß (*kalasha* oder *kumbha*) auf dem Tempeldach oder in anderen Bereichen des Gebäudes aufzustellen.

Beim Betrachten eines Hindutempels bemerkt man sofort die vertikale Ausrichtung des Gebäudes, verbunden mit der konsequenten Reduktion der Betonung von drei Dimensionen, die wiederum auf einen einzigen Punkt ausgerichtet sind. Dieser Konstruktionsvorgang weist Affinitäten zur spirituellen Disziplin *Ekagrata* („Fixierung auf das Eine") auf. Die hierarchische Schichtung der Gebäudeteile – vom Fundament ausgehend bis zur Vereinigung in einem imaginären Punkt über dem Wassergefäß ganz oben – spielt an auf die Neuordnung der Vielfalt in der Ganzheit des Göttlichen. Zur selben Zeit zelebriert der Tempel die Manifestation des Universums als Definition einer perfekten Harmonie und bezieht sich auf den Berg Meru, kosmische Achse und mythischer Wohnsitz der Götter. In diesem Sinn ist er ein himmlischer Wohnsitz *(prasada)* und somit ein Ort unbeschreiblicher Freude und Schönheit. Dieses Element in der Bedeutung eines Tempels bekräftigt auch die Tatsache, dass die ersten drei Modelle der 20 Tempel, die in den ältesten Texten beschrieben werden, die Namen Meru, Mandara und Kailasha tragen, die Namen der kosmischen Berge im Mittelpunkt des Universums. Als Reproduktion eines Berges ist die Struktur eines Tempels beinahe ebenso solide und massiv. Es gibt nur die Öffnung der Cella, genannt *garbhagriha* („Kammer des Embryos" oder „Mutterschoß"), in der die Welt in der Dunkelheit der primordialen Natur *(mulaprakriti)* eingeschlossen ist, bereit sich zu entwickeln und zu manifestieren. Einer der fundamentalen Riten vor dem Bau eines Tempels nennt sich *garbhadhana:* Der Embryo, verkörpert durch einen Behälter mit symbolischen Objekten, wird „eingebettet", indem man ihn unter dem Fußboden rechts von der Tür vergräbt. Das heilige Abbild in der Cella ist die erste formale Manifestation von Brahman, dem Absoluten. Seine Anmut

116 In Amaravati, einer berühmten buddhistischen Stätte in Andhra Pradesh, wurde ein riesiger Stupa aus dem 2. Jahrhundert v. Chr. im 5. Jahrhundert n. Chr. mit Marmorreliefs verziert (einige davon befinden sich heute im Government Museum in Chennai, Madras). Das Relief auf dem Foto zeigt den herrlichen Stupa, der nicht mehr existiert, flankiert von den beiden Säulen der Lehre.

117 oben Natur war die vollkommene Manifestation des Göttlichen und Flüsse (hier auf einem Relief am Großen Stupa in Sanchi) galten als Passage zum Heiligen. Die bedeutendsten indischen Flüsse wurden als Göttinnen betrachtet und die symbolische Anwesenheit von Wasser in den Tempeln war ein allgegenwärtiges Merkmal.

117 Mitte Heilige Bereiche waren ursprünglich von einer hölzernen Einfriedung umgeben, die später aus Stein gefertigt wurde. Hier ist die Balustrade des Mahabodhi-Tempels (8. Jahrhundert) in Bodh Gaya (Bihar) zu sehen.

117 unten Man glaubte, dass in Bäumen übernatürlichen Wesen (Yakshas und Yakshis) wohnten, daher wurden sie seit alters angebetet. Man umgab sie mit einer Palisade, an die in späteren Zeiten Pavillons und Säulen angefügt wurden. Auf diese Weise entstand ein Bauwerk, das als Prototyp für buddhistische Kultstätten angesehen werden kann.

(das Wort *prasada* umfasst auch diese Bedeutung) durchdringt alles, was von der Shakti, der dynamischen weiblichen Kraft des Göttlichen erbaut wurde (Shakti wurde symbolisch auch auf die Gattin desjenigen übertragen, der den Tempelbau finanzierte). Die Präsenz der Shakti wird durch die weit verbreitete Symbolik des Wassers angezeigt, die in die Architektur des Gebäudes eingebunden ist. Aufsteigend aus der Finsternis und dem Mysterium der Cella inkarniert sich das Göttliche in den Steinen der Mauern. Es erscheint in den *ghanadvara,* den falschen Nischen, in den drei Außenwänden der Cella, in denen sich die Abbilder des *parshvadevata* befinden (primäre Formen des heiligen Bildes in der Cella und die Bilder in ihrer unmittelbaren Nähe). Deshalb handelt es sich bei den *ghanadvara* um eine Art architektonische Strahlung, die vom Zentrum des Gebäudes ausgeht und den Gläubigen eine Vision der Götter offenbart. Je mehr Götter zum hinduistischen Pantheon gehörten, desto mehr Nischen mussten für Hilfsgötter und deren Begleiter angelegt werden. Dieses hierarchische Arrangement wird vor allem in den Tempelanlagen Südindiens deutlich: Das Zentrum wird vom obersten Gott besetzt, der erste Ring des Kreises von den untergeordneten Göttern, der zweite von Menschen und der äußerste Ring von Dämonen.

Da der Tempel die Ausbreitung des Göttlichen über alle Bereiche des Universums repräsentiert, dürfte es theoretisch keine Fassade geben. Tatsächlich basiert der Tempelbau jedoch auf einem präzisen axialen Plan. In den meisten Fällen ist das Gebäude nach Osten ausgerichtet, jener Richtung, aus der das Licht kommt, einige Tempel weisen aber auch nach Westen. Dies mag daran liegen, dass religiöse Texte Folgendes empfehlen: Wird ein Tempel an einem Ort errichtet, an dem sich bereits ein bewohntes Zentrum befindet, dann soll er zu diesem Zentrum hin ausgerichtet werden, falls er *shanta*-Göttern (wohltätige Götter wie Vishnu) geweiht ist. Tempel für die Anbetung der *ugra*-Formen der Götter (Furcht einflößende Gestalten, wie zum Beispiel viele Manifestationen Shivas) dürfen dagegen nie auf menschliche Wohnstätten blicken. Die Errichtung eines Tempels unterlag vielen Regeln, zum Beispiel bezüglich der Wahl des Standortes, der Ausrichtung und der Dimensionen. Planung und Bau basierten auf dem *vastupurushamandala,* einem Gitterplan, bei dem jedes Quadrat von einer bestimmten Gottheit bewohnt wird, die sich wiederum in den dort aufgestellten Skulpturen manifestiert. Von den 32 möglichen Mandalas (Gittermustern), werden das achte und das neunte mit 64 beziehungsweise 81 Quadraten am häufigsten verwendet. Das Haus der Götter hat viele Namen, von denen zwei besonders geläufig sind: *prasada* und *vimana. Vimana* bedeutet „in Teilen gemessen" und bezieht sich auf den Gedanken, dass die Manifestation (der Tempel) zwar gemessen werden kann, aber das, was er darstellt, das Absolute, nicht fassbar ist. *Vimana* ist der Körper der Götter, aber gleichzeitig auch ihr himmlischer Streitwagen und ihr Wohnsitz, wobei er als solcher auch etwas von einem Palast *(prasada)* verkörpert.

Ab dem 4. Jahrhundert wurden heilige Stätten aus beständigem Material wie Stein und Ziegel errichtet, wobei Sandstein als der edelste Baustoff bevorzugt wurde. Das Zusammentragen des Materials und der Beginn der Bauarbeiten waren rituelle Vorgänge. Ein heiliger Komplex umfasste in der Regel drei Teile: die Einfriedungsmauer (die nicht immer vorhanden war), den Tempel selbst und die Nebengebäude.

Innerhalb der Einfriedung, *prakada,* befindet sich manchmal ein Teich für Waschun-

ROGA	AHI	MUKHYA	BHALLATA	SOMA	BHUJAGA	ADITI	DITI	AGNI
PAPA-YAKSHMAN	RUDRA						APA	PARJANYA
SHOSHA		RAJA YAKSHMAN	P R T H	I V I D H	A R A	APA VATSA		JAYANTA
ASURA		M				A R		INDRA
VARUNA		I T	B R	A H M	A	Y A		SURYA
KUSUMA -DANTA		R A				M A N		SATYA
SUGRIVA		INDRA	V I	V A S V	A N	SAVITR		BHRSHA
DAU-VARIKA	JAYA						SAVITRA	ANTAR-IKSHA
PITARAH	MRGA	BHRNGA-RAJA	GAN-DHARVA	YAMA	BHRAT-KSHATA	VITATHA	PUSHAN	ANILA

gen. Normalerweise besteht dieser Bereich jedoch aus mehreren Zellen und einem Portikus mit einer oder zwei Säulenreihen. Das Bauwerk mit den Zellen ähnelt alten Tempeln, die nur über einen Mauerring oder einen Rundgang mit kleinen Nischen für Gottesbilder verfügten. Beispiele dafür sind die Tempel der Yoginis (Dienerinnen der Götter), die Tempel in Khajuraho (Madhya Pradesh) und die *betta*, die jainistischen Tempel mit Zellen für die Tirthankaras

in Pattadakal. Sie bestehen aus einem rechteckigen Raum mit einem Tonnendach. Den Überbau bilden zwei vertikale Stützen, gekrönt von einer variablen Anzahl horizontaler Ebenen aus leichten Materialien wie Ziegel, Gips und Stuck. Diese Ebenen sind pyramidenförmig angelegt und werden von einem Pavillon mit Tonnengewölbe sowie von architektonischen Elementen in Form von Wasservasen gekrönt. Eine zunehmend größer werdende Anzahl an Nischen mit in

119 oben rechts Die Cella, in der sich das Abbild des Gottes befindet, bildet den Kern des Tempels. Dieses Foto zeigt die Cella des Kandariya-Mahadeva-Tempels in Khajuraho (11. Jahrhundert) mit dem linga *und dem* yoni, *dem Symbol der Vereinigung des männlichen und des weiblichen Prinzips.*

119 unten links und unten rechts Apsidiale Tempel basierten auf dem Plan der caitya *(buddhistische Kultstätte), an die eine Kolonnade als Wandelgang angefügt wurde. Eine Turmkonstruktion über der Cella war die erste Version des* shikhara, *des typisch nordindischen Tempelturmes. Eines der wenigen Beispiele für dieses Modell ist der Durga-Tempel in Aihole (6. Jahrhundert). Etwas häufiger ist dagegen der kreuzförmige Grundriss, der die Expansion des Göttlichen ausdrückt. Hier sichtbar am Dashavatara-Tempel (6. Jahrhundert) mit den vier Eingangshallen um die Cella.*

118 links und rechts Diese Zeichnungen illustrieren die Entwicklung der hinduistischen Sakralarchitektur. Die ersten Konstruktionen, wie der Tempel 17 in Sanchi (5. Jahrhundert), bestanden aus einem Fundament, auf dem eine Portikus in eine Cella mit Flachdach führte.

118 rechts Die ersten Tempel basierten auf der Form der Gebäude, in denen sich die Dorfräte versammelten. Sie verfügten jedoch zusätzlich über eine Reproduktion der internen Cella auf dem Tempeldach, wie diese Rekonstruktion des Lad-Khan-Tempels (5. Jahrhundert) in Aihole (Karnataka) zeigt.

118 unten Jedes Quadrat (pada) *dieses Gittermusters ist einem Gott zugeordnet. Die Cella beispielsweise ist Brahma (dem Schöpfergott) geweiht.*

(„Furtbereiter"). Die Eingänge sind in die Einfriedungsmauer integriert, der Haupteingang befindet sich in der Regel im Osten. Um das 7./8. Jahrhundert begann man, dem Eingang mehr Beachtung zu schenken und er wurde mit einem Überbau *(gopura)* versehen. Einige Experten sind der Meinung, dass dieser Überbau aus dem Gebäude entstand, das in den vedischen Dörfern über dem Eingang der Einfriedung, die das Vieh im Dorf hielt, errichtet wurde. Erste Beispiele hierfür sind der Kailashanatha-Tempel in Kanchipuram und der Virupaksha-Tempel

leuchtenden Farben bemalten Gipsgöttern entlang der Wände des *gopura* wechselt sich mit Säulen ab.

Der Tempel wurde für gewöhnlich auf einer Plattform errichtet. Er ist auf allen vier Seiten über Treppen zugänglich und in mindestens zwei Bereiche unterteilt: die Cella *(garbhagriha)* und den Portikus *(ardhamandapa* oder *mukhamandapa). Ardha* bedeutet „halb", *mukha* dagegen „Mund, Gesicht, etwas Frontales, der Anfang einer Reihe". Wenn sich zwei oder mehr Portiken *(mandapa)* vor der Cella befinden, ist der korrektere Begriff für den Portikus *mukhamandapa.* In klassischen Texten findet man jedoch auch den Begriff *ardhamandapa,* obwohl sich dieser Ausdruck normalerweise auf einen Raum bezieht, der halb so groß oder kleiner ist als der darauf folgende. Die *mandapa* ist kein Ort für Gruppenzelebrationen, sondern eine Art Warteraum, in dem die Gläubigen

darshana, den Blick auf die Gottheit genießen können. Es handelt sich um einen Raum mit Hypostylos, der offen, teilweise offen oder geschlossen und mit einer kunstvollen Balustrade versehen ist, die in manchen Fällen sogar Sitze aufweist. Der Name ändert sich je nach Art des Gebäudes. *Navaranga mandapa* bezeichnet zum Beispiel einen Raum mit vier Säulen im Zentrum, auf die zwölf weitere folgen, die in ihrer Anordnung neun Quadrate entstehen lassen. Den Architrav am Westeingang des Portikus ziert oft der Gott, dem der Tempel geweiht ist. In einigen Fällen schmücken *torana* (Portale) mit kunstvollen Archivolten den Eingang oder die Eingänge, denn es können bis zu drei sein. Den Prototyp bildeten vermutlich zwei Pfosten, die mit Blätter- und Blütengirlanden verbunden wurden.

Die Cella nimmt Bezug auf die Krypta – Höhle, Mutterleib, Herz. In der Architektur von Orissa betont der Ausdruck *gambhira*, der soviel bedeutet wie „liegt in der Tiefe", diesen Aspekt. Es heißt, dass es in einigen Tempeln geheime, mit Wasser gefüllte Kammern gibt, die auf den Schoß des Universums anspielen, aus dem alles Leben entspringt. Die Cella ist quadratisch, außer wenn sie einer Gruppe von Göttern geweiht ist, wie etwa den sieben Muttergottheiten, dann ist sie rechteckig. In frühen Tempeln war die Cella von außen nicht sichtbar, daher errichtete man direkt darüber eine weitere, wie zum Beispiel im Lad-Khan-Tempel in Aihole (Karnataka). Dieses Design setzte sich jedoch nicht durch. Einige Vishnu-Tempel, wie der Vaikunthaperumal-Tempel in Kanchipuram und der Varadaraja-Tempel in Uttaramerur (beide in Tamil Nadu), weisen drei übereinander erbaute Cellae auf. In der ersten ist der Gott stehend dargestellt, in der zweiten sitzend und in der dritten liegend. Die Tür zur Cella ist stets reich graviert und mit einem Rahmen versehen, der zugleich den Blick auf das Gottesbild im Innern umrahmt. Die Türeinfassung ist mit *parivara,* Dienstgöttern, verziert, die den Gott zu umringen scheinen. Sie nehmen jedoch gleichzeitig bezug auf die Transformation, die dem Gläubigen widerfährt. Die Flussgöttinnen Ganga und Yamuna erinnern an die Reinigung, die in ihren Gewässern vorgenommen wird, während die Schwelle zur Cella einen natürlichen *tirtha* aus Stein darstellt. Schnitzereien von Kletterpflanzen, die sich oft um den Rahmen winden, stehen für die Essenz des Lebens, die ihre Nahrung aus dem Element Wasser erhält. Das Motiv vom Wasser des Lebens, von Reinigung und Wiedergeburt wird im Architrav oftmals durch Gajalakshmi verkörpert, eine Herabkunft der Göttin Lakshmi, Vishnus Gattin, die von Elefanten *(gaja)* mit Wasser benetzt wird.

Zwei weitere wichtige Elemente sind charakteristisch für den Tempel: das Vestibül *(antarala)*, das sich zum Allerheiligsten öffnet, und der Wandelgang *(pradakshinapatha)*. Wenn Letzterer vorhanden ist, bezeichnet man einen Tempel als *sandhara,* das heißt, er ist ausgestattet mit dem Wandelgang, der die Cella umgibt, so dass der Gläubige die rituelle Umwandlung, *pradakshina,* vornehmen kann. Aus symbolischer Sicht ist der *pradakshinapatha* eine Art magischer Kreis, der die Grenzen der göttlichen Präsenz markiert.

Nebengebäude entstanden erst, als die königliche Macht erstarkt war und dem Herrscher teilweise auch sakrale Bedeutung zugesprochen wurde. Dies resultierte nicht nur in einem komplexen Hofzeremoniell, sondern kam auch in der Sakralarchitektur zum Ausdruck: Der Tempel wurde zum Abbild des himmlischen Palastes und die Rituale, die in seinem Innern praktiziert wurden, zelebrierten in speziellen Bereichen die Königswürde des Gottes. Cella, Vestibül und Portikus reichten nun nicht mehr aus. Man benötigte Säle für rituelle Tänze und andere Feierlichkeiten. Als die Bedeutung des Tempels und damit auch die Funktionen wuchsen, die er zu erfüllen hatte (zum Beispiel als Zentrum für Ausbildung sowie für Kunst und Handel), nahm auch die Anzahl der Gebäude zu. Der Tempel wurde zum permanenten Wohnsitz der Priester, Tänzer, Funktionäre, Künstler und Diener und zur Herberge für tausende von Studenten und Pilgern. Aus diesem Grund sind die Nebengebäude oft mit offenen Portiken, mit Hypostylos ausgestattet, die verschiedene Funktionen erfüllen und manchmal direkt mit dem Tempel verbunden sind. Am häufigsten trifft man, vor allem in Shiva-Tempeln, auf einen Portikus für das *vahana*, das Reittier der Gottheit, für die der Tempel errichtet wurde. Idealerweise sollte sich der Portikus auf der Achse zwischen dem Haupteingang und der Cella befinden, wobei die Statue des *vahana* auf ihren Herrn blicken sollte. Manchmal findet man in der „Stadt der Götter" unter anderem Bereiche für Tänze, rituelle Festmahle oder für den Unterricht, aber auch Küchen, Gästehäuser und Lager. Gegen Ende der Chola-Dynastie wurden im 12. Jahrhundert in Südindien

Tempel, die der Großen Göttin geweiht waren, getrennt errichtet.

Der Wagen *(ratha)*, auf dem das Abbild der Gottheit bei Prozessionen präsentiert wurde, ist die bewegliche Ausgabe des Gotteshauses, im Gegensatz zur statischen Form des Tempels. Im Tempel wird der *ratha* auf zwei Arten dargestellt: als naturgetreue Wiedergabe der hölzernen Variante in Form einer Steinkonstruktion oder als Teil des Portikus, der sich zum Tempel hin öffnet und Tiere sowie Räder in ihrer Konstruktion beinhaltet. Ein weiteres wichtiges Element der Nebengebäude ist der *dvajastambha*, der Mast, an dem die Insignien des Gottes gehisst werden.

Der Tempel selbst ist in drei Teile gegliedert: das Fundament, die Mauern und die Überdachung mit dem Element des Wassergefäßes. Das Fundament des Tempels war zu Beginn nur ein einfaches Podest *(upapitha;* in Orissa: *pishta)* mit Stufen. Später wurde das *adhishthana*, das eigentliche Fundament hinzugefügt, über dem sich – unter einem vorstehenden runden Bauteil *(pattika)* – der *kantha*, ein durchbrochener Bereich, befand. An der Stelle, an der sich das Fundament nach außen wölbte, wurde es zu einer Art Plinthe *(khura)* und die nach innen gezogene Zone wurde mit konvexen, halbrunden Elementen gefüllt, den *kumuda* oder *kumbha*. Sie sind eine Anspielung auf das Wassergefäß. Darüber befanden sich viertelkreisförmige Dachrinnen *(kapota)*. Als die *kumbha* ausgefeilter und zu *kalasha* (einer kunstvoller gearbeiteten Art von Gefäß) wurden, fügte man auch ovale Astragale und Kehlleisten *(karnaka)* ein, die zurückgehen auf das symbolische Gefäß, den Lotos und die Schildkröte, die in das Fundament des Tempels eingemauert wurden. Sie sollten an das Wasser des Lebens und an die Erde erinnern, die auf dem festen Panzer der Kreatur ruhten, die eine der Gestalten Vishnus verkörperte, wenn er auf die Erde herabstieg. Die Friese über den Kehlleisten sind oft mit Darstellungen von Tieren geschmückt, die in vedischer Zeit geopfert wurden.

Die Mauern waren zunächst glatt, wurden jedoch später mit einem Fries und dann mit Nischen und Vorsprüngen verziert, die Abbilder der Götter bargen. Noch später kamen falsche Nischen *(ghanadvara)* an den

120–121 Der Begriff vimana *bedeutet unter anderem „fliegendes Gefährt, Wagen". Letzteres entspricht der Definition des Begriffes* ratha, *der die gesamte Struktur oder häufiger die Überhänge beschreibt, die die Gottheiten aus dem Tempel vor die Augen der Gläubigen tragen. Als berühmtes Beispiel hierfür gilt der Sonnentempel von Konarak in Orissa (13. Jahrhundert). Dort wurde der große Wagen des Sonnengottes reproduziert.*

121 links Der kudu *(Hufeisenbogen) umrahmt bei diesem Relief im Stil der Pala-Dynastie Akshobhya, „den Gleichmütigen", einen der fünf Buddhas der Meditation (Museé Guimet, Paris).*

121 rechts Das vereinfachte Profil eines zweistöckigen südindischen Tempels verdeutlicht den Aufbau des Bauwerks: Fundament, Balustrade, Mauern, Kehlleisten, erster Stock, weitere Kehlleisten, das Halsglied, der kuppelförmige Teil und die Spitze.

122–123 Die Zeichnungen zeigen vier shikhara-*Typen. Der erste wird durch zurückweichende horizontale Sektionen gebildet, die an den Ecken Kopien des kissenförmigen Abschlusselements* (amalaka) *aufweisen. Die vertikalen Linien werden auf allen vier Seiten durch Strebepfeiler in der Mitte betont. Das zweite Beispiel ist als* latina *(„Kletterpflanze") bekannt. Es besteht aus Strebepfeilern flankiert von zwei oder mehreren kleinen Vorsprüngen. Eine Reihe von* gavaksha *verläuft rund um die Wände. Sie ähneln einer Kletterpflanze, daher auch der Name. Beim dritten* shikhara *wird die Form des Hauptaufbaus in einer Reihe kleinerer* shikhara *reproduziert. Beim letzten Typ, dem* bhumija, *handelt es sich vermutlich um eine provinzielle Stilrichtung. Er besteht aus vier hervorstehenden Bändern zwischen horizontalen Reihen von Miniaturreproduktionen des* shikhara *an den Seiten, die sich mit zurückweichenden Plinthen in Form von Kapitellen abwechseln.*

drei Außenwänden der Cella dazu. Sie enthielten *parshvadevata,* die Hauptformen des Gottes, dessen Abbild im Allerheiligsten ruhte. Als die Zahl der göttlichen Figuren anstieg, platzierte man weitere *devakoshta* („Nischen der Götter") in den Wänden, die Avaranadevatas (untergeordnete Götter) bargen. Die Konstruktion der Tempelwände beruht auf Vorsprüngen und Einbuchtungen, die durch das Entfernen von Wandbereichen entstehen. Der Hauptvorsprung wird *bhadra* genannt, die seitlichen Vorsprünge bezeichnet man als *ratha,* was so viel bedeutet wie „Wagen", in dem Sinn, dass der Vorsprung mit seiner Statue die Gottheit von der Masse des Tempels abhebt und sie dem Anblick der Gläubigen preisgibt. Das Wort *ratha* wird in den Begriffen *triratha, pancaratha* und *saptaratha* verwendet und zeigt an, ob der Tempel drei, fünf oder sieben Vorsprünge hat.

Als das Konzept des göttlichen Hofes entwickelt wurde, benötigte man auch Platz für die *parivara devata,* die göttlichen Diener. Für sie wurden Gebäude um das Haupthaus errichtet. Jedes Abbild besitzt eine präzise, oft aber auch doppelte Bedeutung, die esoterisch und exoterisch ist. Die Ashtadikapalas, die „acht Wächter der Himmelsrichtungen, schützen den Tempel vor negativen Einflüssen und betonen seine kosmische Dimension. Bezaubernde Nymphen verherrlichen die himmlische Schönheit und spielen zugleich auf das Wissen der Initiierten an. *Mithuna,* Liebespaare, stehen für Prosperität und verkörpern die erotische Macht der Shakti.

Der Überbau der Cella lässt sich in der Regel in drei Haupttypen einteilen (auch wenn dem nicht alle klassischen Texte und alle zeitgenössischen Experten zustimmen): *nagara, dravida* und *vesara.* Aus geographischer Sicht sind die *nagara* zwischen dem Himalaja und der Vindhara-Kette anzusiedeln, die *dravida* im Süden Indiens und die *vesara* – mit einigen Ausnahmen im Süden – zwischen der Vindhara-Kette und dem Fluss Krishna. Die Unterschiede zwischen den drei Richtungen beruhen vor allem auf symbolischen Elementen. Der *nagara* basiert auf einem quadratischen oder rechteckigen Grundriss und wird mit der höchsten der drei „Qualitäten" *(guna)* oder mit den der Natur innewohnenden Faktoren assoziiert: Ausgewogenheit, Reinheit und Brillanz. Der Grundriss des *dravida* ist in der Regel sechs- oder achteckig und wird mit *rajas* assoziiert, dem Faktor, der Dynamik, Hingabe und Ausdehnung bezeichnet. Der *Vesara* ist ein Mischstil basierend auf runden Strukturen und wird mit *tamas* assoziiert, dem Faktor der Trägheit, Konzentration und Umwölktheit verkörpert. Die *guna*-Symbolik ist auf den gesamten Tempel anwendbar. So ist zum Beispiel *tamas* in der Dunkelheit und Tiefe der Cella zu finden, *rajas* in der Ausdehnung der äußeren Strukturen und *sattva* (der Aufwärtsschwung) in der vertikalen Spannung des Überbaus.

Der *nagara*-Stil wird durch einen besonderen Überbau, den *shikhara* charakterisiert. Dieser Ausdruck mag für Verwirrung sorgen, da er sowohl für die gesamte Überdachung der Cella bei *nagara*-Tempeln steht als auch für den Teil, der die pyramidenförmige Überdachung der *dravida*-Tempel krönt. Vergleicht man den Tempel mit dem menschlichen Körper, wäre der *shikhara* mit dem Haarknoten auf dem Oberkopf gleichzusetzen, wo sich die Seele (Atman) mit dem Absoluten (Brahman) vereinigt. In den ältesten Texten definiert der Begriff *shikhara* ein heiliges Bauwerk in Form eines Berges, eine Anspielung auf den kosmischen Berg Meru. Zur Vereinfachung wird der Begriff *shikhara* in diesem Buch nur auf *nagara*-Tempel angewandt und bezeichnet daher die gesamte Überdachung der Cella. Die Form des *shikhara* scheint von den Schreinen abgeleitet zu sein, die in vedischer Zeit aus Zweigen hergestellt wurden. Seine Entwicklung zieht sich über 500 Jahre hin, angefangen von der Gupta-Zeit (5. Jahrhundert) bis zu seiner Vervollkommnung in Bhubaneswar (Orissa) und in Khajuraho (Madhya Pradesh) um das Jahr 1000. Die ältesten *shikhara* entstanden, indem man Vorsprünge *(bhumi)* übereinander setzte und sie mit falschen runden Fenstern versah. Im Lauf der Zeit wich die lineare Pyramidenform einer gewölbten Spitzbogenform. Zu den ersten Modifikationen gehört ein zentraler Vorsprung auf den Strebepfeilern, die sich auf allen vier Seiten des *shikhara* befinden. Er entsteht sowohl durch die vorspringende Anordnung der Steine am vedischen Altar als auch durch das Fortsetzen der Mauervorsprünge in der darunter befindlichen Cella. Aus konzeptioneller Sicht unterstreicht der *shikhara* die Betonung der vertikalen Linien am Gebäude, da er sich unmittelbar aus den Mauern der Cella zu erheben scheint und ohne Unterbrechung in den *skandha* (Schulter) übergeht, auf dem der *griva, gala* oder *kantha* (Halsglied) ruht.

Als Gegengewicht zu den aufwärts strebenden Linien wurde der horizontale Verlauf der Vorsprünge akzentuiert, indem man an den Ecken so viele *amalaka* einfügte, wie *bhumi* vorhanden waren. Der Begriff *amalaka* bezeichnet das Element, das den *shikhara* krönt und in verkleinertem Maßstab Teil des *shikhara* selbst ist. Es hat die Form eines runden, leicht platt gedrückten Sitzkissens, das aus vielen Einzelteilen zusammengenäht ist. Über die Herkunft des Namens existieren mehrere Theorien. Er könnte von dem indischen Wort für Stachelbeere stammen (der dieses Element in gewisser Weise ähnelt) oder von dem Wort für unbefleckt. Einige Experten gehen davon aus, *amalaka* sei aus dem Wortstamm *mal* („versammeln") entstanden, da das Element die aufwärts strebende Spannung des *shikhara* in sich vereint. Außerdem symbolisiert *amalaka* den gezähnten Ring, in dem sich die imaginäre Säule befindet, um die der Tempel erbaut ist. Eine ätherische Säule aus leerem Raum, ein Erbe des vedischen Altars, zieht sich vertikal durch den Tempel. Sie besteht aus Lochziegeln und erhebt sich aus dem goldenen Abbild des Gottes, um das der Altar erbaut wurde. Auf diese Weise bildet sie die Verbindung zwischen der profanen und der sakralen Welt und das ideale Mittel zur Transition von der

123 links Das Wassergefäß (kumbha *oder* kalasha) *bildet den Abschluss des Tempels, hier auf einem Nebengebäude des Mahavira-Komplexes in Osian. Es erinnert an das kosmische Gewässer, an den Schoß des Universums, in dem alle Saaten der Mannigfaltigkeit enthalten sind. Die Position über dem Gefäß nimmt der* bindu *ein, der Punkt aus dem Raum und Zeit entspringen. Als Punkt des Zusammentreffens von Himmel und Erde befindet sich der* bindu *an der Spitze des* shikhara *direkt über dem Mittelpunkt der Cella und dem Abbild des Gottes. Tempel sind die manifestierte Form des Nichtmanifestierten, daher gilt ihre Errichtung als heiliger Akt.*

123 rechts Die Pyramidenform des shikhara *nimmt Bezug auf die verschiedenen Stufen der Existenz und auf die Resorption der Formen, die zu dem Einen führen. Hier ist der* shikhara *des Saciayamata-Tempels (8.–12. Jahrhundert) in Osian (Rajasthan) abgebildet.*

einen in die andere. *Amalaka* ist daher das Kapitell dieser Säule, das Himmel und Erde nicht nur vereint, sondern auch trennt, und seine massige runde Gestalt scheint den umgebenden Tempel zu erfüllen mit einer rotierenden Bewegung, die das Strahlen der luminösen göttlichen Präsenz im Innern repräsentiert. Den Abschluss des *amalaka* bildet der *candrika* oder *padmashirsha,* eine Art umgedrehte Schüssel, auf der das Wassergefäß *(kalasha* oder *kumbha)* ruht, gekrönt von einer Spitze *(bijapuraka)* in Form einer Zitrone. Das *kalasha* ist ein rundbauchiger Behälter, der aus Gold besteht oder zumindest vergoldet sein sollte. Man kann das *kalasha* mit der Sonne vergleichen, die auf den kosmischen Berg oder Tempel scheint, wobei das *amalaka* in diesem Fall den perfekten Ring aus Strahlen darstellt, der die Sonne umgibt.

Amalaka im Miniaturformat befinden sich auch übereinander an den Ecken des *shikhara,* um die gebogene Form der Ränder zu betonen. Sie werden begleitet von *gavaksha,* bei denen es sich früher um kleine Fenster oder Oberlichter handelte, die später zu falschen Nischen wurden, in die häufig Gesichter gemalt wurden. Die Gesichter repräsentieren die Lebewesen, die die Paläste der Götter auf dem kosmischen Berg bewohnen, und ziehen somit eine weitere Parallele zwischen Berg und Tempel. Der Begriff *gavaksha* („Fenster der Sonnenstrahlen") bezieht sich auf den Lichtstrahl, der vom Gottesbild im Innern der Cella ausgeht, die Wände durchdringt und den *shikhara* in ein Gittermuster von hell erleuchteten Nischen hüllt. Aus diesem Grund sind *gavaksha* – ebenso wie *ghanadvara* – falsche Nischen, deren Funktion nicht praktischer, sondern rein symbolischer Natur ist, weil sie gewissermaßen das Licht aus dem Kern des Tempels filtern.

Im Lauf der Zeit erhöhte man die Anzahl der *gavaksha* am Tempel, bis sich ihre Gitter rund um den *shikhara* zogen wie Kletterpflanzen *(lata)*, was auch die Herkunft des Namens *latina* für einen ähnlichen Überbau erklärt. Hierbei handelt es sich um einen der drei Haupttypen des *shikhara* (dem stimmen jedoch nicht alle Experten zu), bei dem die Strebepfeiler *(bhadras)* in der Mitte der Tempelseiten von zwei oder mehreren kleinen Vorsprüngen mit vertikalen Einschnitten flankiert werden. Auf diese Weise entstehen lange, bänderförmige Schatten, die sich mit der Helligkeit der „Fenster der Sonnenstrahlen" abwechseln. An den Ecken befinden sich Miniaturreproduktionen der *shikhara* oder *amalaka,* um die vertikale Linie des Gebäudes zu betonen. Das *gavaksha*-Gitter sammelt und eint die verschiedenen Teile des *shikhara* zu einem Ganzen. Die schönsten Beispiele für *shikhara* vom Typ *latina* kann man in Bhubaneswar und in Orissa besichtigen.

Die pyramidenförmige Steifheit des *latina* fehlt beim zweiten *shikhara*-Typ. Diesen Typ findet man am *sandhara*-Tempel, das heißt an den Heiligtümern mit einem Wandelgang und mit Querschiffen, die durch Verlängerung der *bhadra*-Pfeiler auf den drei Seiten der Cella entstehen. Die verschiede-

nen Vorbauten sind mit Dächern versehen, *shringa* oder *manjari* (Miniaturausgaben des *shikhara).* Die Tempel von Khajuraho in Madhya Pradesh zählen zu den berühmtesten Exemplaren, die diesen *shikhara*-Typ aufweisen.

Der dritte Typ ist unter dem Namen *bhumija* („auf dem Land geboren") bekannt und weniger verbreitet als die beiden anderen. Vier hervorspringende, durch *gavaksha* betonte Bänder akzentuieren die Quadranten des *shikhara,* der aus horizontalen Reihen seiner eigenen Miniaturreproduktionen besteht, kombiniert mit eingekerbten Sockeln in Form kunstvoller Kapitelle. Die Anordnung der kleinen frei stehenden *shikhara* verführt den Betrachter dazu, sie als vertikale Kompositionen zu sehen und im Gesamteindruck wirken sie wie Girlanden, die um den *shikhara* gewunden sind. Jedes Element besitzt zwar eine gewisse Individualität, ist jedoch gleichzeitig Teil eines Gesamtdesigns, das die vertikalen Linien des *shikhara* betont. Der Udayeswar-Tempel in Udayapur (Madhya Pradesh) ist zweifellos das beste Beispiel für einen *shikhara* dieses Typs.

Während der Symbolismus des Dachaufbaus bei den *nagara*-Tempeln auf den kosmischen Berg anspielt, befasst sich die Architektur der *dravida*-Tempel vor allem mit dem Thema der himmlischen Paläste auf den Gipfeln jenes Berges. Zunächst bestanden die *dravida*-Tempel aus einer kubischen Cella mit einem pyramidenförmigen Dachaufbau. Dieser Aufbau wurde aus sich überlappenden Platten gebildet, die sich nach oben verjüngten, oder aus einem Gebilde, das eine Reproduktion der Cella mit einer Kuppel darstellte. Die Bauwerke der Pallava-Dynastie (7.–8. Jahrhundert) verfügten über Miniaturpavillons, die eine Art Bastion bildeten, sowie über Brüstungen am Hauptteil des *vimana,* die eine Art Korridor oder Terrassen freiließen. Jede Stufe, die aus Reihen von Pavillons bestand – rechteckig mit Tonnengewölben an den Seiten oder quadratisch mit einer Kuppel an den Ecken – verjüngte sich nach oben, bis die letzte Reproduktion, die Cella oder der „hohe Tempel" erreicht war, die das Monument krönte und die Präsenz des Gotteshauses signalisierte. In der Chola-Zeit (10.–11. Jahrhundert) fügte man dem *vimana* Pavillons hinzu, die den Platz der Terrassen einnahmen und auch die Brüstungen verschwanden. Der Tanjore-Tempel in Tamil Nadu ist hierfür ein hervorragendes Beispiel. Ab dem 13. Jahrhundert wurde der *vimana* durch den *gopura* ersetzt, der weniger den Palast der Götter als vielmehr die Stadt der Götter symbolisierte.

Die Abdeckung der *mandapa* erfuhr an verschiedenen Orten und zu verschiedenen Zeiten zwar einige Veränderungen, aber im Grunde blieb ihre Gestalt pyramidenförmig oder mit einem Flachdach versehen. Die antiken *mandapa* besitzen manchmal ein doppeltes Flachdach wie zum Beispiel der Portikus des Parashurameswar-Tempels in Bhubaneswar (Orissa). Eine Alternative ist der Aufbau aus aufgereihten Miniaturbauwerken, die eine Art hohe Brüstung bilden wie beim Vijayalaya-Cholisar-Tempel in Nartamalai (Tamil Nadu). Pyramidenförmige Abdeckungen bestehen aus großen, horizontalen und sich überlappenden Platten wie in Orissa, aus stärker abgerundeten Stufen wie in Khajuraho oder aus sich überlappenden, glockenförmigen Elementen wie in Udayapur. Oft bildet das Vestibül *(antarala)* eine harmonische Verbindung zwischen der Cella und des davor befindlichen Portikus.

Die Decken und Abdeckungen werden von Stützpfeilern und Gebälkbogen getragen. Echte Bogen und Gewölbe wurden nicht verwendet (obwohl bereits bekannt, wie an den Beispielen in Bhitargaon in Uttar Pradesh oder in Nalanda und Bodh Gaya in Bihar ersichtlich), da der Entwurf des Überbaus der Cella und der Nebengebäude den horizontalen Stützen der vedischen Altäre nachgebildet war.

Kontinuität ist eine Eigenschaft der hinduistischen Sakralarchitektur, deren Anfänge in der Mitte des 2. Jahrtausends v. Chr. liegen. Zwar spielt sie mit den grundlegenden symbolischen Kompositionen an der Form ihrer Tempel, aber niemals mit deren Inhalt.

124–125 Der shikhara *des Ghateswar-Tempels (10. Jahrhundert) in Baroli (Rajasthan) wird von einem vibrierenden Muster aus Licht und Schatten umgeben, das vom* gavaksha, *dem „Fenster der Sonnenstrahlen", stammt.* Gavaksha *haben keine praktische Funktion, da sie nicht lichtdurchlässig sind. Symbolisch lassen sie jedoch das Licht des Göttlichen aus dem Innern des Tempels in die profane Welt schweben.*

Archäologische Reisen

126–127 Dieses Relief vom Dashavatara-Tempel (6. Jahrhundert) in Deogarh (Uttar Pradesh) zeigt Vishnu, den Herrn des Lebens, mit seiner Gattin Lakshmi zu seinen Füßen. Der Schlaf des Gottes spielt auf den Zeitraum an, der zwischen dem Untergang des einen Universums und der Geburt des nächsten liegt. Die Zeit wird in der hinduistischen Welt als Zyklus betrachtet.

Einleitung

Unter den tausenden von möglichen archäologischen Reisen in einem Land wie Indien die nutzbringendsten heraussuchen zu müssen, ist wirklich eine Herausforderung. Viele Orte, die Erwähnung verdienen, sind nur schwer zu erreichen oder verfügen nicht über die notwendigen Einrichtungen für Reisende. Es galt daher, Kompromisse zu schließen, aber die in diesem Buch aufgeführten Ziele repräsentieren zweifelsfrei die bedeutendsten Beispiele für die Entwicklung der indischen Kunst und sind Ausdruck ihrer fundamentalen Themen. Die meisten Reiserouten liegen innerhalb eines einzigen Staates, um das Gebiet etwas zu beschränken, und es wurden auch weniger bekannte architektonische Schätze aufgenommen, die sich manchmal abseits der bekannten Wege befinden, so dass sich der Reisende wie ein Entdecker fühlen kann. Außerdem ist Indien ein Land der Überraschungen: Es ist durchaus möglich, dass man auf dem Land, in einem kleinen Dorf oder an einem Flussufer auf ein Kunstwerk stößt, das in keinem Führer erwähnt ist.

In Nordindien beginnt die Reise in Madhya Pradesh mit seiner Vielfalt an kunsthistorischen Sehenswürdigkeiten, von den weniger bekannten Felsmalereien in Bhimbetka, bis zum berühmten buddhistischen Wallfahrtsort, dem Hügel von Sanchi, ehe man in Buddhas Fußstapfen nach Bodh Gaya in Bihar wandert, wo Siddhartha Gautama die Erleuchtung für einen neuen Weg der Erlösung gewann. Während die Buddhisten glaubten, dass Loslösung von der Welt notwendig sei, um die negativen Folgen der eigenen Taten zu bewältigen und den Kreislauf der Wiedergeburt zu durchbrechen, gaben sich die Künstler in Khajuraho (Uttar Pradesh) irdischen und fleischlichen Vergnügungen hin. Aber hinter ihrem ausgeprägten Hang zur Erotik steht eine tiefere Bedeutung, die bis heute noch nicht völlig verstanden wird. Die Tempel von Khajuraho in Form von *vimana* („Fahrzeuge der Götter") zählen zu den vollkommensten Beispielen für die Architektur Nordindiens. Im Westen, in Rajasthan und Gujarat, findet man in den Gotteshäusern herrliche Meißelarbeiten, nicht nur in den berühmten Tempeln von Modhera und auf dem Mount Abu, sondern auch an weniger bekannten Orten wie Osian, Kiradu, Jagat, Nagda und Baroli.

In Mittelindien verherrlicht Maharashtra den großen Gott Shiva in zwei der spektakulärsten künstlerischen Kreationen Indiens: in den Höhlen von Elephanta und im Tempelberg von Ellora. Man findet hier aber auch viele buddhistische Klöster und Kultstätten in den Ghats. Zu den bekanntesten zählen die Höhlen von Ajanta, die für den Besucher wunderschöne indische Malereien zur Besichtigung bereithalten. Reist man Richtung Orissa nach Osten erinnern hunderte von Tempeln in Bhubaneswar an die vielen verschiedenen Formen des Göttlichen, während der Sonnenwagen für immer in Konarak in Stein verewigt wurde.

Die Reiserouten in Südindien ehren die tausend Jahre alten Städte der Götter, beginnend mit den Höhlen in Badami (Karnataka) und den einfachen Gebäuden der Chaluka-Dynastie bis zu den mit Ornamenten überladenen himmlischen Palästen aus der Hoysala-Zeit. Eine Reise nach Andhra Pradesh, einem Staat, der nur selten besucht wird, führt den Besucher zu den eleganten Tempeln der Kakatiya-Dynastie, mit den stilisierten Darstellungen von Nymphen. In den Felsmalereien der Künstler der Pallavas in Mahabalipuram (Tamil Nadu) steigt das Göttliche in Form des himmlischen Flusses Ganga zur Erde herab, während das Hofzeremoniell in den riesigen Tempeln der Chola-Dynastie stattfand, in denen die Götter wie Könige verehrt wurden.

Unabhängig davon, ob es sich um einen bearbeiteten Felsen an einem Flussufer, eine Höhle in einem Berg, einen Schrein in einem Wald oder einen königlichen Tempel in einer Stadt handelt: Die heilige Stätte war der Ort, an dem sich das Göttliche manifestierte. Ihre Schwelle zu überschreiten hieß, in eine andere Dimension zu blicken.

128 oben Pfauen in heraldischer Haltung sind am Großen Stupa in Sanchi immer wieder zu sehen. Der Mythos erzählt, dass diese Vögel aus einer Schwinge von Garuda geboren wurden, dem Reittier Vishnus.

128 links Die Medaillons an der Balustrade des Stupas 2 in Sanchi zeigen florale Motive und Tiere. Der Elefant gehört neben Pferd, Stier und Löwe zu den vier Tieren, die im Buddhismus von Bedeutung sind. Er erinnert an den Traum der Königin Maya, in dem ihr die Geburt Buddhas angekündigt wird.

129 Die Statuen an den hinduistischen Tempeln dienen nicht nur der Zierde. Die himmlische Nymphe, die sich am Kandariya-Mahadeva-Tempel in Khajuraho selbstverliebt das tilaka *auf die Stirn malt, spielt auf das Konzept von* prakasha *und* vimarsha *an, bei dem das göttliche Licht in die manifestierte Welt reflektiert wird, das heißt Shiva wird in die Shakti projiziert, in jene weibliche kosmische Energie, die in allen Lebensformen enthalten ist.*

Nordindien

Madhya Pradesh, von der Vorgeschichte bis zum Jahr 1000

Madhya Pradesh bietet eines der reichsten künstlerischen Erben in ganz Indien. Es gibt hier nicht nur weltberühmte Orte, sondern auch viele weniger bekannte Stätten, die zum Teil schwer zu erreichen, aber dennoch von hohem künstlerischem Wert sind und eine einzigartige Atmosphäre verströmen. Die historische Bedeutung dieser Region ermöglicht es, die Entwicklung der sakralen Architektur von ihren Anfängen bis ins 11. Jahrhundert zu studieren.

Die Reise durch die Jahrhunderte beginnt in Bhimbetka, etwa 50 km von Bhopal entfernt, an der Stelle, an der ein Felsmassiv, das halb von Vegetation überwuchert ist, den Jägern und Sammlern im Paläolithikum und Mesolithikum Schutz bot. Spuren von Felsmalereien, die in vielen übereinander liegenden Schichten die Jagd verherrlichen, ermöglichen Rückschlüsse auf die Besiedelung des Ortes. Meist wurden die Farben Rot und Weiß verwendet, nur gelegentlich griff man auf Gelb und Grün zurück.

Etwa 20 km von Bhimbetka entfernt liegt der Tempel von Bhojpur. Der Weg dorthin führt an den Überresten einer Zyklopenmauer entlang, angelegt von König Bhoja (1010–1053) aus der Paramara-Dynastie, der auf diese Weise ein riesiges Wasserreservoir schuf. Der Tempel, bekannt als Bhojeswar Mandir, wurde nie fertig gestellt. Vermutlich verfügte er jedoch über ein neuartiges Design, bei dem der *shikhara* durch einen pyramidenförmigen Aufbau ersetzt wurde, der die Cella umschloss. Das phallische Symbol Shivas, das Linga, erreicht hier die stattliche Höhe von 2,2 m und steht auf einem 5,2 m hohen Sockel. Rund um das Gebäude befinden sich Felsen mit Markierungen und halbfertig zugeschnittene Blöcke, die zum Tempelbau verwendet werden sollten. Interessant sind auch die Überreste der teilweise errichteten Mauern.

Auf dem Weg nach Sanchi trifft man auf Überreste aus dem Maurya-Reich. In Besnagar steht die berühmte Säule, die Garuda (Vishnus Reittier) geweiht war. Sie wurde in der zweiten Hälfte des 2. Jahrhunderts v.

130–131 Der gigantische, nie fertig gestellte Tempel Bhojsewar Mandir (11. Jahrhundert) birgt eines der größten monolithischen Lingas in Indien und wird zurzeit restauriert. König Bhoja, der das Bauwerk in Auftrag gegeben hatte, war der Autor eines wichtigen Traktats über Architektur, des „Samaranganasutradhar", in dem Themen wie Ikonographie und Stadtplanung abgehandelt werden.

131 oben links und oben rechts Das Felsmassiv in Bhimbetka bot Jägern und Sammlern des ausgehenden Paläolithikums und des Mesolithikums Zuflucht. Die meist in Rot oder Weiß gehaltenen Felsmalereien stellen überwiegend Jagdszenen dar. In der schamanistischen Welt prähistorischer Kulturen trat man durch das Zeichnen von Tierfiguren, in Verbindung mit einem speziellen Ritual, in Kontakt mit den Geistern der Tiere und glaubte, sie so in gewisser Weise kontrollieren zu können.

131 unten links Einige Skulpturen liegen um den unfertigen Bhojeswar Mandir verstreut und warten noch immer darauf, an ihren vorgesehenen Platz im Tempel gebracht zu werden. Interessant sind auch die architektonischen Skizzen, die in Steinplatten graviert sind, die sich zum Fluss Betva hinabneigen.

Chr. von Heliodoros errichtet, dem Gesandten des indogriechischen Königs Antialkidas. In Brahmi-Schrift wird darauf von Heliodoros' Verehrung des Vishnu berichtet.

Ab der vedischen Zeit, in der Sakralbereiche um einen Opferpfahl *(yupa)* angelegt wurden, spielten Säulen in der indischen Kultur eine wichtige Rolle. Der *yupa,* an dem die Opfertiere festgebunden wurden, die das Göttliche besänftigen sollten, verband den Himmel mit der Erde. Vermutlich hatte sich dieser Pfahl aus den Menhiren entwickelt, die in verschiedenen Teilen Indiens zu finden sind. Er symbolisierte die Stütze des Universums *(skambha)*, die in den Nabel der Erde getrieben wurde, um das Himmelsgewölbe zu tragen. Als Zentrum des Universums und als Weltachse erhoben sich diese frei stehenden Säulen in den vorchristlichen Jahrhunderten überall in der Gangesebene und galten als Zeichen der göttlichen Anwesenheit, die Ordnung in das primitive Chaos brachte. Mit Säulen wurde auch der Sieg des Gottes Indra über den Dämon Vrita verherrlicht: Indra erschlug Vrita mit einer Stange und befreite die Gewässer, die der Dämon gefangen gehalten hatte. Daraus ergab sich, dass Säulen auch mit dem Mast Indras *(yashti)* assoziiert wurden sowie mit dem irdischen König, der seine eigene Standarte *(dvaja)* daran aufhängte. Die einzelne Säule *(stambha)*, die den Eingang zum Allerheiligsten des Tempelkomplexes bewacht, wird häufig *dvajastambha* genannt, „Mast, an dem die Standarte des Tempels aufgehängt wird". Daher verherrlicht die Säule sowohl Axialität als auch Königlichkeit: Der Chakravarti („der-

131 unten rechts Einzeln stehende Säulen wie diese, die Heliodoros (ein Gesandter des indogriechischen Königs Antialkidas) im 2. Jahrhundert v. Chr. in Besnagar errichten ließ, gaben die Symbolik des yupa *weiter, jenes Opferpfahls der vedischen Zeit, der die Weltachse und das Zentrum des Universums symbolisierte.*

jenige, der die Kontrolle über das Rad hat") ist der universale Herrscher, der für das Dharma (soziale Harmonie und Ordnung) sorgt: Solide wie eine Säule schützt der Herrscher die Stabilität seines Reiches und der Erde. Kaiser Ashoka beispielsweise nutzte Säulen, um seine Untertanen mittels Inschriften über seine Beschlüsse zu informieren oder um sie an ihre Verpflichtungen zu erinnern. Umgeben von der Mauer *(vedika)*, die den Wandelgang markierte, wurden seine Säulen ohne Sockel, aber mit einem Kapitell in Form einer Lotosblüte errichtet. Vermutlich dienten sie auch als Kultobjekte.

Architektonische Traktate listen die verschiedensten Arten von Säulen auf. Die Form des Schaftes reicht von quadratisch bis rund und spielt auf die facettenreichen Aspekte der Existenz an. Verziert sind die Säulen mit Motiven aus der Mythologie, aus der Tier- oder Pflanzenwelt, mit menschlichen Figuren und manchmal auch mit der Darstellung von Gebäuden. Ob als Votivgabe oder als Mahnmal, als Anspielung auf das Göttliche oder als Zeichen der Königswürde, als Grenzmarkierung oder als Ausdruck einer religiösen Gruppe, einzeln stehende Säulen sind ein Charakteristikum in der Architektur des alten Indiens.

Das Gupta-Reich (4.–5. Jahrhundert) wird vor allem mit den Höhlen von Udayagiri in der Nähe von Sanchi in Verbindung gebracht. Höhle Nr. 5 und Höhle Nr. 13, die beide dem Gott Vishnu geweiht sind, verdienen besondere Erwähnung. In Höhle Nr. 5 befindet sich ein herrliches Flachrelief, das Vishnu als Varaha, den Eber, zeigt und in Höhle Nr. 13 ist der Gott auf der Weltenschlange Shesha oder Ananta dargestellt. Im großen panindischen Reich der Gupta-Dynastie wurde dem Errichten von Felsentempeln und von Kultstätten aus Stein und Ziegeln die gleiche Bedeutung beigemessen.

Von hier sollte man nach Udayapur weiterfahren, das für seinen Udayeswar-Tempel bekannt ist, ein herrliches Beispiel für die *nagara*-Architektur. Das Heiligtum wurde 1059 unter König Udayaditya aus der Paramara-Dynastie im Zentrum von acht untergeordneten Tempeln errichtet. Sein *shikhara* ist dem Typ *bhumija* zuzuordnen. Die Auskragung an der Ostseite wird von einem attraktiven Medaillon dominiert, das unter anderem Shiva beim Tanz mit Devi und Sarasvati zeigt.

Ein Ausflug in die Umgebung von Gyaraspur (etwa 20 km von Udayapur entfernt)

führt zum Tempel von Mala Devi (10. Jahrhundert). Nicht weit davon stößt man bei Eran auf interessante Ruinen, zu denen die monumentale Statue des Varaha gehört, die der Hunne Toraman zu Beginn des 6. Jahrhunderts errichten ließ, sowie ein Pfeiler mit der Jahreszahl 484, über dem das Abbild von Garuda thront, dem Reittier Vishnus.

Um die Architektur der Guptas besser verstehen zu können, sollte man nach Tigava fahren, das ca. 250 km östlich von Sanchi liegt. Hier befindet sich der kleine Tempel Kankali Devi (Anfang 5. Jahrhundert). Auch ein Besuch der Ruinen des Parvati-Tempels in Nacna Kuthara, etwa 50 km von Khajuraho entfernt, lohnt sich. Ein jüngeres und wesentlich komplexeres Bauwerk ist der Chaturmukha-Mahadeva-Tempel.

Fährt man Richtung Westen in den Distrikt Sidhi, erreicht man den Shiva-Tempel bei Candrehi (10. Jahrhundert), einen der bedeutendsten Tempel der Kalachuri-Dynastie (9.–10. Jahrhundert). Weiter südlich, in Sohagpur, steht der Virateswar-Tempel, nahe bei Sahdol, das zwischen dem 6. und dem 10. Jahrhundert ein buddhistisches Zentrum war. Südöstlich davon entführt Sirpur den Besucher in die Vergangenheit. Das bedeutendste Monument ist hier der Lakshmana-Tempel aus Ziegel (7. Jahrhundert), den Königin Vasanta, die Mutter von Mahashiva Gupta, errichten ließ.

In Rajim, ca. 50 km von Raipur entfernt, befindet sich ein prächtiger Vishnu-Tempel. Rajivalocana (7. Jahrhundert) wird den Sarabhapuras zugeschrieben, den Vasallen der Gupta- und der Vakataka-Dynastie.

133 Mitte links Auf diesem Foto erkennt man die Eingänge zu Höhle Nr. 3 und Nr. 4 sowie die Ruinen der Veranden, die einst vorgebaut waren. In der Gupta-Zeit wurden Kultstätten aus dem Fels gehauen, aber auch aus Ziegel und Stein errichtet.

133 Mitte rechts In der Gupta-Zeit wurde das Linga oft mit dem Gesicht Shivas – wie hier in Höhle Nr. 4 – dargestellt.

132–133 Die Felsentempel (3.–4. Jahrhundert) von Udayagiri in Madhya Pradesh erinnern an Vishnus Taten. In Höhle Nr. 5 ist der Gott als Varaha zwischen jubelnden himmlischen Wesen dargestellt. Varaha war der Eber, der auf den Grund des Ozeans hinabstieg, um die Erdgöttin zu retten.

133 oben Dvarapalas (Wächter der Tür) bewachen den Hintereingang der Höhle Nr. 17. In der Nische links ist Ganesha, der elefantenköpfige Gott, zu sehen, rechts erkennt man die Göttin Durga.

133 unten In Höhle Nr. 13 ruht Vishnu auf der Weltenschlange Shesha. Die Szene repräsentiert die Pause zwischen der Zerstörung des einen Universums und der Erschaffung des nächsten, eine Zeit, in der Nacht herrscht und Vishnu schläft. Mit seinem Erwachen entsteht das neue Universum. Vishnus Bett ist die Schlange, ein Symbol für die Macht der Natur. Der Name Shesha nimmt Bezug auf die karmische Energie, die noch reift und für die nächste Schöpfung verwendet wird.

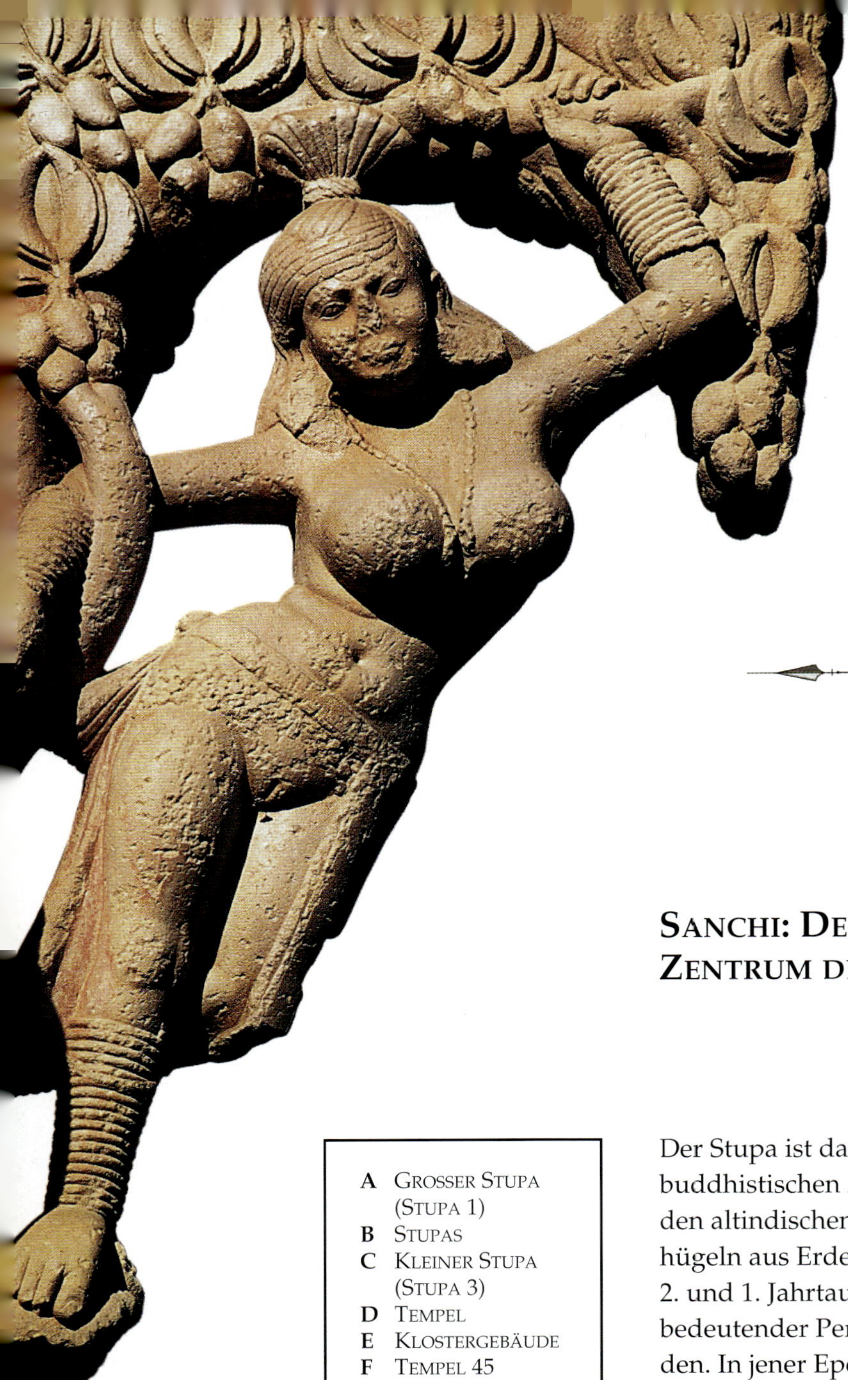

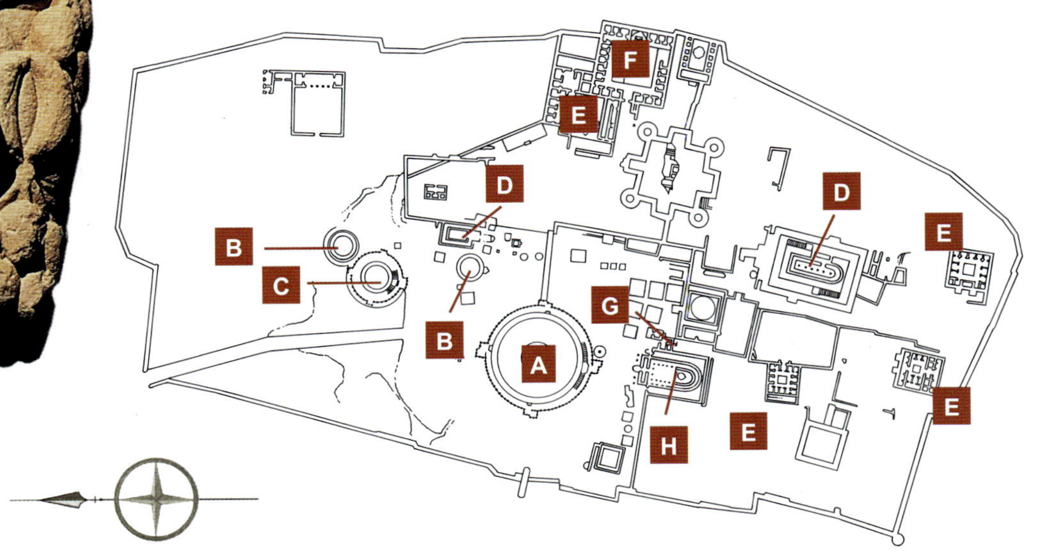

Sanchi: Der Buddha im Zentrum des Universums

A Grosser Stupa (Stupa 1)
B Stupas
C Kleiner Stupa (Stupa 3)
D Tempel
E Klostergebäude
F Tempel 45
G Tempel 17
H Tempel 18

134 *Am Osttor* (torana) *des Großen Stupas findet man zwischen dem Torpfosten und dem Architrav diese weibliche Figur unter einem Baum, ein altes Motiv, das jedoch in der Architektur völlig neu war. Die Nacktheit unter dem transparenten Gewand der Mädchens ist eine Anspielung auf Fruchtbarkeit.*

135 *Sanchi blühte bereits im 3. Jahrhundert v. Chr. Es verdankte seine Prosperität der nahe gelegenen Karawanenstadt Vidisha, deren reiche Kaufleute die Kosten für den Bau des buddhistischen Komplexes übernommen hatten. Das Foto zeigt den dreifachen Architrav am Nordtor des Großen Stupas.*

Der Stupa ist das bedeutendste Element der buddhistischen Architektur. Er entstand aus den altindischen halbkugelförmigen Grabhügeln aus Erde und Ziegeln, in denen im 2. und 1. Jahrtausend. v. Chr. die Überreste bedeutender Persönlichkeiten beerdigt wurden. In jener Epoche wurden offensichtlich Erd- und Feuerbestattungen praktiziert. Die Einäscherung wurde zwar im Lauf der Zeit zur bevorzugten Methode, aber im Buddhismus wurde die Tradition der Grabhügel weiterhin überliefert. Nach der Einäscherung Buddhas errichteten die bedeutendsten Kriegerclans, unter denen Buddhas Körper aufgeteilt worden war, zehn Stupas, um die kostbaren Reliquien darin aufzubewahren. Neben seiner Funktion als Reliquiar wurden dem Stupa im Lauf der Zeit viele andere symbolische Bedeutungen zugewiesen: Er galt als berührbare Form des Buddha und seiner Lehre (Dharma) und später auch als Mahnmal für besonders verehrungswürdige Mitglieder der Klosterbrüderschaft, als Darstellung des Universums und als Hinweis auf dessen Kosmogonie.

Die am besten erhaltenen Stupas in ganz Indien befinden sich in Sanchi (Madhya Pradesh), 70 km von der Hauptstadt Bhopal und 10 km von der Stadt Vidisha entfernt. Vidisha war eine blühende Handelsstadt an einer Karawanenstraße und wurde mittels der Spenden seiner reichen Kaufleute zu einem der bedeutendsten Orte des Buddhismus. Viele Inschriften in Vidisha zeugen von der Großzügigkeit seiner Bewohner.

Sanchi befindet sich an einem Ort, der durch die idyllische Landschaft am Zusammenfluss zweier Flüsse, für ein kontemplatives Leben prädestiniert ist. Der Ort steht mit Kaiser Ashoka in Verbindung, der eine Prinzessin aus Vidisha heiratete. Mahendra, deren gemeinsamer Sohn, war ein großer Missionar, der die Lehre Buddhas in Sri Lanka verbreitete. Ein Dokument, das Archäologen in Sri Lanka entdeckten, berichtet nicht nur über einen Besuch Mahendras bei seiner Mutter, sondern belegt auch, dass die Bauzeit des Großen Stupas (Stupa 1) in das 3. Jahrhundert v. Chr. fiel, also in die Regierungszeit Ashokas.

Ashokas Nachfolger aus der Shunga-Dynastie vergrößerten den Stupa 1 im 2. Jahrhundert v. Chr., gaben ihm die Form, die er heute noch aufweist, und errichteten zwei weitere Stupas. Die Satavahanas – insbesondere König Satakarni – veränderten die Struktur des Großen Stupas, indem sie zum Beispiel die prächtigen *torana* (Portale) hinzufügten. Unter der Gupta-Dynastie entstanden im 5. Jahrhundert zahlreiche Tempel, ebenso wie unter Harsha (606–647), dem letzten großen Kaiser Indiens. Unter den Gurjara-Pratiharas und den Paramaras führten die Künstler neue ikonographische Motive ein, die vom Vajrayana („diamantenes Fahrzeug") inspiriert waren, dem tantrischen Zweig des Buddhismus.

Mit dem Niedergang des Buddhismus in ganz Indien wurde auch Sanchi im 13. Jahrhundert dem Verfall preisgegeben und im Lauf der Zeit vom Dschungel überwuchert. Nach der zufälligen Wiederentdeckung im Jahr 1818 durch den britischen General Taylor war die Stätte ein beliebtes Ziel für

136–137 Rekonstruktion des riesigen Komplexes von Sanchi, eines Wallfahrtsortes, bestehend aus Stupas, Klöstern und Tempeln. Eine Anzahl kleinerer Stupas, die von den Anhängern Buddhas erbaut wurden, umgeben die großen Bauwerke. Die riesigen mehrstöckigen Klostergebäude verfügen unter anderem über Gästehäuser, Speisesäle und Schulen, während die Tempel von der Göttervielfalt erfüllt sind, die vom hinduistischen Pantheon in die buddhistische Welt übernommen wurden.

Hobbyarchäologen und Schatzsucher, ehe Major Cole das Gebiet 1881 abriegeln ließ, um mit dem Freilegen der Monumente zu beginnen. Der Große Stupa wurde durch Verstärkungen vor dem Einstürzen bewahrt und das West- sowie das Südtor wurden ebenso wie Stupa 3 restauriert.

Die ersten Grabungen unternahmen Alexander Cunningham, der erste Direktor der indischen archäologischen Abteilung, und Kapitän Maisey. Sie entfernten gemeinsam die Reliquien aus den Stupas 2 und 3 . Die Grabungen wurden zwischen 1912 und 1919 unter Sir John Marshall fortgesetzt. Er ließ viele Bereiche im Südwestteil des Großen Stupas restaurieren, ebenso wie Stupa 3 und viele Tempel. Außerdem ließ er ein kleines Museum für die Fundstücke bauen.

Die meisten Gebäude befinden sich auf dem Hügel von Sanchi, der wie ein unregelmäßiges Rechteck geformt ist (384 x 201 m) und von einer Mauer aus dem 11.–12. Jahrhundert umgeben wird.

Der Große Stupa weist eine Höhe von 16,46 m (ohne Spitze) und einen Durchmesser von 36,6 m auf. Seine heutige Form geht auf die Shunga-Dynastie zurück, unter der das ursprüngliche Bauwerk aus der Zeit Ashokas durch einen Ring kleinerer Blöcke aus örtlichem Sandstein vergrößert wurde. Außerdem entstanden unter dieser Dynastie die Balustrade, der Wandelgang *(pradakshinapatha)*, der Reliquienschrein *(harmika)* und eine Terrasse, die über einen Treppenaufgang erreicht werden kann.

Der Stupa ist in drei Bereiche unterteilt: die hohe runde Plinthe *(medhi)*, die die Erde repräsentiert, das kuppelförmige Bauwerk *(anda)*, das den Himmel repräsentiert, und der quadratische steinerne Reliquienschrein *(harmika)*, aus dem sich der Mast *(yashti)* mit den drei Ehrenschirmen erhebt. Im Großen Stupa hat man zwar keine Reliquien gefunden, er bildete jedoch zweifellos das Herzstück des Ortes. Hier konnten zunächst auch die Gläubigen die unmittelbare Präsenz Buddhas spüren, später durfte der Stupa jedoch nur noch von den Mönchen, den Wächtern der buddhistischen Lehre, besucht werden.

In den Stupas, in denen Reliquiare existieren, korrespondiert deren Lage mit dem Mittelpunkt eines Mandalas (dem mystischen Muster, das die Basis für alle heiligen Gebäude liefert): Der Mittelpunkt ist das Symbol der Existenz, von der alles ausgeht und zu der alles zurückkehrt – die perfekte Definition eines heiligen Ortes.

Der Stupa hat darüber hinaus auch kosmogonische und metaphysische Bedeutung. Das *anda* („Ei") bezieht sich auf den kosmischen Embryo, der in den Urgewässern schwimmt, aus denen das Universum geboren wird. Seine runde Form ist sowohl eine Anspielung auf den Kreislauf der Existenz als auch auf die mythische Struktur der Welt in einer konzentrischen Reihe von Kontinenten, die durch Ringe aus Ozeanen voneinander getrennt sind.

Der *harmika* enthielt möglicherweise in den ältesten Stupas tatsächlich Reliquien, die jedoch sehr früh an einen anderen Ort verlegt wurden, tief im Innern des Gebäudes. Stattdessen repräsentierte der *harmika* nun den mythischen kosmischen Berg im Zentrum des Universums. Der *yashti* gilt als Symbol der Weltachse in Form des göttlichen Pfeilers, der die Welt und den Himmel verbindet. Die Kombination *harmika* und *yashti* symbolisiert auch die Einfriedung, die den Bodhi-Baum *(ashvatta)* umgibt, unter dem Siddhartha Erleuchtung fand.

Die drei Ehrenschirme des *yashti* symbolisierten ursprünglich die *triratna* („drei Juwelen") des Buddhismus: Buddha selbst, das Sangha und das Dharma – der Erleuchtete, seine Mönchsgemeinde und die buddhistische Lehre. Später standen die Schirme für die verschiedenen Stufen auf dem Weg zur Erleuchtung.

Eine steinerne Einfriedung um den Stupa, die *vedika*, markiert die Grenzen des *pradakshina*, des zentralen buddhistischen Rituals, bei dem der Gläubige dreimal im Uhrzeigersinn um den Stupa geht, als ob er dem Weg der Sonne folgt. Die *vedika* erfüllt jedoch nicht nur die praktische Funktion, die sakrale von der profanen Welt zu trennen, sondern sie symbolisiert auch das Gebirge, welches das Universum umgibt. Vier *torana* (Portale) ermöglichen es den beiden Welten, an den vier Kardinalpunkten des Kompasses miteinander zu kommunizieren, an den Punkten, an denen die imaginären Arme des Kreuzes, das vom Mittelpunkt des Mandalas ausgeht, die Mauern erreichen. Die Vorbauten der *vedika*, an der Stelle, an der sich die *torana* befinden, transformieren das Kreuz zur indischen Swastika, die zugleich Symbol der Sonne und der Zeit ist. Das Zentrum des Mandalas, aus dem das Kreuz

138–139 Der Große Stupa verdankt seine heutige Form den Veränderungen, die die Shunga-Dynastie (2. Jahrhundert v. Chr.) vornahm. Er enthält aber auch einen Bereich, der bereits im 3. Jahrhundert v. Chr. unter Kaiser Ashoka errichtet wurde. Die Form des Stupas wurde von alten Grabhügeln übernommen, ist jedoch auch mit kosmogonischer und metaphysischer Bedeutung beladen.

139 oben Der Große Stupa wird von einer Einfriedung umgeben, die Platz für pradakshina *schafft, jenes Ritual, bei dem der Gläubige dreimal im Uhrzeigersinn um das Gebäude geht. An der Basis des Stupas befindet sich ein weiterer Wandelgang.*

139 Mitte Die bildliche Darstellung Buddhas kam erst im 2. Jahrhundert auf, vorher wurde er nur durch Symbole repräsentiert. Diese Statue aus dem 5. Jahrhundert im Stil der Gupta-Zeit zeigt Buddha in meditierender Haltung. Sie befindet sich an der Ostseite der Basis des Großen Stupas.

139 unten Diese Szene auf dem ersten Architrav am Nordtor des Großen Stupas erzählt die Geschichte vom großzügigen Prinzen Vessantara – einer früheren Inkarnation Buddhas – der mit seiner Frau und seinen zwei Kindern in der Verbannung im Wald leben musste, nachdem er den Elefanten, der seinem Reich Regen gebracht hatte, einem feindlichen König übergeben hatte.

Der Grundriss des Großen Stupas zeigt die symbolische Struktur des Gebäudes: Das Herzstück birgt die quadratische Reliquienkammer, die vom runden Körper des Bauwerks geschützt wird.

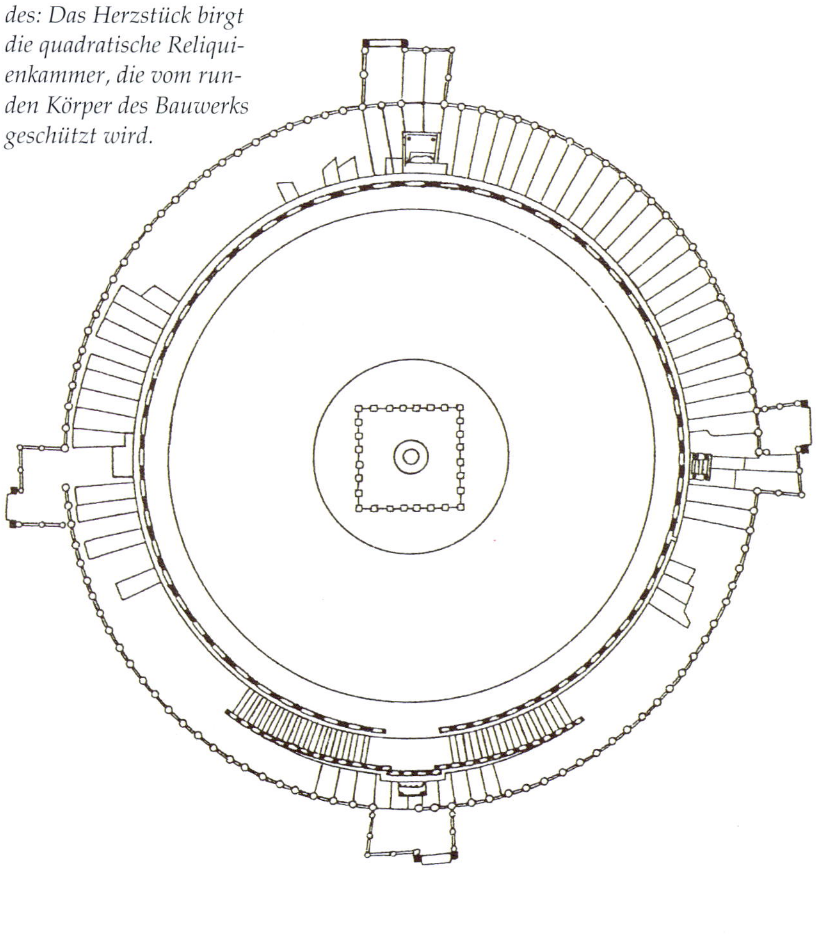

entspringt, nimmt Bezug auf das Erste Prinzip als Ursprung von Raum und Zeit und auf das Absolute als die Quelle von allem, während es sich in der buddhistischen Welt auf Buddha selbst bezieht. In diesem Kontext beschwört das Strahlen der Swastika nicht nur die Ausdehnung des Universums in Zeit und Raum, sondern es zelebriert auch die Verbreitung des Dharma, der Lehre Buddhas, die dem gesamten Kosmos Erlösung bringt.

Da es sich bei den *torana* um Tore handelt, dienen sie nicht nur der Kommunikation zwischen der sakralen und der profanen Welt, sondern sie deuten auch die Transformationen an, die sich im Innern des Menschen vollziehen, der den heiligen Bereich betritt.

Die Form der *vedika* und der *torana* erinnert an ihre hölzernen Vorläufer. Die *vedika* bestanden vermutlich aus Holzplanken, die zu einem Zaun zusammengenagelt wurden. Die *torana* mit ihren leicht geschwungenen Architraven haben ihre Formen von alten Konstruktionen übernommen, die aus Schilf und gebogenen Stangen bestanden und die Eingänge zu befestigten Dörfern oder zu Viehkoppeln schützten. Die Tore des Großen Stupas stammen aus dem 1. Jahrhundert und bestehen aus zwei Säulen, an deren Spitzen sich vier Löwen am Südtor, jeweils vier Elefanten am Nord- und Osttor und vier Yakshas (Baumgeister) am Westtor befinden. Alle Säulen tragen geschwungene Architrave, die durch Quaderblöcke und durch Reihen von Reitern auf Pferden und Elefanten voneinander getrennt werden. Die gewundenen Figuren der Shalabhanjikas (Baumnymphen), die beim Pflücken von *shala*-Blüten dargestellt sind, zieren die Torpfosten. Der letzte Architrav wird von den Ruinen des *dharmachakra* („Rad des Gesetzes") überragt, dem Symbol der buddhistischen Lehre, das wiederum von zwei Fächerträgern und zwei *triratna* („drei Juwelen") flankiert wird. Ein immer wiederkehrendes Motiv auf den Torpfosten ist *kalpavalli*, „die Schlingpflanze, die alle Wünsche erfüllt". Sie trägt an ihren Ästen Juwelen, Blüten und andere schöne Dinge. Das Nordtor des Großen Stupas ist am besten erhalten.

Die zentralen Friese der Architrave erzählen von den wichtigsten Episoden im Leben Siddharthas und seiner früheren Inkarnationen. Diese werden auch im „Jataka" beschrieben, den Geschichten über Buddhas frühere Leben, die er unter anderem auch in Tiergestalt verbrachte. Die Flachreliefs an den Toren von Sanchi zeigen daher auch Gazellen, Elefanten und Affen, die mit großem Realismus und äußerst lebendig dargestellt sind, ein Zeichen, dass sich die indischen Künstler allmählich vom hieratischen und formalen persischen Einfluss befreiten.

Obwohl die meisten Flachreliefs Episoden aus Siddharthas Leben darstellen, erscheint nirgendwo das Gesicht des Erleuchteten. Der Theravada („Weg der Älteren"), besser bekannt als Hinayana („kleines Fahrzeug"), die vorherrschende Form des Buddhismus, als die *torana* erbaut wurden, ging davon aus, dass Buddha nicht in menschlicher Form dargestellt werden dürfe, nachdem er im Nirvana aufgenommen wurde. Stattdessen wurde seine Präsenz nur noch symbolisch dargestellt, wie etwa mit dem Baum seiner Erleuchtung, mit dem Thron und dem Schirm, die Buddhas Bedeutung für die Mönchsgemeinde anzeigten, oder mit dem Rad als Emblem der Verbreitung seiner Lehren und mit dem Stupa, der an sein Eingehen ins Nirvana erinnerte, wenn der schmerzliche Kreislauf der Wiedergeburt auf Erden beendet wird.

Die ersten Abbildungen Buddhas in menschlicher Gestalt findet man ab dem 2. Jahrhundert in Nordwestindien, wo die indogriechischen Königreiche unter hellenischem Einfluss standen. Drei Jahrhunderte später schufen Künstler in Sanchi, inspiriert von der traditionellen Mathura-Kunst, vier Statuen des Erleuchteten, die am Sockel des Großen Stupas vor jedem Eingang aufgestellt wurden.

Stupa 3 ist im Gegensatz zum Großen Stupa wesentlich kleiner und einfacher gebaut. Er entstand zur selben Zeit wie der

140 Szenen, die bedeutende Ereignisse aus dem Leben Buddhas oder nach seinem Tod darstellen, sind eingestreut zwischen Reliefs mit Motiven aus der Tier- und Pflanzenwelt oder aus der Mythologie. Das Foto zeigt zwei Löwen mit Papageienschnäbeln, die von einem Reiter in Zaum gehalten werden.

141 Die würfelförmige Platte, die am Südtor den ersten Architrav vom zweiten trennt, zeigt auch eine Darstellung des Stupas, der Nirvana repräsentiert (den Zustand völliger Ruhe) und die kosmische Dimension Buddhas.

Stupa 1, verfügt jedoch nur über ein Portal, ebenso wie die anderen Stupas aus dem 1. Jahrhundert. Obwohl von weniger großem künstlerischem Wert, ist Stupa 3 in religiöser Hinsicht bedeutsam, weil Cunningham hier zwei Sarkophage in der Reliquienkammer fand, die die sterblichen Überreste von Shariputra und Maudgalyayana enthielten, zwei berühmte Schüler Buddhas.

Ein Pfad in der Nähe des Westtores des Großen Stupas führt auf die alte gepflasterte Straße, über die man zum Stupa 2 gelangt, der sich auf einer künstlich angelegten Terrasse an einem Hügel befindet. Dieser ähnelt dem Stupa 3 und wurde vermutlich im

2. Jahrhundert v. Chr. erbaut. Er besitzt kein *torana,* aber seine Balustrade ist mit prächtigen floralen Mustern und archaischen Szenen mit Menschen und Tieren verziert. Die Reliquienkammer liegt seltsamerweise nicht im Zentrum des Gebäudes und beherbergt die Gebeine von mindestens drei Generationen buddhistischer Meister.

Auf dem Areal befinden sich noch viele weitere Stupas, die unterschiedlich gut erhalten sind und keine Reliquienkammern aufweisen. Sie wurden von den Spenden der Pilger aus Ziegel oder Stein erbaut und waren früher vergipst und bemalt.

Die heute noch erhaltenen Tempel helfen den modernen Historikern, die Entwick-

142 oben Stupa 2 steht auf einer künstlich angelegten Terrasse und wurde vermutlich im 2. Jahrhundert v. Chr. erbaut. In seiner Reliquienkammer fand man die Gebeine buddhistischer Meister. Der Stupa hat kein Tor, aber die Balustrade ist mit interessanten Medaillons verziert.

142 Mitte Stupa 3 hat keine Balustrade und ist wesentlich einfacher gestaltet als der zur selben Zeit entstandene Große Stupa. Seine religiöse Bedeutung liegt darin, dass man in seiner Reliquienkammer zwei Sarkophage mit den sterblichen Überresten von Shariputra und Maudgalyayana fand.

142 unten Die Reliefs am torana des Stupas 3 haben nicht die gleiche künstlerische Qualität wie die des Großen Stupas, aber sie zeigen eindrucksvolle Szenen, wie hier den Kampf gegen Makara, der sowohl Evolution als auch Involution ausdrückt.

143 links Der Pfau galt als Haustier und man weiß, dass er von der königlichen Familie der Maurya-Dynastie auch verspeist wurde. Der Name dieser Dynastie ist vielleicht von dem Wort mayura (Pfau) abgeleitet. Dieses Foto zeigt ein Medaillon an der Balustrade des Stupas 2.

143 rechts Die Ganas waren eine Truppe kugelbauchiger Zwerge im Gefolge verschiedener Gottheiten, insbesondere jedoch von Shiva. Hier stützen sie den Architrav des einzigen torana des Stupas 3, der wie der Große Stupa im 1. Jahrhundert entstand.

144 oben Die Ruinen des Tempels aus dem 9.–10. Jahrhundert befinden sich im Zentrum des Klosterhofes von Komplex 45. Das Heiligtum bestand aus einer viereckigen Cella, umgeben von einem Wandelgang und war über eine schmale Vorkammer mit einer Portikus verbunden.

lung der indischen Architektur zu studieren. Als besonders interessant erwiesen sich die Tempel 17, 18, 40, 45 und 51. Tempel 17 ist ein typisches Beispiel für eine Kapelle der Gupta-Dynastie aus dem 5. Jahrhundert mit einem Vestibül, einem Portikus und einem Flachdach. Der apsidiale Tempel 18 entstand im 7. Jahrhundert und verfügt noch heute über einen großen intakten Portikus mit Kolonnade. Der rechteckige Tempel 40 scheint eines der ersten Beispiele einer *caityagriha* zu sein und Tempel 45 verfügt über einen turmartigen Bau, der mehrmals erneuert wurde.

Das Kloster *(vihara)* 51 wurde 1936 von dem indischen Archäologen M. Hamid restauriert und ist über den Weg zu erreichen, der vom Stupa 2 wegführt. Von beinahe quadratischem Grundriss (33,22 x 32,67 m) umfasst es 22 Zellen, die sich um einen von Säulen umgebenen Innenhof gruppieren. Die zentrale Cella ist breiter als die anderen und besaß ein Vestibül, in dem vermutlich ein Abbild Buddhas aufbewahrt wurde und das wohl auch als Kapelle diente. In den vielen Votivinschriften, die überall zu sehen sind, sind die Namen der reichen Kaufleute, der Berufsgilden sowie der Mönche und Nonnen festgehalten, die durch ihre Spenden zum Bau des Klosters beitrugen, in der Hoffnung sie würden dadurch spirituelle Verdienste erlangen.

Zu den bedeutendsten Funden, die im Museum ausgestellt sind, gehören das Kapitell der Sandsteinsäule des Ashoka, einige Ehrenschirme, Statuen von Yakshis (Baumgötter), Nagas (halb Mensch, halb Schlange; sie wurden mit Wasser, Fruchtbarkeit und Wissen assoziiert) und Dikapalas (Wächter der Himmelsrichtungen), eine Buddhastatue in Dhyanamudra (Meditationshaltung mit überkreuzten Beinen und geöffneten Handflächen), Statuen der Bodhisattvas Padmapani, Vajrapani und Manjushri sowie eine Statue der Göttin Tara, der gnädigen Herrin des Wissens.

144 unten Die Schwelle zu Tempel 45 ist reich verziert mit Motiven der hinduistischen Ikonographie, die das fortschreitende Verschließen der buddhistischen Kunst gegenüber der brahmanischen dokumentieren.

144–145 Die Tempelanlage von Sanchi umfasst neben den Stupas noch viele andere Gebäude. Diese Statue befindet sich im Komplex 45, in dem ein Tempelturm steht und ein Kloster, das in verschiedenen Phasen zwischen dem 7. und dem 10. Jahrhundert erbaut wurde.

145 links Tempel 17 gehört zu den ersten Hindutempel und wurde vermutlich im 5. Jahrhundert erbaut. Er weist eine einfache Struktur auf, mit einer Cella mit Flachdach und einem Portikus auf einer Basis mit Stufen. Die Kapitelle der Säulen sind in Form umgedrehter Lotosblüten gestaltet. Auf dem Foto erkennt man im Hintergrund die Kolonnade des Tempels 18.

145 rechts Von den Ruinen des Klosters Nr. 51 kann man auf den Großen Stupa blicken. Das Kloster entspricht dem traditionellen Grundriss, bei dem sich die Zellen und die Gemeinschaftsräume um einen großen Hof gruppieren.

Khajuraho: Das erotische Enigma der Chandellas

Die Tempel von Khajuraho

1 Lakshmana
2 Kandariya Mahadeva
3 Mahadeva
4 Devi Jagadamba
5 Chitragupta
6 Vishvanatha
7 Parvati
8 Nandi
9 Lakshmi
10 Varaha
11 Matangeswar
12 Archäologisches Museum
13 Chausath Yogini
14 Vamana
15 Brahma
16 Javari
17 Ghantai
18 Adinatha
19 Parshvanatha
20 Shantinatha
21 Duladeva
22 Caturbhuja

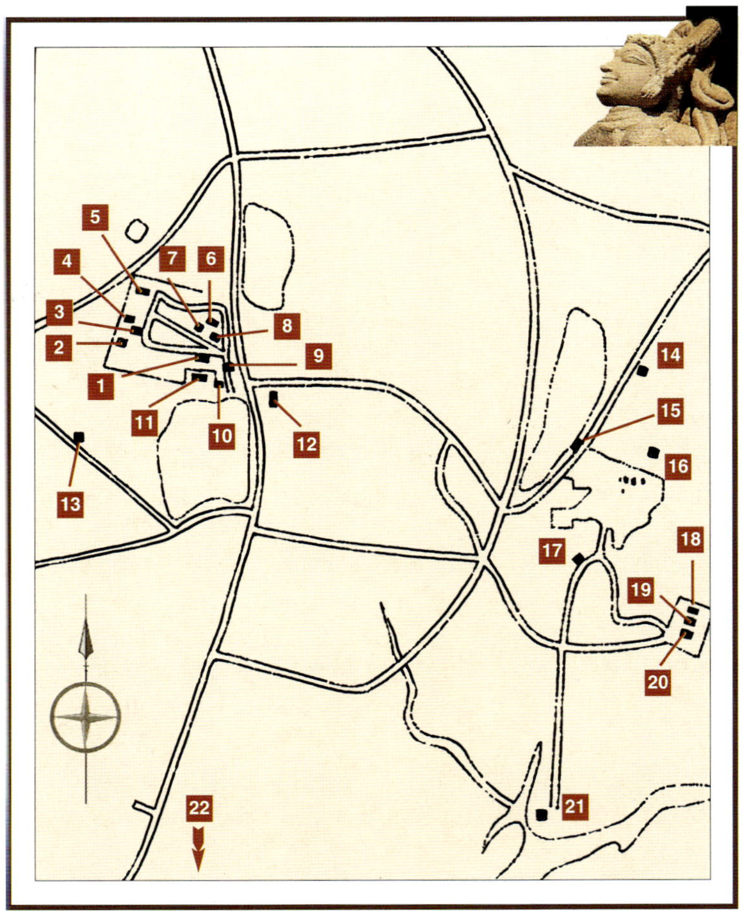

146 *Die Tempel von Khajuraho sind überladen mit Vorsprüngen und Nischen, von denen Erstere himmlische Figuren bergen, Letztere dagegen meist mythische Tiere.*

Zu den schönsten architektonischen Zeugnissen im *nagara*-Stil zählen die Tempel von Khajuraho, die von den Chandellas errichtet wurden, den Vasallen der Gurjara-Pratihara-Dynastie. Sie sind auch unter dem Namen Chandratreyas bekannt, da sie ihre Herkunft auf Chandra, den Mond, zurückführten. Die Chandellas wurden unter König Dhanga (950–1002) unabhängig und machten Khajuraho, das 176 km von Jhansi entfernt im Staat Madhya Pradesh liegt, zu ihrer Hauptstadt. Ihr Reich entstand abseits der Routen, die die eindringenden Moslems zu nehmen pflegten, so dass ihre prächtigen Tempel vom Ikonoklasmus der Anhänger des Islam verschont blieben. Selbst als der Sultan von Delhi 1310 das Territorium der Chandellas eroberte, wurden die Tempel nicht zerstört, so dass noch 22 der einst 85 Bauwerke aus der Zeit um 950 bis etwa 1050 in Khajuraho stehen. Obwohl die Briten die Heiligtümer bereits 1840 im Dschungel entdeckt hatten, vergingen noch einmal 80 Jahre, ehe man mit der Restaurierung begann.

Der älteste Tempel von Khajuraho ist der Chausath-Yogini-Tempel, der in Trockenbauweise aus Granitblöcken gegen Ende des 9. Jahrhunderts entstand. Er besitzt die charakteristische Cella, die alle Yogini-Tempel aufweisen, mit dem Unterschied, dass ihr Grundriss in Khajuraho rechteckig, im übrigen Indien dagegen rund ist. Die Yoginis waren weibliche Gottheiten mit magischen Kräften, die Shakti, die Große Göttin unterstützten. Im Volksglauben wurden sie oft als Hexen dargestellt und waren Gegenstand eines esoterischen Kultes.

Auf einer zyklopischen Plattform neben einem (ausgetrockneten) Becken errichtet, verfügt der Tempel über einen Innenhof, um den sich die 64 Schreine der Yoginis gruppieren, die jeweils von einem kleinen Turm gekrönt werden. Gegenüber dem Eingang an der Südseite befindet sich ein größerer Schrein, der Shiva in seiner Furcht erregenden Gestalt als Bhairava geweiht war. Die Außenmauern weisen drei Einbuchtungen auf, die das Bauwerk in Basis, Mauern und Dach unterteilen, eine Vorwegnahme der Dreiteilung späterer Tempel.

Weitere früh entstandene Heiligtümer in Khajuraho sind der Lakshmana-Tempel, der Vishnu geweiht war und unter König Yashovarman (gestorben 950) begonnen wurde, gefolgt vom Vishvanatha-Tempel, der Shiva geweiht war, und vom jainistischen Parshvanatha-Tempel, die unter König Dhanga erbaut wurden.

Der Chitragupta-Tempel, der dem Sonnengott Surya geweiht war, und der Devi-Jagdamba-Tempel werden König Ganda (1002–1017) zugeschrieben. Der Kandariya-Mahadeva-Tempel, das größte und schönste Heiligtum von Khajuraho, gilt als Meisterwerk von Vidyadhara (1017–1029).

146–147 Der Tempelkomplex von Khajuraho wurde unter den Chandellas errichtet, deren Emblem offensichtlich der Löwe mit einer knienden Figur war. Im Mahadeva-Tempel ist das Paar Brust an Brust in einer dynamischen Darstellung zu sehen.

147 oben Die Tempel entstanden etwa zwischen 950 und 1050. Sie haben keine Einfriedung, sondern stehen auf riesigen Plattformen und hohen Fundamenten. Das Foto zeigt den Vishvanatha-Tempel, der zu Beginn des 11. Jahrhunderts erbaut wurde und Shiva geweiht war.

147 unten Jede Gottheit besaß ihr eigenes Reittier, dem im Tempelkomplex von Khajuraho ein eigener Schrein gewidmet war. Die Heiligtümer waren fast alle Shiva geweiht, daher ist Shivas Reittier, der Stier Nandi, hier sehr häufig dargestellt. Das Foto zeigt den Nandi-Tempel, der dem Stier geweiht war.

148–149 Jede Skulpturengruppe am Duladeva-Tempel (12. Jahrhundert) steht auf einem kunstvoll gearbeiteten Sockel. Die Sockel fungieren auch als eine Art Bühne, auf der sich die Abbilder der Götter vor dem dunklen Zentrum der Cella abheben. Zwar ist jede Gottheit als Individuum dargestellt, der Gesamteindruck als Gruppe bleibt jedoch aufgrund der Architektur erhalten.

148 Dieses Detail des Vishvanatha-Tempels zeigt Shiva und Parvati, die gemeinsam auf Nandi sitzen. Der Stier rundet die Komposition an der Stelle ab, an der sich die Körper der Götter berühren.

Die Tempel sind bis auf wenige Ausnahmen aus Sandstein erbaut und stehen ohne Einfriedung auf großen Plattformen mit einer hohen Basis *(adhishthana)*. Der Grundriss der kunstvoller gearbeiteten Tempel, wie zum Beispiel des Kandariya Mahadeva und des Vishvanatha, basiert auf der Form eines Kreuzes mit einer von Ost nach West verlaufenden Hauptachse und mit einem doppelten Transept.

Die *ardhamandapa* (Eingangsportikus im Osten) ist häufig mit einem *torana* (Portal) geschmückt und verfügt über einen Balkon mit Sitzen. Daran schließt sich eine rechteckige *mandapa* mit Hypostylos an, zu der sich die *mahamandapa* öffnet. Die *mahamandapa* ist ein reich verzierter Raum mit vier zentralen Pfeilern, die einen Bereich von der Größe der Cella begrenzen und eine falsche Kuppeldecke tragen, die quadratisch, achteckig oder rund sein kann. Zwei Balkone an den Seiten der *mahamandapa* bilden den ersten Transept und lassen das Tageslicht in das Gebäude strömen. Das schmale Vestibül *(antarala)* führt zur Cella *(garbhagriha)*, deren Schwelle eine sichelförmige Stufe *(chandrashila)* bildet. Der Wandelgang *(pradakshinapatha)*, der die Cella umgibt, ist an drei Seiten um die gleiche Zahl überhängender Balkone erweitert, die den zweiten Transept formen.

In die Außenmauern sind Vorsprünge und Nischen integriert (grundsätzlich sieben) und auf drei Ebenen stehen Statuen, die durch florale oder geometrische Elemente voneinander getrennt sind. Über der Cella erhebt sich der *shikhara* (oder *manjari*), der von vielen kleinen identischen *shikhara* *(angashikhara* oder *uromanjari)* umgeben ist, die den Eindruck des Emporstrebens aus dem Vielen zum Einen erwecken.

Der *shikhara* wird vom *amalaka* gekrönt (in Form eines platt gedrückten Kissens, das an eine Stachelbeere erinnert) und dieses wiederum vom *kalasha* (Wassergefäß). Ein kunstvoll gearbeiteter Giebel bedeckt das Vestibül und bildet den Übergang zum strengen Pyramidendach der *mandapa*.

Die unglaubliche Dekorfülle macht den Tempel zu einer Synthese von Skulptur und Architektur: Festliche Prozessionen, Militärparaden, Gruppen von Asketen und Kriegern, Götter und ihre Diener, Liebespaare, himmlische Nymphen, Fabelwesen wie Shardulas (löwenähnliche Ungeheuer) und Vyalas (Greife), ineinander verschlungene Pflanzen und geometrische Symbole verwirren die Sinne des Betrachters.

Die Vorsprünge und Nischen, die überall spürbare vertikale Spannung, das horizontale Gegengewicht der Gesimse, die Kompaktheit der Masse und die Freiräume, die von den Balkonen geschaffen werden, kreieren gemeinsam eine dynamische Harmonie, die dem rhythmischen Puls des Lebens entspricht.

Der Tempelkomplex von Khajuraho ist in einen östlichen, einen westlichen und einen

149 Agni, der Gott des Feuers, ist hier an seiner Flammenkrone zu erkennen. Er war eine sehr alte Gottheit des Herdes und wurde später durch die Gaben der Menschen an die Götter zu einem der acht Lokapalas (Wächter der Himmelsrichtungen). Agni war für den südöstlichen Teil der Welt verantwortlich.

150 oben Der schmale Wandelgang im Lakshmana-Tempel windet sich um die Wände der Cella. Der gut erhaltene Tempel verkörpert den Typ des Fünfertempels mit vier Eckschreinen, die das Hauptheiligtum begrenzen.

südlichen Bereich unterteilt. Die westliche Tempelgruppe liegt in der Nähe des heiligen Shivasagara-Beckens und umfasst die Tempel Matangeswar, Chausath Yogini, Varaha, Lakshmana, Kandariya Mahadeva, Mahadeva, Devi Jagadamba, Chitragupta, Parvati und Vishvanatha, wobei Letzterer von besonderer Bedeutung ist.

Zu den ältesten Heiligtümern dieser Gruppe zählt der Matangeswar-Tempel, der aus dem ersten Viertel des 10. Jahrhundert datiert und Shiva geweiht war. Er zeigt keinen Skulpturenschmuck an der Außenseite und hat die Form eines Kreuzes. Daneben befindet sich der kleine Varaha-Tempel, in dem, unterhalb des pyramidalen Pavillons mit Hypostylos, eine kolossale monolithische Statue von Vishnu als Eber steht. In

Lakshmana-Tempel

A Ardhamandapa
B Mandapa
C Mahamandapa
D Antarala
E Garbhagriha
F Pradakshina-patha
G Plattform und Eckschreine

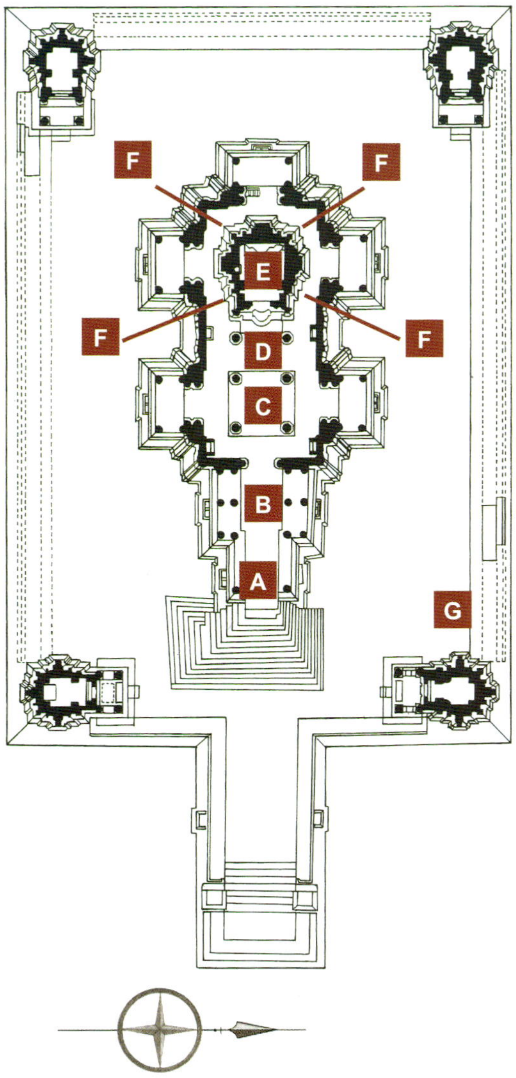

den Tierkörper sind Bilder der wichtigsten Götter des hinduistischen Pantheons graviert.

Der Lakshmana-Tempel wird auch Chaturbhuja genannt, weil die Darstellung Vishnus in seinem Innern vier Arme und drei Köpfe hat. Der Kopf in der Mitte ist menschlich und wird vom Kopf eines Löwen und eines Ebers flankiert, beides Inkarnationen des Gottes. Der Tempel gehört zum Typ Fünfertempel *(pancayatana)*, das heißt, vier kleine Eckschreine umgeben das Hauptheiligtum. Er wurde unter Yashovarman (auch Lakshmanavarman genannt) begonnen und 954 von dessen Sohn Dhanga vollendet. Der Tempel steht auf einer hohen Plattform und ist mit Prozessionen von Reitern, Kriegern, Elefanten und anderen Festgruppen verziert. Die Außenwände weisen in zwei Registern exzellent gearbeitete Statuen auf, darunter Liebespaare *(mithuna)*, die zum Teil in sehr erotischen Posen eingefangen wurden. Das Licht, das durch das wabenförmige Gitter der *gavaksha* an den Wänden des *shikhara* fällt, taucht den Stein in ein Netz aus Licht und Schatten.

150 unten Das Innere des Lakshmana-Tempels ist wie üblich nach der Ost-West-Achse ausgerichtet und enthüllt die Kompaktheit des Bauwerks, zu dem ein Portikus, ein doppelter Pavillon für die Gläubigen, ein Vestibül, eine Cella und ein Wandelgang gehören.

150–151 In einigen Fällen, wie zum Beispiel beim Lakshmana-Tempel aus dem 10. Jahrhundert, wird der Haupttempel an den Ecken der Plattform von vier Schreinen umgeben, eine Anspielung auf die kosmischen Gipfel der Berge Kailasha und Meru, die die Erdachse bilden.

151 oben Umrahmt von einem Bauwerk, das an einen königlichen Pavillon erinnert, verherrlicht der Gott mit dem Pferdekopf an den Wänden des Lakshmana-Tempels die zehnte Herabkunft Vishnus auf Erden in Gestalt von Kalkin.

151 unten Die Kriegerparaden im Kandariya-Mahadeva-Tempel erinnern an den Kampfgeist der Chandellas, die im 10. und 11. Jahrhundert zu den bedeutendsten Mächten des mittleren Nordindiens gehörten.

Wendet man sich nach Norden, passiert man den Nandi-Tempel, in dem sich eine fast 2 m hohe monolithische Kolossalstatue von Shivas Reittier befindet. Dahinter liegen der Parvati-Tempel, der ursprünglich Vishnu geweiht war, und der Vishvanatha-Tempel, der etwa 1000 Jahre alt ist und Shiva geweiht war. Der Tempel mit zwei Querschiffen birgt drei Skulpturengruppen, darunter die *Saptamatrika* (sieben Muttergottheiten), mächtige Formen der Shakti, sowie berühmte Frauenfiguren. Die Kassettendecke in der *mahamandapa* und die Türpfosten der Cella sind ebenfalls beeindruckend.

Der weiter westlich gelegene Chitragupta-Tempel wurde etwa zur selben Zeit erbaut und war dem Sonnengott Surya geweiht. Das Kultbild Suryas, das auf seinem von sieben Pferden gezogenen Wagen steht, kann noch heute in der Cella bewundert werden. Das Gebäude ist relativ lang und lässt sowohl die Kompaktheit als auch die vertikale Ausrichtung der anderen großen Tempel von Khajuraho vermissen. Die Basis zieren Friese mit Prozessionen von Elefanten und Reitern sowie Tanz-, Kriegs- und Jagdszenen. In der Zentralnische der Südfassade befindet sich eine ungewöhnliche Statue Vishnus mit elf Köpfen, von denen zehn seinen Inkarnationen entsprechen.

Südlich davon erheben sich auf einer künstlich angelegten Terrasse drei Tempel: Mahadeva, Devi Jagadamba und Kandariya Mahadeva. Ersterer liegt in Ruinen, erhalten ist jedoch der Portikus, der das Emblem der Chandellas zeigt: das Zusammentreffen zwischen dem mythischen Vorfahren der Dynastie und einem Löwen. Der Devi-Jagadamba-Tempel war ursprünglich nicht der „Göttin der Welt“ geweiht (Shivas Gefährtin Durga), sondern Vishnu, wie eine Darstellung am Eingangsgiebel indiziert. Er

Kandariya-Mahadeva-Tempel

A Garbhagriha
B Pradakshinapatha
C Antarala
D Mahamandapa
E Mandapa
F Ardhamandapa

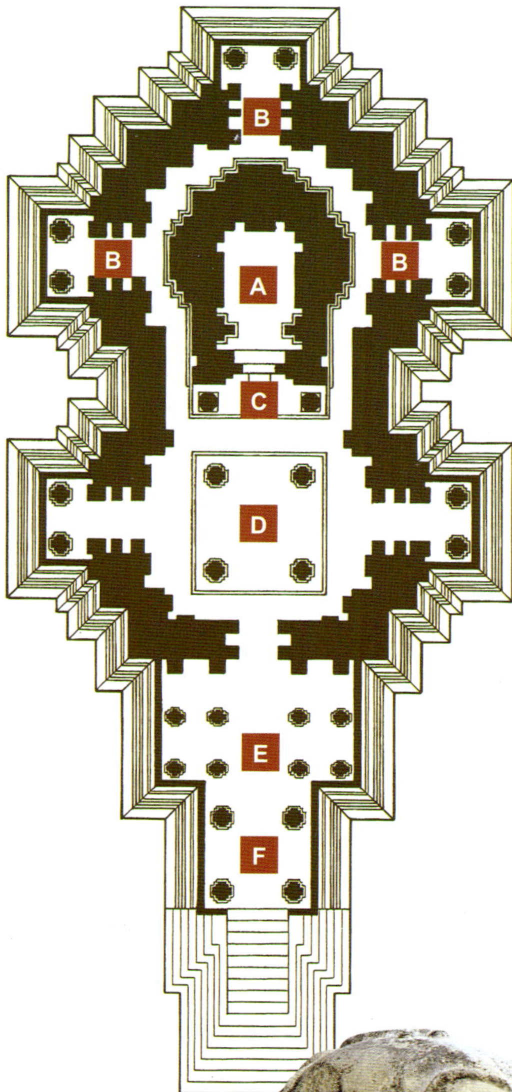

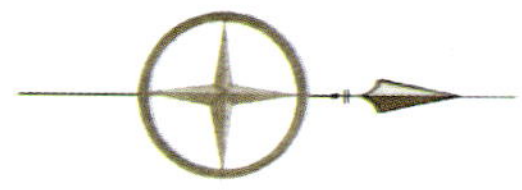

152 links Hinter dem renovierten Parvati-Tempel erkennt man den Vishvanatha-Tempel. Die Chandellas ließen 85 Tempel erbauen, von denen jedoch nur 22 die Zeiten überdauert haben.

152 rechts Die Cella im Kandariya-Mahadeva-Tempel, die das Linga birgt, liegt etwas höher als die anderen Bereiche, um ihre duale Funktion als rituelles Zentrum und als architektonische Besonderheit zu betonen. Die falsche Kuppel des Pavillons entstand durch das Übereinanderlegen eines Quadrats, eines Achtecks und eines Kreises.

basiert auf einem Grundriss mit sieben Vorsprüngen wie die Tempel Vishvanatha, Chitragupta und der nahe gelegene Kandariya Mahadeva und er besitzt drei Skulpturenreihen, jedoch keinen Wandelgang.

Der prächtigste und beeindruckendste Tempel von Khajuraho ist der Kandariya Mahadeva, der vermutlich zwischen 1017 und 1029 entstand und Shiva geweiht war. Sein 31 m hoher *shikhara*, der auf einer 4 m hohen Basis thront, beherrscht die umliegende Landschaft und scheint durch das Geflecht der *gavaksha* zu vibrieren. Mehr als 80 Miniaturreproduktionen winden sich um den mittleren *shikhara* und erinnern an den kosmischen Berg Meru. Die Cella tief in der Dunkelheit des Tempels erinnert an die Höhle und das marmorne Linga ist das Symbol einer mysteriösen Präsenz des Göttlichen. Die acht Gottheiten im Wandelgang, deren Aufgabe es ist, die Welt zu bewachen, betonen die universale Dimension des Heiligtums und seine esoterische Repräsentation des Kosmos. Der Tempel besteht aus *ardhamandapa, mandapa, mahamandapa, antarala, garbhagriha* und *pradakshinapatha* und er besitzt ein elegantes *torana*. Den Höhepunkt der Tempeldekoration bilden die Decke der *mandapa* und die Säulen und Gesimse der *garbhagriha*. Geschmückt mit 650 Statuen gilt dieser Tempel als das Meisterstück der Künstler der Chandellas.

Die östliche Tempelgruppe um das kleine Dorf Khajuraho umfasst die drei Hindutempel Vamana, Brahma und Javari mit einfachem Grundriss (*mahamandapa, antarala* und *garbhagriha*), aber von beeindruckendem Äußeren, sowie die vier Jainatempel Ghantai, Adinatha, Parshvanatha und Shantinatha. Die jainistischen Bauwerke zeugen von der Weltoffenheit und Weitsicht der Chandellas, die zwar selbst Anhänger Shivas waren, aber auch andere religiöse Überzeugungen unterstützten.

152–153 Die Dächer der Tempel von Khajuraho – etwa die des Kandariya-Mahadeva-Tempels – bilden eine Art Treppe, die zum shikhara *führt, dem abgerundeten Aufbau, der alle anderen überragt.*

153 links Das Thema Löwe und Reiter, hier eine Darstellung vor dem Kandariya-Mahadeva-Tempel, bildete nicht nur das Emblem der Chandella-Familie, sondern symbolisierte auch den Vergleich eines Kriegers (Kshatriya) mit der Kraft und dem Ansehen eines Löwen.

153 rechts Die Schlichtheit des marmornen Lingas, umrahmt von der Tür der Cella des Kandariya-Mahadeva-Tempels, kontrastiert mit dem kunstvollen Kranzgesims. Die Götter blicken von den Türpfosten herab und auf der Schwelle öffnet sich die Lotosblüte als Symbol der spirituellen Transformation, die die Präsenz des Göttlichen in der Cella bewirkt.

154 links *Im Parshvanatha-Tempel wird der Blick des Betrachters durch die erhöhte Cella und die Betonung der vertikalen Linien sofort nach oben gelenkt.*

Der Adinatha-Tempel, der dem ersten Tirthankara geweiht war, besteht aus einem Portikus, der im 19. Jahrhundert wieder aufgebaut wurde, einem Vestibül und einer Cella, gekrönt von einem eleganten *shikhara.*

Der Shantinatha-Tempel, das Heiligtum des elften Tirthankara, enthält eine Statue des Propheten aus dem 11. Jahrhundert und wurde weitestgehend renoviert.

Der berühmteste Jainatempel von Khajuraho ist der Parshvanatha-Tempel, der dem 23. Tirthankara geweiht war. Er wurde um 955 erbaut und wird von einem *shikhara* mit perfekten Proportionen gekrönt. Ein monumentaler Giebel markiert die Position des Vestibüls und verbindet sich mit dem *shikhara* zum Pyramidendach des *mandapa.* Der reiche Dekor ist auf zwei Friese aufgeteilt, aber man findet hier keines der erotischen Themen, für die Khajuraho bekannt ist. Die *mandapa* beeindruckt aufgrund ihrer Liebe zur Perfektion und zum Detail, die durchbrochenen Fenster tauchen den Wandelgang in ein geheimnisvolles Licht.

Der Ghantai-Tempel (1148) liegt in Ruinen, es ist jedoch noch der Pavillon mit Hypostylos zu erkennen. Seinen Namen verdankt der Tempel dem Muster aus Ketten und Glocken *(Ghanta),* mit dem die Säulen verziert sind.

Zur südlichen Tempelgruppe gehören der Chaturbhuja- und der Duladeva-Tempel. Erstgenannter hat zwar keinen Wandelgang, verfügt jedoch über vier Eckschreine, einen großen Portikus, eine *mahamandapa,* eine Cella und ein *antarala.* Im Innern befindet sich eine reich verzierte, 2,7 m hohe Statue mit vier Armen, von der man früher annahm, dass sie Vishnu darstellt. Heute geht man jedoch davon aus, dass sie Shiva verkörpert. Der Duladeva-Tempel datiert aus dem 12. Jahrhundert. Die Decke im *mahamandapa* wird von himmlischen Nymphen gestützt.

Man sollte nicht versäumen, das Archäologische Museum von Khajuraho zu besuchen. Es beherbergt eine interessante Statuensammlung verschiedener Gottheiten und anderer Figuren aus der sakralen Welt Indiens, in der Sinnlichkeit und Schönheit eine fundamentale Rolle spielen.

154–155 oben Der Parshvanatha-Tempel, der im 10. Jahrhundert zu Ehren von Parshva, dem 23. Tirthankara, erbaut wurde, gehört zur östlichen Tempelgruppe von Khajuraho. Die Tatsache, dass hier auch nicht hinduistische Kultstätten erbaut wurden, zeugt von der Toleranz der Chandellas.

155 oben Dieser Blick auf den Duladeva-Tempel aus dem 12. Jahrhundert belegt die vertikale Betonung des Bauwerks. Die hohe Basis ist mit Skulpturen in zwei Registern auf Podesten und Baldachinen geschmückt, die durch Friese getrennt werden. Den shikhara im Zentrum umgeben Miniaturmodelle seiner selbst in unterschiedlichen Größen.

154 rechts Wie alle sitzenden Tirthankaras wird auch Parshva in der Haltung Dhyanamudra (meditierend) dargestellt. Seine Attribute sind die Kobra-Kapuze und der von Löwen getragene Thron.

154–155 unten Der Jainismus wandte sich zwar in vielerlei Hinsicht von der brahmanischen Tradition ab, zögerte jedoch nicht, die hinduistische Ikonographie zu übernehmen. Dieses Detail vom Parshvanatha-Tempel zeigt Vishnu (zu erkennen an der Scheibe und dem Zepter) mit seiner Gattin Lakshmi.

155 unten Lange Balkone mit Sitzen (typische Elemente der Architektur in Khajuraho) ziehen sich entlang der offenen Wände des Caturbhuja-Tempels. Der Aufbau der Dächer ist auf diesem Foto deutlich zu erkennen: ein Pyramidendach über der Portikus und dem Pavillon und ein shikhara über der Cella.

156 oben Einer der Hauptgründe, weshalb viele Experten den erotischen Szenen von Khajuraho keinen mystischen Sinn unterstellen, ist die übergenaue Darstellung, wie dieses Detailfoto vom Lakshmana-Tempel beweist.

156 unten Auch wenn die exakte Interpretation der erotischen Symbolik an den Tempeln von Khajuraho kontrovers bleibt, repräsentiert maithuna, *der Geschlechtsakt, Vereinigung, das ultimative Ziel des Yoga, und somit den Triumph über die Polaritäten.*

Die Tempel von Khajuraho sind weniger wegen ihrer perfekten Bauweise berühmt, sondern vielmehr aufgrund ihrer erotischen Darstellungen. Die weiblichen Statuen verkörpern die ideale feminine Schönheit mit vollen Brüsten, runden Hüften und sanft gebogenen Körpern, die Wollust ausdrücken sollen. Lianengleich winden sich die himmlischen Nymphen in Stellungen, die ihre Rundungen am vorteilhaftesten zur Geltung bringen, während sie sich verrenken, um in den Spiegel schauen zu können, und ihre Arme heben, um sich das *tikala* (das rote runde Zeichen) auf die Stirn zu malen oder sich nach vorn beugen, um sich einen Dorn aus dem Fuß zu ziehen. Auch bekannt als Surasundaris („über die Maßen schön"), stellen diese göttlichen Geschöpfe ihre Körper mit solch einer unschuldigen Trägheit zur Schau, dass sie den Beinamen *alasakanya* („faule Mädchen") erhielten. Daneben tragen sie noch andere Namen, wie zum Beispiel *nayika,* der nicht nur mit den Heroinen der Sanskritliteratur assoziiert wird, sondern auch mit der personifizierten verbotenen Liebe. Mit gelassenem, beinahe kontemplativem Gesichtsausdruck geben sich die Surasundaris den kompliziertesten Geschlechtsakten *(maithuna)* hin, an denen oft mehrere Personen und sogar Tiere beteiligt sind und die auch den tolerantesten Betrachter in Verlegenheit bringen können. Die Bedeutung solcher Darstellungen an einem Sakralgebäude ist noch immer nicht geklärt.

Von den vielen Versuchen, die unternommen wurden, um die Erotik zu rechtfertigen, die häufig an Obszönität grenzt, überzeugt jener am wenigsten, bei dem *maithuna* als Allegorie der Beziehung zwischen Gott und den Seelen betrachtet wird. Ebenso erscheint eine Zuordnung dieser Szenen zum „Kamasutra" („Leitfaden der Liebe") wenig plausibel, weil darin weder von Gruppensex noch von Sodomie die Rede ist. Unwahrscheinlich ist auch die Hypothese, dass die Erbauer der Tempel, die offensichtlich zur Kapalika-Tantra-Sekte gehörten, sich mit den extremen Darstellungen über die Praktiken anderer esoterischer Strömungen lustig machen wollten.

Der Volksglaube sieht *maithuna* als eine Art Zauber, um den bösen Blick abzuwenden und den Tempel vor Blitzeinschlag zu schützen oder als Mittel, um die Spiritualität der Gläubigen zu testen, die angesichts derartig aufreizender Szenen keinerlei Regung zeigen durften.

Die beiden glaubwürdigsten Hypothesen für die Darstellung solch erotischer Szenen gehen von einem tantrischen Einfluss oder von einer alten magisch-schamanischen Hinterlassenschaft aus. Tantrismus ist eine geistige Strömung, die im 4.–5. Jahrhundert auftauchte und das Erscheinungsbild des Universums als Ergebnis des *kama* ansieht, der Erotik, und somit als einen nicht unterdrückbaren und urtümlich schützenden Impuls. Das Mysterium entdeckt sich selbst in der Manifestation wieder, die ihren Ursprung im Absoluten hat, dessen Zentrum wiederum in der Shakti liegt.

Das tantrische Ritual beinhaltet erotische Praktiken und der Geschlechtsakt erscheint als das am besten geeignete Mittel, um die Polaritäten zu überwinden und mystische Vereinigung zu erlangen. Dies gilt zumin-

156–157 Mithuna *nennt man die Abbildungen von Liebespaaren, wie hier am Parshvanatha-Tempel. Sie sind einerseits ein apotropäisches und Glück bringendes Symbol aus archaischen Zeiten, andererseits aber auch eine Anspielung auf die Wiedervereinigung der beiden kosmischen Prinzipien Geist und Materie, die in der Kunst als Essenz und Form dargestellt werden.*

157 *Dieses Paar am Kandariya-Mahadeva-Tempel verkörpert einen Moment des* latasadhana, *einer spirituellen Disziplin des* maithuna, *bei dem sich die Frau wie eine* lata *(Schlingpflanze) um den Mann windet.*

dest für die extremsten tantrischen Strömungen. In diesem Zusammenhang repräsentiert das tantrische Paar sowohl *bhokta* („derjenige, der genießt") als auch *bhogya* („was genossen wird"), beides Pole im kosmischen Drama, das durch deren Vereinigung neu entsteht. Zu den Charakteristika des Tantrismus gehört jedoch Verschwiegenheit, so dass die Riten nur Initiierten bekannt waren und sämtliche Texte darüber äußerst zweideutig abgefasst sind. Die offene bildliche Darstellung sexueller Praktiken stünde daher in Kontrast zu den tantrischen Grundsätzen. Dies trifft allerdings nicht zu, wenn man davon ausgeht, dass die Szenen eine versteckte Bedeutung haben, die nur von Eingeweihten verstanden wurde, und dass sie als *yantra* angelegt wurden, als geometrische Diagramme voll magischer und mystischer Kraft.

Eine bessere Erklärungen lieferte vielleicht der indische Gelehrte D. Desai, der die erotischen Szenen von Khajuraho für ein magisch-schamanistisches Erbe hält, bei dem die Darstellungen die Fruchtbarkeit förderten und gleichzeitig Schutz vor dem Bösen und vor negativen Einflüssen boten. Das Motiv des *mithuna* erscheint auch an den ältesten sakralen Stätten Indiens, den buddhistischen Felsenklöstern. Die hinduistische Interpretation des *mithuna* sieht die Umarmung von Mann und Frau als Wiedervereinigung der Polaritäten und somit als Erlangung von *moksha,* dem Überwinden des profanen Status der Dualität und der Reintegration in das Absolute.

Im Lauf der Jahrhunderte wurde das Motiv des Geschlechtsaktes *(maithuna)* auch Bestandteil der Dekoration von Tempeln, jedoch nicht nur als Folge des Tantrismus. Wesentlich relevanter war die Tatsache, dass das „Haus der Götter" dem Palast des

Königs angeglichen wurde. Die Präsenz der Surasundaris war lediglich ein Spiegelbild für die Anwesenheit der irdischen *devadasi* („Dienerinnen des Gottes"), die im Tanz und in den erotischen Künsten erfahren waren und rituellen Geschlechtsverkehr mit dem Herrscher ausübten, um die Fruchtbarkeit des Reiches und das Wohlgefallen der Götter zu sichern. Zudem war *kama* („erotische Freuden") eines der wichtigsten Lebensziele und wurde bei Hofe und im Tempel in Zeremonien und Ritualen verherrlicht. Schon bald missdeuteten jedoch einige Herrscher und Feudalherren die sakrale Natur des *kama* und begannen in erotischen Genüssen zu schwelgen, die in keinster Weise als rituell zu rechtfertigen waren. Als noch verhängnisvoller erwies sich allerdings die Interpretation, Tantrismus sei lediglich eine Anleitung für extremste Vergnügungen und nicht ein intensiver und gefährlicher Pfad zur spirituellen Erhöhung durch das Entwickeln und Integrieren des sexuellen Impulses. Geht man davon aus, dass Tantra mit Alchemie und Magie kombiniert wurde, kann man sich gut vorstellen, dass Könige und Adelige diese Praktiken in der Hoffnung ausübten, ein langes Leben oder gar Unsterblichkeit zu erlangen.

Die Tatsache, dass eines der erotischen Hauptmotive das des Asketen mit der Kurtisane ist, gibt zu einer weiteren Betrachtungsweise Anlass. In vielen Legenden schicken die Götter den Asketen, die durch Keuschheit übermächtig und arrogant geworden sind, Surasundaris, erfahrene Verführerinnen, die die Asketen dazu bringen, ihre aufgestaute sexuelle Energie freizusetzen. Vielleicht sollten die Darstellungen des *maithuna* in Khajuraho das Wiederherstellen eines biologischen Gleichgewichts verherrlichen, das durch extreme Askese verloren ging, und ein Loblied auf das *kama* singen, die treibende Kraft der Existenz.

Antike orgiastische Fruchtbarkeitsriten, die magische und schützende Macht von Sex und Obszönität, der Triumph der sexuellen über die asketische Macht oder eine verborgene spirituelle Bedeutung für Eingeweihte – was auch immer die erotischen Darstellungen von Khajuraho vermitteln sollen, es bleibt ein Geheimnis, das den Besucher der Tempel noch heute in seinen Bann zieht.

158 Surasundaris sind Nymphen von äußerster Schönheit. An den Mauern des Lakshmana-Tempels sind sie nicht nur schmückendes Beiwerk oder eine Anspielung auf die Existenz, sondern auch Botschafterinnen der Shakti, der göttlichen Macht, sowie Inkarnationen der unbegrenzten Formen der Schönheit.

158–159 Shardula taucht oft in den Mauernischen auf wie hier am Lakshmana-Tempel. Es handelt sich dabei um einen mythologischen Löwen mit einem winzigen Reiter. Shardula gilt aber auch als Reverenz an die Kräfte der Natur, die der Mensch für seine Zwecke nutzt.

159 Nagas mit einer Kapuze aus Kobras lächeln am Lakshmana-Tempel geheimnisvoll neben Surasundaris. Man glaubte, dass Nagas spirituelle und materielle Gaben verteilen konnten.

Magadha, das Herz aller Reiche

Eine Region, die für die Entwicklung der indischen Kultur große Bedeutung hatte, befindet sich im Süden des unteren Gangesgebietes, in der Nähe von Patna, der modernen Hauptstadt des Staates Bihar. Hier war das Reich Magadha entstanden, das eine Bastion gegen die Oligarchien und Königtümer nördlich des Ganges bildete, während es gleichzeitig den Zugang zur östlichen Straße kontrollierte, die nach Süden führte. Seine Lage und eine Reihe glücklicher Fügungen machten Magadha zum Herzstück der Großreiche der Maurya- und der Gupta-Dynastie. In dieser östlichen Region Indiens entstand der Buddhismus und hier wurden auch die ältesten Spuren religiöser Stätten entdeckt.

Die großen buddhistischen Komplexe, mit deren Bau im 3.–2. Jahrhundert v. Chr. begonnen wurde, erhoben sich oftmals innerhalb berühmter Lehrzentren. Diese kulturellen und spirituellen Einrichtungen zogen Besucher aus aller Welt an, vor allem jedoch aus China. In vielen Fällen ist es den Aufzeichnungen chinesischer Pilger zu verdanken, dass man noch heute von der Pracht jener Orte weiß, obwohl sie von den Moslems komplett zerstört wurden. Heute gibt es nur noch wenige dieser Klosterstädte, die einen Eindruck von der einstigen Herrlichkeit vermitteln können. Hierzu gehören Nagarjunakonda in Andhra Pradesh, das jedoch durch den Bau eines Reservoirs stark verändert wurde, und Sarnath in Uttar Pradesh, wo Buddha seine erste Predigt gehalten haben soll. Die Stätte ist außerdem bekannt für ihre Größe, den Stupa aus der Maurya-Zeit und für das lokale Archäologische Museum. Erwähnenswert ist auch Savrasti, das ebenfalls in Uttar Pradesh liegt und noch über mächtige Befestigungsanlagen und Klöster verfügt, die mit herrlichen Terrakottaziegeln verziert sind. Auch Ratnagiri in Orissa, das mit den beiden benachbarten Hügeln Lalitgiri und Udayagiri einen attraktiven Komplex bildet, sowie Nalanda in Bihar sind historisch sehr interessant.

160 oben Die Balustrade, die den Mahabodhi-Tempel in Bodh Gaya (Bihar) umgibt, imitiert hölzernes Gitterwerk. Teile davon datieren aus dem 2. Jahrhundert v. Chr. Die Blüten-Medaillons zeigen unterschiedliche Motive, darunter auch diesen Kinnara, den indischen Zentaur.

160 unten links Die rechte Hand, mit der dieser Buddha die Erde als Zeugin seiner Erleuchtung anruft, zeigt Spuren von Vergoldung. Der chinesische Pilger Hsüan Tsang, der Bodh Gaya im 7. Jahrhundert besuchte, sprach von dem goldenen Buddha an der Fassade.

160 unten rechts Die Buddhastatue, der sich Mucalinda, der König der Kobras, persönlich als Thron und Baldachin anbietet, wurde erst vor kurzem in den von Lotos überzogenen Teich versetzt. Als Symbol uralter Weisheit erkennt die Schlange die überlegene Spiritualität des Erleuchteten an. Im Hintergrund erkennt man das Pyramidendach des Tempels.

161 Der Tempel aus verputztem Mauerwerk ist umgeben von einer Balustrade und besteht aus drei Blöcken: Der erste Block erstreckt sich über zwei Ebenen mit Nischen, der zweite besteht aus sieben pyramidenförmig aufgebauten Ebenen und der dritte wurde wie ein Stupa errichtet.

Der moderne Staat Bihar entspricht teilweise dem antiken Reich Magadha. Der bekannteste und meistbesuchte Ort in Bihar ist Bodh Gaya, die historische Stadt Uruvilva, wo Buddha Erleuchtung unter einem Bodhi-Baum gewann. Dieser Baum bildete daher auch den Mittelpunkt, um den jahrhundertelang Gebäude errichtet wurden. Unter Ashokas Herrschaft wurde hier ein steinerner Sitz aufgestellt, der „Diamantthron". Im 2. Jahrhundert v. Chr. wurde der Baum von einem Zaun geschützt, dessen noch erhaltene Teile heute im örtlichen Museum aufbewahrt werden.

Das bedeutendste Monument von Bodh Gaya ist jedoch der Mahabodhi-Tempel. Er wird erstmals im 7. Jahrhundert von dem chinesischen Pilger Hsüan Tsang erwähnt und es ist anzunehmen, dass er zu jenem Zeitpunkt bereits über 100 Jahre alt war. Der Tempel besteht aus verputzten Ziegeln und umfasst eine Reihe von Räumen sowie eine Cella, auf die noch eine zweite gesetzt wurde. Der *pradakshinapatha* (Wandelgang) im Erdgeschoss wird im Obergeschoss von einer offenen Terrasse ersetzt. Beide Ebenen sind mit zahlreichen Nischen versehen, in denen herrliche Statuen stehen, und der *shikhara* trägt eine vergoldete *amalaka* aus Kupfer.

Heute ähnelt das Gebäude eher einer abgeflachten Pyramide mit einer Höhe von 50 m und einer Breite von 20 m, verziert mit kleinen Blendarkaden. Die vier Miniaturreplikate an den Ecken des Hauptgebäudes wurden vermutlich ein Jahrhundert nach dem Bau des Tempels angefügt, ebenso wie ein Turm, der aus nach oben kleiner werdenden Scheiben über einem glockenförmigen Aufbau besteht und einem Stupa ähnelt.

Um den Tempel stehen Votivstelen, aber auch Stupas, die den bengalischen Dynastien der Senas und der Palas (8.–13. Jahrhundert) zu verdanken sind.

162 oben *Die Mauernischen bergen Buddhastatuen in unterschiedlichen Haltungen. Die hier abgebildete Figur erhebt ihre rechte Hand in der Geste des Gebens und umfasst mit der Linken den Saum ihrer Tunika. Zu ihren Füßen stehen zwei Bodhisattvas.*

162 unten Cankrama *wird der Bereich genannt, der durch Buddhas Schritte gesegnet wurde (hier durch runde Scheiben mit Lotosdekor dargestellt). Er befindet sich zwischen der Balustrade und dem Tempel.*

162–163 Die Nischen an den Wänden der ersten Tempelebene sind von kunstvoll gearbeiteten Rahmen umgeben, die die Statuen noch besser zur Geltung bringen. Die vergoldete Statue stellt Tara dar, die Herrin des Mitgefühls im Mahayana, dem „großen Fahrzeug" des Buddhismus.

163 oben Suparna *(Vögel mit vielen Federn) zieren den unteren Abschluss der Nischen auf der ersten Ebene des Mahabodhi-Tempels. Im Allgemeinen stellen diese Vögel Hamsa dar, die kahlköpfige Gans und das Symbol der Seele, die zugleich das Reittier des Schöpfergottes Brahma ist.*

163 unten Der „Diamantthron" befindet sich an der Rückseite des Mahabodhi-Tempels. Es handelt sich hierbei um einen verzierten Sockel, der vermutlich aus dem 3. Jahrhundert v. Chr. stammt und jenen Ort markiert, an dem Buddha unter einem Bodhi-Baum die Erleuchtung gewann. Das Foto zeigt ein Detail des Dekors.

164 oben Die Götter in den Mauernischen der Tempel von Osian werden oftmals von Dienern flankiert. Diese weibliche Figur, die sich am Hari-Hara-Tempel Nr. 1 befindet, hält zum Beispiel eine Girlande aus Schädeln in der Hand und begleitet Camunda, eine der schrecklichsten Inkarnationen der Göttin Devi.

Von Osian zum Mount Abu: Die Pavillons des Paradieses

Die Rajputenclans, zu denen auch die Gurjara-Pratihara-Dynastie gehörte, stammten vermutlich aus Zentralasien und waren den Spuren der Hunnen gefolgt, ehe sie sich in Nordwestindien niederließen und sich mit den örtlichen Stämmen vermischten. Der erste Herrscher der Gurjara-Pratiharas war Vatsaraja, der 783 einen Großteil Rajasthans und Nordostindiens eroberte und Kanauj zur Hauptstadt seines Reiches machte. Die Dynastie erreichte den Höhepunkt ihrer Macht im 9. Jahrhundert unter König Mihira Bhoja und hinterließ bedeutende Bauwerke in Gujarat und in Rajasthan.

Zu den ältesten und bemerkenswertesten Zeugnissen der Gurjara-Pratiharas gehört der Tempelkomplex von Osian, der etwa 60 km nördlich von Jodhpur in Rajasthan liegt. Es sind 18 Heiligtümer erhalten, darunter drei Tempel, die Hari-Hara (dem synkretistischen Abbild Vishnus und Shivas) geweiht waren, zwei Surya-Tempel, zwei Vishnu-Tempel, zwei Shiva-Tempel und die beiden bekanntesten der Saciyamata-Tempel und der Jainatempel Mahavira. Die Heiligtümer, die zwischen dem 8. und dem 12. Jahrhundert erbaut wurden, vereinen verschiedene architektonische Stile und ihre Ausschmückung ist von hoher Qualität. Die Tempel sind klein und von geradlinigem Design. Sie stehen auf einer hohen Plattform, verfügen über einen Portikus mit Sitzen, eine offene mit einem Flachdach versehene *mandapa*, eine Cella mit fünf Vorsprüngen, gekrönt von einem *shikhara*, und über zusätzliche Sanktuarien. Florale Voluten und verschlungene Motive verlaufen

164 Mitte oben Der Hari-Hara-Tempel Nr. 1 aus dem 8.–9. Jahrhundert ist vom Typ des Fünfertempels (pancayatana)*, das heißt, er hat ein Hauptheiligtum und vier kleinere Schreine an den vier Ecken der Basis. Das Thema der Zahl fünf wird auch am* shikhara *aufgenommen, der auf jeder Seit fünf auskragende Bänder aufweist.*

164 Mitte unten Das Foto zeigt das Antefix über dem Vestibül zwischen dem Pavillon der Gläubigen und der Cella sowie den amalaka *(den kissenartigen Abschluss) über dem* shikhara *mit kleineren Versionen an den Ecken.*

164 unten Diese Nische im Hari-Hara-Tempel Nr. 2 birgt das synkretistische Abbild von Vishnu (Hari) und Shiva (Hara): Hari-Hara. Die Statue hält die Embleme beider Götter in ihren vier Händen: den Dreizack und die sanduhrförmige Trommel (zerbrochen) Shivas sowie das Tschakra und die Muschel Vishnus.

165 Die Tempel von Osian in Rajasthan wurden zwischen dem 8. und dem 12. Jahrhundert erbaut und demonstrieren die Entwicklung der Architektur unter der Herrschaft der Gurjara-Pratihara-Dynastie. Das Foto zeigt ein Detail vom heiligen Teich zwischen den Tempeln, die Hari-Hara geweiht waren.

166–167 Diese Detailansicht vom shikhara des Surya-Tempels (8.–9. Jahrhundert) zeigt überlappende bhumi (horizontale Schichten) mit angedeuteten amalaka (Abschlüsse) an den Ecken. Die vertikal verlaufenden, geschwungenen Bänder mildern das eckige Design etwas.

167 oben Die mandapa (Halle) des Surya-Tempels ist eine offene Kolonnade, basierend auf einem Grundriss aus neun Quadraten. Hier versammelten sich die Gläubigen, um einen Blick auf den Gott in der Cella zu erhaschen.

166 Den Abschluss an der Basis der Cella im Surya-Tempel bilden Reliefs mit erotischen Motiven, ein Charakteristikum der Stätten, die dem Sonnengott geweiht waren, der Quelle des Lebens und der Fruchtbarkeit.

167 unten links In dieser Nische, die sich am Surya-Tempel befindet, sitzt der lächelnde Ganesha vor seinen Lieblingsleckereien. Der runde Bauch des Gottes erinnert an ein kumbha, ein gefülltes Gefäß, das alles enthält, was gut ist, daher wird Ganesha auch mit Reichtum und Erfolg in Verbindung gebracht.

167 unten rechts Die Portikus im Surya-Tempel besitzt zwei Säulen mit Kapitellen in Form eines purnakalasha, eines Gefäßes des Überflusses, mit Blättern und Blüten. Das Bild symbolisiert das Aufblühen des Lebens aus den kosmischen Gewässern.

entlang der Wände zwischen den Nischen und den Friesen mit Tiermotiven.

Zu den am besten erhaltenen Tempeln gehört der Mahavira, der Vardhamana Mahavira („großer Held“) geweiht war, dem letzten Tirthankara. Im Innern des Tempels, der in seinen Ursprüngen aus dem 8. Jahrhundert stammt, sind die von kunstvollen Kapitellen gekrönten Pfeiler mit *purnakalasha,* Gefäßen des Überflusses, und mit floralen Voluten verziert. Sie stützen das falsche Deckengewölbe, das elegante Skulpturen himmlischer Nymphen schmücken.

Der ebenfalls beeindruckende Saciyamanta-Tempel weist einen *shikhara* vom Typ *latina* („Kletterpflanze“) auf, dessen rund herum verlaufende *gavaksha* („Fenster der Sonnenstrahlen“) ein Spitzenmuster aus Stein erzeugen.

168 oben Auf diesem Foto vom Jainatempel Mahavira sind zwei Dachaufbauten zu sehen: der shikhara *mit seinen kleineren Reproduktionen über der Cella und die verschiedenen pyramidenförmigen Ebenen über den anderen Bereichen.*

168 unten Die Überdachung des Vestibüls, das den Pavillon der Gläubigen mit der Cella verbindet, wird shukanasa *genannt. Das* shukanasa *des Mahavira-Tempels ist ein Flachdach, das aus architektonischen Elementen in Form von Vasen mit Deckeln besteht. Der Löwe und der Elefant symbolisieren vermutlich Stärke und Tapferkeit, Erinnerung und Ruhm.*

168–169 Der im 8. Jahrhundert erbaute und im 12. Jahrhundert renovierte Saciyamata-Tempel wird von einem shikhara *des Typs* latina *gekrönt, das heißt, er ist von* gavaksha *bedeckt, die sich vermutlich aus Dachfenstern entwickelt haben.*

169 Tempel wurden oft befestigt, wie zum Beispiel der Saciyamata, der das Wohngebiet von Osian von einem gut zu verteidigenden Hügel aus überblickt. Ein breiter von torana *(Portalen) überspannter Treppenaufgang (auf dem Foto links) führt zum Saciyamata-Tempel.*

170 oben Der aus dem 10. Jahrhundert datierende Ambika-Mata-Tempel in Jagat (Rajasthan) ist ein bedeutendes Beispiel für die Architektur der Gurjara-Pratihara-Dynastie. Auf dem Foto sieht man die verschiedenen Überdachungen. Das kumbha auf der Spitze des shikhara symbolisiert die kosmischen Gewässer und das formale Prinzip der Existenz.

170 unten Die Musikanten auf einem der Friese des Someswar-Tempels spielen Flöte, Zimbeln und Vina, jenes Saiteninstrument mit zwei Resonanzkörpern aus Flaschenkürbissen. Unter den Edelleuten war Musizieren ein beliebter Zeitvertreib.

170–171 Der Someswar-Tempel wurde vermutlich um 1020 erbaut. Er gehört zum Typ saptaratha, das heißt, die Cella weist sieben Vorsprünge und sieben Nischen auf. Die Basis zieren drei Friese mit Elefanten, Pferden und Menschen.

Die Tempel von Kiradu nahe Barmer in Rajasthan sind größtenteils nur noch Ruinen, aber der Ort ist wunderschön und künstlerisch sehr interessant. Die Tempel wurden im 10. und 11. Jahrhundert vielleicht von der Solanki-Dynastie erbaut. Am besten erhalten ist der Someswar-Tempel, der eine Cella mit sieben Vorsprüngen und Vestibül aufweist sowie eine *mandapa* mit acht prächtigen Pfeilern, die einst eine oktogonale Decke stützten. Säulen sind ein charakteristisches Merkmal der Architektur der Gurjara-Pratiharas und sie spielen als Stilmittel eine wichtige Rolle. Faszinierende Nymphen, Umzüge mit Elefanten, Pferden und Menschen, Girlanden aus Perlen und floralen Voluten, filigrane Türpfosten und Architrave zieren den Someswar-Tempel.

In Jagat (Rajasthan), ca. 50 km von Udaipur entfernt, steht ein beeindruckender Tempel. Das Gebäude aus dem Jahr 960 war Ambika Mata geweiht und steht hoch aufragend auf einer Plattform. Es besteht aus einer Portikus, deren Sitze von breiten Überhängen abgeschattet werden, und aus einem kreuzförmigen Pavillon mit dem typischen Dach in Form einer Stufenpyramide, das die Gurjara-Pratiharas über die *mandapa* setzten. An der Cella, die ein Wandelgang umgibt, befinden sich fünf Vorsprünge. Der *shikhara* über der Cella besitzt einen *amalaka* und ist mit Surasundaris (Nymphen von himmlischer Schönheit) und Paaren in erotischen Stellungen geschmückt. Der Ambika-Mata-Tempel gilt als eines der Meisterwerke der Architektur der Gurjara-Pratihara-Dynastie.

171 oben Die Mitteldecke im Someswar-Tempel wurde von acht Pfeilern gestützt, die über Bogen miteinander verbunden sind. Die glatte untere Schafthälfte bildet einen reizvollen Kontrast zum kunstvoll gestalteten oberen Bereich.

171 unten Die Vorsprünge an der Cella des Someswar-Tempels bestehen aus einer kunstvoll gearbeiteten Basis, einem Fries mit epischen Szenen, der Nische des Gottes, einem Giebel mit Bogen, einem Kapitell und aus Simsen.

Nagda liegt ca. 30 km von Udaipur entfernt und lohnt einen Besuch. Hier befinden sich die zwei prächtigen Vishnu-Tempel Sas-Bahu („Schwiegermutter-Schwiegertochter"), die aus dem 10. Jahrhundert datieren. Beide verfügen über einen Portikus mit einem pyramidenförmigen Überbau, der Zutritt zu einer offenen *mandapa* mit seitlichen Vorsprüngen gewährt. Ein Vestibül führt zur Cella mit dem *shikhara*. Die Portiken verdienen besondere Beachtung, da sie mit Friesen, Figurengruppen, floralen Motiven und Miniaturreproduktionen von Gebäuden geschmückt sind. Durch die filigranen Schnitzereien wirken die beiden Tempel wie Schmuckkästchen. Ein ebenfalls filigranes *torana* bildete vermutlich das Gerüst für eine Schaukel, auf der das Abbild der Göttin bei bestimmten Riten hin und her geschwungen wurde, um die Fruchtbarkeit anzuregen und den Ertrag der Ernte zu steigern.

172 oben links Die Zwillingstempel von Nagda (10. Jahrhundert) stehen inmitten weniger bedeutender Heiligtümer. Die Basis im Vordergrund zeigt die Komplexität des Grundrisses.

172 unten links Eine rangamandapa, *eine offene Halle mit Säulen, die über eine hohe Balustrade miteinander verbunden sind, führt in den Bahu-Tempel. Die Reproduktion der Reliefs nach dem Vorbild älterer Holz- und Ziegelbauwerke ist am Dach mit den vielen Vorsprüngen zu erkennen.*

172 oben rechts Blick auf die prachtvoll gestaltete Decke der mandapa *des Sas-Tempels. Dem Quadrat, das hier in verschiedenen Ausführungen immer wieder als Motiv erscheint, wohnt in der indischen Architektur eine besondere Symbolik inne.*

172 unten rechts Dieses Relief vom Bahu-Tempel kombiniert die Grundformen der architektonischen Symbolik: den Kreis, der sich auf das manifestierte Universum und die Welt der Formen, bezieht, und das Quadrat, das auf die nicht manifestierte Dimension ohne Formen anspielt.

173 Im Innern der hinduistischen Tempel ist es meist relativ dunkel, um die Konzentration und das Insichgehen zu erleichtern. Im Sas-Tempel von Nagda (Rajasthan) wirken die Abbilder der Gottheiten, die aus dem Dunkel der Nischen an den Pfeilern auftauchen, besonders mystisch.

174 oben Talentierte Kunsthandwerker schufen die überaus dekorativen Motive der Tempel, eine Aufgabe, die vom Vater an den Sohn weitergereicht und eifersüchtig innerhalb der Familie bewahrt wurde.

*174 Mitte Die Plattform der beiden Tempel von Nagda erreicht man durch ein Makara-*torana *(das Foto zeigt die Archivolte). Der Bogen markierte den Übergang von der profanen in die sakrale Welt und das Durchschreiten war ein ritueller Akt.*

174 unten Der Kreis und das Quadrat, die die beiden Musikanten an der Balustrade der mandapa *des Sas-Tempels einrahmen, beziehen sich auf die manifestierte Dimension mit der Welt der Formen und auf die nicht manifestierte Welt ohne Formen.*

174–175 Der Eingangspavillon zum Sas-Tempel ist eine rangamandapa, *eine offene Halle mit Säulen, die über eine Balustrade miteinander verbunden sind. Die überlappende Dachkonstruktion ist antiken Holz- und Ziegelbauwerken nachempfunden.*

175 Die devakoshta *(„Nischen der Götter") enthalten Avaranadevatas (untergeordnete Gottheiten). Obwohl sie wie einzelne Elemente geformt sind, tragen sie doch zur Vervollkommnung der Mauer bei.*

Auf einer Reise durch Rajasthan ist ein Besuch des Tempelkomplexes von Baroli unerlässlich. Die Heiligtümer, die zwischen dem 9. und dem 11. Jahrhundert errichtet wurden, liegen in einem Waldgebiet und gehören zu den schönsten der Region. Der bedeutendste Tempel von Baroli ist der Ghateswar mit einem perfekt proportionierten *shikhara,* umgeben von den traditionellen *gavaksha.* In die Außenwand der Cella sind fünf Vorsprünge mit jeweils einer zentralen Nische integriert und die Decke der Cella zieren Lotosblüten. Das Vestibül, das die Cella mit dem offenen Portikus verbindet hat ein doppeltes Gesims, das wiederum den harmonischen Übergang zum Pyramidendach des Portikus bildet, auf dem Miniaturgebäude und kleine *shikhara* thronen.

Man betritt die *mandapa* durch ein Makara-*torana,* dessen Archivolte mit einem Seeungeheuer verziert ist und von vier massiven Säulen gestützt wird. Die Kapitelle, die Konsolen und die Decke sind reich verziert und mit exzellenten Statuen geschmückt.

176 oben Die Ränder der Blütenblätter dieser umgedrehten Korolla an der rangamandapa *des Ghateswar-Tempels scheinen vom Wind zerrissen zu sein. Kleine Motive wie dieses bringen etwas Leichtigkeit in den massiven Tempelbau und betonen seine Rolle als* vimana, *als fliegender Wagen der Götter.*

*176 Mitte Die Girlanden am Makara-*torana *laufen im Maul von Kirtimukha (auch Makara) zusammen, jener Furcht erregenden Kreatur, die aus der Wut Shivas geboren wurde. Kirtimukha gilt auch als Maske der Zeit, die alles zerstört. Man nimmt zudem an, dass sie mit Rahu, dem Dämon der Finsternis assoziiert wurde.*

*176 unten Am Eingangsportikus zum Ghateswar-Tempel befindet sich ein Makara-*torana*, das aus dem Maul des Makara entspringt. Die Girlanden aus Blättern und Blüten, das doppelte, mit Blütenblättern verzierte Kapitell und der als Konsolenträger fungierende, lächelnde Genius sind von hoher künstlerischer Qualität.*

176–177 Der Tempelkomplex von Baroli in Rajasthan verfügt über viele Gebäude, die im 10. Jahrhundert oder später erbaut wurden. Das bekannteste ist der Ghateswar-Tempel, zu dem eine frei stehende kreuzförmige ranga-mandapa *mit einem intakten Pyramidendach gehört.*

177 Die Decke der mandapa *des Ghateswar-Tempels ziert ein quadratisches Gittermuster, das zugleich auch ein Element des Tempelgrundrisses und vieler seiner Einzelteile ist. Das Feld im Zentrum ist in acht Quadrate unterteilt, die sich um ein Quadrat in der Mitte gruppieren und mit den Himmelsrichtungen assoziiert werden.*

178 Der Sonnentempel von Modhera hat keinen Überbau, aber die kleinen Schreine am Teich lassen darauf schließen, dass er einst von einem shikhara gekrönt wurde. Drei vorspringende Balkone zieren die Außenseite des Wandelgangs, der um die Cella führt.

178–179 Zu Ehren von Surya im Jahr 1026 erbaut, verfügt der Sonnentempel von Modhera über den beeindruckendsten sakralen Teich in ganz Indien. Die nachfolgenden Fotografien wurden vor dem schweren Erdbeben aufgenommen, das die gesamte Region verwüstete und viele Kunstwerke zerstörte.

179 oben Vishnu ruht über den kosmischen Gewässern auf der Weltenschlange. Wenn er erwacht, beginnt die Manifestation des Universums von neuem. Dieses Relief wurde in einem der kleinen Schreine entdeckt, die am Tempelteich von Modhera stehen.

Die Besitztümer der Gurjara-Pratiharas und ihr Baustil wurden gegen Ende des 10. Jahrhunderts von der Solanki-Dynastie übernommen. Das Meisterstück der Solankis ist der Sonnentempel von Modhera (Gujarat), den König Bhima I. im Jahr 1026 Surya weihte, dem Sonnengott, der Quelle des Lebens und dem Symbol des Wissens. Zur Anlage gehört unter anderem ein spektakulärer rechteckiger Tempelteich, der an den Ecken von kleinen Schreinen für Surya, Shiva, Vishnu und Durga eingerahmt wird. Dekorative Stufen, die in geometrischen Mustern angeordnet sind, führen zum Wasser. Zum Zeitpunkt des Äquinoktiums gleiten die Sonnenstrahlen zunächst über die Wasseroberfläche und über die Stufen hinweg und fallen dann durch das *torana* (Portal) des Tempels, von dem nur noch die beiden Pfeiler erhalten sind, ehe sie sich Raum für Raum zur Cella hinbewegen und die Statue Suryas erstrahlen lassen.

179 unten Die Stufen, die zu dem riesigen Teich führen, sind in einem prächtigen geometrischen Muster angelegt und erlauben den Gläubigen, sich dem Reinigungsritual zu unterziehen, das zur fundamentalen Routine vor dem Besuch eines Tempels gehört.

Der Sonnentempel von Modhera

- **A** Teich
- **B** Treppe zum Haupteingang und Pfeiler
- **C** Sabhamandapa (Versammlungshalle)
- **D** Portikus
- **E** Gudhamandapa (Überdachte Halle)
- **F** Garbhagriha (Cella)
- **G** Pradakshina (Wandelgang)

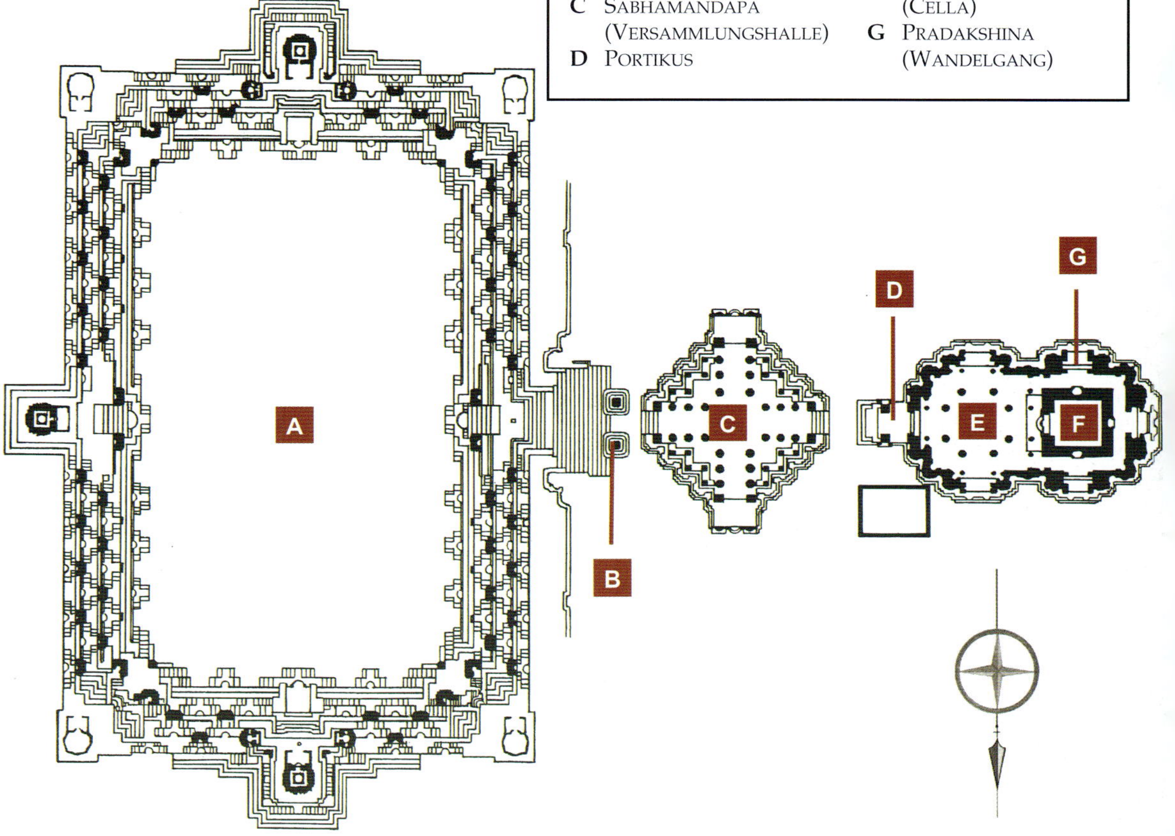

*180–181 Rekonstruktion des Sonnentempels von Modhera. Zur Tagundnachtgleiche spiegeln sich die Sonnenstrahlen im heiligen Teich (*kunda*), erleuchten die Stufen, fallen durch das monumentale* torana *und illuminieren nacheinander alle Räume, bis sie schließlich die Statue Suryas in der Dunkelheit der Cella erstrahlen lassen. Vom Licht erweckt, werden die steinernen Götter lebendig und das Paradies auf Erden beginnt.*

Der Tempel besteht aus zwei getrennten Gebäuden: der teilweise offenen *sabhamandapa* (Versammlungshalle) und dem eigentlichen Heiligtum. Die vier Treppen der *sabhamandapa* – in der vielleicht rituelle Tänze aufgeführt wurden – führen zu Bogengängen mit spitzen Archivolten. Im Innern sind die Säulen kreuzförmig arrangiert und tragen das Gewicht einer achteckigen, kuppelförmigen Decke. Ihre Trommeln weisen prächtige Schnitzereien in Form von Tänzerinnen und Nymphen auf.

Ganz in der Nähe befindet sich die *gudhamandapa* (überdachte Halle), an die sich ein Portikus und die Cella *(garbhagriha)* mit dem Wandelgang anschließen. Unterhalb der Cella liegt in einer Tiefe von 3,5 m ein geheimer Raum, der die primordiale Finsternis symbolisiert. Daraus entstand das Universum und der Raum diente vielleicht auch als Versteck für die Tempelschätze, als die Moslems einfielen. Weder die Cella noch die *mandapa* haben einen Überbau, man vermutet jedoch, dass die Cella einst ein *shikhara* krönte und dass die Hallen Pyramidendächer mit glockenförmigen Elementen besaßen. Die Tempelmauern mit den fünf Vorsprüngen sind mit zahlreichen Statuen von Surya auf seinem von sieben Pferden gezogenen Wagen verziert sowie mit anderen Figuren, die mit dem Sonnenkult und der Fruchtbarkeit in Verbindung gebracht wurden.

182 oben Die Kranzgesimse um die Türen der kleinen Schreine am Tempelteich von Modhera sind mit den gleichen Figuren verziert, die auch am Sonnentempel zu finden sind. Im Innern dieses Schreins erkennt man Durga, die auf dem Rücken eines kopflosen Tieres reitet, bei dem es sich vielleicht um einen Löwen handelt.

182 Mitte Das Zentrum der sabhamandapa *(Versammlungshalle) bilden acht Säulen, die über dreieckige und halbrunde Bogen miteinander verbunden sind. Auch die Säulenschäfte sind überreich mit Ornamenten verziert.*

182 unten links Dieses Detail aus der sabhamandapa *zeigt einen fliegenden Gana, einen himmlischen Genius. Die Arme und Beine der Figur sind so angeordnet, dass sie die Figur wie eine Korona umgeben.*

182 unten rechts Die fliegenden Ganas in der sabhamandapa *fungieren als Konsolenträger, wobei sie mit den oberen Händen die Architrave halten, während sie die beiden unteren auf ihre Knie stützen. Die Vorliebe für Architrave in der hinduistischen Architektur ergab sich aus der Bauweise vedischer Altäre, bei denen die Steine übereinander geschichtet wurden.*

183 Die teilweise offene sabhamandapa, *in der vermutlich rituelle Tänze aufgeführt wurden, steht losgelöst vom Tempel, von dessen Portikus hier das Makara-*torana *zu sehen ist. Die* sabhamandapa *ist kreuzförmig mit einem Oktogon in der Mitte, das von Säulen geformt wird.*

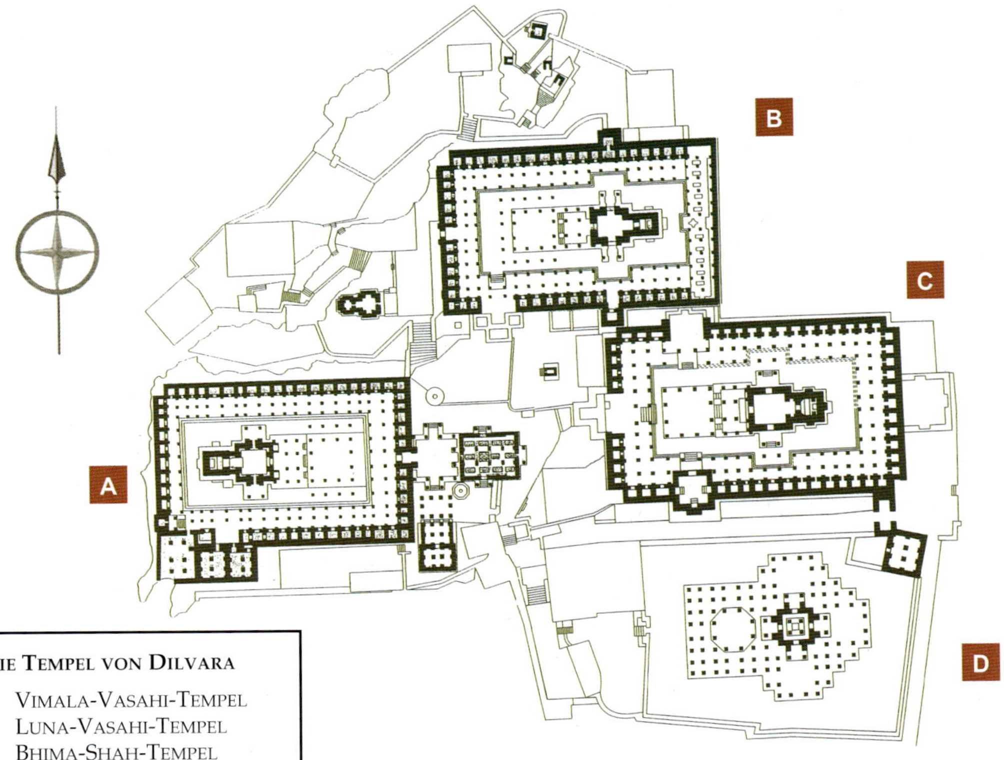

Die Tempel von Dilvara

A Vimala-Vasahi-Tempel
B Luna-Vasahi-Tempel
C Bhima-Shah-Tempel
D Parshvanatha-Tempel

184 oben Die Jainisten erkannten zwar keinen obersten Gott an, sie akzeptierten jedoch die hinduistischen Götter und nahmen sie in ihre Ikonographie auf. Im Vimala-Vasahi-Tempel ist die Große Göttin als Durga dargestellt, die Kriegerin, die alle Waffen der Götter trägt.

184 unten 16 Vidhyadevis („Göttinnen der Weisheit"), die Ringe halten, zieren das falsche Gewölbe in der sabhamandapa.

185 Den Mittelpunkt der sabhamandapa *des Luna Vasahi (1230) umgeben prächtige Säulen, die über girlandenförmige Archivolten miteinander verbunden sind.*

Nicht nur die Solanki-Herrscher errichteten Meisterwerke, auch die Jainisten bauten auf dem Mount Abu einen prachtvollen marmornen Tempelkomplex. Der über 1200 m hohe Berg, der das Aravalligebirge dominiert, ist seit Urzeiten ein heiliger Ort. Die Jainisten verehren ihn, weil sich Mahariva dort im Alter von 37 Jahren aufhielt, und die Hindus, weil er der Ort des großen Feueropfers war, das den Zutritt der vier bedeutendsten Rajputenclans zur Kaste der Kshatriyas sanktionierte.

Ein typischer Jainatempel unterscheidet sich vom Hindutempel durch die Kapellen der Tirthankaras, aus denen die Einfriedungsmauer besteht, durch das Vorherrschen lichtdurchfluteter, offener *mandapa* mit prächtigen falschen Gewölben und üppigem Dekor und durch die vielen Stockwerke der Tempel. Der *shikhara* über der Cella wird von kleineren Ebenbildern flankiert und das Dach der *mandapa* ist in der Regel pyramidenförmig.

Der älteste Tempel von Dilvara ist Adinatha geweiht und wird Vimala Vasahi genannt, zu Ehren seines Stifters Vimala Shah, Minister unter König Bhima Dev I. Der Eingangspavillon birgt Statuen, die bei Prozessionen auf Elefanten präsentiert wurden. Der weiße Marmorbau steht in einem Hof, umgeben von einer Kolonnade mit 48 Säulen und von 52 Zellen. Eine offene doppelte *mandapa* mit herrlichen Säulen führt zu einem kreuzförmigen, säulenlosen Raum. Über einige Stufen gelangt man ins Vestibül vor der Cella, in der eine Statue Adinathas, des ersten Tirthankara, aufbewahrt wird.

Acht prächtige Säulen stützen die Decke der *rangamandapa* (Haupthalle). Das falsche Gewölbe aus elf konzentrischen Ringen ziert ein Fries aus marmornen Tänzern, Musikern, Reitern, Gottheiten, Vögeln und einer offenen Lotosblüte, die von 16 Statuen in Form von Vidhyadevis („Göttinnen der Weisheit") gehalten wird.

Der Bhima-Shah-Tempel, gegenüber dem Vimala-Vasahi-Tempel, hat den gleichen Grundriss wie der nahe gelegene Luna-Vasahi-Tempel. Bhima Shah ist Rishabadeva geweiht, einem Synonym für Adinatha. Die Statue des Tirthankara in diesem Tempel wurde aus einer Legierung von fünf Metallen gefertigt.

Der Luna-Vasahi-Tempel entstand im 13. Jahrhundert und wurde Nemintah geweiht, dem 22. Tirthankara, dessen Kolossalstatue aus schwarzem Marmor in der Cella steht. Der Tempel ist auch unter dem Namen Tejahpala bekannt, benannt nach einem einflussreichen und vermögenden Minister, der diesen Tempel zusammen mit seinem Bruder Vastubal im Jahr 1230 erbauen ließ. In diesem Tempel perfektionierten die Künstler jene Elemente, die bereits im Vimala Vasahi zu sehen sind. Das falsche Gewölbe der *mandapa* zählt zu den Meisterwerken der indischen Kunst.

Der Parshvanatha-Tempel war dem 23. Tirthankara geweiht und gehört zum Typ *chaumukha.* Er verfügt über eine *chaturmukha*-Cella mit „vier Gesichtern", das heißt das Allerheiligste ist nach allen vier Seiten offen und zeigt vier Abbilder des Tirthankara, eine Anspielung auf die Verbreitung der Botschaft des Tirthankara in die vier Regionen des Universums. Der Cella sind vier *mandapa* mit filigranen Marmordecken vorgebaut. Der Tempel verfügt über drei begehbare Stockwerke, von denen das oberste einen prächtigen Ausblick auf den gesamten Tempelkomplex von Dilvara bietet, dem marmornen Schmuckkästchen des Jainismus.

Mittelindien

ELEPHANTA UND ELLORA: DIE HÖHLE UND DER BERG, SHIVAS WOHNSITZE

Die Orte, an denen sich die indischen Götter manifestierten, waren stets Höhlen oder Berge. Erstere wurden mit dem Leib der Mutter Erde assoziiert, Letztere mit der Nähe zum Himmel. Shiva ist der Herr der Berge, einer der mächtigsten und vielgestaltigsten Repräsentanten des Göttlichen im Hinduismus. Ihm sind in Maharashtra zwei beeindruckende Kultstätten geweiht: die Höhlentempel von Elephanta und Ellora. Der Haupttempel von Elephanta entstand vermutlich im 6. Jahrhundert unter der Vakataka-Dynastie, einige Hinweise sprechen jedoch auch für eine Entstehung im 8. Jahrhundert. Die Höhlentempel von Ellora wurden zwischen dem 5. und dem 10. Jahrhundert angelegt.

Elephanta nannten die Portugiesen die kleine Insel vor Bombay, nachdem sie dort eine riesige steinerne Elefantenfigur gefunden hatten. Auf der Insel gibt es sechs Höhlentempel, die Shiva geweiht sind. Der Haupttempel gilt als einer der heiligsten Orte in ganz Indien. Es handelt sich dabei um eine kreuzförmige *mandapa*, deren Säulen zwiebelförmige Kapitelle aufweisen und auf einer viereckigen Trommel ruhen. Das Ungewöhnliche an diesem Tempel sind die beiden Eingangsachsen, über die man die Cella in der Mitte erreicht. Nähert man sich ihr aus der traditionellen Richtung, dem Osten, gelangt man durch einen Hof mit einem runden Sockel, auf dem vermutlich eine Figur des Stieres Nandi stand. Auf der linken Seite des Hofes befindet sich ein kleiner Tempel mit zwei seitlichen Cellae und einem zentralen Allerheiligsten, das von einem Wandelgang umgeben ist. Nachdem man den nach Osten ausgerichteten Eingangsportikus durchschritten hat, gelangt man über die *mandapa* zur würfelförmigen Cella, die nach allen vier Seiten offen ist, wobei jede Seite von zwei kolossalen Dvarapalas bewacht wird. In der Mitte der Cella steht ein Linga. Hinter der Cella befindet sich ein Portikus, der sich nach Westen in einen Hof öffnet, in dem sich ein Wasserreservoir und ein kleines Heiligtum befinden.

Die andere Achse verbindet den Westportikus mit der 5,7 m hohen Kolossalstatue des dreiköpfigen Shiva. Der gelassene Gesichtsausdruck des mittleren Kopfes ist ein Symbol dafür, wie das Absolute Gegensätze (dargestellt durch die beiden Köpfe links und rechts) durchdringt und verbindet. Der rechte Kopf mit seinen vollen und weiblichen Gesichtszügen verkörpert Uma-Vamadeva und bezieht sich auf die Shakti, die dynamische weibliche Energie. Der linken Kopf mit der Krone aus Totenschädeln symbolisiert die männliche Gottheit Aghora-Bhairava, die die Macht besitzt, den Kosmos zu zerstören. Diese beeindruckende Darstellung der Trimurti (die dreifache Form Shivas) ist so angelegt, dass die beiden seitlichen Gesichter im Profil mit dem Hintergrund verschmelzen, wie eine schemenhafte Andeutung dessen, was sein wird, während das unerschütterliche und erhabene Symbol der Ewigkeit, das Gesicht in der Mitte, das Zwielicht der Höhle dominiert. Acht Reliefs, die wichtige Episoden aus dem Shiva-Mythos darstellen, zieren die Mauern der Eingangsportiken und die Wände zu beiden Seiten der Trimurti. Shiva Nataraja („Herr des Tanzes") und Yogeswar

186 oben Auf der kleinen Insel Elephanta, die vor Bombay liegt, befinden sich vier Höhlentempel. Der bedeutendste wurde vermutlich im 6. Jahrhundert unter der Vakataka-Dynastie zu Ehren von Shiva angelegt. Auf dem Foto ist der östliche Portikus zu sehen, der traditionelle Eingang zu Hindutempeln.

SHIVA-TEMPEL

- **A** ÖSTLICHER HOF
- **B** TEMPEL MIT DREI CELLAE
- **C** NÖRDLICHER PORTIKUS
- **D** MANDAPA
- **E** CELLA
- **F** DREIKÖPFIGER MONOLITH
- **G** WESTLICHER HOF

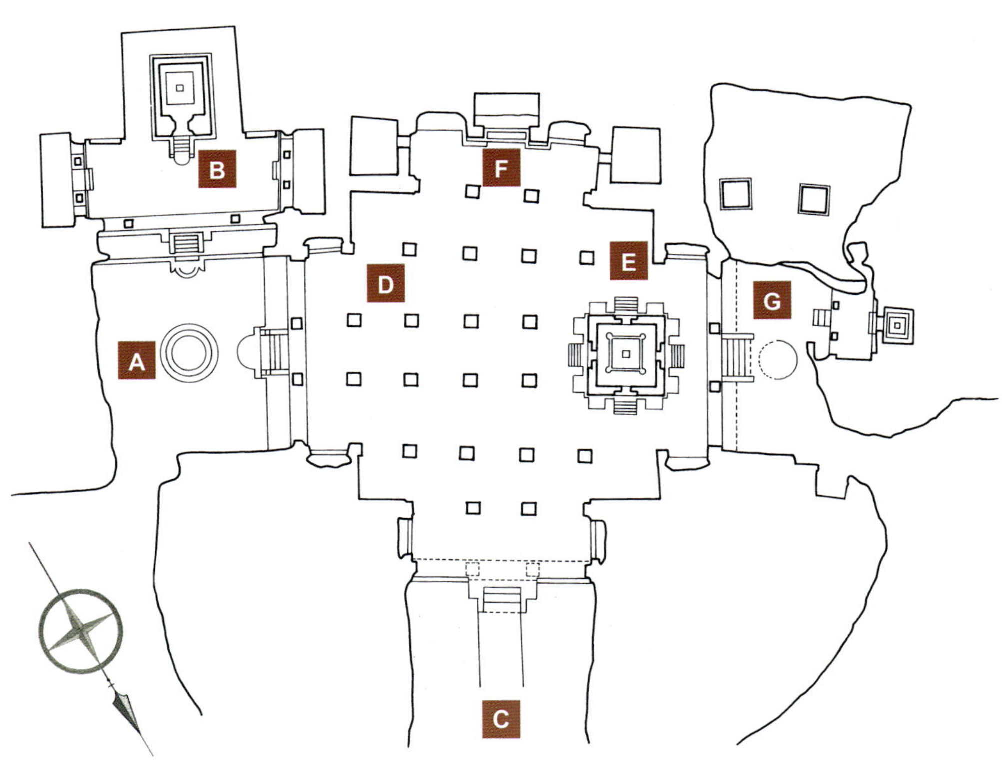

(„Herr des Yoga“) sind im Nordporti-kus zu sehen, während Shivas Hochzeit mit Parvati und die Ermordung des Dämons Andhaka im Westen dargestellt sind. Shiva Ardhanariswar (der androgyne Gott) und Gangadhara, die Form in der Shiva den Wasserfall des Ganges durchbrach, findet man neben der Trimurti. Den Ostportikus zieren ein Abbild Shivas mit seiner Gemahlin und Darstellungen des Mythos, in dem Shiva den Berg Kailasha rettet, nachdem dieser von dem Dämon Ravana erschüttert worden ist.

Der Haupttempel von Elephanta gereicht Shiva wahrhaft zu Ehren, jenem autochthonen Gott Indiens, der ursprünglich unter dem Namen Rudra („Schreier“) bekannt

186–187 Die würfelförmige Cella des Haupttempels von Elephanta liegt auf einer Achse mit dem Osteingang. Sie ist nach allen Seiten offen und wird von riesigen Dvarapalas, Türwächtern, flankiert. Das Linga im Innern repräsentiert das Zentrum des Universums und daher die Achse, um die sich das Universum dreht.

187 Ein Nebentempel blickt in Richtung Osthof. Er besitzt zwei seitliche Cellae mit vorgebauten Portiken und ein zentrales Allerheiligstes, das von Löwen bewacht und von einem Wandelgang umgeben ist. Reliefbänder an den Wänden zeigen Shiva in verschiedenen Posen. Hier sieht man den Gott mit hoch stehendem Haar, ein typisches Merkmal der Asketen.

tausend Formen, der unberechenbare Herr der Manifestation, der als Pancanana, „der mit den fünf Gesichtern", über Erde, Wasser, Feuer, Luft und Äther herrscht, die fünf fundamentalen Elemente des Mannigfaltigen. Als jene Macht, die sich hinter der Existenz verbirgt, verkörpert Shiva Nataraja, den „Herrn des Tanzes", und er vollführt den frenetischen *Tandava*, der den unaufhörlichen kosmischen Prozess symbolisiert. Der tanzende Gott drückt die vollkommene Balance zwischen Leben und Tod aus, indem er in einem Feuerring, der zugleich Zerstörung und Wiedergeburt symbolisiert, über dem Dämon steht, der sowohl die kosmische Illusion als auch die falsche Erkenntnis repräsentiert.

188 unten und 189 oben In der Darstellung der Hochzeit von Shiva und Parvati auf dem rechten Relief des Westportikus, steht die Göttin zur Rechten des Gottes, da die Zeremonie noch nicht beendet ist. In ihrer irdischen Erscheinung als Ganga auf dem rechten Relief der Südwand steht Parvati (nun Shivas Gattin) zu seiner Linken, da diese Seite mit der Weiblichkeit assoziiert wird.

188 oben Der Besucher, der durch den Nordportikus kommt, steht einer der schönsten Skulpturen Indiens gegenüber: dem dreiköpfigen Shiva. Das Gesicht in der Mitte symbolisiert die unveränderliche Existenz, die Köpfe an den Seiten die beiden Pole der unaufhörlichen Zukunft: das weibliche Gesicht zur Linken bezieht sich auf die Manifestation, das männliche zur Rechten dagegen auf die Auflösung.

188 Mitte Dieses Relief vom Westportikus zeigt Shiva als Bhairava, „den Schrecklichen", in dessen Gestalt er den Dämon Andhaka tötete. Seine Reißzähne und die Krone aus Schädeln sind Ausdruck seines Zorns.

war. Als Herr des Sturmes war Rudra auch der Meister von Blitz und Donner. Von den Anhöhen der Berge und aus den Tiefen der Wälder brachte er Krankheit über Mensch und Tier, obwohl er zugleich auch Beschützer und Heiler war. Die ambivalente Form des Gottes erklärt sich darin, dass Rudra Regen schickte, der eine wohltätige, aber auch eine zerstörerische Wirkung entfalten konnte. Die vedischen Weisen exorzierten Rudras gefährliche Form, indem sie ihn Shiva (der „Gütige", „Freundliche") nannten, um ihn durch die magische Kraft des Wortes zu besänftigen und seine Exzesse abzuwenden.

In der epischen Zeit erlangte Shiva die bedeutende Position der dritten Komponente der Trimurti, jener Dreifachform des Göttlichen als Schöpfer, Erhalter und Zerstörer des Universums. Im Shivaismus jedoch übt der Gott alle drei Funktionen zugleich aus, denn er ist Mahadeva, der „große Gott" der

Andere *ghora* (Formen), in denen Shiva erscheint, betonen seine Furcht erregende Macht. Dies sind die Formen, in denen die Energie des Göttlichen in Teile zerbrochen ist. Ashani zum Beispiel hält den Blitz der Zerstörung und Sharva, der Bogenschütze mit dem dunklen geflochtenen Haar, ist eine Reminiszenz an den Gott Rudra, der schreiend durch den Wald rannte mit einem Gefolge aus bellenden Hunden und einer Schar Toter. Eine weitere zerstörerische Herabkunft Shivas ist Bhairava, der oft von einem Hund begleitet wird. Das Thema Tod greift auch Mahakala auf, der „Herr der Zeit", der alle Lebewesen ihrem Ende zuführt.

Shiva ist in seiner Doppeldeutigkeit nicht leicht zu definieren. So ist er zum Beispiel der Gott der Keuschheit, aber auch der leidenschaftliche Gatte Parvatis und Herr der Erotik. Parvati ist die Bergtochter des Himalaja, das Abbild der Shakti (der kosmischen

Energie) und die geliebte Gattin Shivas, der in vielen Formen erscheint. Das göttliche Paar repräsentiert die komplementären Pole der Existenz, die zu Ardhanariswar transzendieren, dem Herrn, der halb Mann (rechts) und halb Frau (links) ist.

Der Berg spielt in der Shiva-Mythologie eine bedeutende Rolle. Er ist das Symbol des Pfades, der in das Zentrum und zur Selbstentdeckung führt, er ist die Brücke zwischen der profanen und der sakralen Welt und er ist ein bevorzugter Wallfahrtsort. Indische Pilgerfahrten sind anstrengend: Entweder man erklimmt zu Fuß die steilsten Anhöhen, um an heilige Orte zu gelangen, die durch einen Tempel, einen Baum, eine Quelle oder eine Höhle markiert werden, oder man begibt sich auf eine Reise in sein Innerstes, um dort auf das Göttliche zu treffen.

Während die Heiligtümer von Elephanta mehr auf das Mysterium anspielen, das sich im Schoß der Erde manifestiert, verherrlichen die Höhlentempel von Ellora die Präsenz des kosmischen Berges im Zentrum des Universums. Ellora liegt im Staat Maharashtra, etwa 30 km nördlich von Aurangabad. Im Jahr 752 wurde es Hauptstadt eines mächtigen Königreiches, als König Dantidurga aus der Rashtrakuta-Dynastie von Malkhed die Chalukyas aus Karnataka besiegte und Badami eroberte. Vermutlich war es auch Dantidurga, der damit begann, aus dem Fels bei Kailashanatha architektonische

188–189 Eine der symbolträchtigsten Darstellungen im Haupttempel von Elephanta zeigt Shiva als Ardhanariswar („Herr Halbfrau"). Die androgyne Figur steht für das Bewusstsein und die Harmonisierung der Polaritäten der Existenz.

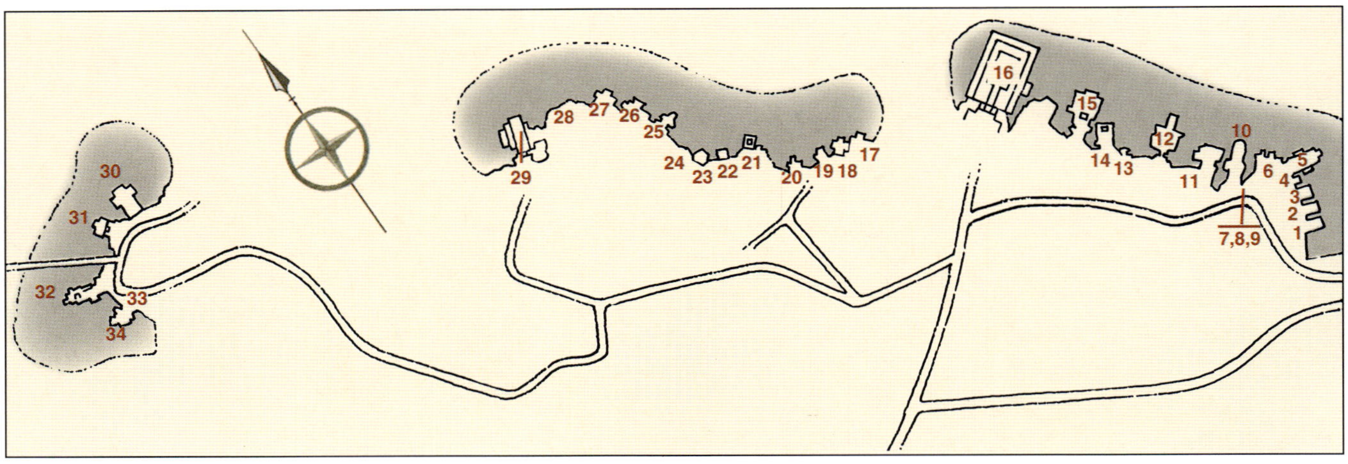

Meisterwerke schlagen zu lassen, deren Vollendung Krishna I. (757–783) zugeschrieben wird. Für die riesige Anlage mussten hunderttausende Kubikmeter Fels behauen werden. Die Steinmetzen arbeiteten sich dabei Seite an Seite mit Bildhauern und Malern von der Spitze des Hügels bis zum Fuß vor.

Der Kailasha-Tempel von Ellora ist 33 m hoch, bedeckt eine Fläche von 91 x 39 m und ist entlang der West-Ost-Achse ausgerichtet, wobei das Heiligtum ungewöhnlicherweise nach Westen zeigt, was vermutlich durch die Lage des Hügels bedingt war. Die Struktur des Tempels wurde nicht durch das Aufeinanderschichten von Baumaterial erreicht, sondern durch das Abtragen des Gesteins. Die Bauarbeiten unterlagen rituellen und symbolischen Vorgaben, da die Priester-Architekten jene Form befreiten, die vom Göttlichen im amorphen Material versteckt worden war, und sie enthüllten diese Form vor den Gläubigen, ebenso wie ein Bildhauer sein Kunstwerk enthüllt.

Über den zweistöckigen Eingangsportikus gelangt man in den Hof, der von zwei, beinahe lebensgroßen monolithischen Elefantenstatuen bewacht wird. An den Seiten des Nandi-Schreins befinden sich zwei *dvajastambha*-Pfeiler. Eine Reihe von Räumen wurde aus dem Fels des Hügels gehauen: Links vom Eingang befindet sich eine Cella mit zwei Säulen, die die Abbilder der heiligen Flüsse Ganges, Jumna und Sarasvati (der heute ausgetrocknet ist) birgt. Auf derselben Seite des Hofes steht die *mandapa* mit Hypostylos (Lankeswar), auf die das Allerheiligste blickt, das ein Wandelgang umgibt. Die Kreuzgänge, die vermutlich einige Jahrhunderte später entstanden als das übrige Bauwerk, führen an der Ostseite des Tempelhofes entlang. Sie sind mit Reliefs dekoriert, die Szenen aus der Shiva-Mythologie zeigen. Die Südgalerie zieren ebenfalls Reliefs. Sie wird von einer Höhle (Paralanka) mit drei Stockwerken unterbrochen, die ursprünglich mit der ersten Etage des Kailasha-Tempels verbunden war. Unmittelbar dahinter liegt die Höhle der *Saptamatrika* (sieben Muttergottheiten), der Hauptformen der Shakti, der weiblichen kosmischen Energie.

Um zum Tempel zu gelangen, muss man eine kleine Brücke überqueren, die zum Nandi-Schrein führt. Von dort gelangt man zur Hauptportikus der *mandapa*, die auch vom Hof aus über zwei Treppen zu erreichen ist. Im Innern „stützen" 16 Säulen die Decke, die noch Spuren von Bemalung aufweist. Der gesamte Tempel war vermutlich einst mit Gips verputzt und in leuchtenden Farben bemalt. Im kleinen Vestibül schützen Ganga, die Göttin des Ganges, auf ihrem Reittier, dem Seeungeheuer Makara, und Yamuna, die Göttin des Flusses Jumna, auf einer Schildkröte den Eingang zur Cella und das kolossale Linga in ihrem Innern. Der dreigeschossige *vimana* (pyramidenförmiger Dachaufbau) über der Cella ist inspiriert vom Virupaksha-Tempel in Pattadakal und vom Kailashanatha-Tempel in Kanchipuram. Er wurde von den Baumeistern des Königreiches der Pallavas realisiert. Ein Korridor ohne Decke, der auf drei Seiten der Cella verläuft, führt zu fünf Zellen, die von vierstöckigen Miniaturbauten in Form des großen Pyramidenturms gekrönt werden. Sie tragen eine achteckige Kuppel mit vier Statuen, die Nandi darstellen. Die Miniaturgebäude auf den Terrassen sind eine Anspielung auf die Wohnsitze der Götter auf dem himmlischen Berg.

Der gesamte Kailasha-Tempel ist reich dekoriert und seine Skulpturensammlung gehört zur größten der hinduistischen Welt. Abbilder Shivas mit besonderen Attributen dominieren dabei: Der Dreizack, der die

190 oben Shiva muss immer wieder Dämonen in der Gestalt von Tieren bekämpfen. Hier ein Beispiel aus der mandapa, *bei dem der Dämon seine grotesken Züge hinter dem Kopf eines Elefanten versteckt.*

190 unten Der Kailasha-Tempel ist in zwei Ebenen unterteilt und umfasst mehrere Gebäude, die über Brücken miteinander verbunden sind. Hier sieht man den Nandi-Schrein, flankiert von den Spitzen der Pfeiler, die im unteren Stockwerk stehen.

190–191 In Ellora (Maharashtra) wurden 34 Höhlentempel aus dem Fels gehauen. Der bedeutendste darunter ist der Kailasha-Tempel, eine Reproduktion des Berges Kailasha, auf dem Shiva lebt. Das Heiligtum wurde im 8. Jahrhundert zur Zeit der Rashtrakuta-Dynastie unter Krishna I. aus dem Fels gehauen.

Zum Komplex von Ellora gehören hinduistische, buddhistische und jainistische Höhlentempel. Die bedeutendsten sind:

10 VISHVAKARMA
11 DO THAL
14 RAVANA
15 DASHAVATARA
16 KAILASHA
21 RAMESWAR
29 DUMAR LENA
32 INDRA SABHA

Erste Ebene des Kailasha-Tempels

A	Eingangs-portikus	F	Cella
B	Durchgang	G	Nebencellae
C	Nandi-Schrein	H	Lankeswar
D	Tempelportikus	I	Paralanka
E	Mandapa	J	Hof

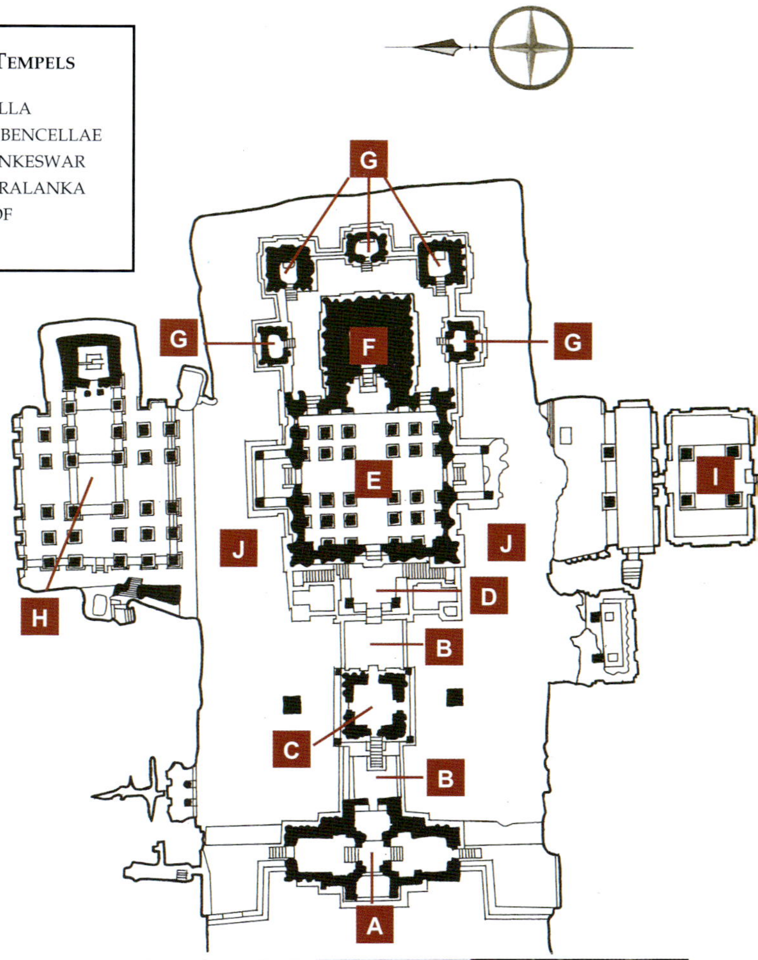

191 oben Die unzähligen Statuen, die die Außenmauern des Tempels zieren, dienen auch der Erziehung der Gläubigen, wenn diese vor dem Eintreten um das Heiligtum gehen.

191 unten Dvarapalas, die die Eingänge vor Dämonen schützen, tragen stets Waffen. Außerdem sollen sie daran erinnern, dass nur diejenigen die Schwelle zum Göttlichen übertreten dürfen, die würdig sind. Der Wächter auf dem Foto stützt sich auf eine Keule.

Symbolik der Zahl drei betont, die Trommel in Form einer Sanduhr, die als Quelle der primordialen Klangvibration gilt, der Hügel aus Schädeln, der die unbegrenzte Anzahl an Universen darstellt, die vom Absoluten verschluckt wurden, die Schlangen, die sich um Hals und Arme des Gottes winden oder die Antilope, die Bezug nimmt auf das Leben im Wald. Gelegentlich hält Shiva einen Bogen in der Hand oder den *khatvanga* (einen Stab mit einem Schädel an einem Ende), eine Schnur, um die Sünder zu fesseln, oder eine Axt, um Knoten durchzuschlagen. Die Kleidung des Gottes ist das Fell eines Tigers oder eines Hirsches und die Haut eines Elefanten, die Shiva einem Dämon wegnahm, der sie als Verkleidung benutzt hatte. Das lange Haar Shivas ist auf seinem Kopf zusammengebunden und mit einer Mondsichel geschmückt, auf der Ganga liegt, die Flussgöttin, die vom Himmel herabstieg, um die Menschen von ihren Sünden reinzuwaschen. Die eindrucksvollste Darstellung Shivas ist jedoch in der Cella *(garbhagriha)* des *vimana* zu finden: Es handelt sich dabei um das Linga, das viel mehr ist als ein rein

phallisches Symbol. Das Linga ähnelt in der Symbolik dem europäischen Menhir: Es ist die sichtbare Form der *axis mundi*, jener Achse, um die sich das Universum dreht, und als solche wird es mit dem Berg Meru, dem mythischen Zentrum des Universums gleichgesetzt. Das Linga ist daher die Quelle aller Existenz, das Absolute, aus dem alles Leben entspringt und in das es zurückkehrt. Ein Gefäß, aus dem Wasser über das Linga tropft, ist in Hindutempeln die sichtbare Reverenz an den Glauben, dass das Leben aus einem Funken entstand, der aus den Gewässern des Kosmos entsprang. Das Linga verkörpert außerdem Feuer und Licht. Der Ring, in dem es steht, ist das Yoni, das Symbol des weiblichen Schoßes, ein sehr altes religiöses Emblem der Großen Göttin und ein Abbild Parvatis. Das Paar Linga und Yoni entspricht dem Paar Shiva und Parvati und steht für den Ursprung der Existenz, die aus der Vereinigung des weiblich-aquatischen Prinzips (die Göttin) mit dem männlich-feurigen Prinzip (der Gott) entstand. Das Bild des „Zwei-in-Einem", verkörpert durch das Paar Linga und Yoni oder durch Ardhanariswar, repräsentiert die Einheit des Daseins jenseits aller Vielfalt.

Neben den verschiedenen Formen Shivas und den bedeutendsten Momenten seines Mythos – darunter seine Hochzeit mit Parvati, der Kampf gegen die Dämonen und die Tanzdarbietung, die das Universum am Ende des kosmischen Zyklus auflöst *(Tandava)* – zieren die Wände des Kailasha-Tempels weitere Paare, Ganas, kleine Genien mit Kugelbäuchen in Shivas Gefolge, himmlische Nymphen, Musikanten, Vidhyadharas, fliegende „Überbringer der Weisheit", und andere himmlische Geschöpfe. Die Basis des Tempels stützt eine Prozession aus Elefanten und Löwen und Friese erzählen wie ein versteinertes Manuskript die Geschichte des „Mahabharata" und des „Ramayana", der beiden großen indischen Epen.

Neben dem eindrucksvollen Wohnsitz Shivas besitzt Ellora 33 weitere Höhlentempel, die zwischen dem 5. und dem 10. Jahrhundert erbaut wurden. Die ältesten liegen zur Rechten des Kailasha-Tempels. Es handelt sich dabei um eine Gruppe von zwölf buddhistischen Höhlen aus unterschiedlichen Epochen, die alle Klöster *(vihara)* sind, mit Ausnahme der Vishvakarma-Höhle (Höhle Nr. 10), die eine *caitya*-Halle ist. Die in ihrer Art einzige Kultstätte in Ellora verfügt über einen kleinen Hof, eine Veranda

192 Die vielen Arme, mit denen Shiva dargestellt wird, sollen dynamische Expansion ausdrücken. Ein viereckiges Gitter, das panjara, *dient dazu, die Position der Arme im Verhältnis zu den vertikalen und horizontalen Achsen festzulegen, die sich an Shivas Nabel überschneiden.*

193 oben Ganga, die auf Makara reitet, befindet sich in der Mitte des Schreins, der den drei heiligen Flüssen Ganges, Jumna und Sarasvati geweiht ist und am Eingang zum linken Hof zu finden ist.

193 unten Da der monolitische Kailasha-Tempel aus dem Fels gehauen wurde, erfüllen die Säulen und Pfeiler keine praktische Funktion, sondern sind reine Dekoration.

192–193 Die 16 Säulen in der mandapa *des Kailasha-Tempels sind in Vierergruppen angeordnet und bilden einen kreuzförmigen Durchgang zum Linga in der Cella. Der Schrein repräsentiert die Höhle, die im Innern des Berges verborgen ist. Hier manifestiert sich das Göttliche und die Dunkelheit ist unerlässlich für das Erscheinen des Lichtes.*

und zwei seitliche Zellen. Ein Kleeblattbogen öffnet sich auf die erste Etage der kunstvoll gearbeiteten Fassade und ersetzt das traditionelle hufeisenförmige Fenster. Bei dem dreischiffigen Grundriss im Innern wurde vor allem die obere Galerie betont, von der aus man sehr gut das Gewölbe studieren kann. Eine majestätische Statue des sitzenden Buddha, flankiert von zwei Bodhisattvas, steht in der Apsis vor dem Stupa.

Der *vihara* entwickelte sich durch die Verbreitung des Mahayana-Buddhismus von einem einfachen Zufluchtsort für Mönche zur prächtigen mehrstöckigen Kultstätte.

doch, dass die hinduistische Ikonographie ein Reifestadium erreicht hatte, in dem das Erbe der Gupta-Dynastie von den Künstlern der Vakatakas und der Satavahanas neu interpretiert und mit Einflüssen aus dem Süden (vor allem aus der Chalukya- und der Rashtrakuta-Dynastie) angereichert wurde.

Weitere interessante hinduistische Heiligtümer zur Rechten des Kailasha-Tempels sind Höhle Nr. 14 (Ravana-Höhle) und Höhle Nr. 15 (Dashavatara-Höhle oder Zehn-Inkarnationen-Höhle). Die Ravana-Höhle besteht aus einem Vestibül mit vier Säulen, gefolgt von einer quadratischen Haupthalle, die mit zwölf Säulen den Zentralraum um-

Dies trifft auch auf die Höhlen Nr. 11 und Nr. 12 zu, die über Veranden, Hallen mit kunstvoll dekorierten Säulen, Seitengalerien, Sanktuarien, Statuen und Flachreliefs verfügen. Das interessanteste Beispiel dieser Art ist Höhle Nr. 2. Die Präsenz weiblicher Gottheiten und erotischer Szenen (wie zum Beispiel in Höhle Nr. 11) ist auf den Einfluss des Vajrayana zurückzuführen, der dritten Hauptrichtung des Buddhismus, die das buddhistische Pantheon noch um einiges vergrößerte.

Neben den buddhistischen Höhlentempeln wurden 17 hinduistische und fünf jainistische Heiligtümer aus dem Fels geschlagen. Im Gegensatz zu den buddhistischen Kultstätten entziehen sich die hinduistischen jeder architektonischen Klassifizierung und ihre Malereien sind leider fast vollständig verschwunden. Man weiß je-

194 oben *Diese Skulpturengruppe an der Vishvakarma-Höhle (Höhle Nr. 10) zeigt zwei Apsaras (Nymphen aus Indras Gefolge) und einen Gandharva, ein Halbgott, der mit Ehe und Empfängnis in Verbindung gebracht wurde.*

194 Mitte *Die Präsenz des Bodhisattva Avalokiteswar in einem* vihara *(Kloster), hier in Höhle Nr. 2, zeugt von der Entwicklung des Buddhismus von seinen Wurzeln im Theravada bis zum Mahayana, dem „großen Fahrzeug".*

194 unten *Der Buddha in Höhle Nr. 2 sitzt in der Pose des* pralambapadasana, *bei der die Füßen auf dem Boden stehen. Diese Art Buddha zu porträtieren, war im 5. Jahrhundert weit verbreitet und wurde vielleicht durch die Kushanas beeinflusst, ein Volk, das aus den asiatischen Steppen nach Nordwestindien kam.*

194–195 *In Ellora gibt es zwölf buddhistische Höhlen, darunter die Vishvakarma-Höhle aus dem 8. Jahrhundert, die nach dem Architekten der Götter benannt ist. Sie ist in Ellora die einzige Kultstätte in Form einer* caitya-*Halle.*

195 *Die Halle der Vishvakarma-Höhle (hier von der oberen Balustrade aus gesehen) besteht aus drei Schiffen. Das mittlere Schiff ist beinahe doppelt so breit wie die beiden Seitenschiffe und weist ein schweres Tonnengewölbe auf, das durch Steinrippen auf anthropomorphen Kapitellen entlastet wird. Der Thron des lernenden Buddha steht vor dem Stupa in der Apsis.*

196 links Vardhamana Mahavira, der 24. und letzte Tirthankara, meditiert in der Cella im Erdgeschoss der Indra-Sabha-Höhle (Höhle Nr. 32), die im 9.–10. Jahrhundert angelegt wurde. Direkt vor den Stufen ist der sichelförmige Stein zu erkennen, der die Schwelle markiert.

196 rechts Der elegante Schrein mit vier Portiken im Hof der Indra-Sabha-Höhle wird von einem Bau gekrönt, der vom vimana *(pyramidenförmiger Dachaufbau Südindiens) inspiriert ist. Dies legt nahe, dass auch Architekten aus dem Pallava-Reich für die Rashtrakutas arbeiteten.*

196–197 Nördlich der hinduistischen Höhlen liegen die jainistischen Höhlen. Die bekannteste dieser Kultstätten ist die zweistöckige Indra-Sabha-Höhle. Drei Genien, darunter Yaksha Matanga, bewachen beide Seiten der Portikus in der oberen Etage.

197 links Die kreuzförmige Dhumar-Lena-Höhle (Höhle Nr. 29) aus dem 8. Jahrhundert ist Shiva geweiht und besitzt eine kubische Cella, deren Eingänge Wächter mit Fliegenwedeln flankieren.

schließt. Im Osten liegt die Cella mit dem Wandelgang. Bei der zweistöckigen Dashavatara-Höhle führen Treppen zunächst in einen aus dem Fels gehauenen Hof, in dessen Mitte ein Schrein steht, der vermutlich Nandi geweiht war. Das schmucklose Erdgeschoss besteht aus einem Raum mit Hypostylos und vier Cellae, während die *mandapa* in der oberen Etage mit prächtigen Pfeilern ausgestattet ist. Die Cella im ersten Stock beherbergt das Linga. Außerdem verfügt sie über ein Vestibül und sehr schöne Reliefs, hat aber keinen Wandelgang.

Die Rameswar-Höhle (Höhle Nr. 21) zur Linken des Kailasha-Tempels, weist eine herrliche Veranda mit Zellen an den Seiten auf. Die Cella umgibt ein Wandelgang und sie ist mit Statuen geschmückt, darunter der tanzende Shiva in ungewöhnlicher Pose.

Höhle Nr. 29 ist bekannt als Dhumar Lena oder Sita Ki Nahani („Sitas Bad"). Sie hat einen kreuzförmigen Grundriss und besitzt eine zentrale kubische Cella in einer *mandapa* mit prächtig gestalteten Säulen. Hinter der Halle befindet sich ein Portikus.

Die fünf jainistischen Höhlen liegen ca. 1,5 km nördlich von den hinduistischen und bilden chronologisch die letzte Gruppe der Höhlentempel von Ellora.

Die schönste jainistische Kultstätte ist die Indra-Sabha-Höhle (Höhle Nr. 32) aus dem 9. oder 10. Jahrhundert, inspiriert vom Kailasha-Tempel: Vier Portiken im Hof führen zu einem kleinen eleganten Schrein mit einem Pyramidendach, der auf einer hohen Basis steht. Flankiert wird er von einem lebensgroßen monolithischen Elefanten und einer prächtigen Säule, die am oberen Ende mit vier Genien dekoriert ist, die Rücken an Rücken stehen. Den Höhlentempel selbst bilden eine Veranda mit zwei seitlichen Cellae, eine *mandapa* und eine *garbhagriha.* Die Schäfte der Säulen in der *mandapa* zieren florale Voluten. Die reich verzierte erste Etage beherbergt viele Statuen jainistischer Propheten in den Nischen und in einigen Räumen sind noch Spuren der ursprünglichen Bemalung zu erkennen. Pfosten und Architrav der Tür, die in die Cella führt, sind kunstvoll gestaltet.

197 Mitte Höhle Nr. 21 ist Shiva geweiht und auch unter dem Namen Rameswar-Höhle bekannt. Sie verfügt über eine Eingangsveranda und eine Balustrade mit einem umlaufenden Fries aus Elefanten. Als Konsolenfiguren dienen Flussgöttinnen und der Stier Nandi blickt von seinem Podest auf die Cella seines Herrn.

197 rechts Mit dem Anlegen der Höhlen und mit Beiträgen zum Lebensunterhalt der Mönchsgemeinde konnten Laien spirituelle Verdienste erwerben. Hier ein Detail von der Rameswar-Höhle.

Von Bhaja nach Aurangabad: Die buddhistischen Felsenklöster

Die buddhistischen Felsentempel und -klöster in den Westghats zählen zu den ältesten Kultstätten Indiens. Das Gebirge erstreckt sich über eine Länge von 1500 km, bei einer durchschnittlichen Höhe von 1000 m, von Bombay nach Kap Comorin im äußersten Süden Indiens. Die Kombination aus leicht zu bearbeitenden horizontalen Gesteinsschichten und der Nähe zu den Karawanenstraßen machten die Westghats für die buddhistischen Mönche zu einem idealen Ort.

Historische, soziologische und ideologische Faktoren begünstigten eine progressive und tief greifende Veränderung der Botschaft Buddhas vom einfachen Klosterleben – dessen Zweck es war, sich von den Versuchungen der profanen Welt abzuschirmen, um sich vom leidvollen Kreislauf der Wiedergeburt zu befreien – zu einer religiösen Bewegung mit verschiedenen Strömungen. Diese Entwicklung schlug sich auch in der Architektur nieder: Zum einen mussten Kultstätten errichtet werden, zum anderen Unterbringungsmöglichkeiten für die wachsende Mönchsgemeinschaft, die Sangha.

Zwischen dem 2. Jahrhundert v. Chr. und dem 2. Jahrhundert n. Chr. wurde unter der Satavahana-Dynastie mit dem Bau der Felsenklöster in den Westghats begonnen. Ihren Höhepunkt erreichten die Arbeiten unter den Vakatakas. Bhaja, Kondane, Pitalkhora, Ajanta, Bedsa, Karla, Pandulena, Kanheri und Aurangabad sind die bekanntesten buddhistischen Niederlassungen. Sie befinden sich alle im Staat Maharashtra.

Jede Stätte ist unterteilt in *caityagriha (caitya*-Halle) und *vihara* (Kloster). Dem *vihara* ist oft eine Veranda mit Hypostylos vorgebaut, die zwei oder drei Eingänge besitzt. Das Kloster verfügt über einen Raum mit niedriger Decke, um den sich die Mönchszellen gruppieren. Bei Letzteren handelt es sich um winzige Zimmer mit reich verzierten Türen und hufeisenförmigen falschen Fenstern. Schon bald jedoch wurde aus der einfachen Gebetsstätte ein Heiligtum mit einem Anbau oder einem Vestibül.

Die Fassade der *caityagriha* wird von einer hufeisenförmigen Öffnung über dem Eingang beherrscht, durch die Licht auf den Stupa im Innern fällt. Der Innenraum ist rechteckig und durch Säulen ohne Stützfunktion in drei Schiffe unterteilt. Das Mittelschiff mit Apsis wird von einem Tonnengewölbe überspannt und ist etwa zweimal so breit wie die beiden Seitenschiffe. Der Stupa steht im Zentrum der Apsis, umgeben vom *pradakshinapatha*, dem rituellen Wandelgang.

Der hölzerne Prototyp der *caityagriha* lässt sich an einigen Charakteristika wieder erkennen, zum Beispiel an den Rippen aus Holz, die ohne praktische Funktion in das Tonnengewölbe eingefügt sind, oder an bestimmten uralten Motiven. Die Felsenarchitektur entsteht gänzlich durch Aushöhlen und ermöglicht kühne Konstruktionen, die beim Bau herkömmlicher Gebäude nicht möglich wären.

Die 18 Höhlen von Bhaja, die überwiegend aus dem 2. Jahrhundert v. Chr. stammen, gehören zu den frühesten nachweis-

198 Indra, der König der Götter, sitzt auf seinem Reittier Airavata am Ende der Veranda des Klosters Nr. 4. Der Stil von Turban, Kleidung und Schmuck bestätigt, dass Bhaja im 2. Jahrhundert v. Chr. entstand.

198–199 Die Westghats in Maharashtra bergen unzählige Felsenheiligtümer. Die Höhlen von Bhaja gehören zu den ältesten nachweisbaren Kultstätten und umfassen caitya*-Hallen und Klöster.*

baren Kulthöhlen Indiens. Von besonderer Bedeutung sind das Kloster Nr. 4 und die *caitya*-Halle Nr. 12. Die Fassade des Klosters, die sich in schlechtem Zustand befindet, zieren Hufeisenbogen *(kudu)*, die aus den kleinen runden Dachfenstern von Holzgebäuden entstanden. Die Zellen mit Kuppelgewölbe und Wandschmuck befinden sich in dem Raum mit Flachdach, der keine Säulen aufweist. Die Motive einiger Reliefs und Skulpturengruppen basieren auf der alten hinduistischen Mythologie, obwohl es sich hier um einen buddhistischen Ort handelt. Die *caitya*-Halle wird von einem großen Hufeisenbogen dominiert, dessen untere Hälfte ursprünglich von einem Vestibül verschlossen wurde. Das Kloster umfasst ein breites apsidiales Schiff, das von zwei kleineren Seitenschiffen durch 27 achteckige Pfeiler abgeteilt wird, die keinen Sockel und

kein Kapitell aufweisen. Es handelt sich hierbei um eine klassische buddhistische *caityagriha* aus der Frühzeit. Der untere Teil der Fassade besteht aus Holz, der obere ist aus dem Fels gehauen und ausgestattet mit einem hufeisenförmigen Fenster, einem zentralen Schiff mit Rippengewölbe, zwei Seitenschiffen und einer Apsis, in der sich der Stupa befindet.

Die Fassade mit großem hufeisenförmigem Fenster taucht zum ersten Mal in Bhaja auf und wurde in Kondane, nahe Karjat, perfektioniert. Hier ist die *caityagriha* mit dem *vihara* über einen Raum mit Hypostylos verbunden und die Fassadenwand ist mit steinernen Bogen und Sparren versehen, die eine Holzkonstruktion vortäuschen.

199 oben Die Apsis in der schmucklosen caitya*-Halle Nr. 12 birgt einen monolithischen Stupa. Das Polieren des Steins war in der Maurya-Zeit weit verbreitet.*

199 Mitte Die Mönchszellen in Kloster Nr. 4 blicken auf einen Raum ohne Säulen, dessen Design sich an antiken hölzernen Prototypen orientiert.

199 unten Die Dreiteilung der Votivstupas in einer der Cellae von Bhaja hat symbolische Bedeutung: Die runde Basis repräsentiert die Erde, der glockenförmige Körper die Atmosphäre und der Aufsatz den Himmel.

Die 13 Höhlen, die zwischen dem 2. Jahrhundert v. Chr. und dem 2. Jahrhundert n. Chr. in Pitalkhora angelegt wurden, sind – wenn auch äußerst schwierig – von Aurangabad aus zu erreichen. Trotz ihres schlechten Zustands vermitteln sie einen Eindruck von der Entwicklung der Architektur während der Hinayana-Epoche. An der Fassade fallen vor allem die majestätischen, aber kopflosen Elefanten und zwei prächtige Dvarapalas (Türwächter) auf, deren Kleidungsstil dem in den indogriechischen Königreichen in Nordwestindien ähnelt. Höhle Nr. 3, eine *caityagriha,* ist am interessantesten. Sie weist eine Kolonnade mit achteckigen Pfeilern auf, die die Schiffe des *pradakshinapatha,* des Wandelganges, bilden. Die teilweise erhaltenen Malereien datieren aus der Mahayana-Epoche (6.–7. Jahrhundert) und zeigen Darstellungen von Buddha und von Bodhisattvas. Ein Bodhisattva hat zwar die Erleuchtung *(bodhi)* gewonnen, verzichtet jedoch auf seine Buddhaschaft, um anderen Menschen auf dem Weg zur Erlösung zur Seite zu stehen. Diese ikonographischen Motive sind typisch für das Mahayana, die zweite große buddhistische Strömung.

Die schönsten Beispiele für buddhistische Höhlenarchitektur findet man in Bedsa und in Karla, die nahe beieinander liegen. In Bedsa wurde ein *vihara* mit elf Zellen aus dem Fels gehauen. Die Architrave der Zellen sind über einen Balustradenfries miteinander verbunden. Die *caityagriha* verfügt über drei apsidiale Schiffe und wird von einem Dachfenster erhellt, an dem noch Spuren eines hölzernen Fensterladens zu erkennen sind. Der vorgebaute Portikus besitzt zwei Säulen und zwei Pilaster. Die achteckigen Schäfte erheben sich aus *kumbha* (Gefäßen), die als Symbol des fruchtbaren Mutterleibs der Natur galten und vermutlich auch die hölzernen Säulen vor Insektenbefall schützen sollten. Die Kapitelle bestehen aus einem gerillten, glockenförmigen Element unter einer segmentierten Scheibe, auf der eine umgedrehte Stufenpyramide Gruppen verschiedener Tiere trägt.

Die Säulen des Portikus von Bedsa stehen schon relativ gelöst von der Hauptkonstruktion, doch in Karla bilden sie ein vollkommen unabhängiges Element. Die noch vorhandene Säule vor dem Eingang

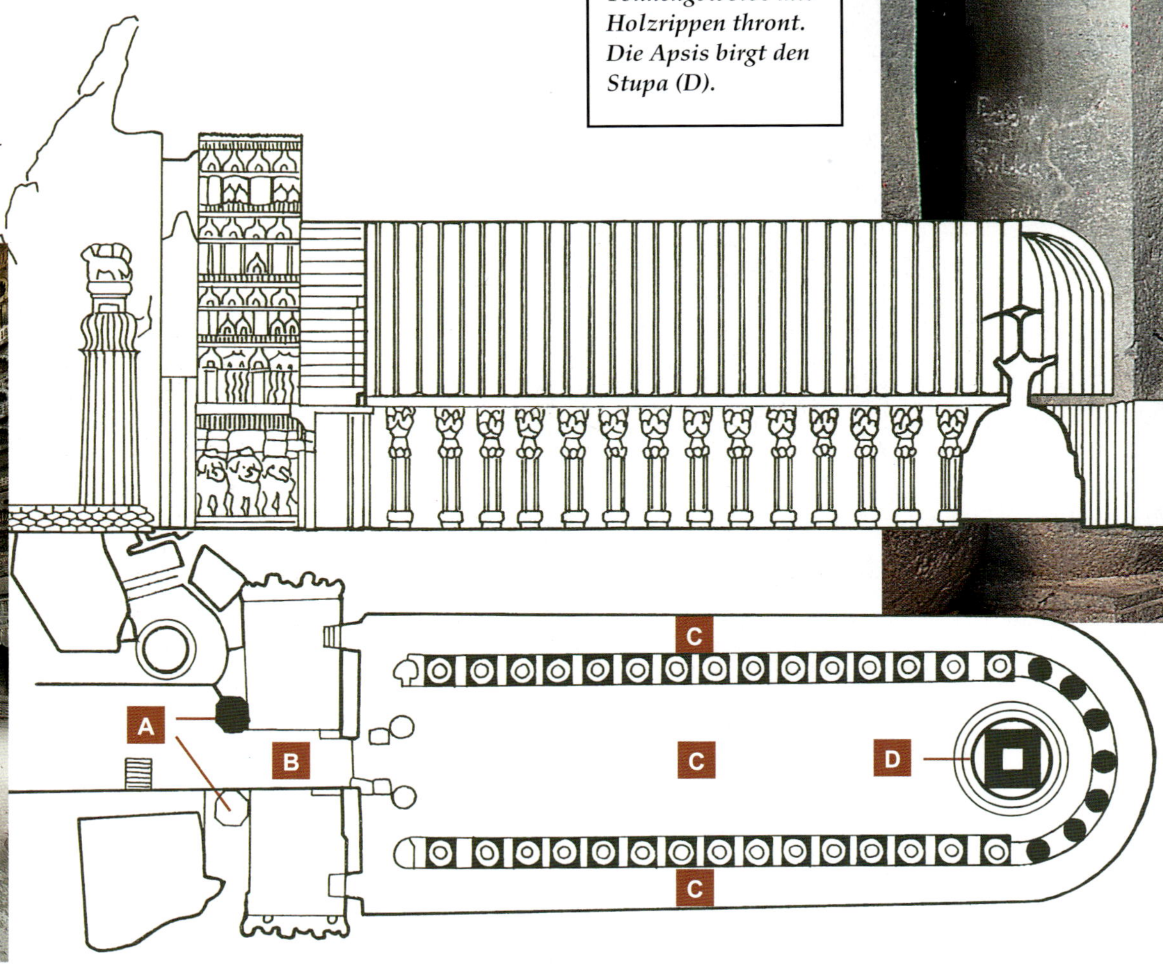

Vor dem Eingang zur* caitya*-Halle von Karla standen zwei Säulen (A), von denen nur eine erhalten ist. An das Vestibül (B) grenzt eine dreischiffige Halle (C), über deren Mittelschiff ein Tonnengewölbe mit Holzrippen thront. Die Apsis birgt den Stupa (D).

200 oben Die Balustrade der Veranda und die Bogen sind an der Seitenwand des Vestibüls in Stein verewigt. In der rechten Tür erkennt man einen hochgezogenen Vorhang. Die steinernen Darstellungen liefern auch Hinweise auf die Fensterläden und auf die Balken, mit denen die Türen verschlossen wurden.

200 unten In fast allen Felsenheiligtümern der Westghats sind Bauwerke aus Holz zu finden. Der hölzerne Vorbau der caitya*-Halle von Karla besitzt eine obere Galerie und verdeckt teilweise den großen Fensterbogen.*

200–201 Auf den Säulen der caitya*-Halle von Karla (1. Jahrhundert) scheinen Götter auf Elefanten und Pferden in einer immer währenden Prozession Buddha, der durch den Stupa repräsentiert wird, die Ehre zu erweisen.*

201 oben Mithuna, *die auf Elefanten reiten, verbeugen sich ehrfürchtig auf den Säulenkapitellen des Mittelschiffs in der* caitya*-Halle.*

201 unten Die Seitenwände des Vestibüls sind in vier Ebenen unterteilt, die von kraftvollen Elefanten gestützt werden, den Reittieren irdischer und himmlischer Herrscher.

zur *caitya*-Halle (1. Jahrhundert) wird von vier Löwen gekrönt, die Rücken an Rücken das achtspeichige Rad (hier aus hochwertigem Metall) stützen, das die Lehre Buddhas symbolisiert. Im Vestibül, das dem dreischiffigen Raum vorgebaut ist, kann man noch die Befestigungen für einen hölzernen Vorbau mit einer Galerie erkennen. Die Fassade zieren *mithuna* (Liebespaare), Figuren aus der Mythologie und Darstellungen Buddhas, die vermutlich erst später angebracht wurden. Ein Fenster lässt Licht durch ein Gitter – von dem nur noch Reste vorhanden sind – ins Tempelinnere fallen, so dass der Stupa stets sanft zu leuchten scheint. Die Seitenwände des Vestibüls sind in vier Ebenen unterteilt, die von massiven Elefanten getragen werden. Das Mittelschiff in der *caitya*-Halle umfasst auf beiden Seiten 15 achteckige, eng zusammenstehende Säulen, die sich aus Vasen erheben. Den Abakus in Form umgedrehter Pyramiden zieren *mithuna* auf Elefanten und Pferdepaare mit Reitern. Im Apsisbogen hinter dem Stupa befinden sich sieben Pfeiler ohne Kapitelle. Der Stupa selbst steht unter einem hölzernen Ehrenschirm, der wiederum über einer umgedrehten Pyramide befestigt ist, die der Form des Abakus der Säulen ähnelt. Bemerkenswert ist das Tonnengewölbe mit soliden, aber funktionslosen hölzernen Rippen, die noch Spuren von Bemalung tragen und in der Apsis in eine Halbkugel übergehen. In den vielen Inschriften sind unter anderem die Namen all derer verewigt, die sich an den Kosten für den Tempelbau beteiligten.

Ein weiterer buddhistischer Komplex, bekannt als die Höhlen von Pandulena, befindet sich in der Nähe von Nasik, ca. 190 km von Bombay entfernt. Er wurde im 2. Jahrhundert von schiitischen Herrschern begonnen und unter der Satavahana-Dynastie vollendet. Die Kenntnisse über seine Entstehung und Geschichte sind den zahlreichen Inschriften zu verdanken. Die Buddha- und

A

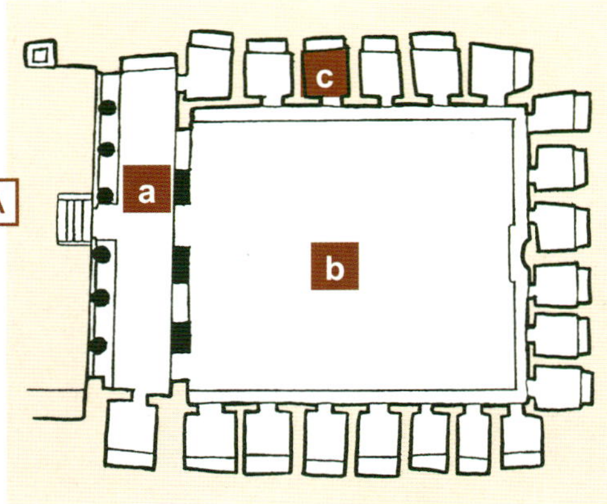

B

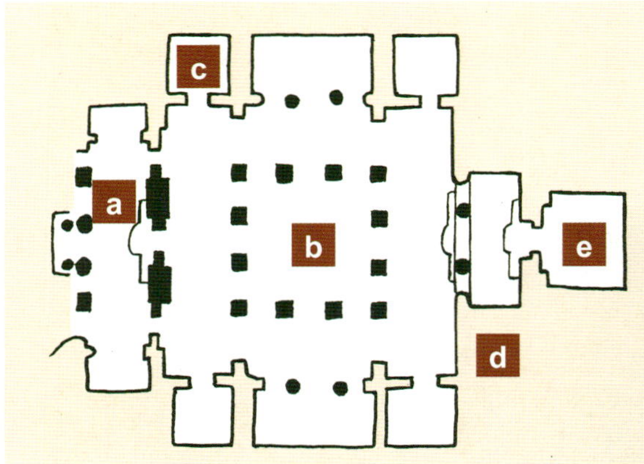

Die Pläne des Gautamiputra-Klosters in Pandulena (A) und der später entstandenen Höhle Nr. 7 in Aurangabad (B) illustrieren die Entwicklung der Sakralarchitektur. Zunächst gab es nur eine Veranda (a) und einen Raum (b) umgeben von Zellen (c). Später wurde ein Sanktuarium (e) mit einem Vestibül (d) vor dem Eingang hinzugefügt.

202 Im mittleren Sanktuarium der Höhle Nr. 7 sitzt Buddha auf einem Thron, der von Löwen getragen wird, ein Hinweis auf seinen königlichen Rang. Er ist aber auch Chakravarti (Weltherrscher) und Herr des Dharma.

Bodhisattvastatuen wurden jedoch erst in der Mahayana-Zeit hinzugefügt.

Die bedeutendsten Klöster, deren wunderschöne Verandabalustraden hölzernes Gitterwerk imitieren, findet man in Gautamiputra, Nahapana und Shri Yajna. Die Veranda des *vihara* von Gautamiputra wird von sechs kugelbauchigen Genien gestützt, die sich aus dem Boden erheben, während den gerahmten Eingang bewaffnete Dvarapalas bewachen. Die Fassade der *caityagriha* besteht vollkommen aus Stein. Das Oberlicht, das von einem breiten Dachgesims geschützt wird, ist in eine Reihe Balkone mit Blendbogen integriert. Der Innenraum ist in drei Schiffe unterteilt und hölzerne Rippen zieren das steinerne Gewölbe.

Der Übergang zur Mahayana-Architektur brachte die Entwicklung des Sanktuariums mit sich, oft mit einem vorgebauten Vestibül und umgeben von einem *pradakshinapatha* (Wandelgang), während der Stupa durch eine Darstellung Buddhas ersetzt wurde. Damit wurde eine Kultstätte geschaffen, die sowohl der Anbetung als auch der Unterbringung der Mönche diente. Dieser Typ ist sehr gut in Aurangabad dokumentiert, wo Vakataka-Herrscher im 6. und 7. Jahrhundert mehrere Kulthöhlen anlegen ließen. Die meisten dieser Stätten sind *vihara* und verfügen über eindrucksvolle Fassaden mit Darstellungen von Buddha, von Bodhisattvas und von buddhistischen Göttinnen, wie zum Beispiel Tara, der Herrin des Mitgefühls. Bemerkenswert sind die lebhafte Dekoration und die Form der acht Pfeiler im Vestibül von Höhle Nr. 1, aber auch die beiden Dvarapalas in Höhle Nr. 2, bei denen es sich um Bodhisattvas handelt. Höhle Nr. 3 zählt zu den interessantesten. Hier besteht der *vihara* aus einer Veranda mit Zellen und einem zentralen Raum mit zwölf Säulen, der von sechs weiteren Räumen umgeben ist. Ein Fries unterhalb der Decke erzählt aus einem früheren Leben Buddhas. Der Erleuchtete ist außerdem in majestätischer Haltung im Sanktuarium vor dem Eingang zwischen zwei Bodhisattvas zu bewundern.

Höhle Nr. 4 ist eine einfache schmucklose *caitya*-Halle, die aus dem 2. Jahrhundert und damit aus der Zeit der Satavahana-Dynastie stammt, mit einem Flachdach und nachgeahmten Holzbalken. Höhle Nr. 6 ist ein Kloster mit einem Wandelgang um die Cella, in dem Buddha predigend zwischen zwei Bodhisattvas sitzt.

Die bemerkenswerteste Höhle von Aurangabad ist Höhle Nr. 7, die einen Portikus und eine Veranda mit zwei Sanktuarien umfasst sowie einen zentralen Raum, der zwei sehr schöne Abbilder der Göttin Tara enthält. Die Darstellung Buddhas befindet sich an der Westseite und an der linken Wand kann man eines der herrlichsten Beispiele indischer Kunst bewundern: eine Skulpturengruppe bestehend aus Tänzern und Musikanten.

202–203 Das Herausarbeiten von Gebetsstätten und Klöstern aus Felsen wurde auch noch im 6. und 7. Jahrhundert betrieben, als sich die komplexere Form des Buddhismus, das Mahayana mit seinen vielen Bodhisattvas entwickelte. Diese Figuren bewachen auch die Eingänge der Höhle Nr. 7 in Aurangabad.

203 oben Zwei Bodhisattvas sind die Diener Buddhas auf dem Relief der Veranda von Höhle Nr. 6 in Aurangabad.

203 unten links Höhle Nr. 4 ist die älteste caitya-Halle in Aurangabad. Die hölzerne Fassade existiert nicht mehr, so dass man das dreigeteilte Innere mit den Zierbalken des Tonnengewölbes gut erkennen kann.

203 unten rechts Bewacht von zwei Bodhisattvas, rahmt der Eingang zum Sanktuarium in Höhle Nr. 3 eine Statue des betenden Buddha ein. Zwei Nagas, Elementarwesen, die im Wasser wohnen, lehnen an den Türpfosten.

Ajanta: Das Fresko des Lebens

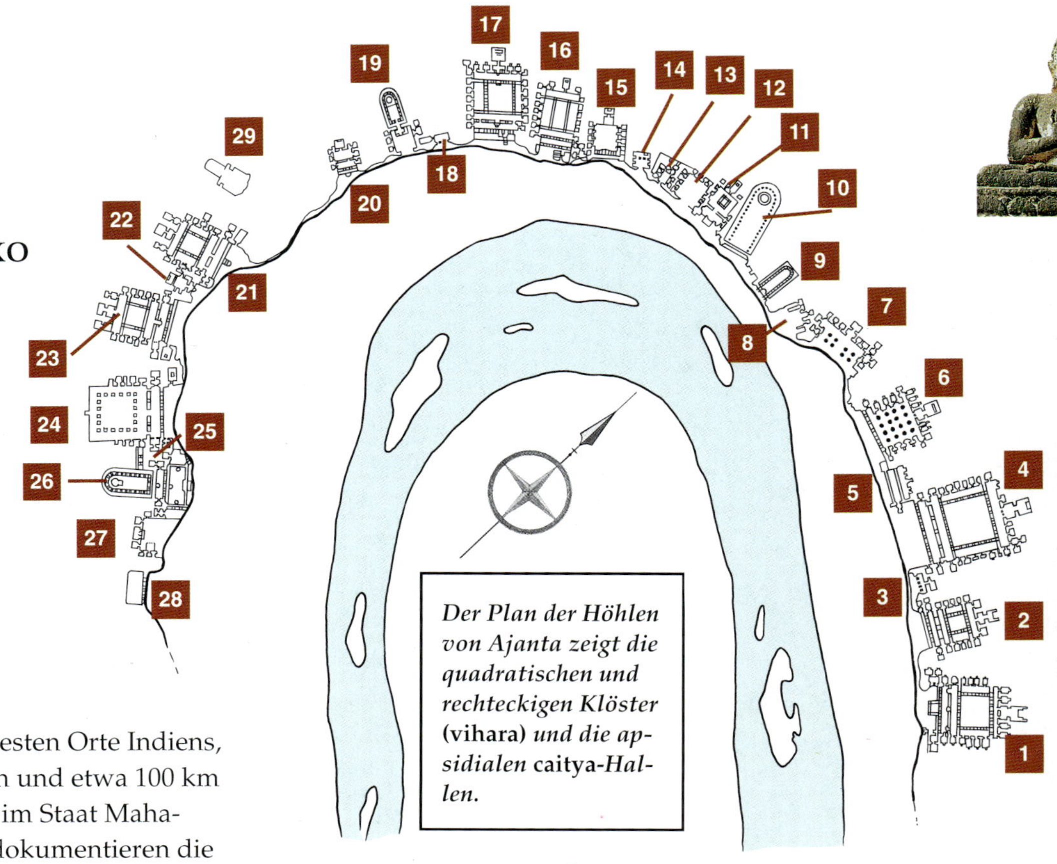

Der Plan der Höhlen von Ajanta zeigt die quadratischen und rechteckigen Klöster (vihara) und die apsidialen caitya-Hallen.

Ajanta, einer der berühmtesten Orte Indiens, liegt ca. 50 km von Jalgaon und etwa 100 km von Aurangabad entfernt im Staat Maharashtra. Seine 29 Höhlen dokumentieren die Bedeutung des Buddhismus und die Veränderungen, die er zwischen dem 2. Jahrhundert v. Chr. und dem 7. Jahrhundert n. Chr. erfuhr. Die Höhlen wurden in einer Höhe von 76 m in einen Felsen mit der Form eines natürlichen Amphitheaters gegraben. Von hier aus überblickt man den Waghora, einen Fluss, der sich während der Regenzeit in sieben Wasserfällen den Hügel hinabstürzt und unten *satkund*, „sieben Teiche", bildet.

204 Die 29 Höhlen von Ajanta wurden in einen halbrunden Basaltfelsen gegraben, der den Fluss Waghora überblickt. Früher führten hölzerne Leitern zum Wasser hinab, die heute nicht mehr existieren. Der Ort war zwar abgelegen, aber nicht weit von der Karawanenstraße entfernt, die die westlichen Häfen mit dem Deccan verband.

Der Überlieferung nach war dieser idyllische Ort einst einem Naga geweiht, einer mythischen Kreatur, halb Mensch, halb Schlange. Dann erwählten ihn jedoch die buddhistischen Mönche als Zufluchtsort während des Monsuns, da sie in dieser Zeit ihr Nomadenleben nicht fortsetzen konnten. Die kostbaren Malereien in Ajanta wurden durch Spenden von Königen, Ministern und Kaufleuten finanziert, die hofften, sich dadurch spirituelle Verdienste zu erwerben.

Früher führten von jeder Höhle in den Fels gehauene Stufen oder hölzerne Leitern hinab zum Wasser. Heute sind die Heiligtümer über einen gewundenen Betonpfad miteinander verbunden. Bei den Höhlen Nr. 9, 10, 19, 26 und 29 handelt es sich um *caitya* (Heiligtümer), die übrigen Höhlen sind *vihara* oder *sangharama* (Klöster).

Im Eingangsbereich der *caitya* von Ajanta findet man häufig einen Portikus mit zwei Säulen. Ein großes hufeisenförmiges Oberlicht in jeder *caitya* ist umgeben von *kudu*, Hufeisenbogen, die anstelle einer Öffnung menschliche Gesichter aufweisen, als ob ein Mensch durch das Dachfenster blicken würde. Als der Hinayana-Buddhismus vom Mahayana-Buddhismus abgelöst wurde, erschienen auch Buddha- und Bodhisattvafiguren an der Fassade.

204–205 Die Höhlen wurden von oben nach unten und von vorn nach hinten aus dem Fels gehauen. Verzierungen wie Schnitzereien, Stuck und Malereien wurden gleichzeitig ausgeführt. Spiegel, die das Tageslicht ins Innere der Höhlen leiteten, sorgten für die nötige Arbeitsbeleuchtung. Dieses Foto zeigt die Decke in Höhle Nr. 2.

205 links Ajanta ist berühmt für seine Fresken, die überwiegend aus dem 5. Jahrhundert datieren. Die Motive stellen größtenteils Episoden aus dem Leben des historischen Buddha dar und aus Erzählungen seiner früheren Leben. Das Detail auf diesem Foto zeigt Buddha als Prinz Mahajanaka.

205 rechts Die Höhlen von Ajanta entstanden zwischen dem 2. Jahrhundert v. Chr. und dem 7. Jahrhundert n. Chr. Sie reflektieren die Entwicklung des Buddhismus, wozu auch eine stetige Erweiterung der Ikonographie gehörte. Yakshas, die wohltätigen Baumgeister, wurden zum Beispiel oft als Wächter eines heiligen Ortes porträtiert, wie dieses Foto von Höhle Nr. 26 zeigt.

206 Das Sanktuarium in Höhle Nr. 26 hat zwei seitliche Anbauten. Der linke birgt die Darstellung zweier Yakshas, sehr alter und bedeutender Baumgeister.

206–207 Höhle Nr. 2 ist ein vihara *(Kloster). Die Mönchszellen und das Sanktuarium Buddhas (dem ein Vestibül vorausgeht) öffnen sich in einen großen Raum mit zwölf Säulen, die in hierarchischer Reihenfolge angeordnet sind, wobei die am reichsten verzierte im Zentrum steht.*

Die Originalschreine an den Wänden gegenüber den Eingängen der *vihara* wurden später durch Buddhafiguren ersetzt. Die Eingangsbereiche der *vihara* bilden Veranden mit Hypostylos, die jeweils zwei oder drei Tore in einer reich verzierten Fassade aufweisen. *Vihara* Nr. 6 besteht aus einer Reihe von Zellen auf zwei Etagen und Kloster Nr. 16 war mit einem Wasserreservoir ausgestattet.

Die Höhlen von Ajanta wurden in zwei Phasen angelegt. Die erste Phase dauerte vom 2. bis zum 1. Jahrhundert v. Chr., die zweite begann etwa 400 Jahre später unter der Herrschaft der lokalen Vakataka-Dynastie, die ihre größte Pracht in der zweiten Hälfte des 5. Jahrhunderts entfaltete. Die ältesten Höhlen befinden sich in der Mitte des natürlichen Halbrundes, die jüngsten sind am weitesten vom Wasserfall entfernt. Im 8. und 9. Jahrhundert waren die Heiligtümer noch in Gebrauch, später kamen jedoch immer weniger Mönche nach Ajanta und die Höhlen gerieten schließlich in Vergessenheit.

Die Höhlen lassen sich zeitlich in etwa wie folgt einordnen: Nr. 10 und 12 datieren aus dem 2. Jahrhundert v. Chr. Nr. 8, 9, 13 und 15 entstanden Mitte des 1. Jahrhunderts v. Chr. Nr. 1, 2, 6 (untere Etage), 7, 11, 16, 17, 19 und 23 wurden im 5. Jahrhundert n. Chr. angelegt und Nr. 4, 5, 20, 26 und 27 datieren aus dem 5.–7. Jahrhundert.

Vor kurzem jedoch stellte der Wissenschaftler Walter Spink die Behauptung auf, dass die letzten Höhlen zur Zeit des Vaka-

207 oben Bevor Buddha als Siddhartha auf die Erde kam, verbrachte er eine Weile als Bodhisattva im Tushita-Paradies. In Höhle Nr. 2 (5. Jahrhundert) ist er in dieser Gestalt dargestellt. Er sitzt auf einem Thron und lehrt den Göttern seine Doktrin.

207 unten Die beiden Figuren auf dem Gemälde unterhalb des Portikus von Höhle Nr. 2 scheinen Ausländer zu sein. In den ersten Jahrhunderten nach Christus kamen viele Völker, mit denen Indien Handelsbeziehungen unterhielt, aus den Steppen und aus Zentralasien nach Indien.

taka-Königs Harisena, also zwischen 460 und 478 angelegt wurden, was bedeuten würde, dass sämtliche Fresken in Ajanta aus dem 5. Jahrhundert stammen.

Das hypothetische Datieren basiert auf den zahllosen Votivinschriften, dem Vergleich der Skulpturen und Malereien mit ähnlich datierten Exemplaren sowie dem Studium der Ikonographie, die mit der Entwicklung des Buddhismus reifte und sich in literarischen Texten spiegelt. Zum Beispiel wurde im Hinayana-Buddhismus, der zunächst weit verbreitet war, Buddha zwar symbolisch, niemals jedoch als Mensch dargestellt. Erst zur Zeit des Mahayana-Buddhismus porträtierte man Buddha in drei Formen – menschlich, göttlich und kosmisch –, umgeben von Bodhisattvas, den leuchtenden und leidenschaftlichen Botschaftern der Hoffnung. Die Ikonographie von Ajanta ist in erster Linie typisch für das Mahayana.

Ebenfalls wichtig für die zeitliche Einordnung ist die Analyse der Fresken. Das Auftreten von Pilgern verschiedener Rassen korrespondiert mit dem Expansionismus,

der unter der Vakataka-Dynastie stattfand. Ein weiterer zu berücksichtigender Faktor ist eine aus Lapislazuli hergestellte Farbe, die die Maler verwendeten. Sie konnten in den Besitz dieses Minerals nur durch den Handel mit fernen Ländern gelangt sein, der wiederum eine Folge des Expansionismus war.

Erst im Jahr 1819 entdeckte ein britischer Offizier bei der Tigerjagd zufällig die vom Dschungel überwucherten Höhlen von Ajanta wieder. Glaubt man den Nachforschungen Fergussons aus dem Jahr 1843, besuchte Robert Gill Ajanta 27-mal und er-

208 oben Den Farben, die die Künstler von Ajanta verwendeten (hier ein Buddhabild aus Höhle Nr. 9) wurde später Blau aus Lapislazuli hinzugefügt. Das Mineral musste importiert werden und war sehr teuer.

208 unten Da es in Ajanta mehr caityagriha *als* vihara *gibt, nimmt man an, dass Mönche unterschiedlicher Gemeinschaften hier zusammenkamen. Das Foto zeigt die* caityagriha *in Höhle Nr. 9 (1. Jahrhundert v. Chr.) in klassischer Form mit drei Schiffen und einem Stupa in der Apsis.*

208–209 Die drei Buddhas in Höhle Nr. 9 sitzen unter mit Schmuck behängten Schirmen, den Symbolen für temporelle und spirituelle Erhabenheit. Der mittlere Buddha zeigt die Geste des Schenkens, die beiden seitlichen die Geste des Lehrens.

209 links Das Sanktuarium Buddhas in vihara *Nr. 16 (ohne Vestibül) wird auf beiden Seiten von Nebenräumen flankiert. Die sitzende Lehrhaltung Buddhas war dem Künstler offensichtlich nicht vertraut, so dass die Figur gedrungen und unproportioniert wirkt.*

209 rechts Eines der vier wichtigsten Tiere des Buddhismus ist der Elefant, der die Ankündigung von Buddhas Geburt symbolisiert (hier am Eingang zu Höhle Nr. 16). Die drei anderen Tiere sind der Stier (die vorrangige Stellung), das Pferd (Siddharthas Flucht aus dem Palast) und der Löwe (das Emblem der Shakyas, der Kriegerkaste Buddhas).

210 *Höhle Nr. 10 aus dem 2. Jahrhundert v. Chr. ist eine* **caityagriha**, *die ein Holzgebäude imitiert. Die Originalmalereien basierten auf einer kleinen ikonographischen Auswahl und waren in Weiß, Rot und Schwarz ausgeführt. Vor kurzem wurden sie jedoch ersetzt.*

210–211 *Die hölzernen Rippen und die Kassetten des Tonnengewölbes in Höhle Nr. 10 sind Lotosblüten mit acht Blütenblättern nachempfunden, zwischen denen sich Buddhafiguren befinden. Sie erinnern an den achtfachen Pfad, der zu der von Buddha verkündeten Erlösung führt.*

211 *links Die Buddhas auf den Pfeilern in Höhle Nr. 10 sind erst einige Zeit nach dem Anlegen der Höhle entstanden. Ihre sanften Gesichtszüge werden von den langen, schmalen Augen bestimmt. Der dreidimensionale Effekt wird durch die verschiedenen Farbtönen erreicht.*

stellte dabei eine detaillierte Dokumentation, die jedoch bei dem Feuer verloren ging, das den Kristallpalast in London zerstörte.

Burgess' Pionierwerk „Anmerkungen zu den buddhistischen Felsentempeln in Ajanta" aus dem Jahr 1879 und Griffith's „Die Malereien in den buddhistischen Höhlentempeln von Ajanta" aus dem Jahr 1896 folgte ein erster Versuch, die Fresken zu restaurieren, bei dem sich Griffith mithilfe von Schülern der Kunstakademie Bombay leider einer hässlichen gelben Farbe bediente. 1915 fertigte Lady Harringam diverse Zeichnungen von den Malereien an, die unter dem Titel „Die Fresken von Ajanta" veröffentlicht wurden. In den Jahren 1930–1955 restaurierte schließlich Yazdani, der Direktor des Archäologischen Amtes in Hyderabad, die Fresken zusammen mit den Italienern Orsini und Cecconi.

Die Methode, mit der die Höhlen angelegt wurden, zeigt sich an vielen Höhlen, die zwar nie fertig gestellt, aber dennoch benutzt wurden. Nur die Höhlen Nr. 6, 17 und 19 weisen komplette Freskenzyklen auf. Der Fels wurde mit Pickeln von oben nach unten ausgehöhlt (ohne Gerüste), so dass die

211 oben rechts Da nicht bekannt war, wie man den Farbton Gold erhält, verwendeten die Künstler eine Mischung aus Gelb und Weiß für die Mandorla Buddhas. Sie grenzt die Figuren voneinander ab und stellt zugleich das Leuchten dar, das von Buddha ausgeht.

211 unten rechts Dieses Detail von einem Blendbalken im Tonnengewölbe zeigt die exakt gemalten Umrisse der Figuren. Die Linien wurden zu Beginn und am Ende des Malens nachgezogen, damit sie sich vom Hintergrund abhoben.

Decke eines Raumes als Erstes fertig war. Felsblöcke, die später zu eleganten Säulen geschlagen werden sollten, wurden einfach ausgespart und als Letztes arbeitete man am Fußboden.

Aus dem Zustand der unfertigen Höhlen schloss man, dass die Steinmetz-, Verputz- und Malerarbeiten von verschiedenen Personen zur selben Zeit durchgeführt wurden. Die Höhlen wurden in einer bestimmten

Reihenfolge fertig gestellt: Fassade und Veranda, Vestibül, Hauptraum, Sanktuarium und Zellen. Das Koordinieren der Grabungs- und Dekorationsarbeiten erforderte eine geschickte Planung und besondere Sorgfalt, da Fehler nicht mehr rückgängig gemacht werden konnten.

Die Bedeutung der Höhlen von Ajanta liegt nicht in ihrer Architektur oder in ihren Skulpturen, auch wenn beide äußerst eindrucksvoll sind. Aufmerksamkeit erregen vielmehr die herrlichen Fresken, da sie die Entwicklung der indischen Malerei vom

2. und 1. Jahrhundert v. Chr. bis in das 7. Jahrhundert n. Chr. aufzeigen. Bemerkenswert sind vor allem die Fresken in den Höhlen Nr. 1, 2, 16 und 17, die von talentierten Künstlern während des goldenen Zeitalters der Vakataka-Dynastie gefertigt wurden (5. Jahrhundert).

Zu den schönsten Malereien zählen einige Fresken in Höhle Nr. 1, die unterteilt ist in einen Portikus, einen Raum mit Hypostylos und 14 Zellen, ein Vestibül und ein Sanktuarium. Die Malereien thematisieren das Leben des Prinzen Mahajanaka, einer früheren Inkarnation Buddhas. Man findet hier jedoch auch herrliche Darstellungen des Bodhisattva Padmapani, eines weiteren Bodhisattva, der mit Juwelen geschmückt ist, die sinnliche Figur der „schwarzen Prinzessin" sowie eine Szene bei Hofe.

Höhle Nr. 2 hat den gleichen Grundriss wie Höhle Nr. 1. Sie ist berühmt für das Porträt der Königin Maya (Buddhas Mutter), für die außergewöhnliche Decke im Vestibül und für die Skulpturengruppe mit Pancika und Hariti, die Wohlstand bringen sollen.

Anstelle eines Vestibüls verfügt Höhle Nr. 16 über einen Gang, der eine kolossale Buddhastatue umgibt. Die Fresken erzählen unter anderem die Geschichte von Nanda, einem Cousin Buddhas, der seine wunderschöne Frau verlässt, um das Leben eines Asketen zu führen. Das Bild der Prinzessin, die von Trauer übermannt niederkniet, gehört zu den anrührendsten Gemälden von Ajanta.

Den Höhepunkt der Vakataka-Kunst bilden jedoch die Gemälde in Höhle Nr. 17. Die mit Malereien überladenen Wände füh-

212 Diese nachdenkliche und leicht melancholisch wirkende Frauengestalt soll offenbar die Vergänglichkeit des Lebens symbolisieren, das erblüht und verwelkt wie die Lotosblüten, die die Frau in der Hand hält.

212–213 Die Geschichte von Buddhas früherem Leben als Prinz Vessantara wird im Atrium von Höhle Nr. 17 erzählt. Der Prinz wurde wegen seiner extremen Großzügigkeit mit seiner Gemahlin vom Hofe verbannt.

ren den Betrachter in eine Welt voll himmlischer Nymphen (berühmt ist vor allem die Nymphe mit den Zimbeln), die aus dem Paradies herabgestiegen sind und einen Kreis um die guten Taten Buddhas in seinen früheren Existenzen bilden, wie zum Beispiel in seiner Gestalt als Elefant mit sechs Stoßzähnen, als König der Affen und als großzügiger Prinz Vessantara.

Meisterwerke der Bildhauerkunst verkörpern zum Beispiel das Nagapaar in Höhle Nr. 19, aber auch die Darstellung der Versuchung Buddhas sowie eine Kolossalstatue, die den Erleuchteten im Moment seines Todes zeigt (Höhle Nr. 26).

Die unvollendeten Fresken in Höhle Nr. 4 illustrieren die Maltechniken, derer sich die Künstler bedienten. Zunächst wurde die felsige Oberfläche mit einer 2–3 cm dicken Mörtelschicht aus Sand, Häcksel, Pflanzenfasern und manchmal auch Tierhaaren geglättet. Darauf folgte eine dreifache Schicht *(vajralepa)*, die aus pulverisierten Ziegeln, Lehm, Sand, klebrigem Harz, Bienenwachs, Süßholz, Melasse und anderen pflanzlichen Stoffen bestand. Sobald diese getrocknet

213 links Die literarische Quelle für die Malereien in Ajanta ist das „Jataka-Buch", in dem Geschichten aus früheren Leben Buddhas erzählt werden. Dieses Detail aus Höhle Nr. 17 ist typisch für die Kreativität, mit der die Malereien ausgeführt wurden.

213 rechts Die Tugend der Wohltätigkeit wird durch das Ende von Vessantaras Geschichte hervorgehoben, wenn der Prinz im Triumph in sein Königreich zurückkehrt. Dies ist auch eines der Themen der Malereien in Höhle Nr. 17.

war, wurde eine dünne Putzschicht aus Lehm, Harz und Öl aufgetragen, die mit einer hölzernen Bürste geglättet wurde.

Mit Hämatit wurden die Bilder in der feuchten Schicht grob skizziert. Anschließend legte man eine weiße Farbschicht darüber und zog die Umrisse noch einmal mit Zinnober nach. Nun füllte man die verschiedenen Flächen dünn mit Farbe aus, wobei man mittels Schattieren der Farbtöne eine gewisse Dreidimensionalität erzielte. Zum Schluss wurden die Umrisse ein letztes Mal in Schwarz oder Rot betont. Gelegentlich erhielt das Gemälde anschließend noch eine letzte Farbschicht aus wenig beständiger, trockener Temperafarbe.

In den Texten ist stets von fünf Grundfarben die Rede, die aus Mineralen gewonnen wurden: roter Ocker, gelber Ocker, Rauchschwarz, Blau und Weiß. Auch Grün wurde verwendet, niemals jedoch Gold. Aureolen wurden mit einer Mischung aus Gelb und Weiß dargestellt. Als Bindemittel für die Farben scheint eine Mischung aus pflanzlichem und tierischem Leim gedient zu haben. Daher sind die Malereien in Ajanta eigentlich auch keine echten Fresken, bei denen die Farbpigmente ohne Bindemittel mit Wasser vermischt und auf feuchten Kalkputz aufgetragen werden, sondern eine Art Kombination aus Seccomalerei und „falschem" Fresko.

Nach der Fertigstellung des Gemäldes wurde die Oberfläche mit einem Achat oder einem Elefantenzahn geglättet. Durch den Druck gelangte die Feuchtigkeit an die Oberfläche. Sobald diese kalkhaltige Schicht kristallisierte, verlieh sie dem Fresko das glatte Aussehen von Marmor und den Glanz von Email.

Die Fresken von Ajanta bringen die sechs Prinzipien indischer Malerei zum Ausdruck: Darstellung der Form, Berücksichtigung der Proportionen, Wecken von Gefühlen, Ausdruck von Anmut, Darstellung des Wesens eines Objekts, weniger seiner Erscheinung, und die Dreidimensionalität unter Verwendung von Farbschattierungen.

Die Figur, ob göttlich oder menschlich, bildet den Mittelpunkt jeden Gemäldes und wird durch Relief- oder Chiaroscuro-Technik dreidimensional. Mit diesen Techniken werden jedoch auch emotionale oder physische Spannung dargestellt. Die Dimensionen jeder Figur folgen präzisen Regeln. So muss zum Beispiel die Höhe eines Bodhisattva neun *tala* (ein *tala* ist die Entfernung vom Haaransatz zum Kinn) betragen. Jede Verkleinerung muss proportional erfolgen. Die Blickrichtung der Figur ist ebenfalls äußerst wichtig und jeder Fehler hätte großes Unglück verursachen können.

Die Gesichtszüge sind eher metaphorisch als real, die Darstellung der Körperteile ist von der Tier- und Pflanzenwelt inspiriert. So hat Buddha zum Beispiel Augen in Form von Lotosblütenblättern und seine Brauen ähneln dem Schwung eines Bogens oder

214 links Dieses Detail vom Portal der Höhle Nr. 17 zeigt die Göttin Ganga auf ihrem vahana *Makara. Ein weiteres Beispiel für die Symbolik des Wassers im Buddhismus.*

214 Mitte Das immer wiederkehrende Thema des Mannes, der auf der Suche nach Erleuchtung seine Frau verlässt, belegt, dass man glaubte, Frauen seien enger mit dem Leben und den irdischen Freuden verbunden als Männer.

214 oben rechts Fast immer richtet sich der Blick der Figuren in einem Gemälde auf den Mittelpunkt der Szene, wie dieses Detail aus Höhle Nr. 17 zeigt.

214 Mitte rechts Ein eleganter floraler Dekor ziert die Decke von Höhle Nr. 17.

214 unten rechts In einer Episode aus dem „Jataka Hamsa" wird die goldene Gans gefangen und an den Hof gebracht. Dort verkündet sie dem König die Lehren Buddhas (Höhle Nr. 17).

215 Das dharmakaya *(„Grundlagen der Lehre") wird von dem Buddha in Höhle Nr. 17 repräsentiert. Es ist eine absolute Dimension jenseits der Manifestation und das unbegrenzte Verständnis, das sich im Wort manifestiert, das Erlösung bringt.*

den Flügeln eines Schmetterlings. Sein Gesicht hat die Form des Vollmondes, seine Schultern haben die gleiche Form wie ein Elefantenkopf. Die Arme erinnern an Elefantenrüssel und der Körper ist der eines Löwen.

Oft sind die Körper in der *tribhanga*-Pose („dreifache Beugung“) dargestellt, bei der der Kopf erhoben ist, während Schultern und Hüften S-förmig gebogen sind. Die Figuren sind entsprechend ihrer Herkunft und ihres Ranges mit Farben bemalt, die ihrem Hautton entsprechen. Prinzessinnen zum Beispiel haben eine blassere Haut als ihre Dienerinnen, da sie sich niemals ohne Sonnenschutz im Freien aufhielten.

216 In der Gupta-Zeit wurde Buddha meist halb nackt dargestellt (hier in einer Nische von Höhle Nr. 19), eine Eigenart, die in späteren Jahrhunderten verschwand.

216–217 Eine Buddhastatue ziert die Fassade des Stupas der caitya-griha *in Höhle Nr. 19. Die drei Ehrenschirme, die den Stupa krönen (eine Anspielung auf das dreifache Juwel des Buddhismus), sind Vorboten der Pagoden-Architektur, die sich später über ganz Asien verbreitete.*

217 oben Zu den schönsten Bildhauerarbeiten von Ajanta gehört das Nagapaar mit der Kobra-Kapuze, die auf diesem Foto jedoch im Schatten liegt. Diese Skulpturengruppe befindet sich an der Fassade von Höhle Nr. 19. Dem Mahayana zufolge waren die Nagas die Wächter der esoterischen Botschaft Buddhas.

217 Mitte links Bei einigen Klöstern in Ajanta öffnen sich die Seiten der Veranden in Cellae oder Nebensanktuarien, wie hier in Höhle Nr. 23.

Ruhe und Bewegung werden in Malerei und Bildhauerkunst durch eine präzise und subtile Körpersprache ausgedrückt, Emotionen dagegen durch den Gesichtsausdruck, vor allem jedoch durch die Mudras, die Handstellungen, die als eine Art visuelles Siegel fungieren, das eine mystische Äußerung oder einen magischen Schwur bekräftigt. Pathos, Erregung und andere Eigenschaften, die Disharmonie hervorrufen könnten, werden niemals porträtiert. Verzweiflung wird beispielsweise in Traurigkeit abgeändert, die tägliche Mühsal in Melancholie.

Am häufigsten werden Szenen aus den „Jatakas“ dargestellt, den Geschichten über die früheren Leben Buddhas, die zugleich wertvolle Informationen über Kleidung, Schmuck und Alltag ihrer Entstehungszeit liefern. Man darf jedoch nicht davon ausgehen, dass die Künstler, trotz aller Liebe zum Detail, realistische Darstellungen schufen. Ihr Ziel war es, einen spirituellen Kontext zu schaffen. Ihre Kunst war von einer tiefen Religiosität durchdrungen, die sie vor jeder Banalität bewahrte. Die reichen Verzierungen sind nie ausschließlich Zierde, sondern ein Mittel, die Aufmerksamkeit des Betrach-

217 Mitte rechts und 217 unten Die Medaillons der Säulen enthalten ikonographische Motive, die für den Betrachter nur schwer zu erkennen sind. Erst nach längerem Hinsehen erkennt man in den ineinander verflochtenen Blüten Makara, das krokodilgestaltige Mischwesen, das mit einem Menschen kämpft.

218 Das große hufeisenförmige Oberlicht in der reich verzierten Fassade von Höhle Nr. 26 erfüllte zwei Funktionen. Es diente dem Abtransport des Materials während der Grabungsarbeiten und ließ Licht und Luft in das Innere der Höhle. Der freie Blick auf die Fassade ist nur deshalb möglich, weil die einst vorgebaute Veranda nicht mehr existiert.

ters zu fesseln, um ihm die Natur des Göttlichen zu offenbaren, die sich hinter der Schönheit der Form verbirgt.

In den Fresken ist die Menschheit umgeben von einer göttlichen Welt, die ihrerseits von den Figuren Buddhas, den Bodhisattvas und all jenen mythischen Wesen bevölkert ist, die der Buddhismus vom Hinduismus übernommen hat. Hierzu gehören zum Beispiel wunderschöne Nymphen, Musikanten, kugelbauchige Genien und Wesen, die halb Mensch, halb Tier sind. Die geschwungenen Linien der Figuren an den Felswänden wirken so fließend, dass man den Eindruck gewinnt, die Menschenwelt sei im Begriff, sich in eine traumartige Dimension aufzulösen, in der die irdischen Ereignisse zu *lila* transformieren, dem unergründlichen „Vergnügen" der Existenz. Profane und sakrale Welt existieren ohne Unterschied nebeneinander, die Attraktionen des irdischen Lebens werden verwendet, um das Ausmaß des Opfers zu betonen, das diejenigen bringen, die sich für ein Leben als Mönch entschieden haben.

Die menschliche Figur bildet das zentrale Element der Szenen, Landschaft und Archi-

218–219 Eine herrliche Buddhastatue findet man in Höhle Nr. 26, einer der jüngsten caityagriha *von Ajanta. Auf der Seite liegend zeigt sie den friedlichen Tod des Meisters inmitten seiner Schüler. Bemerkenswert ist das Kopfkissen, das vom Gewicht des Kopfes zusammengedrückt wird.*

219 oben Auch wenn Höhle Nr. 19 zu den kunstvollsten Heiligtümern von Ajanta gehört, zeugt sie zugleich vom Niedergang der Kultstätte. Die Verzierungen sind zu üppig und die Proportionen der Statuen wirken oft disharmonisch, wie dieser Buddha an der Fassade belegt.

219 unten Dieses Detail von Höhle Nr. 26 zeigt Buddha sitzend zwischen den Bodhisattvas Padmapani und Vajrapani. Letzterer hält das diamantene Doppelzepter (vajra)*, das die Erkenntnis symbolisiert und der dritten buddhistischen Strömung, dem Vajrayana, ihren Namen gab.*

tektur dagegen den Hintergrund. Der Ablauf der Zeit wird durch die Wiederholung der Hauptfiguren angedeutet und durch die Darstellung von mehreren Ebenen oder Blickwinkeln, aus denen die Szene beobachtet wird. Dies ermöglicht die serielle Natur der Episoden. Das Ergebnis ist ein dynamisches Sichentfalten der Ereignisse, das den konstanten Fluss der Existenz im Einklang mit der kosmischen Entwicklung suggeriert, einem fundamentalen Element der buddhistischen Metaphysik.

Die Bedeutung der Objekte wird betont, indem sie aus mehreren Blickwinkeln beziehungsweise vergrößert oder verkleinert (jedoch immer unter Beachtung der perspektivischen Gesetze) dargestellt werden. Die Deckenverzierung bilden ineinander verflochtene Blätter, Blüten und Schlingpflanzen sowie lebensnahe Darstellungen von Tieren oder Fabelwesen.

In den Fresken von Ajanta wird allen Aspekten des Lebens Ausdruck verliehen. Wie ein Mutterleib bewahren die Höhlen in ihrem Innern die unzähligen Formen der irdischen und der göttlichen Existenz.

220 oben Dieser Buddha befindet sich am Stupa der Höhle Nr. 26. Vom erleuchteten Meister des Hinayana transformierte er im Mahayana zum Absoluten mit drei Körpern: einen universellen, einen himmlischen und einen menschlichen.

220 unten Der Buddha in Höhle Nr. 26 sitzt auf einem Thron, der von Elefanten, Löwen mit Nagas und Vyalas gehalten wird. Vidhyadharas (fliegende „Überbringer der Weisheit") halten Girlanden, ein Symbol des Wissens, und stehen hinter dem Erleuchteten.

221 Der sanftmütige Ausdruck der Figuren in buddhistischen Darstellungen (hier der Bodhisattva Avalokiteswar in Höhle Nr. 26) wird teilweise durch die leichte Neigung des Kopfes erzielt.

Bhubaneswar: Der Wald der Shikhara

Tausende von *shikhara* erheben sich zum Himmel und bilden einen Wald aus Türmen um den heiligen Bindu-Sagar-Teich, der gemäß der Tradition von allen Strömen Indiens gespeist wird. So muss sich Bhubaneswar in vergangenen Jahrhunderten präsentiert haben, als seine 7000 Tempel das Göttliche verherrlichten. Die meisten dieser Heiligtümer waren Shiva geweiht und das Linga des Gottes wurde in der Dunkelheit ihrer Cellae bewahrt. Heute sind zwar nur noch einige hundert Bauwerke erhalten, aber die Zeitspanne, in der sie erbaut wurden (7.–13. Jahrhundert), ermöglicht ein genaues Studium der *nagara*-Architektur und ihrer Entwicklung.

Die Geschichte Orissas, des Staates, in dem Bhubaneswar liegt, begann lange vor dem 7. Jahrhundert, denn das Territorium, das als Königreich Kalinga berühmt wurde, existierte bereits im 4.–3. Jahrhundert v. Chr. Jüngste Grabungen in Shishupalgarh, im östlichen Sektor von Bhubaneswar, förderten eine Stadt aus jener Zeit zutage, bei der es sich vermutlich um Kalinganara handelt, die ehemalige Hauptstadt von Kalinga. Das Reich wurde um 260 v. Chr. von dem Maurya-Kaiser Ashoka erobert, der eine Reihe von Edikten erließ, die in Form eines Elefanten im berühmten Felsen von Dhauli (etwa 7 km südlich von Bhubaneswar) verewigt wurden.

Der Untergang der Maurya-Dynastie verhalf schließlich der örtlichen Chedi-Dynastie zur Regentschaft (180–100 v. Chr.). Die Hingabe an den Jainismus und die Taten ihres bekanntesten Herrschers Kharavela überdauerten die Zeiten in einer Inschrift an der Decke der Hathi Gumpha, der Elefantenhöhle im Sandsteinhügel Udayagiri. Dieser Hügel liegt etwa 8 km von Bhubaneswar entfernt und ist für die Klosteranlagen bekannt, die neben anderen Kharavela und seine Frau für die jainistischen Mönche anlegen ließen.

Die größte und bedeutendste Höhle des Komplexes ist die Rani Gumpha (Königinnenhöhle). Die zweistöckige Anlage blickt auf einen großen Hof und besteht aus Mönchszellen, denen Veranden vorgebaut sind (allerdings existiert die Veranda im Erdgeschoss nicht mehr). Die Zellen sind von Säulen und Architraven mit Lünetten umgeben, die mythologische Landschaften zeigen und über kunstvolle Friese miteinander verbunden sind, die Szenen aus volkstümlichen Geschichten oder Darstellungen des höfischen Lebens zieren.

Die Ganesha Gumpha (Ganeshahöhle) ist nach dem Gott mit dem Elefantenkopf benannt. Besonders erwähnenswert sind der herrliche Fries und die zwei Elefanten in Hochrelief, die vor der Höhle stehen.

Gegenüber dem Udayagiri liegt der Khandagiri, an dem weitere Höhlen zu entdecken sind. Am besten erhalten ist die Ananta Gumpha, deren Zellen von Dvarapalas (Türwächtern) beschützt werden und sich auf eine Veranda öffnen, die einen großen Hof überblickt.

222 links Die bedeutendste Höhle im jainistischen Komplex des Udayagiri ist die Rani Gumpha (Königinnenhöhle), der ein großer Hof vorgebaut ist. Der wohlhabenden und einflussreichen jainistischen Gemeinde gehörten viele Bankiers und Kaufleute an.

222 rechts Ein edler Held aus den volkstümlichen Geschichten ist hier auf einem der Friese in der Rani Gumpha bei der Jagd dargestellt.

222–223 Eines der interessantesten Elemente in der Rani Gumpha ist der Fries, der über den Zellen verläuft. Dieses Detail stellt die Entführung der Prinzessin Vasavadatta von Ujjain durch Prinz Udayana von Kaushambi dar.

223 oben Die Zellen, die einst von hölzernen Türen verschlossen wurden, sind wegen der Gefahr von Überschwemmungen während des Monsuns erhöht angebracht. Die Spitzbogen über den Türen zieren verschlungene Pflanzen und Prozessionen aus Menschen und Tieren.

223 unten Am Khandagiri befinden sich weitere jainistische Höhlen. Am besten erhalten ist hier die Ananta Gumpha. Die reichen Verzierungen und die Ausstattung der Höhlen stehen in Kontrast zu dem entbehrungsreichen Leben, das die Mönche hier führten. Es wurde von den Prinzipien der Keuschheit, der Armut und der Gewaltlosigkeit bestimmt.

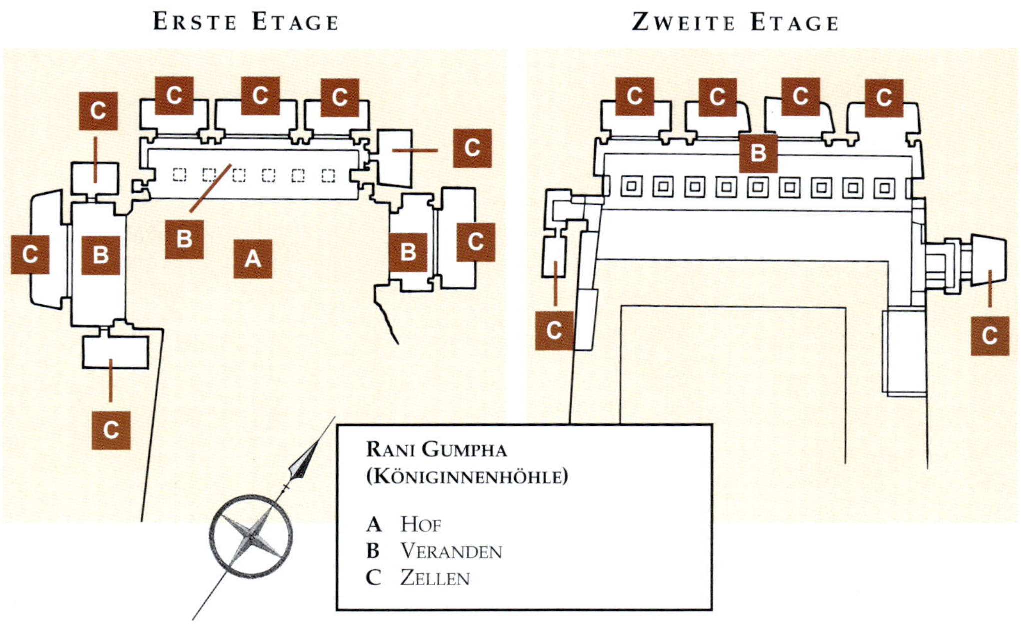

Nach Kharavelas Tod zerfiel Kalinga in kleine Fürstentümer und erst nach dem Untergang des Gupta-Reiches gelangten wieder starke Dynastien an die Macht. Die Ersten waren die Shailodbhavas, gefolgt von den Bhaumakaras im 8. Jahrhundert, den Somavamshis im 9.–10. Jahrhundert und den Östlichen Gangas (auch als Gajapatis bekannt), die bis in das 15. Jahrhundert herrschten.

Einige örtliche Dokumente, die um 1000 verfasst wurden, geben Aufschluss über die Architektur in Orissa. Die beiden bekanntesten sind das „Shilpa Prakasha" und das „Shilpa Bhuvanapradipa", in dem zwei Arten von Heiligtümern beschrieben werden: der *rekha,* der über eine quadratische Cella verfügt, und der *khakhara,* der eine rechteckige Cella aufweist.

A

224 Die Zeichnungen auf dieser Seite illustrieren die verschiedenen Tempeldächer: Das steile Dach des Pavillons der Gläubigen im Parashurameswar-Tempel (A) erhält beim Mukteswar (C) die Form einer Stufenpyramide. Der shikhara *des Rajarani-Tempels (B) unterscheidet sich von den* shikhara *der beiden anderen Tempel durch die vielen Miniaturausgaben seiner selbst in unterschiedlichen Größen.*

B

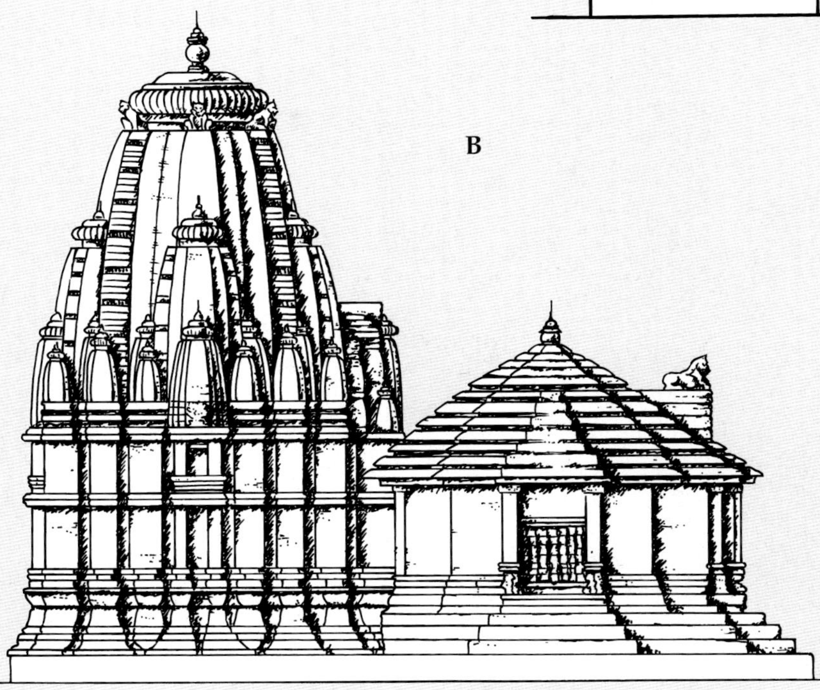

C

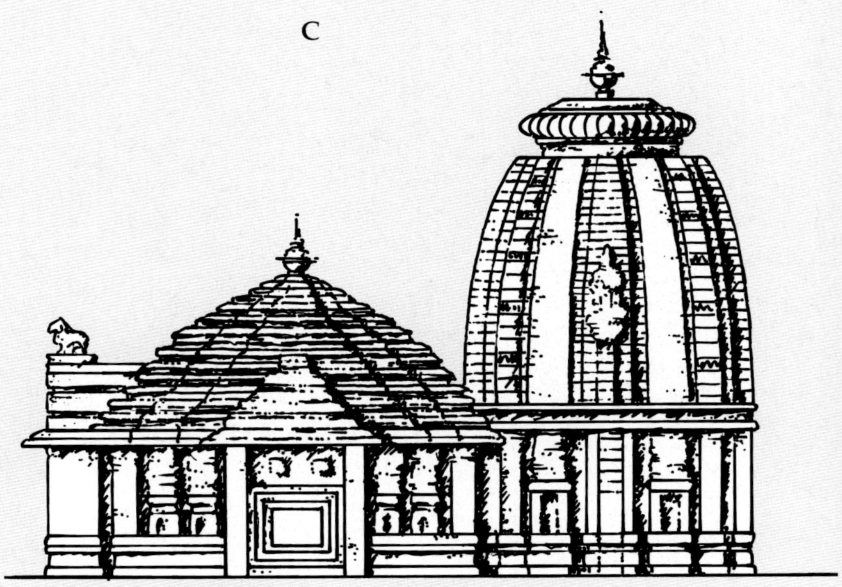

Die Tempel *(deul)* in Bhubaneswar lassen sich generell in zwei Bereiche unterteilen: in die Cella *(garbagriha)* und in den Pavillon der Gläubigen *(jagamohana)*, wobei sich dazwischen oft eine Verbindungshalle *(antarala)* befindet. Darüber hinaus gibt es in den wichtigsten Tempeln zwei weitere Bereiche: den Tanzpavillon *(natamandira)* und die Opferhalle *(bhogamandapa)*.

In den meisten Fällen thront über der Cella ein kuppelförmiger *shikhara* (auch *rekha* genannt), von dem sich die Bezeichnung *rekha-deul* („großer Tempel") ableitet. Der *khakhara,* die weniger häufige Variante, ist nach der örtlichen Bezeichnung für „Gurke" benannt, denn der *khakhara-deul* ist ein Heiligtum mit einem Tonnendach, dessen Form an eine halbierte Gurke erinnert. Man findet diesen Tempeltyp vor allem bei Heiligtümern, die Shakti, der Großen Göttin, geweiht sind.

Das Dach des *jagamohana* (auch *mukhashala* genannt), des Pavillons der Gläubigen, besteht aus mehreren horizontalen, pyramidenförmig aufeinander geschichteten Platten *(pirha)*.

Deul und *jagamohana* sind in vier horizontale Bereiche eingeteilt:

- Die Plattform *(pishta)* aus mehreren Gesimsen.
- Die Wände *(bara)*.
- Die Überdachung *(gandi)*, die bei großen Tempeln aus *bhumi* (mehrstöckigen *shikhara* oder *rekha)* besteht und beim *jagamohana* aus *pirha*-Platten. Das Gewicht des *rekha* ist auf mehrere leere Räume mit flachen Dächern verteilt, die *ratnamuda* genannt werden.
- Der oberste Bereich *(mastaka)*, ist unterteilt in *beki* (der Hals der Säule), *amla* oder *amalaka* (das kissenförmige Abschlusselement) und *khapuri* (das kugelförmige Gewölbe), über dem das *kalasha* (Gefäß) thront.

Zwischen *beki* und *amalaka* sitzt ein weiteres Element, das glockenförmige *ghanta*.

Die Wände der Cella zieren Vorsprünge, die *paga* oder *ratha* genannt werden. Die Anzahl der *paga* entscheidet, um welchen Tempeltyp es sich handelt. Je nachdem, ob das Heiligtum drei, fünf, sieben oder neun Vorsprünge hat, wird es *triratha, pancaratha, saptaratha* oder *navaratha* genannt. Die Reihe von Vorsprüngen und Nischen setzt sich auch an den Seiten des *shikhara* fort. Der mittlere Vorsprung wird *bhadra* genannt, im Gegensatz zu den kleineren, die als *raha* bezeichnet werden. Der *bhadra* erreicht oft erstaunliche Ausmaße und ist mit Nischen verziert, in denen Statuen stehen. *Gavaksha* („Fenster der Sonnenstrahlen") simulieren kleine Oberlichter. Sie wurden immer stärker stilisiert, bis sie den gesamten *shikhara* mit ihrem Gitternetz aus Licht und Schatten überzogen.

Bhubaneswar ist hervorragend zum Studium der architektonischen Entwicklung und zum Vergleichen der verschiedenen Varianten geeignet. Die Tempel bestehen überwiegend aus Sandstein mit Plinthen und Einfriedungsmauern aus Lehm. Ihre

225 oben *In Orissa besteht der Tempel in der Regel aus zwei Teilen, die auf einer gemeinsamen Plattform* (pishta) *stehen. Man unterscheidet den* rekha-deul *(die Cella wird vom* shikhara *gekrönt) und den* pirha-deul *(der Pavillon der Gläubigen ist mit steil angeordneten Platten überdacht). Diese beiden Bereiche lassen sich wiederum in drei Elemente gliedern: Wände, Dachaufbau und Spitze.*

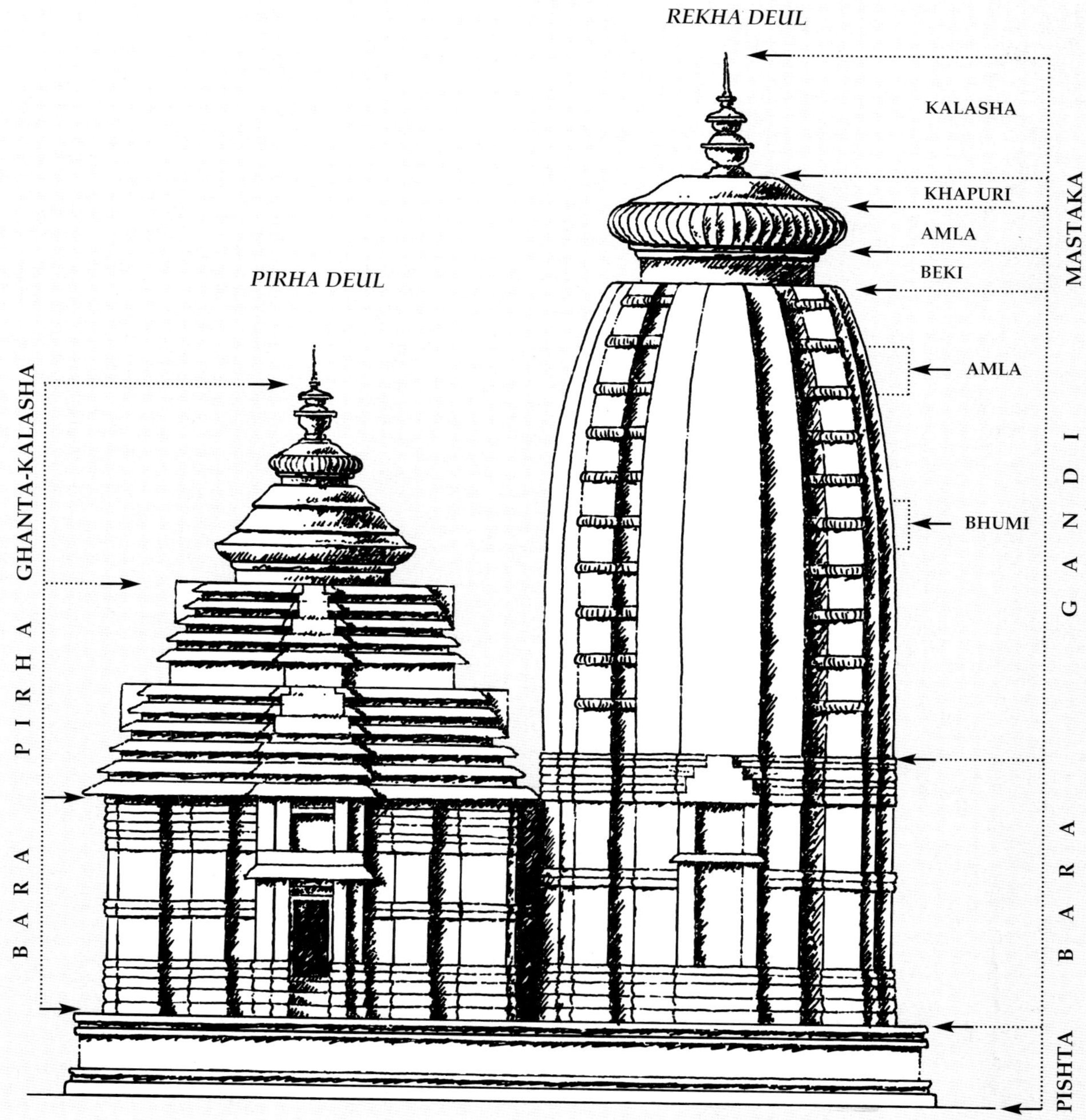

225 unten *Die Rekonstruktion des Ananta-Vasudeva-Tempels zeigt, dass zwei weitere Bereiche an die Cella (d) und den Pavillon der Gläubigen (c) angefügt sein können. Hierbei handelt es sich um die* bhoga-mandapa *(Opferhalle; a) und das* natamandira *(Tanzpavillon; b), deren Plattendächer niedriger sind, so dass der Gesamteindruck einer Gebirgskette entsteht, die sich bis zum höchsten Gipfel erhebt.*

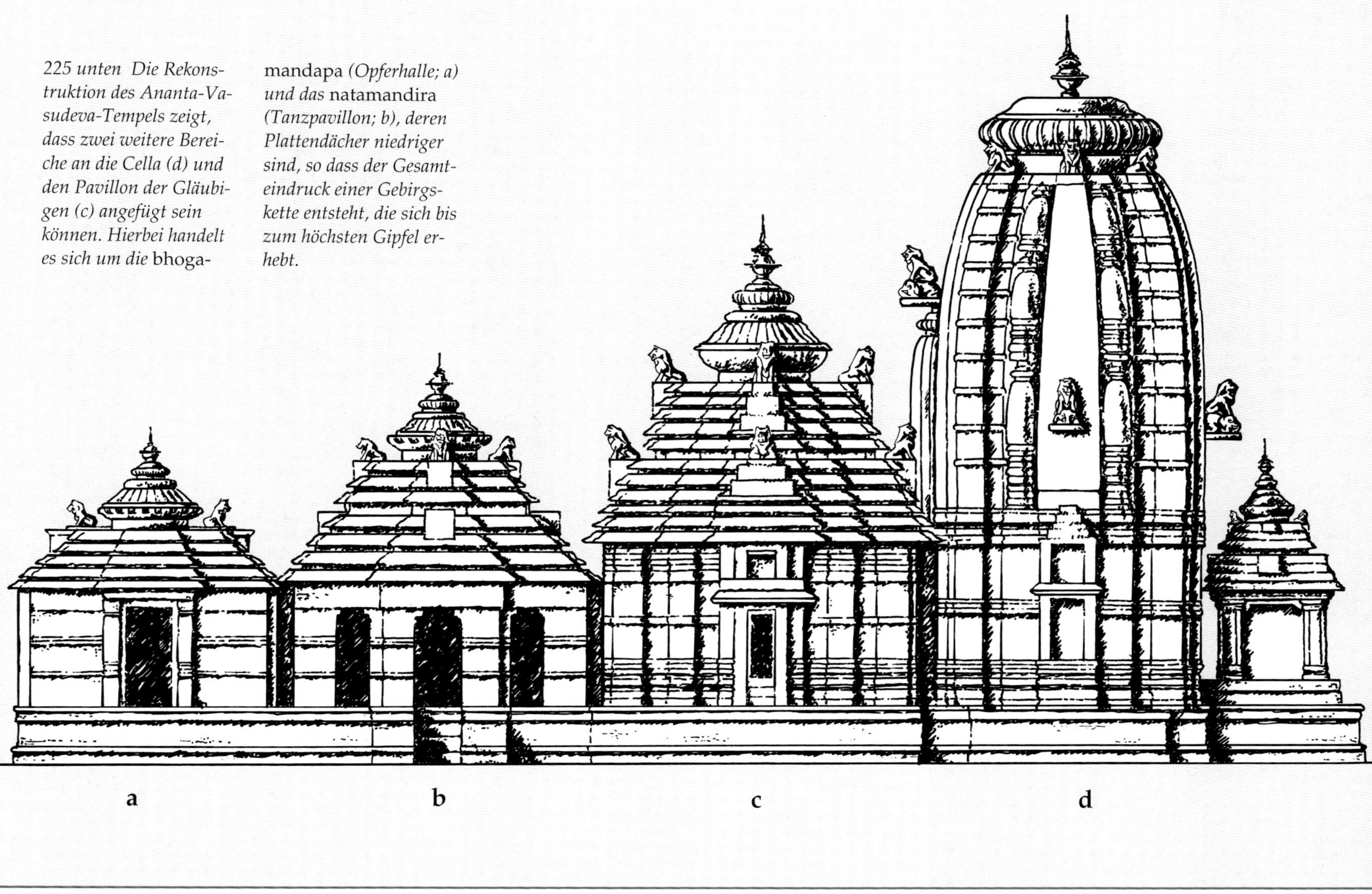

Bauzeit wird in drei Epochen unterteilt: die Frühepoche (7.–10. Jahrhundert), deren bedeutendste Beispiele der Parashurameswar- und der Vaital-Deul-Tempel sind; die mittlere Epoche (10.–12. Jahrhundert) mit den Archetypen Mukteswar, Brahmeswar und Lingaraja sowie mit dem Jagannatha-Tempel in Puri und schließlich die Spätepoche (12.–13. Jahrhundert), deren Hauptvertreter die Tempel Rajarani und Ananta Vasudeva sind.

Der Parashurameswar-Tempel datiert aus dem 7. Jahrhundert und gilt als ältestes Heiligtum von Bhubaneswar. Er ist relativ klein, nur 13 m hoch und steht nicht auf einer Plattform. Sein *shikhara* weist auf jeder Seite einen Vorsprung in der Mitte auf und er verfügt über hufeisenförmige Nischen mit Statuen. Die fünf Stockwerke werden durch *amalaka* an den Ecken markiert. Der rechteckige Pavillon der Gläubigen *(jagamohana)* trägt ein doppeltes Flachdach und schließt sich an die Cella an. Eine Reihe von Gottheiten zwischen Pilastern bildet einen umlaufenden Fries, während die Fenstergitter Tänzer und Musikanten zieren. Das dreischiffige Innere ist karg ausgestattet, um die mentale Sammlung und die Konzentration der Gläubigen nicht zu beeinträchtigen.

Etwas zurückgesetzt hinter dem Parashurameswar-Tempel findet man die Cella und

Der Tempelkomplex von Bhubaneswar

- A Bindu-Sagar-Teich
- 1 Brahmeswar
- 2 Rajarani
- 3 Kedareswar und Gauri
- 4 Mukteswar
- 5 Siddheswar
- 6 Parashurameswar
- 7 Ananta Vasudeva
- 8 Lingaraja
- 9 Vaital Deul
- 10 Shishireswar
- 11 Museum

226 unten Der Parashurameswar-Tempel datiert aus dem 7. Jahrhundert und gilt als ältestes Heiligtum von Bhubaneswar. Wie fast alle anderen Tempel in dieser Hochburg des Shivaismus ist auch dieses Heiligtum Shiva geweiht.

226–227 Dieses Detail vom Parashurameswar zeigt Lakulisha (erkennbar am lakula, *dem Stock). Er gilt als Inkarnation Shivas, wobei ihn einige für die 28. Manifestation des Gottes halten, andere dagegen für den Gründer der Pashupta-Sekte, einer der ältesten und extremsten Formen des Shivaismus.*

226 oben Darstellung in einer Nische im Vaital-Deul-Tempel in Bhubaneswar (8. Jahrhundert). Durga, die Kriegergöttin, tötet den dämonischen Büffel in einem Wirbel aus Armen.

226 Mitte Dieses symmetrische Relief am Vaital-Deul-Tempel zeigt jeweils einen Reiter auf Shardula, dem gehörnten mythischen Löwen, der Perlenketten im Maul trägt. Im Hintergrund ist das Kirtimukha zu erkennen, das kieferlose „Gesicht des Ruhmes“, das als Furcht einflößende Form des Göttlichen Lebewesen ausspuckt und wieder aufnimmt.

227 unten Der Vaital-Deul-Tempel ist einer der wenigen mit einem kha-khara *(Tonnendach). Als Miniaturreproduktion ist diese Dachform an den Tempeln von Bhubaneswar jedoch häufig zu finden.*

den Pavillon des Shishireswar-Tempels, die harmonisch über ein kleines Vestibül mit *caitya*-Giebel miteinander verbunden sind. Dieser Tempel, den ein tanzender Shiva ziert, ist größer als jene an den anderen Seiten des Parashurameswar-Tempels. Der *shikhara* ohne *amalaka* reflektiert das Schema der fünf *ratha* an den Wänden der darunter befindlichen Cella. Die Statuen der wichtigsten Inkarnationen des Gottes stehen in Nischen, die das Linga in der Cella umgeben.

Der Vaital-Deul-Tempel aus dem 8. Jahrhundert mit seinen harmonischen Proportionen ist ein herrliches Beispiel für einen *khakhara*-Tempel, ein Heiligtum mit rechteckiger Cella, die mit einem Tonnendach gedeckt ist, das an eine halbe Gurke erinnert. Es scheint, als wäre diese Form bevorzugt für den Shaktikult sowie für den Kult der *Saptamatrika* (sieben Muttergottheiten, die verschiedene Inkarnationen der Großen Göttin verkörpern) verwendet worden. Die *Saptamatrika* entstand aus dem sehr alten Kult um die Große Göttin und wies häufig magische und esoterische Aspekte auf. In Indien drückte die Zahl Sieben „viele" aus und war mit allerlei symbolischen Bedeutungen versehen. In der Kunst werden die sieben Muttergottheiten oft auf Tieren reitend dargestellt und mit Ganesha, dem elefantenköpfigen Gott assoziiert, oder mit Virabhadra, einer zornigen Inkarnation Shivas.

In der Regel verkörpern folgende sieben Göttinnen die *Saptamatrika:* Brahmani auf einer Gans oder einem Schwan, Maheswar auf einem Stier, Kaumari auf einem Pfau, Vaishnavi auf einem Menschen, Varahi auf einem Eber, Indrani auf einem Elefanten und Chamunda oder Chamundi auf einem Leichnam. Diese Göttinnen repräsentieren die Shakti, die weiblichen Kräfte, von Brahma, Shiva, Skanda, Vishnu, Varaha (die Inkarnation von Vishnus Eber), Indra und Rudra.

In der Cella des Vaital-Deul-Tempels befindet sich ein Furcht einflößendes Abbild Chamundas und außen zwinkern dem Betrachter anmutige Surasundaris (himmlische Schönheiten) zu. Der Pavillon der Gläubigen *(jagamohana)* weist den traditionelle Dachtyp jener Epoche auf, das heißt, ein zweistöckiges Dach mit flachen Vorsprüngen und vier kleinen *shikhara* an den Ecken.

Aus der mittleren Epoche stammt dagegen die neue *jagamohana*-Überdachung in Form eines Stufendaches aus *pirha,* die den alten zweistöckigen Dachaufbau ersetzte. Das schönste Beispiel für diese Neuerung ist der Mukteswar-Tempel (um 950–975), der als Kleinod der *nagara*-Architektur gilt und auf einer niedrigen Plattform, in der Nähe eines heiligen und „wundersamen" Teiches steht. Er trägt einen *caitya*-Giebel und ist von einer Balustrade umgeben, die mit hufeisenförmigen Nischen geschmückt ist. Man betritt den Tempel durch ein *torana,* das auf den ersten Blick wie ein Bogen aussieht, jedoch aus sich überlappenden, horizontal angeordneten Steinen besteht und von zwei Säulen gestützt wird. Die Cella weist die *pancaratha*-Form (mit fünf Vorsprüngen) auf und der *jagamohana* wird von elf *pirha*-Stufen überdacht. Die drei Portiken, gekrönt von wunderschönen Ziergiebeln, vervollkommnen den kreuzförmigen Grundriss des Tempels. Das ungewöhnlich reich verzierte Innere erhält Licht aus Fenstern mit rautenförmigem Gitterwerk und das Rechteck an der Decke geht, unter geschickter Zuhilfenahme eines Achtecks, in einen Kreis über. Im Innern der Cella befindet sich das Linga.

Der Siddheswar-Tempel steht innerhalb derselben Einfriedung wie der Mukteswar. Seinen *shikhara* zieren Miniaturreproduktionen der drei Tempeltypen von Orissa: *khakhara, pirha* und *rekha.* Nicht weit vom Mukteswar entfernt, findet man innerhalb einer weiteren Einfriedung, die Tempel Gauri und Kedareswar. Ersterer ist einer Herabkunft von Shivas Gemahlin geweiht. Es handelt sich dabei um einen *khakhara-deul* mit einem erst in jüngster Zeit neu aufgebauten *jagamohana.* Der Kedareswar dagegen ist ein prachtvoll ausgestatteter Tempel mit *shikhara.*

Der Brahmeswar-Tempel, dessen Umrisse sich in einem quadratischen Teich widerspiegeln, lässt sich aufgrund einer Inschrift auf das Jahr 1060 datieren. Er steht auf einer Plattform in der Nähe der Ruinen der ehemaligen Bastion von Shishupalgarh und ist ein traditioneller *pancayatana* (Fünfertempel): ein Tempel in der Mitte und vier klei-

228 oben links Der pancaratha-*Grundriss des Siddheswar-Tempels lässt sich anhand der tiefen Einschnitte zwischen den fünf Vorsprüngen des* shikhara *gut erkennen. Die Pyramidenbauweise wird in Miniaturform in den Nischen des* jagamohana *fortgeführt.*

228 unten links Der Brahmeswar-Tempel aus dem 11. Jahrhundert besteht aus einem zentralen Heiligtum und vier Eckbauten. Das stufenförmige Dach über dem jagamohana *krönt ein* ghanta *(glockenförmiges Element) mit einem Wassergefäß.*

228 rechts Der kudu *(Hufeisenbogen) entstand vermutlich aus Dachluken. Es handelt sich dabei um eine Nische, die oftmals ein Gesicht birgt. Dieses Exemplar am Mukteswar-Tempel zeigt das Göttliche, das mit halb geöffneten Augen auf die Menschheit blickt.*

228–229 Der Mukteswar-Tempel (10. Jahrhundert) überblickt einen der zahlreichen Teiche von Bhubaneswar. Er ist von einer niedrigen Balustrade umgeben, die vielleicht von der buddhistischen Architektur inspiriert wurde. Der massive shikhara *mit seinen vielen horizontalen Schichten beherrscht die gesamte Umgebung.*

229 oben *Man betritt den Mukteswar-Tempel durch ein prächtiges* torana *mit einem Blendbogen, der aus den Köpfen der beiden Makaras zu wachsen scheint. Die Gestaltung der* torana *basiert auf hölzernen Varianten, die Bestandteil der Profanarchitektur waren.*

229 unten *Die wilden Tiere Shardula, Vyala und Simha an den Konsolen des* shikhara *ähneln den Löwinnen, die den Feueraltar in vedischer Zeit bewachten. Diese mythologischen Tiere am Shiva-Tempel erfüllen im Grunde dieselbe Funktion.*

nere an den Ecken. Sein Dekor besteht hauptsächlich aus *mithuna* (Liebespaaren) und *kanya* (göttliche Mädchen), nur im Innern weist er eine Besonderheit auf: Die Decke des *jagamohana* ist mit Lotosblüten und an den Ecken mit Nagas verziert. Oben an der Wand verläuft ein Fries, der Prozessionen darstellt. Die Verzierung der Plattform besteht aus einer doppelten Reihe mit Gefäßen, die *mithuna* und *kanya* zieren. Das *jagamohana* wird von elf *pirha* gekrönt, auf denen wiederum ein *ghanta* (glockenförmiges Element) unter einer umgedrehten Lotosblüte und dem *kumbha* (Wassergefäß) thront. Das Innere des Tempels ist reich verziert. Das Linga in der Cella wird von einer Statue des Stieres Nandi beschützt. Der *shikhara* ist mit kleineren Reproduktionen seiner selbst ausgestattet sowie mit vier heraldischen Löwen und vier kauernden Zwergen, die den *amalaka* stützen.

Während die Tempel von Orissa (und auch andere im *nagara*-Stil) an den kosmischen Berg erinnern, ist der Lingaraja-Tempel einer Gebirgskette mit mehreren Gipfeln nachempfunden, die sich gen Himmel erheben. Das Heiligtum wurde zwischen 1000 und 1040 von einem Somavamshi-König erbaut. Nicht-Hindu ist der Zutritt verboten, sie können den Tempel nur von einer Terrasse der Einfriedungsmauer aus bewundern. Der 45 m hohe *shikhara* ist in zehn Bereiche unterteilt. Seine aufstrebenden Linien werden durch die dunklen Schatten der tiefen Einschnitte zwischen den fünf Vorsprüngen auf jeder Seite betont. Die vier Miniaturreproduktionen des *shikhara* an den Ecken sind eine Innovation, während der *amalaka* traditionellen Regeln entspricht. Der *amalaka* wird von vierarmigen Figuren sowie von vier Löwen gestützt. Das Pyramidendach auf dem beinahe rechteckigen *jagamohana* besteht aus zwei Ebenen unter umgedrehten Lotosblüten. *Natamandira* und *bhogamandapa* wurden erst später hinzugefügt. Sie verlängern zwar das Bauwerk, stören jedoch die Harmonie des Gesamteindrucks.

Eines der 80 Nebengebäude, die den Lingaraja umgeben, ist der 200 Jahre ältere Parvati-Tempel. Er weist dieselbe Bauart und ebenfalls solch prächtige Verzierungen auf wie sein größerer Nachbar.

Die meisten Tempel in Bhubaneswar sind zwar mit *shikhara* vom Typ *latina* versehen, doch der Rajarani-Tempel aus der ersten Hälfte des 11. Jahrhundert bildet darin eine Ausnahme. Mehrere *angashikhara* (Miniaturreproduktionen des großen *shikhara)* nehmen den Ecken ihre Schärfe und verleihen dem Gebäude insgesamt mehr Volumen. Die Cella ist beinahe rund, die Mauern über der Basis in Form eines stilisierten Gefäßes zieren zwei Reihen exquisit gemeißelter Frauenfiguren, während der üppige Pflanzendekor an den Wänden den Tempel wie von der Vegetation überwuchert aussehen lässt.

Die acht Darstellungen der Dikapalas oder Lokapalas (Wächter der Himmelsrichtungen) sind bemerkenswert. Indra, der König der Götter, ist im Osten auf einem Elefanten zu sehen. Im Südosten erkennt man Agni, den Gott des Feuers. Im Süden wacht auf einem Büffel Yami, der Richter der Toten, und Nirriti, die Totengöttin, mit einem Kopf in der Hand, beugt sich im Südwesten über eine kopflose Gestalt. Auf dem Makara im Westen sieht man Varuna, den Gott des Wassers und im Nordwesten thront Vayu, der Windgott, mit einer Fahne. Im Norden ist Kubera, der Hüter des Reichtums, auf sieben Krügen mit Juwelen zu erkennen und Ishana, eine Form Shivas, mit einer ausgemergelten Figur wacht über den Nordosten.

Der reich verzierte *deul* kontrastiert stark mit dem beinahe völlig schmucklosen *jagamohana.* Nur die beiden falschen Seitentüren und der Eingang weisen einen Dekor auf, wobei Letzterer von zwei Säulen flankiert wird und im Architrav die neun Planeten zeigt.

Der Ananta Vasudeva wurde 1278 errichtet. Er ist das einzige bedeutende Heiligtum von Bhubaneswar, das Vishnu geweiht war, was allein der religiösen Gesinnung von Prinzessin Chandradevi aus der Ganga-Dynastie zu verdanken ist. Der Tempel ist eine kleinere Ausgabe des Lingaraja. Die Skulpturen, die sich leider in sehr schlechtem Zustand befinden, zeugen vom Talent der Künstler, für die Ästhetik und Vollkommenheit ein Weg zur spirituellen Erleuchtung war.

LINGARAJA-TEMPEL

A BHOGAMANDAPA (OPFERHALLE)
B NATAMANDIRA, (TANZPAVILLON)
C JAGAMOHANA, (PAVILLON DER GLÄUBIGEN)
D GARBHAGRIHA, (CELLA)

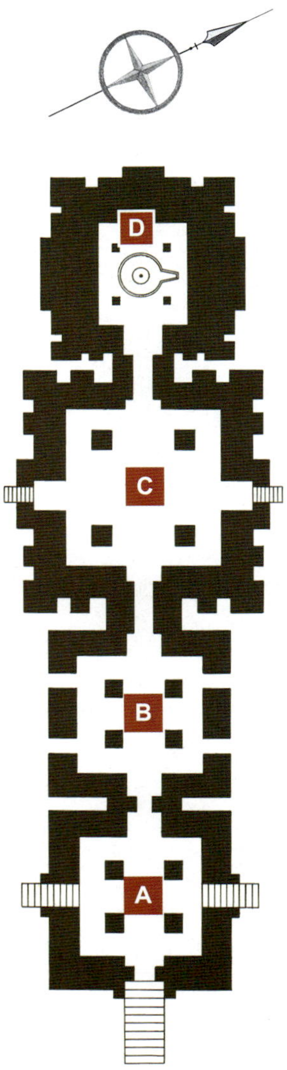

230 In den meisten Fällen sind die indischen Tempel bis zur Schwelle der Cella für jeden Besucher zugänglich. In Orissa jedoch ist der Zutritt zu manchen Tempeln nur Hindu gestattet, wie zum Beispiel zum prächtigen Lingaraja aus dem 11. Jahrhundert, der Shiva geweiht ist.

Puri, ungefähr 60 km von Bhubaneswar entfernt, ist eine der vier heiligsten Städte Indiens und wurde vermutlich auf der antiken Stadt Dantapura erbaut, der ersten Hauptstadt der Ganga-Dynastie. Die Stadt verdankt ihren Namen einem Zahn Buddhas, der hier als Reliquie aufbewahrt wurde (heute in Kandy auf Sri Lanka).

Der berühmte Tempel von Puri ist Jagannatha geweiht, der Inkarnation Vishnus als „Herr der Welt", der hier zusammen mit seiner Schwester Subhadra und seinem Bruder Balarama, auch bekannt als Balabhadra, angebetet wird. Der Zutritt zum Tempel ist nur Hindu gestattet.

230–231 Weibliche Figuren und Lokapalas (Wächter der Himmelsrichtungen) sind auf den Vorsprüngen des Rajarani-Tempels (11. Jahrhundert) von üppiger Pflanzendekoration umgeben. Auf dem Foto erkennt man die Totengöttin Nirriti (deren Platz im Südwesten ist) mit einer kopflosen Gestalt.

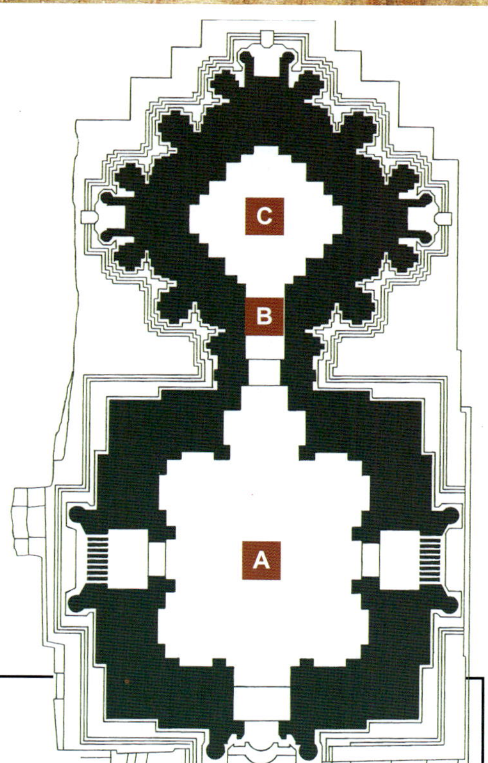

RAJARANI-TEMPEL

A JAGAMOHANA (PAVILLON DER GLÄUBIGEN)
B KORRIDOR
C GARBHAGRIHA (CELLA)

Die fünf Vorsprünge pro Seite und die kleineren* shikhara *verleihen der Cella beinahe runde Dimensionen.

231 oben Der einzige Tempel in Bhubaneswar, bei dem den shikhara *Miniaturausgaben seiner selbst* (angashikhara) *umgeben, ist der Rajarani. Bemerkenswert sind die hohen Giebel am Eingang und die beiden falschen Seiteneingänge.*

231 unten Heroische Motive, wie der hier abgebildete Reiter am Rajarani-Tempel, ehren die Kshatriyas (Stand der Krieger), die den Brahmanen Schutz und Unterstützung boten und zugleich den größten finanziellen Beitrag zur Erhaltung des Tempels leisteten.

Konarak: Eine Hymne an die Sonne

Die Ruinen des Sonnentempels, eines der Kleinode indischer Architektur, findet man etwa 65 km von Bhubaneswar entfernt in Konarak. Die Gegend mit ihren vielen Sanddünen in der Nähe des Hafens war unter dem Namen Konarka bekannt, eine Zusammensetzung von *kona* – einer speziellen Position der Sonne – und *arka,* dem Namen der Abendsonne. Hier ließ Narasimha I. (1238–1264) aus der Ganga-Dynastie einen kolossalen Tempel zu Ehren von Surya, dem Sonnengott, errichten. Nach der Zerstörung des Heiligtums durch die Moslems wurde die Kultstätte zwar aufgegeben, doch der Tempel blieb eine Orientierungshilfe für Seeleute und sogar westliche Reisende kannten ihn als „Schwarze Pagode". Unglücklicherweise diente er aber auch den Anwohnern als Steinbruch und der Verkauf seiner Statuen war eine willkommene Einnahmequelle, bis die Briten diesen Vorgängen Einhalt geboten und beschlossen, das Bauwerk zu restaurieren.

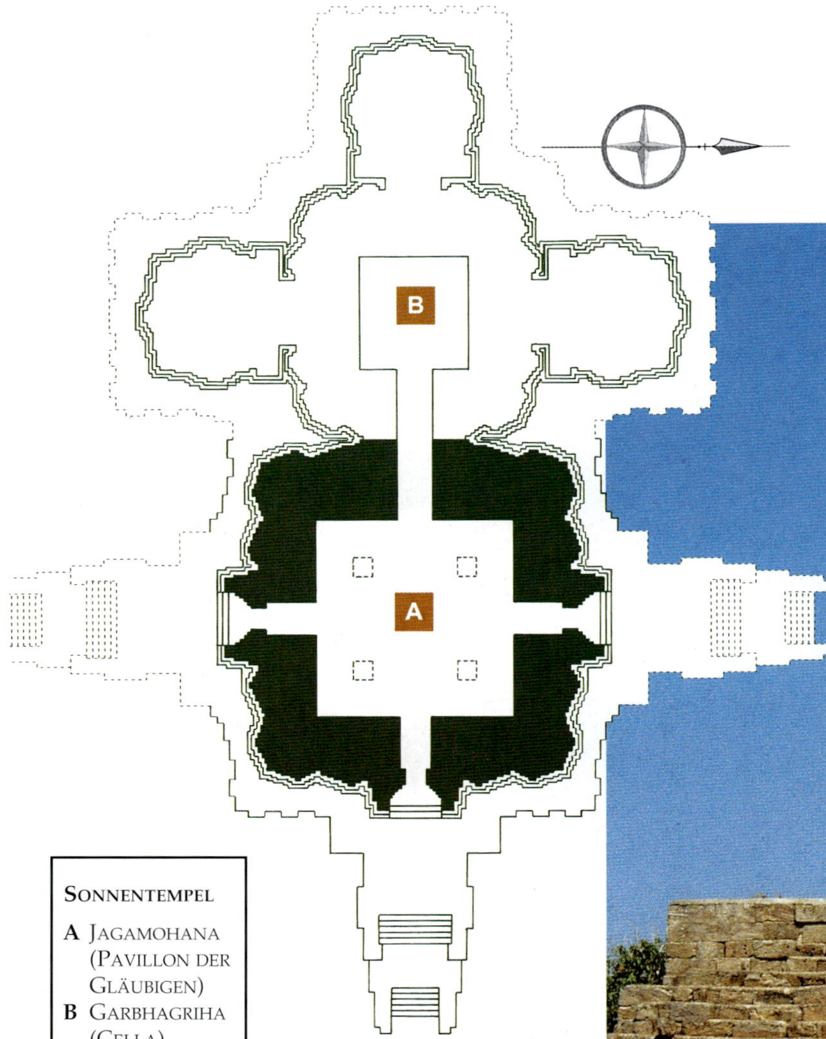

Sonnentempel
A Jagamohana (Pavillon der Gläubigen)
B Garbhagriha (Cella)

Als Fergusson im Jahr 1837 Konarak besuchte, war ein Teil des *shikhara* über dem Sanktuarium noch intakt, aber ein tropischer Sturm brachte auch diesen Abschnitt etwa zehn Jahre später zum Einsturz. 1882 befreite man die Kultstätte von der alles überwuchernden Vegetation und 1894 wurden einige der Skulpturen ins Museum nach Kalkutta gebracht. Unter der Aufsicht des Amtes für Archäologie von Bengalen begann man 1901 mit den Grabungen und 1910 waren alle notwendigen Maßnahmen abgeschlossen, die den Tempel vor dem Einsturz bewahren sollten. Schimmel, Pilzbefall und Meersalz wurden entfernt und man pflanzte Bäume zwischen den Tempel und das Meer, um den Schaden, den Wind, Salz und Sand anrichteten, zu begrenzen. Bis heute sind die Arbeiten zur Restaurierung und Erhaltung der Kultstätte noch nicht abgeschlossen.

Der Tempel ist auf sandigem Untergrund erbaut, der den Fundamenten nur wenig Halt bietet. Die Steinblöcke wurden ohne Mörtel nebeneinander gesetzt und dann mit Kalk und Sand verputzt. Später wurden Skulpturen hinzugefügt.

Das erste Gebäude auf das man in dem riesigen auf drei Seiten umfriedeten Hof trifft, ist der Tanzpavillon *(natamandira),* von dem heute nur noch die hohe Plattform mit Säulen und einer Treppe auf jeder Seite erhalten ist. Ehemals war der Pavillon von einem reich verzierten, traditionellen Pyramidendach gekrönt und besaß eine Kassettendecke. Von der liturgischen Bedeutung des Tanzes künden die detaillierten Darstellungen der *devadasi* („Dienerinnen des Gottes"), die in Orissa als *mahari* bezeichnet werden. Die jungen Mädchen wurden von ihren Familien in den Tempel gebracht, um dort in rituellem Tanz und anderen schönen Künsten unterrichtet zu werden. Es herrscht eine enge Beziehung zwischen dem zeremoniellen Tanz und den herrlichen Statuen des Tempels, da beide unter Zuhilfenahme von Mythen den persönlichen Glauben ausdrücken. Der Tanz ist dynamisch und transformiert den Raum in die Zeit, während Gebäude und Skulpturen die Zeit im Raum anhalten.

Der eigentliche Tempel befindet sich gegenüber dem Tanzpavillon auf einer weiteren hohen Plattform. Er ist in Form des Sonnenwagens angelegt, der auf 24 Rädern mit einem Durchmesser von fast 3 m rollt. Einst wurde der Wagen von sieben Pferden gezogen, drei auf der Nordseite und vier auf der Südseite, von denen jedoch nur zwei erhalten sind. Das Motiv des Tempelwagens der Architekten der Pallavas und der Cholas in Südindien vermischt sich hier mit dem traditionellen hinduistischen Konzept des *vahana* (Gefährt) zu einem genialen Bauwerk. Beeindruckende Gruppen von Kolossalstatuen bewachten einst die drei Treppen, die zur Tempelplattform führen. Es handelte sich dabei auf der Ostseite um zwei Löwen auf liegenden Elefanten, die einen Dämon zermalmen, zwei beinahe lebensgroße Elefanten im Norden und zwei Kriegspferde mit einem Diener und einem

233 unten links Der Detailreichtum an den 24 Rädern des Wagens des Sonnengottes zeugt von der Bedeutung dieses Gefährtes in der sakralen Welt.

233 unten rechts Es gibt mehrere Interpretationen des Motivs vom Löwen auf dem Elefanten, der gerade einen Dämon zermalmt (dargestellt neben der Osttreppe am Tanzpavillon). Historisch betrachtet könnte es sich um einen siegreichen König über ein feindliches Reich handeln. Eine symbolische Variante wäre der Triumph des Wissens über die Unkenntnis.

232 Zum Sonnentempel gehört ein Tanzpavillon (natamandira), in dem rituelle Tänze zu Ehren des Gottes stattfanden. Die hoch geschätzten Tänzerinnen wurden bereits als Kinder in den Tempel gebracht, wo sie als mahari, „Dienerinnen Gottes" lebten.

232–233 Der Sonnentempel in Konarak datiert aus dem 13. Jahrhundert. Er hat die Form ei.ies riesigen Wagens und soll das Gefährt des Sonnengottes Surya darstellen. Dem Mythos gemäß erbaute Krishnas Sohn Samba den Tempel zu Ehren von Surya, der ihn von der Lepra heilte.

233 oben Der Elefant am jagamohana, der einen Dämon besiegt, war einst dunkelrot bemalt, ebenso wie die anderen kolossalen Tierstatuen zu beiden Seiten des Eingangs.

Krieger im Süden. Heute stehen diese Statuen jedoch auf neuen Sockeln und an anderen Orten.

Zum Sonnentempel gehören ein *jagamohana* (Pavillon der Gläubigen) und eine Cella. Über dem *jagamohana* befindet sich ein dreistöckiger Turm aus *pirha, ghanta* (glockenförmiges Element) und *amalaka* (Abschlusselement). Die vertikalen Wände zwischen dem Boden und den Statuen der himmlischen Tänzer und Musikanten bilden ein Gegengewicht zu den horizontalen Linien des Bauwerks. Vermutlich war der Dachaufbau des *natamandira* ähnlich wie der des *jagamohana*, er besaß jedoch nur zwei anstatt drei *pirha*-Reihen. Die Tür zum *jagamohana* ist mit Liebespaaren, Miniaturpavillons, geometrischen Mustern und Schlingpflanzen verziert. Das Innere war bis 1940 mit Schotter gefüllt, der das Gebäude vor dem Zusammenbruch bewahrte. Es ist 34 m breit und beinahe 9 m hoch. Sein falsches Gewölbe – das größte in Indien – ruht auf vier Säulen und wird von Eisenträgern verstärkt. Den noch größeren Hauptschrein *(deul)* krönte einst ein beinahe 70 m hoher *shikhara*, den jedoch selbst ein Stützkorsett aus Eisenträgern nicht vor dem Einsturz bewahren konnte. Wie der *jagamohana* ist auch der *deul* im *pancaratha*-Stil (Grundriss mit fünf Vorsprüngen) erbaut. Drei Nebensanktuarien, die von außen über eine Treppe zu erreichen sind, weisen Nischen mit über 3 m hohen grünen Chloritstatuen des Gottes Surya auf. Die Cella, der das Dach fehlt, enthält nur noch den außergewöhnlichen bläulichen Chloritsockel, auf dem einst die Hauptstatue Suryas stand, die angeblich aus acht Metallen gefertigt war.

Jeder Zentimeter der Tempelwände ist verziert, angefangen vom Fundament mit äußerst realistisch wirkenden Elefantenprozessionen, bis zum *khapuri* und zum *amalaka.* Das Leben, das jeden Tag von der Sonne erneuert wird, ist in all seinen Aspekten in Stein verewigt, ob menschlich, göttlich, tierisch oder pflanzlich. Militärparaden, Jagdszenen, Karawanen, einzelne Götter oder

234–235 Dieses Detail von der Basis des Sonnentempels zeigt einen Lotosteich, in dem zwei Elefanten baden. An der feinen Ausarbeitung erkennt man, dass hierfür ein Meißel verwendet wurde.

235 links Diese Skulptur ziert den Tanzpavillon. Das Thema des jungen Mädchens, das mit einer Berührung seines Fußes einen Baum zum Erblühen bringt, ist ein Vermächtnis der Fruchtbarkeitskulte. Vermutlich nahmen die heiligen Tänzerinnen, die den Gott mit ihrer Kunst unterhalten sollten, auch an erotischen Ritualen teil, die die Macht des Königs stärken und die Fruchtbarkeit des Bodens steigern sollten.

göttliche Paare, Prinzen, höfische Würdenträger (anhand der Inschriften identifizierbar), Asketen, Nymphen, Nagas und Naginis sowie Liebespaare beim Geschlechtsakt *(maithuna)* vermischen sich in alltäglichen oder himmlischen Szenen, eingerahmt von Blüten und geometrischen Mustern.

Die 24 meisterhaft gearbeiteten Räder des Sonnentempels symbolisieren die 12 Monate des Jahres mit den beiden Phasen Tag und Nacht. Mit ihren acht Haupt- und acht Zwischenspeichen dienen sie zugleich als Sonnenuhr.

Die Mauern von Konarak messen 264 x 165 m und umschließen weitere Gebäude. Im Süden beispielsweise steht die *bhogaman-*

235 rechts Am Tanzpavillon findet man das Motiv des Löwen, der einen Elefanten besiegt. Die symbolischen Attribute des Löwen waren Mut, Ansehen, das heilige Wort, die Macht der Natur und überlegenes Wissen.

dapa (Opferhalle), bei der es sich um ein mit Säulen versehenes Bauwerk ohne Dach auf einer hohen Plattform handelt. Hier wurden rituelle Bankette zu Ehren des Gottes abgehalten. Daneben befinden sich die Ruinen zweier Küchen sowie zwei Wasserreservoirs und eine Quelle. Südwestlich des Haupttempel steht ein zweiter, vielleicht älterer Tempel, der später Mayadevi geweiht wurde, einer von Suryas Gemahlinnen. Nicht weit davon entfernt trifft man auf ein kleines Heiligtum zu Ehren Vishnus.

Ein kleines Gebäude nahe dem Haupteingang beherbergt einen Architrav des Sonnentempels. Er ist mit *navagarha,* den „neun Planeten", verziert: Sonne, Mond, Merkur, Venus, Mars, Jupiter, Saturn, Rahu (der Dämon, der für Finsternisse verantwortlich ist) und Ketu (eine Personifizierung der Kometen). Die Planeten spielten in der Religion eine große Rolle und ihr Einfluss galt als sehr mächtig. Setzte man sie daher zur Zierde in den Architrav eines Tempeleingangs, stand das ganze Gebäude unter ihrem Schutz.

Die Tempelanlage von Konarak hat zwar die Zeiten nicht unversehrt überdauert, doch selbst die Ruinen des Komplexes ziehen den Besucher in ihren Bann. Der Überschwang der indischen Kunst erreicht hier den Höhepunkt seines Ausdrucks. Der Stein singt nicht nur eine Hymne an das Leben, in der die vitalisierende Kraft Suryas verherrlicht wird, sondern er offenbart dem Gläubigen, der den spirituellen Weg eingeschlagen hat, noch eine andere Botschaft: Hat man einmal von der Frucht des Lebens gekostet, hat man seine Freuden und sein Leid erfahren und hat man gelernt, seine Vergänglichkeit zu akzeptieren, dann wird sich der Weise davon distanzieren und nach anderen Dimensionen dürsten, so dass er die irdische Existenz nicht länger benötigt. Die wichtigste Funktion der Sonne liegt nicht nur darin, unaufhörlicher Motor des Lebens zu sein, sondern vor allem darin, Überbringer der Erleuchtung zu sein. Der Weise erlangt *moksha,* die Befreiung von der immer wiederkehrenden Existenz, das höchste Ziel seiner irdischen Pilgerfahrt.

236 links Diese Alltagsszene findet man an der Basis des Tempels: Ein Krieger wartet unter einem Baum, während seine Frau das Baby stillt. Die Frau trägt einen Korb auf dem Kopf, der vielleicht Lebensmittel enthält.

236 oben rechts Erotische Szenen sind an Sonnentempeln häufig zu sehen. Da die Sonne für das Leben verantwortlich ist, wird sie vom Kama ernährt, dem fundamentalen, Leben erhaltenden Trieb.

236 unten rechts Das Nagapaar ist ein weiteres Beispiel für die Vereinigung von Mann und Frau (maithuna). *Wenn der Geschlechtsakt rituell durchgeführt wird, verspricht er göttliche Freuden. Die esoterische Bedeutung des Aktes ist der Triumph über die Dualität der Existenz.*

237 Diese Detailaufnahme vom Eingangsportal des Sonnentempels zeigt einen Dämon und eine Naga mit Kobra-Kapuze und Schlangenschwanz.

Südindien

Von Aihole nach Alampur: Die Experimente der Chalukyas

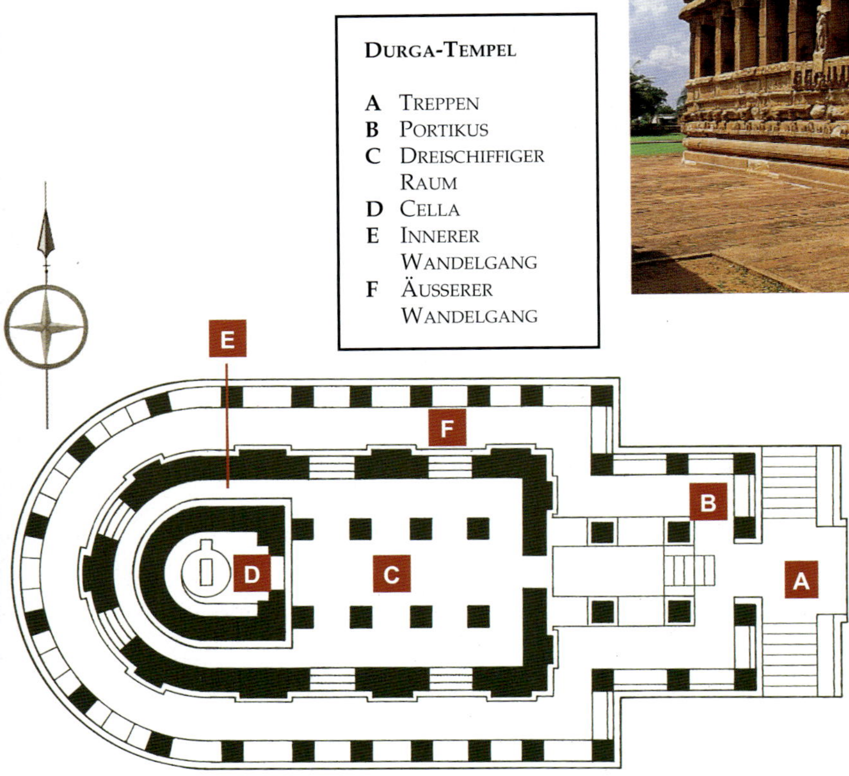

238 oben Der gut erhaltene Durga-Tempel von Aihole (6. Jahrhundert) hat einen apsidialen Grundriss.

238 unten Die ältesten Beispiele indischer Sakralarchitektur findet man in Aihole: Die Chalukya-Könige waren große Bauherren und ihre Architekten experimentierten mit verschiedenen Typologien. Im Hintergrund ist der Durga-Tempel zu erkennen.

238–239 Apsis und äußerer Wandelgang des Durga-Tempels sind von der buddhistischen Architektur beeinflusst, der shikhara *ist dagegen von den Altären der vedischen Zeit inspiriert.*

239 oben Das mittlere Relief der Apsis des Durga-Tempels zeigt Vishnu mit Bhudevi und Shridevi. Man vermutet deshalb, dass der Tempel ursprünglich Vishnu geweiht war und nicht der Göttin.

239 unten Die Fenster im Ladh-Khan-Tempel (5. Jahrhundert) sind mit durchbrochenen Platten verschlossen, die offensichtlich von der profanen Architektur übernommen wurden.

Im zentralen Gebiet des Chalukya-Reiches findet man viele Sakralgebäude mit den fundamentalen Charakteristika der Hauptstile in der indischen Tempelarchitektur, dem *nagara*-Stil, auch nördlicher oder urbaner Stil genannt, und dem drawidischen Stil, der südliche Stil, der nach dem ältesten bekannten Volk Südindiens benannt wurde.

Aryapura, das heutige Aihole im Staat Karnataka, war die erste Hauptstadt der Chalukya-Dynastie. Vermutlich hatte sie diesen Status bereits im 4. Jahrhundert inne, ganz sicher jedoch bis zum 6. Jahrhundert, als König Pulakeshin I. (544–566) nach Vatapi (heute Badami) übersiedelte. Die etwa 30 erhaltenen Tempel gelten als die frühesten Beispiele der Baukunst, obwohl es hinsichtlich der Chronologie immer wieder Meinungsverschiedenheiten gibt. Ein Beispiel für die noch frühere Phase der Felsbauten findet man ebenfalls in Aihole in der Ravana-Phadi-Höhle, die einen Portikus mit Zwillingssäulen sowie drei Zellen aufweist. Sie ist mit Skulpturen ausgestattet, die für einen Shiva-Tempel typisch sind.

Der Ladh-Khan-Tempel ist eines der interessanteren Monumente von Aihole. Es handelt sich dabei vermutlich um eine Weiterentwicklung des Versammlungshauses, in dem der Rat des Ortes zusammenkam. Man nimmt an, dass der Tempel zwischen dem späten 5. und dem frühen 7. Jahrhundert erbaut wurde, wobei man eher zu dem früheren Zeitpunkt tendiert. Seinen Namen erhielt das Heiligtum von einem frommen Moslem, der gegen Ende des 19. Jahrhunderts dort lebte. Man betritt den Tempel von Osten durch einen Portikus mit zwölf Säulen, die zu einem quadratischen Raum mit drei konzentrischen Galerien führt. Die innerste beherbergt eine Nandistatue unterhalb der oberen Zelle. Einfache monolithische Säulen ohne Sockel tragen das Gewicht des Daches aus leicht überstehenden dicken Platten. Die Cella befindet sich in der Mitte der Mauer, gegenüber dem Eingang. Das traditionelle Versammlungshaus besaß einen offenen Pavillon, damit alle Bewohner des Ortes an den Versammlungen teilnehmen konnten. Später fügte man gemauerte Wände mit vergitterten Fenstern ein, die dem Wohnsitz der Gottheit die nötige Abgeschiedenheit zukommen ließen. Da man den Tempel von einem menschlichen Haus abheben wollte, setzte man eine Reproduktion der Cella auf das Dach und schuf so eine Art oberen Tempel, dessen Außenmauern mit Abbildern der Göttin, Vishnus und Suryas verziert wurden. Weitere Dekorationen findet man nur im Portikus, deren Balustrade *purnakalasha*, „Gefäße des Über-

flusses", zieren, aus denen Pflanzenvoluten wachsen. Sie symbolisieren das Leben, das sich aus dem aquatischen Leib der Natur materialisiert. In die Säulen sind Liebespaare und göttliche Figuren gemeißelt.

Der Durga-Tempel war ursprünglich vermutlich Vishnu geweiht. Er verfügt über die apsidiale Form der *caitya*, einer buddhistischen Kultstätte, und steht auf einer hohen Basis, die mit *kudu* (Hufeisenbogen) verziert ist. Ein Portikus mit zwölf Säulen, der über zwei Treppen zugänglich ist, zeigt die architektonische Neuerung eines erhabenen Bereichs zwischen vier zentralen Säulen, der ein offenes Vestibül zu bilden scheint. Von hier gelangt man in den apsidialen Raum mit drei Schiffen. Die beiden Seitenschiffe weisen niedrigere Decken auf und bilden zugleich den Wandelgang um die Cella, die sich in der Apsis befindet. Über vergitterte Fenster fällt Licht in den Raum.

Das gesamte Gebäude – Vestibül, Schiffe und Cella – befindet sich in einer offenen säulenbestandenen Galerie, die einen zweiten Wandelgang schafft. Im Portikus zieren Statuen die eckigen, eleganten Säulen ohne Sockel. Die Cella liegt unterhalb des turmähnlichen Aufbaus, dem traditionellen *shikhara* der *nagara*-Architektur. Das *amalaka* fehlt jedoch.

Der *shikhara* im *nagara*-Stil ist ausgesprochen stark gekrümmt, was an späteren Tempeln deutlich wird, wie dem Tarappagudi mit Portikus, rechteckiger *mandapa* (mit flachem Dach und erhöhtem Mittelbereich) und einer im hinteren Teil befindlichen Cella. Ein weiteres Beispiel für einen Tempel mit *shikhara* ist der Hucchimalligudi, den jedoch zusätzlich eine hufeisenförmige Nische mit einem tanzenden Shiva schmückt. Er unterscheidet sich auch dadurch von anderen Tempeln, dass er über einen großen heiligen Teich verfügt und über eine hohe Basis, auf der ein Portikus in einen rechteckigen Pavillon mit Flachdach führt, der sowohl die quadratische Cella als auch das Vestibül enthält, die beide durch den Wandelgang vom übrigen Bauwerk getrennt werden.

Pulakeshin I. (544–566) aus der Chalukya-Dynastie verlegte die Hauptstadt nach Vatapi (heute Badami), das etwa 50 km von Aihole entfernt liegt. Die Stadt erlebte ihre Blütezeit unter der Herrschaft von Pulakeshin II. (610–642). Nach seiner Ermordung und der Übernahme der Stadt durch die

Pallava-Dynastie von Kanchipuram im Jahr 642 verlor Vatapi zunächst an Bedeutung, bis Vikramaditya I. (655–681), der Sohn Pulakeshins II., Kanchipuram eroberte und die Autonomie für die Chalukya-Dynastie wiedererlangte.

Badami liegt am Ufer des künstlich angelegten Bhutanatha-Sees, der Shiva als Herrn der Bhutas (der Geister, die ihn begleiten) geweiht und auf zwei Seiten von Felsen umgeben ist. Grabungen in den südlich gelegenen Felsen brachten vier Höhlentempel ans Tageslicht, wobei drei aus dem 6. Jahrhundert datieren und einer im 7. Jahrhundert angelegt wurde. Höfe, die vermutlich einst von Mauern umgeben waren, liegen vor den Tempeln, die aus einer Veranda, einem Vestibül mit Säulen und einer Cella bestehen. Alle Räume sind mit prächtigen Hochreliefs ausgestattet. Die Pfeiler und Säulen (quadratisch auf der Veranda und achteckig im Vestibül) auf stufenförmigen Sockeln zieren Medaillons und kunstvoll gearbeitete Kapitelle. Die Kassettendecken und Konsolen erinnern an ältere Holzbauten.

Höhle 1 war Shiva geweiht. Die Veranda mit dekorierten Pfeilern steht auf einer Plinthe mit einem Fries, den Ganas zieren, Genien aus Shivas Hofstaat. Über die Veranda gelangt man in das Vestibül mit Säulen und verschiedenen Darstellungen Shivas an den Wänden, wie zum Beispiel als Hari-Hara (Shiva und Vishnu zu einer Figur verschmolzen) und als Ardhanariswar, dem androgynen Gott. Der Sinn dieser Figuren und des kleinen Lingayoni in der Cella lag in der Betonung der Polarität des Daseins, die innerhalb eines Wesens existiert.

Höhle 2 war Vishnu geweiht. Sie verfügt über eine Veranda mit vier Säulen und zwei Pfeilern, die von Dvarapalas (Türwächtern) beschützt wird. Die Reliefs verherrlichen zwei Herabkünfte Vishnus. Die erste ist Varaha, der Eber, der die Erde vom Grund des Ozeans rettete, die zweite ist Vamana, der Zwerg, der mit „drei Schritten“ *(trivikrama)* Luft und Himmel zurückeroberte, die der Dämon Bali gestohlen hatte. Konsolen, Friese und falsche Stützbalken sind mit weiteren mythologischen Szenen und mit Medaillons mit Liebespaaren *(mithuna)* geschmückt, die sich auf Fruchtbarkeit und Vollkommenheit beziehen.

Höhle 3 ist die schönste von allen und trägt eine Inschrift, die besagt, dass sie im Jahr 578 auf Befehl von Mangaleswar, dem Bruder von König Kirtivarman I. (566–596) geschaffen wurde. Eine Veranda, die einen quadratischen Hof umgibt, schmückt ein Fries mit Ganas. Die sechs Säulen und die beiden Endpfeiler sind mit Medaillons, prächtigen Kapitellen und gebogenen Konsolen verziert. Im Innern erscheint Vishnu in verschiedenen Formen, majestätisch auf der Weltenschlange Shesha thronend, als Varaha, Vamana und als Narasimha, der Löwenmann. Die Deckenverzierungen weisen noch Spuren von Bemalung auf: Man sieht Götter, Gandharvas (die Musikanten des Gottes), Vidhyadharas („Überbringer der Weisheit“) mit Girlanden und Blumen, Nagas (halb Mensch, halb Schlange) und andere mythologische Kreaturen. Vier außergewöhnliche achteckige Säulen trennen die Veranda vom Vestibül und der dahinter liegenden Cella.

240 Künstlich angelegte Seen waren für die Siedlungen genauso wichtig wie Befestigungen. Badami wurde noch zusätzlich durch die beiden Felsausläufer geschützt. Das Foto zeigt die Wände und Bastionen des Ranamandala, des Felsens im Süden, in dem sich die Höhlen befinden.

241 links Höhle 2 aus dem 6. Jahrhundert war Vishnu geweiht. Das Detail zeigt den Gott in Gestalt des Zwerges Vamana.

241 Mitte Der Wächter mit dem Dreizack beweist, dass Höhle 1 Shiva geweiht war. Man erkennt den Gott auch in dem darüber befindlichen Relief zusammen mit seiner Frau Parvati auf dem Stier Nandi.

241 oben rechts Höhle 3 wurde im Jahr 578 angelegt und gilt als das schönste Heiligtum von Badami. Die lebendige Dekoration des Frieses am Sockel zeigt Ganas (Genien im Gefolge Shivas) und die Säulen zieren kunstvolle Muster.

241 unten rechts Der Zwerg Vamana erscheint noch einmal in Höhle 3 auf Reliefs mit Darstellungen Vishnus und Shivas, was belegt, dass es zwischen den beiden religiösen Strömungen keine klare Abgrenzung gab.

242 Auf diesem Detail von der Westwand des Azar Shivalaya erkennt man Krishna im Kampf gegen die giftige Schlange Kaliya, die im Fluss Jumna lebt.

242–243 Der Azar-Shivalaya-Tempel aus dem 7.–8. Jahrhundert hat einen pyramidenförmigen Dachaufbau. An der Spitze thront eine Reproduktion der inneren Cella, die auch als Hochtempel bezeichnet wird.

243 oben Die beiden Türme in der Befestigungsanlage von Badami sind zeitlich schwer einzuordnen und ihr Zweck ist unbekannt. Sie wurden in Trockenbauweise errichtet und haben kleine, erhöht liegende Öffnungen. Vielleicht dienten sie als Getreidesilos.

Höhle 4 weist dieselben baulichen Merkmale wie die anderen Höhlen auf. Es handelt sich dabei um eine jainistische Höhle, die mit Abbildern von Parshva, dem 23. Tirthankara, und von Adinatha, dem ersten Tirthankara geschmückt ist.

Drei Tempel stehen auf der Nordseite der Felswände von Badami. Der bedeutendste ist Malegitti Shivalaya, der Tempel der „Kranzbinderin", der Shiva geweiht war

243 unten Die Cella in Höhle 4 enthält eine Skulptur Adinathas, des ersten Tirthankara, mit Reliefs der anderen Propheten zu beiden Seiten und mit zwei Wächtergottheiten an den Ecken. Die Nacktheit der Figuren indiziert, dass die Höhle von Digambara angelegt wurde. Das extreme Armutsgelübde dieser Mönche verbot sogar das Tragen von Kleidung.

und vermutlich gegen Ende des 7. oder zu Beginn des 8. Jahrhunderts entstand. Er ist ein typischer Vertreter der drawidischen Architektur mit einem Portikus, einer *mandapa* mit vergitterten Fenstern in den Nischen und einer Cella, der ein kleines Vestibül vorangeht. Die Architektur der Pallavas beeinflusste das Dach der *mandapa.* Es ist flach und entlang des Überhangs mit Miniaturbauwerken besetzt. Den Überhang selbst zieren *kudu,* Hufeisenbogen, die mit Gesichtern bemalt sind, sowie eine niedrige Pyramide mit Miniaturpavillons, gekrönt von einer achteckigen Kuppel über der Cella.

Der nahe gelegene Tempel, der auch als Unterer Shivalaya bekannt ist, trägt über der Cella eine interessante pyramidenförmige Überdachung mit einer achteckigen Kuppel und einem Wassergefäß. Der Obere Shivalaya, auch Azar Shivalaya genannt, hat zwar den gleichen pyramidenförmigen Turmbau, steht jedoch auf einer Basis, die von Elefanten getragen wird. Die Cella umgibt ein Wandelgang.

Der Jambulinga-Tempel steht in einem Wohngebiet von Badami. Er wurde gegen Ende des 7. Jahrhunderts der Trimurti geweiht, der göttlichen Dreigestalt, bestehend aus Brahma, dem Schöpfer des Universums,

243 Mitte Die jainistische Höhle 4 wurde 100 Jahre später als die anderen Höhlen von Badami erbaut, weist aber dieselbe traditionelle Dreiteilung in Veranda, Portikus und Cella auf. Der Hof ist gepflastert und leicht abschüssig angelegt, damit das Regenwasser abfließt.

244 oben links Das Museum am Ufer des Bhutanatha-Sees beherbergt interessante Fundstücke aus Badami und Umgebung, wie zum Beispiel dieses Relief mit dem tanzenden Shiva.

Vishnu, dem Beschützer, und Shiva, dem Zerstörer. Der Tempel erhielt nachträglich ein Ziegeldach. Vermutlich war der Jambulinga einer der ersten *trikurta*-Tempel, das heißt, er war auf drei Seiten mit einer Cella versehen. Dem Tempel vorgebaut sind ein großer Portikus und eine *mandapa*.

Wenn man am Ufer des Bhutanatha-Sees entlanggeht, erreicht man mehrere idyllisch gelegene Gebäude. Eines davon ist der Mallikarjuna-Tempel, der im 10.–12. Jahrhundert vom Kalyani-Zweig der Chalukyas

erbaut wurde. Etwas weiter östlich befindet sich der Tempelkomplex von Bhutanatha, der zwischen dem 7. und dem 13. Jahrhundert errichtet wurde. Dem Hauptgebäude geht ein offener Portikus mit Hypostylos voran. In der *mandapa* kann man massive, spiralförmige Säulen bewundern, die das heraldische Muster der Hoysala-Dynastie tragen. Nicht weit davon entfernt steht ein kleiner, halb in den Fels gebauter Tempel aus dem 6. Jahrhundert. Er ist mit einem Hochrelief verziert, das Vishnu auf der Weltenschlange Shesha darstellt.

Außerhalb des Wohngebietes steht der elegante Dattatreya-Tempel, der erst nach dem 12. Jahrhundert erbaut wurde. Er verfügt über eine offene *mandapa* mit Hypostylos und einen pyramidenförmigen Dachaufbau mit *kudu*. Der Tempel ist einer Form Shivas geweiht, die alle drei Götter der Trinität in sich vereint.

245 Der Haupttempel in Bhutanatha wurde vermutlich im 7. Jahrhundert errichtet. Er verfügt über ein pyramidenförmiges Dach, gekrönt von einem Hochtempel, einem Element, das dem der beiden Shivalaya-Tempel ähnelt. Der offene Pavillon mit Hypostylos wurde nachträglich vorgebaut.

244 oben rechts Einige Gebäude in der Nähe des Sees sind in den Fels gehauen. Das letzte Relief auf dem Foto zeigt Vishnu als Narasimha, den Löwenmann, der einen Dämon besiegt.

244 Mitte Der Tempelkomplex von Bhutanatha umfasst mehrere Bauten aus dem 7.–13. Jahrhundert am Ufer des gleichnamigen Sees. Sie waren Shiva als Herrn der Bhutas (Geister) geweiht.

244 unten Die Stelen mit Nagakalas (Schlangen), die in der Regel Kobras beim Paarungstanz darstellen, sind Votivgaben, die meist von einem Paar mit unerfülltem Kinderwunsch dargebracht wurden.

246 oben Die dreiteilige Struktur des Virupaksha-Tempels (8. Jahrhundert) in Pattadakal (der zweiten Hauptstadt der Chalukyas) ist deutlich zu erkennen: Die Basis mit dem Löwenfries, die Wände mit Vorsprüngen und Nischen und das Gebälk mit Miniaturpavillons, über dem das Pyramidendach errichtet wurde.

246 unten Sakralbauten wurden nicht immer von Männern in Auftrag gegeben. Zwei der bedeutendsten Bauwerke in Pattadakal, die Tempel Virupaksha und Mallikarjuna, entstanden auf Geheiß der Schwestern Lokamahadevi und Trailokyamahadevi, den Königinnen Vikramadityas II. Das Foto zeigt ein Detail von einem Architrav im Mallikarjuna-Tempel.

Pattadakal, das etwa 20 km von Badami entfernt liegt, ist auch als Pattada Kisuvolal, „Stadt der Rubine der Krone", bekannt. König Vikramaditya I. (655–681) erwählte Pattadakal zu seiner Hauptstadt, da Badami zu jener Zeit noch von den Pallavas besetzt war. Im Jahr 731 nahmen die Chalukyas Kanchipuram ein und kamen in Kontakt mit der Kunst der Pallavas, was zur Folge hatte, dass viele Tempel in Pattadakal die erfolgreiche Fusion beider Stile reflektieren.

Diese Verschmelzung erreichte ihren Höhepunkt unter Vijayadiya (696–733) und unter Vikramaditya II. (733–746). Die Tempel Virupaksha, Mallikarjuna und Sangameswar zählen zu den bedeutenden Heiligtümern mit einem *vimana* und sind herrliche Beispiele für die drawidische Architektur, während der Papanatha die *nagara*-Architektur repräsentiert. Die vielen Inschriften liefern wertvolle Informationen über Wohltäter, Künstler, Architekten und Bildhauer, die am Bau beteiligt waren.

Der Virupaksha-Tempel wurde 740–744 auf Geheiß der Königin Lokamahadevi erbaut, zu Ehren des Sieges ihres Gemahls Vikramaditya II. über die Pallavas in Kanchipuram. Die Inschriften nennen Gunda als Architekten *(sutradhara)* und berichten, dass der König Baumeister und Handwerker aus dem Königreich seines Rivalen anforderte. Dies erklärt die vielen Ähnlichkeiten zwischen dem Virupaksha in Pattadakal und dem Kailashanatha in Kanchipuram.

Der Tempel steht in einem großen Hof mit zwei Eingängen, wobei den Haupteingang ein *gopura* krönt. Das erste Gebäude hinter dem Eingang ist der Nandi-Pavillon mit runden Säulen, die auf kubischen Sockeln stehen. Der Pavillon birgt eine Statue von

246–247 Die Tempel von Pattadakal weisen unterschiedliche Baustile auf. Hier sieht man die Heiligtümer Sanghameswar (links), Kashivishveswar (Mitte) und Mallikarjuna (rechts). Der Kashivishveswar-Tempel ist im nagara-*Stil erbaut und hat einen* shikhara. *Die beiden anderen sind Vertreter des drawidischen Stils.*

247 Friese mit Episoden aus der epischen Dichtung zieren die Schäfte der massiven Pfeiler, die die mandapa *des Mallikarjuna-Tempels aus dem 8. Jahrhundert stützen. Statische Architrave verbinden die Konsolenkapitelle, auf denen das Flachdach des Pavillons der Gläubigen ruht.*

Shivas Stier aus schwarzem Stein. Drei Portiken mit kreuzförmigem Grundriss führen zur *mandapa* mit Hypostylos. Die Flachreliefbänder an den Säulen erzählen unter anderem Episoden aus den beiden epischen Dichtungen „Mahabharata“ und „Ramayana“. Ein Wandelgang umgibt die Cella, vor der sich ein Vestibül mit zwei seitlichen Kapellen befindet. Die rechte Kapelle ziert das Abbild von Durga Mahishasuramardini, „diejenige, die den Dämonbüffel Mahisha tötet“. Der *vimana* verfügt über drei Etagen mit Terrassen, die von Miniatur-

pavillons gesäumt werden. Er wird von einer quadratischen Kuppel gekrönt, deren Spitze ein Wassergefäß bildet.

Den Übergang vom Dachaufbau der Cella zu dem der *mandapa* bildet ein erhöhtes Giebelfeld am Vestibül, ein Vorläufer des *shukanasa,* der vorspringenden Wand, die als verbindendes Dach fungiert.

An den Außenmauern kontrastieren die vertikal angelegten Nischen für die Statuen mit den horizontalen Linien der Formplatten an der Basis des Gebäudes. Die Statuen sind kunstvoll gearbeitet, wobei die Sinnlichkeit ihrer Körper durch die S-förmige Haltung der Statuen *(tribhanga)* verstärkt wird, die von den Hüften ausgeht.

Trailokyamahadevi, die zweite Königin Vikramadityas II. und jüngere Schwester von Lokamahadevi, gab den Mallikarjuna in Auftrag, den Zwillingstempel des Virupaksha, der sich unmittelbar neben diesem befindet. Auch dieses Heiligtum sollte den Sieg des Königs in Kanchipuram verherrlichen. Die mythologischen Szenen in der *mandapa* bestechen durch ihre Lebendigkeit und die Hamsas (Gänse, die die Seele symbolisieren) an der Decke wechseln sich ab mit Elefanten, fliegenden Geistern und

Fabelwesen. 18 Pfeiler ohne Sockel tragen das Gewicht des Gebäudes. Im Gegensatz zum Virupaksha-Tempel gipfelt das Pyramidendach in einer runden Kuppel.

Der Papanatha-Tempel steht ebenfalls nahe beim Virupaksha und wurde gegen Ende des 7. oder Anfang des 8. Jahrhunderts im *nagara*-Stil erbaut. Sein hübscher Nandi-Pavillon indiziert, dass er von einem Vishnu-Tempel in ein Shiva-Heiligtum umgewandelt wurde. Die Proportionen des Gebäudes wirken stark verlängert, was der beachtlichen Länge des Vestibüls zu verdanken ist. Der fehlende *amalaka* am Dach und die Balustrade mit Miniaturpavillons an der Basis des *shikhara* verleihen dem Tempel ein hybrides Aussehen. Der Dekor und die Statuen zeugen von dem hohen Standard, den die Kunst der Chalukyas erreicht hatte, wobei die *mithuna* und die Decken, auf denen Nagas dargestellt sind, besonders auffallen. Die Inschriften nennen Baladeva und Changamha als Bildhauer sowie Revadi Ovajja als Baumeister des Tempels.

Den *nagara*-Stil erkennt man auch am Jambulinga-Tempel, dem eine kleine *mandapa* vorgebaut ist, am Galaganatha-Tempel mit Vestibül und einer Cella mit Wandelgang, über der ein *shikhara* und ein *amalaka* thront, sowie am Kashivishveswar-Tempel ohne *shikhara*. Letzterer war Shiva geweiht und wurde vermutlich im 8. Jahrhundert erbaut. Er verfügt über eine prächtige *mandapa* mit bewundernswerten Reliefs und Verzierungen an Säulen und Decken. In der Cella erscheint das Göttliche in Form eines Linga.

Die unproportionierte Länge des Papanatha-Tempels wurde im Sangameswar-Tempel durch eine Verkleinerung des Vestibüls korrigiert, das zu zwei Nebencellae führt. Das Heiligtum in rein drawidischem Stil

248–249 Der Sangameswar-Tempel in Pattadakal (7.–8. Jahrhundert) verfügt über einen der schönsten vimana *(pyramidenförmiger Dachaufbau der Tempel Südindiens). Zwei Reihen Miniaturpavillons bilden die Brüstungen der ersten und der zweiten Etage. In der dritten dienen sie als Sockel für die quadratische Kuppel, eine Reproduktion der Cella im Tempelinnern.*

249 links Über der Nische des Gottes am Kada-Siddheswar-Tempel (7.–8. Jahrhundert) thront ein Giebel (udgama)*, der aus mehreren Blendbogen besteht. Der dargestellte Gott verkörpert Hari-Hara, die synkretisierte Version von Shiva und Vishnu.*

248 Der gegen Ende des 7. oder zu Beginn des 8. Jahrhunderts erbaute Papanatha-Tempel befindet sich zwar in sehr schlechtem Zustand, doch der tanzende Shiva auf dem Fries ist noch immer gut zu erkennen.

249 oben rechts Die Tempel Galaganatha und Jambulinga, beide im nagara*-Stil, sind links vom Sangameswar zu erkennen. Der shikhara des Galaganatha (7. Jahrhundert) wird von einem* amalaka *gekrönt. Der Tempel ist bekannt für ein Relief, auf dem Shiva den Dämon Andhaka tötet.*

249 unten rechts Der Papanatha-Tempel wurde in mehreren Phasen errichtet. Die Cella mit der vorgebauten mandapa *umgibt ein Wandelgang mit drei Portiken. Später fügte man im Osten einen Pavillon mit Hypostylos an. Der* shikhara *entspricht zwar dem* nagara*-Stil, weist jedoch viele Merkmale der drawidischen Architektur auf.*

wurde 725 von König Vijayaditya (696–733) gestiftet. Es besitzt einen dreistöckigen *vimana*, dekoriert mit Miniaturgebäuden, der vom Arjunaratha-Tempel in Mahabalipuram inspiriert ist. Die Hauptcella umgibt ein Wandelgang, dessen Fenster mit durchbrochenen Steinplatten abgedeckt sind. In der *mandapa* verdient der Fries mit Ganas unterhalb der Decke Beachtung. Paka, der Name des Bildhauers, der zwei Säulen schuf, ist in einer Inschrift festgehalten.

Weitere sehenswerte Tempel in Pattadakal sind der kleine Kada Siddheswar mit seinen schönen Skulpturen und der drawidische Jainatempel aus dem 9. Jahrhundert.

In Mahakuta, nahe bei Pattadakal, findet man einige der ältesten Tempel aus der Chalukya-Zeit.

Nachdem es der Rashtrakuta-Dynastie gelungen war, die Macht der Chalukyas für kurze Zeit zu schmälern, gelangten diese im 10. Jahrhundert erneut zu erheblichem Einfluss, als Taila, der Gouverneur des nördlichen Rashtrakuta-Gebietes, 982 seine Zugehörigkeit zur Chalukya-Familie öffentlich bekannt gab und in Kalyani, nordwestlich von Hyderabad, eine unabhängige Dynastie gründete. Die meisten Tempel der Chalukyas entstanden unter dieser Dynastie, die im 11. und 12. Jahrhundert mehrere Sakralbauten mit offenen Räumen und Dachbauten sowohl im *nagara*-Stil als auch im drawidischen Stil errichten ließ.

Gadag ist ca. 80 km von Badami entfernt und das Zentrum eines Gebietes mit weniger bekannten Monumenten, fernab der Touristenrouten von Karnataka. Die Monumente der Stadt sind von überraschender Schönheit und lohnen einen Umweg. Interessant sind der Sarasvati-Tempel mit seiner anmutigen *mandapa* und der reich verzierte Trikuteswar-Tempel. Nicht weit entfernt, in Kukkanur, steht der Kalleswar-Tempel, der über einen Dachaufbau mit Miniaturpavillons verfügt, und in Lakkundi, etwa 12 km von Gadag gelegen, findet man den Kashivishveswar-Tempel. Seine Cella ohne Wandelgang ist mit einem großen Vestibül und einer *mandapa* mit kunstvollen Säulen verbunden. Interessant ist auch der Dodda-Basappa-Tempel in Dambal (ca. 20 km von Gadag entfernt), dessen sternförmiger

250 oben *Die Verzierungen an den Tempeln sind in der späten Chalukya-Zeit sehr kunstvoll. Das Foto zeigt ein Detail vom Kashivishveswar-Tempel in Lakkundi.*

Grundriss auf der Architektur der Hoysalas basiert. Ittagi, etwa 30 km von Gadag entfernt, ist für seinen Mahadeva-Tempel aus dem Jahr 1112 bekannt, der einen großen Pavillon mit Hypostylos und prächtigen Säulen aufweist sowie einen Dachaufbau mit einem *shukanasa*, der zum Dach der *mandapa* über dem Vestibül führt.

Etwa 50 km von Harihara entfernt blickt der Siddheswar-Tempel ungewöhnlicherweise nach Westen. Seine *mandapa* hat die

250 Mitte *Die erneute Machtergreifung der Chalukyas im 10. Jahrhundert führte zum Bau von Tempeln wie dem Kashivishveswar in Lakkundi. Seine längliche Form verdankt er den vorgebauten Pavillons.*

250 unten *Die Proportionen der Menschen betonen deren Bedeutung und nicht deren tatsächliche Größe. Hier ein Detail einer Kampfszene am Kashivishveswar-Tempel in Lakkundi.*

250–251 *Die reich verzierten Wände des Kashivishveswar-Tempels scheinen den sternförmigen Grundriss der späteren Bauwerke der Hoysalas bereits zu ahnen. Es ist jedoch auch möglich, dass die Hoysalas, die im 12. Jahrhundert die Chalukyas in Lakkundi ablösten, einige Tempel ihrer Vorgänger umbauen ließen.*

251 links Zum Komplex von Gadag gehören viele Tempel aus der späten Chalukya-Zeit, deren Hauptmerkmal offene Pavillons mit breiten Dächern und verzierten Säulen sind. Der Tempel auf dem Foto war Sarasvati geweiht, der Göttin des Wissens.

251 rechts Die Nischen mit den Götterstatuen am Trikuteshwar-Tempel (11. Jahrhundert) in Gadag sind nicht mehr so tief und durch Pilaster verlängert, die von Modellen des Pyramidendachs der Cella gekrönt werden.

252 links Die Chalukyas bauten zwischen dem 7. und dem 8. Jahrhundert den Tempelkomplex Nava Brahma in Alampur. Auf dem Foto sieht man den Arka- und den Kumara-Brahma-Tempel. Vor Letzterem stand einst ein dreistöckiger vedischer Feueraltar.

Form eines Kreuzes, mit drei Portiken und einem Vestibül, an dem vor allem die kunstvollen Fenstergitter auffallen. 30 km von Harihara entfernt befindet sich Kuruvatti mit dem Mallikarjuna-Tempel, dessen Skulpturen zu einem Besuch einladen.

Der Tempelkomplex von Alampur im Distrikt Kurnool (Andhra Pradesh) zeigt den stilistischen Einfluss von Pattadakal. Die neun Tempel innerhalb der befestigten Einfriedung wurden gegen Ende des 7. und im 8. Jahrhundert erbaut. Sie sind zwar Shiva geweiht, aber nach Brahma benannt, dem Schöpfer des Universums. Die Tempel sind alle ähnlich angelegt mit einer Cella, einem breiten Wandelgang und einem Vestibül in der *mandapa* (mit Hypostylos), der manchmal ein Portikus vorgebaut ist. Exzellente Darstellungen des shivaitischen Pantheons sind in den Nischen zu sehen. Die *shikhara* mit drei Hauptvorsprüngen und Abschlusselementen in Form von *amalaka* erinnern an den Papanatha-Tempel in Pattadakal.

Zu den ältesten Tempeln von Alampur gehört vermutlich der Kumara Brahma. Er besteht aus einem Portikus mit vier Säulen und einer *mandapa* mit Cella. In den Nischen des vierstöckigen *shikhara* des Bala Brahma thronen Dikapalas (Wächter der Himmelsrichtungen). Arka Brahma und Vira Brahma entsprechen dieser Bauweise, wenngleich in größeren Dimensionen und mit reichhaltigerem Dekor. Der Svarga Brahma, der dem Chalukya-König Vinayaditya (681–696) zugeschrieben wird und über herrliche Reliefs verfügt, gilt in seiner Ausgewogenheit von Dekor und Architektur als vollkommener Repräsentant dieses Stils. Beim Vishva Brahma dagegen wurde mehr Wert auf die plastische Dekoration gelegt, so dass seine *mandapa* mit den Löwensäulen im Stil der Pallavas und den Kapitellen mit Vidhyadharas überaus elegant wirkt. Der Garuda Brahma ähnelt stilistisch dem Vishva Brahma. Aufgrund der fehlenden Innovationen ahnt man hier bereits den Niedergang der Architektur in der Chalukya-Dynastie.

252 rechts Eines der Hauptmerkmale der Tempel in Alampur ist der Ziergiebel (udgama) *über den Wandnischen, der von kunstvoll verflochtenen Bogen gebildet wird, wie hier am Garuda-Brahma-Tempel.*

252–253 Der Svarga-Brahma-Tempel verfügt über eine elegante mukhamandapa, *in der die Basen und Kapitelle der Säulen mit* ghatapallavas *(Vasen mit Blättern) verziert sind. Den* amalaka *krönt anstelle des üblichen Wassergefäßes das* akashalinga, *das Linga aus dem ätherischen Raum.*

253 oben In der mandapa *des Garuda-Brahma-Tempels (8. Jahrhundert) beweist der Stier Nandi, dass das Heiligtum Shiva geweiht war. Dies gilt auch für die anderen Tempel.*

253 Mitte Dieses Detail stammt vom Svarga-Brahma-Tempel zeigt den tanzenden Shiva in einem kudu, *dem beliebten Hufeisenbogen.*

253 unten In Alampur ist der Dachaufbau der Cella ein shikhara. *Der* shukanasa, *den man hier am Vishva- und am Vira-Brahma-Tempel sieht, bildet den Rahmen für herrliche Statuen.*

Von Belur nach Somnathpur: Die Tempel der Hoysalas

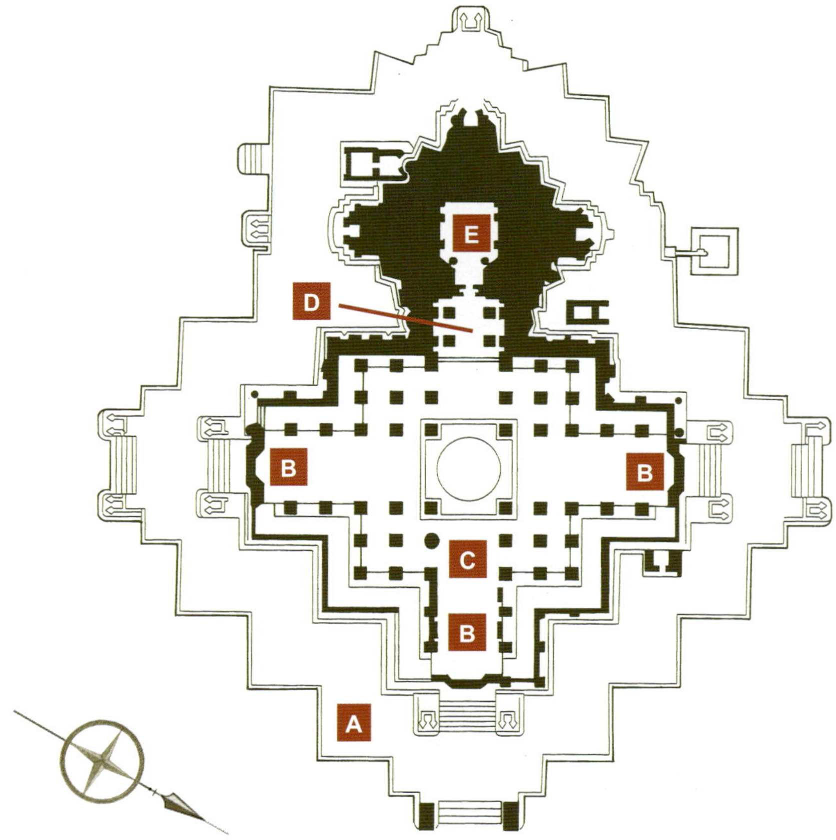

Cannakeshava-Tempel

A Pradakshinapatha (Wandelgang)
B Mukhamandapa (Portikus)
C Mandapa (Pavillon mit Hypostylos)
D Antarala (Vestibül)
E Garbhagriha (Cella)

254 oben Dieses Tempeldach des Komplexes in Belur zeigt Spuren von Vergoldung, vermutlich eine Reverenz an die Sonne. König Bittiga ließ den Cannakeshava-Tempel im Jahr 1117 errichten. Der Herrscher war vom Jainismus zum Hinduismus konvertiert und hatte seinen Namen in Vishnuvardhana geändert.

254 unten Dieses häufig zu findende Motiv eines Raubtieres auf einem Elefanten verkörpert vielleicht den Sieg der Hoysalas über einen Rivalen.

Der Untergang der Chalukyas um die Mitte des 11. Jahrhunderts ermöglichte den weniger bedeutenden Dynastien der Yadavas, Kakatiyas und Hoysalas, die bis zu diesem Zeitpunkt nur als Vasallen gedient hatten, sich zu etablieren. Sie beanspruchten Autonomie und ließen beeindruckende Tempelkomplexe von innovativem architektonischem Design errichten.

Die Hoysalas hatten sich nach Sala benannt, dem Anführer ihres Clans, der seine Position der Tatsache verdankte, dass er im Kampf einen Tiger getötet hatte. Einige Jahrhunderte lang kontrollierten die Hoysalas ganz Südkarnaka. Im Jahr 1346 war der Untergang der Hoysala-Familie nach mehreren Angriffen der Moslems besiegelt und das nahe gelegene hinduistische Königreich Vijayanagara konnte sich etablierten.

Wendet man sich nach Süden, gelangt man zu den bekannteren Orten der Hoysala-Dynastie. Belur, das antike Velapur, liegt etwa 30 km von Hassan entfernt im Staat Karnataka. Der jainistische König Bittiga wurde von dem großen Philosophen Ramanuja zum Hinduismus bekehrt und änderte seinen Namen in Vishnuvardhana. Nachdem der Herrscher die Cholas im Jahr 1117 besiegt hatte, ließ er den Cannakeshava-Tempel erbauen. Das Heiligtum wurde 1327 von den Moslems zerstört, jedoch 1397 von den Vijayanagara-Königen wieder aufgebaut, die ein monumentales *gopura* am Osteingang anfügten. Die weitläufige Einfriedungsmauer umrahmt einen heiligen Teich und verschiedene Gebäude. Sie wird gesäumt von einer Kolonnade und ist mit Statuen verziert. Das Herz des Komplexes bildet jedoch der Tempel, der Vishnu als Keshava („mit fließenden Locken") oder in seiner Herabkunft als „der Strahlende" geweiht ist. Die Cella vom Typ *pancaratha* (mit fünf Vorsprüngen) umgibt ein Wandelgang *(pradakshinapatha)*, der diese Form wiederholt und so den sternförmigen Grundriss betont.

Die drei Hauptvorsprünge der Cella öffnen sich zu zweistöckigen Balkonen, die in Form von Tempelwagen die Abbilder des Göttlichen vom zentralen Bereich des Gebäudes näher zu den Gläubigen bringen, die darum herum gehen. Wie der fehlende *shikhara* ausgesehen haben mag, lässt sich anhand der Tempelmodelle erahnen, die an den Treppen zur *mandapa* stehen. Dieses Gebäude wurde separat errichtet und trägt prächtig gestaltete Fenstergitter sowie opulente Figuren himmlischer Nymphen an den Säulenkonsolen. Den breiten, kreuzförmig angelegten Raum gliedern Säulenunikate, die teilweise von den Künstlern signiert und mit Namen bedacht wurden, wie zum Beispiel die Narasimha-Säule, die sogar drehbar ist. Die Säulen der beiden Hauptschiffe der *mandapa* bilden in der Mitte des Raumes ein Quadrat, auf dem das Gewicht der mittleren Decke ruht. In der Cella befindet sich ein reich verziertes Abbild Keshavas.

Der Cennigaraya-Tempel wird Königin Shantala Devi zugeschrieben, der kultivierten Gemahlin Vishnuvardhanas. Er ähnelt in Bauart und Verzierung seinem Nachbartempel, erreicht jedoch nicht dessen Dimensionen.

14 km von Belur entfernt liegt heute die Stadt Halebid an der Stelle, an der sich einst Dvarasamudra befand, die „alte Residenz" und einstige Hauptstadt der Hoysalas. Der Hoysaleswar-Tempel galt als wichtigstes Gebäude der Stadt. Er war von dem Architekten Kedaraja unter der Oberaufsicht von Ketamalla, dem Verantwortlichen für öf-

254–255 Sala, der erste König der Hoysalas, dem die Herrscherfamilie auch ihren Namen verdankt, kämpft vor dem Cannakeshava-Tempel gegen ein Monster. Dieses ikonographische Motiv war vermutlich eine Art Wappen der Dynastie.

255 oben Die mandapa *des Cannakeshava-Tempels war ursprünglich offen. Sie wurde erst später mit Fenstergittern versehen. Betrachtet man die Miniaturmodelle am Eingang, kann man sich gut vorstellen, wie das Dach des Tempels ausgesehen hat.*

255 unten Zur gemauerten Einfriedung des Komplexes von Belur gehört auch ein Portikus mit Reliefs und Votivstatuen. Dieser überdachte Bereich bot den Pilgern Unterkunft, die oft tagelang unterwegs waren, um diesen heiligen Ort zu erreichen.

Hoysaleswar-Tempel

A Pradakshinapatha (Wandelgang)
B Nandi-Pavillon
C Mukhamandapa (Portikus)
D Mandapa (Pavillon mit Hypostylos)
E Korridor
F Antarala (Vestibül)
G Garbhagriha (Cella)

fentliche Bauten, für König Narashima I. (1141–1182) errichtet worden. Der Hoysaleswar steht auf der üblichen sternförmigen Plattform und besteht aus zwei identischen Gebäuden, die Shiva und Parvati geweiht waren. Davor beherbergen zwei offene Pavillons die dynamisch wirkende Statue des Stieres Nandi, Shivas Reittier. Die *mandapa* kann über zwei der drei mit Säulen bestandenen Querschiffe betreten werden, das dritte verbindet die beiden Räume. Jedes besitzt seine eigene sternförmige Cella, ein kleines Vestibül und drei kleinere Sanktuarien.

Der Dachaufbau des Hoysaleswar-Tempels ist zwar nicht erhalten, aber sein Aussehen lässt sich aufgrund der Miniaturversionen, die den Tempeleingang zieren, sehr genau rekonstruieren. Die Basis, auf der das gesamte Bauwerk ruht, ist kunstvoll gearbeitet und weist Friese in symbolischer Reihenfolge auf, die Elefanten und andere starke Tiere zeigen. Darüber repräsentieren Löwen die Dynastie und die Macht des Königs. Eine Schlingpflanze als Symbol für die Essenz des Lebens beherbergt zwischen ihren Blättern die Darstellungen von Musikanten, Tänzerinnen und dem Hofstaat, der für gewöhnlich die Tempelwagen und die Fahrzeuge der Götter begleitet. Einer Prozession aus Pferden und weiteren Pflanzenornamenten folgen Szenen aus den großen epischen Dichtungen und den mythischen Zyklen, die sich vor dem Auge des Betrachters entfalten wie ein illustriertes Manuskript. Makaras symbolisieren das Wasser im Prozess der Reinigung und Transformation, und Darstellungen von Hamsas spielen auf die Seele an, die bereit ist, dem Göttlichen zu begegnen.

Der jainistische Parshvanatha-Tempel steht in unmittelbarer Nähe des Hoysaleswar-Tempels, aber im Vergleich zu diesem wirkt er relativ nüchtern. Er besitzt einen Portikus mit prächtigen Säulen, die Wände hingegen zieren lediglich einige Pilaster. Die schwarzen Säulen in der *mandapa* sind dagegen sehr schön und in der Cella befindet sich eine Statue Parshvas, des 23. Tirthankara. Seine Krone formt eine Kobra mit sieben Köpfen.

Bevor man sich nach Somnathpur begibt, wo ein weiteres Kleinod der Architektur der Hoysalas auf Besucher wartet, sollte man sich etwas Zeit nehmen, um weniger bekannte, aber ebenso bedeutende Tempel zu besichtigen. Im 42 km von Belur entfernten Ariskeri steht zum Beispiel der shivaitische Balleswar-Tempel, der 1220 auf Geheiß Ballalas II. erbaut wurde. Der sternförmige Grundriss wurde nicht nur auf die Cella übertragen, sondern auch auf die *mandapa* und den hübschen offenen Pavillon davor, so dass ein harmonisches und vollkommen wirkendes Bauwerk im Stil der Architektur der Hoysalas entstand.

In Doddagaddavalli, etwa 30 km von Hassan entfernt, stößt man auf den Mahalakshmi-Tempel, den ein reicher Kaufmann mit seiner Gemahlin im Jahr 1113 errichten ließ.

In Somnathpur befindet sich das schönste bisher entdeckte Heiligtum der Hoysalas, der Keshava-Tempel, der Vishnu geweiht

257 oben Die ersten Hoysala-Könige waren Jainisten. Deshalb beherbergt Halebid (der heutige Name Dvarasamudras, der Hauptstadt der Hoysalas) einen Parshvanatha-Tempel zu Ehren des 23. Tirthankara. Er verfügt über keinerlei Außendekor, sondern lediglich über einen Portikus mit prächtigen Säulen.

257 unten Der Hoysaleswar-Tempel ist ein Doppeltempel, der Shiva und Parvati geweiht war. Ein Korridor in der mandapa *(Foto) verbindet die beiden Gebäude miteinander. Das Sonnenlicht wird durch Fenstergitter mit rautenförmigen Öffnungen gefiltert.*

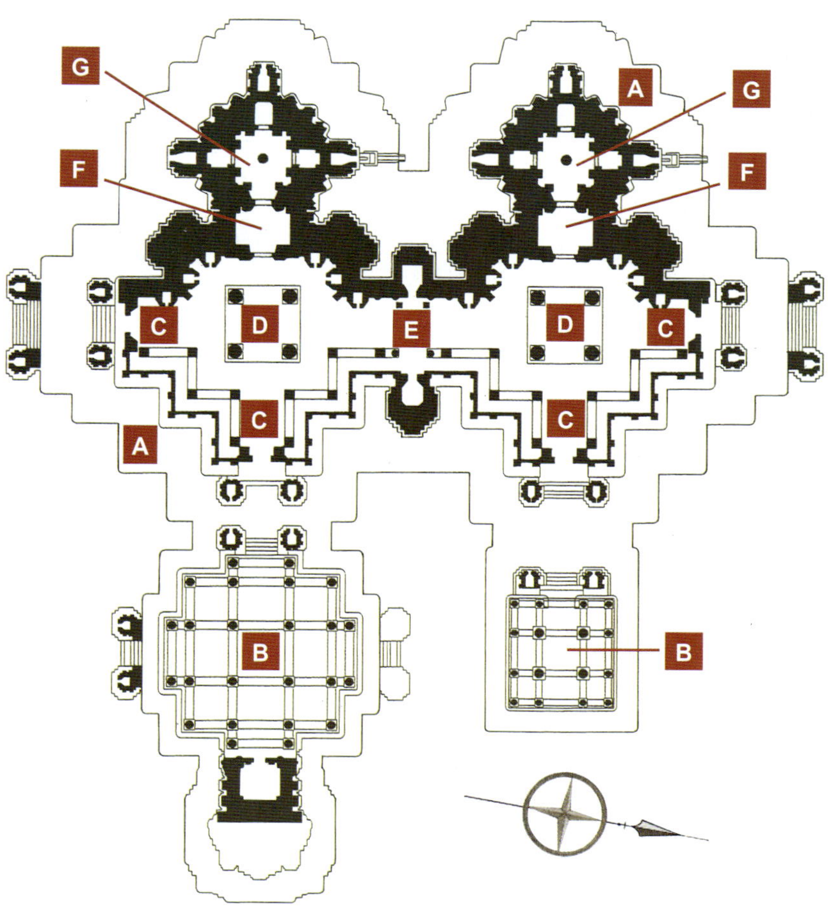

256 oben Am Hoysaleswar-Tempel in Halebid ist Ganesha zu sehen. Oft wird der Gott nur mit einem Stoßzahn dargestellt, weil er gemäß dem Mythos den anderen abbrach, um damit das „Mahabharata" aufzuschreiben, das ihm der Autor Vyasa diktierte.

256 unten Der Hoysaleswar-Tempel in Halebid wurde um 1150 in ähnlichem Stil erbaut wie der Cannakeshava-Tempel in Belur. Er steht auf einer sternförmigen Plattform, deren Friese man bewundern sollte, ehe man das Gebäude betritt.

256–257 Reihen von Elefanten und Löwen nehmen bei den Tempeln der Hoysalas generell die unteren Plätze der Friese ein. Eine Eigenart ist die Blume, die die Löwen mit ihren eingerollten Schwänzen umfassen. Hier eine Aufnahme vom Hoysaleswar-Tempel in Halebid.

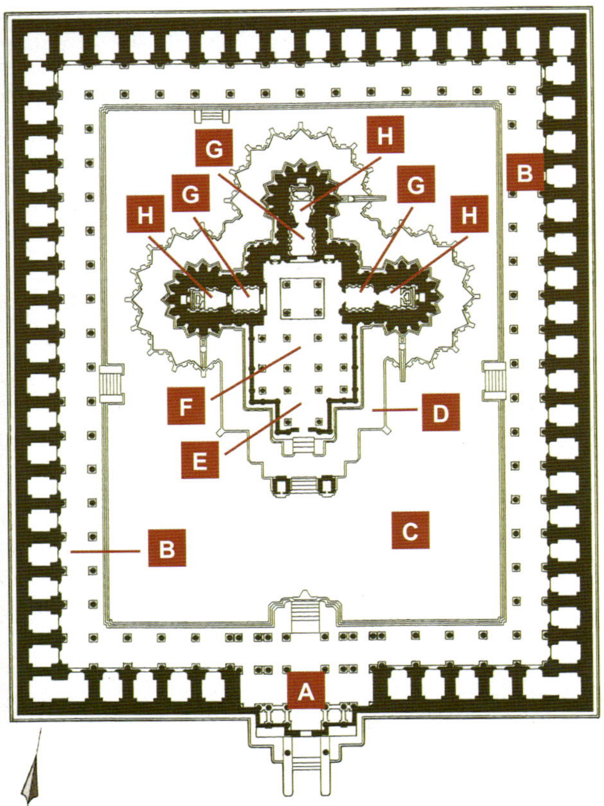

258 oben Der sternförmige Grundriss mit seinen vielen Vorsprüngen vergrößert die verzierbare Oberfläche eines Tempels. Die Skulpturen werden von Bogen oder Baldachinen umrahmt und durch opulenten Ornamentschmuck voneinander getrennt. Das Rad und die Muschel an der vorderen Statue auf diesem Foto vom Keshava-Tempel identifizieren die Figur als den Gott Vishnu.

258 unten Der völlig intakte Keshava-Tempel (1268) gehört zu den schönsten Heiligtümern der Hoysalas. Die Reihen von Einbuchtungen und Vorsprüngen scheinen auf die abwechselnde Expansion und Retraktion des Universums und auf das Ein- und Ausatmen anzuspielen, das den Menschen am Leben erhält.

258–259 Die Register der Friese sind in folgender Reihenfolge arrangiert (von unten nach oben): Elefanten, Pferde, Pflanzenornamente, Menschen, Makaras und Hamsas. Die Hamsas befinden sich ganz oben, da sie die Seele symbolisieren. Bemerkenswert ist die Ecklösung mit frontalen Darstellungen.

KESHAVA-TEMPEL

- **A** EINGANGSPORTAL
- **B** EINFRIEDUNGSMAUER MIT KOLONNADE UND ZELLEN
- **C** HOF
- **D** PRADAKSHINAPATHA (WANDELGANG)
- **E** MUKHAMANDAPA (PORTIKUS)
- **F** MANDAPA (PAVILLON MIT DOPPELTEM HYPOSTYLOS)
- **G** ANTARALA (VESTIBÜL)
- **H** GARBHAGRIHA (CELLA)

war. Er wurde im Jahr 1268 auf Veranlassung Somnaths, eines Ministers König Narashimas III. errichtet. Im Gegensatz zu den Bauten von Belur und Halebid, sind beim Keshava-Tempel die Dachtürme erhalten, so dass seine gesamte Erscheinung wesentlich harmonischer wirkt, als die der anderen beiden Heiligtümer. Die rechteckige Einfriedungsmauer enthält 64 Zellen und eine vorgebaute Veranda mit Hypostylos. Wenn man zu den Terrassen emporsteigt, wird man mit einem herrlichen Blick über den gesamten Komplex und auf die Sternform des Tempels belohnt, dessen vertikale Linien beinahe den Eindruck einer Spirale erwecken.

Die drei Cellae, denen jeweils ein Vestibül vorgebaut ist, gehen von einer rechteckigen *mandapa* aus und bilden einen Grundriss, der dem eines lateinischen Kreuzes ähnelt. Ein Portikus führt zur *mandapa,* die in zwei Bereiche unterteilt ist: einen mit zwölf und einen mit vier Säulen, wobei sich die Cellae in den letzteren Bereich öffnen. Die mittlere Cella birgt ein Abbild Keshavas. In den seitlichen Cellae findet man Darstellungen von Venugopala (Krishna, der Hirte mit einer Flöte) und Janardana (Vishnu, der Belohnungen verteilt). Die Basis des Tempels schmücken die üblichen Bänderverzierungen mit Elefanten, Pferden, Schlingpflanzen, mythologischen Szenen, Makaras und Hamsas sowie Nischen für die Götter und Miniaturgebäude.

Breite Traufen, die mit Girlanden verziert sind, bilden die Basis für den vierstöckigen Dachaufbau, der die Sternform der darunter befindlichen Mauern aufnimmt. Darüber thront eine doppelte Lotosblüte mit geöffneten Blütenblättern. Die zahlreichen Statuen, die minutiös ausgeführten Details, der reiche Dekor und die Vorsprünge und Einbuchtungen, die einander konsequent abwechseln, finden ihren Abschluss in dem Wassergefäß an der Spitze des Tempels. Es wirkt wie der Punkt, um den sich der gesamte Tempel als Repräsentation des Anfangs und des Endes der Spirale der Existenz dreht.

260 oben *Krishna hat die Kleider der badenden Gopis (Schäferinnen) auf einem Baum versteckt. Die Szene soll ausdrücken, dass sich der Geist vor seinem Gott nicht wegen seiner Nacktheit zu schämen braucht (Detail vom Ramappa-Tempel in Palampet).*

260–261 *Der Körper der himmlischen Nymphen am Ramappa-Tempel ist verlängert dargestellt. Dies ist ein typisches Merkmal der Kunst der Kakatiyas.*

Andhra Pradesh: Eine unerforschte Region

Andhra Pradesh ist eine Region, die oft vernachlässigt wird. Man findet hier jedoch die Spuren zweier sehr bedeutender Dynastien: der Östlichen Chalukyas und der Kakatiyas.

Das Oberhaupt der Östlichen Chalukyas war Vishnuvardhara, der Bruder des großen Pulakeshin II. (610–642), der die Küstenregion zwischen den Deltas der Flüsse Krishna und Godavari eroberte und sich als Vizekönig in Vengi niederließ, dem heutigen Rajahmudri. Mit den Traditionen der Chalukyas verbunden, aber offen für die Einflüsse aus den Gebieten der Pallavas im Süden und dem Kalinga-Reich in Orissa, entwickelten die Östlichen Chalukyas einen eigenen lokalen Stil.

Etwa 60 km von Rajahmudri entfernt, in Draksharama, befindet sich der shivaitische Bhimeswar-Tempel aus dem 9. Jahrhundert, den der Chalukya-König Bhima (892–922) errichten ließ.

In Bikkavolu, einem Dorf zwischen Rajahmudri und Samalkot, findet man mehrere drawidische Tempel aus dem 10. Jahrhundert, von denen drei verlassene außerhalb des Wohngebietes und drei noch genutzte innerhalb des Dorfes liegen.

Auf dem Weg nach Vishakhapatanam gelangt man, etwa 16 km vor der Stadt, nach Simhacalam. Hier steht ein Tempel aus dem 11. Jahrhundert in Form eines von Pferden gezogenen Wagens. Er war Vishnu als Varaha und als Narasimha (Eber und Löwenmann) geweiht, zwei der zehn wichtigsten Inkarnationen des Gottes.

Als Erben der lokalen Künstlertradition und als Interpreten der brahmanischen Kultur, die aus dem Norden importiert wurde, hinterließen die Katakiyas mehrere bemerkenswerte Tempel, zum Beispiel in Hanamkonda, der ersten Hauptstadt der Katakiyas, etwa 6 km nördlich von Warangal gelegen. Sie wurde 1162 von König Rudra Deva auf einem Hügel gegründet. Bei dem Tempel handelt es sich um ein Heiligtum für Vishnu, Shiva und Surya. Die drei Cellae sind über einen Pavillon mit Hypostylos verbunden, der dem „Raum der tausend Säulen" in tamilischen Gebieten ähnelt. Die Verzierungen an Säulen und Türen sind von hoher Qualität. Die äußere Portikus, der Raum mit Hypostylos und der Nandi-Pavillon wurden nachträglich angefügt.

68 km von Warangal entfernt liegt Palampet. Hier legten die Katakiyas einen riesigen künstlichen Teich an. Den nahe gelegenen Ramappa-Tempel ließ 1215 ein General von König Ganapati zu Ehren Shivas errichten. Er steht auf einer hohen Basis, ihm vorgebaut ist ein Nandi-Pavillon, in dem sich eine schwarze Basaltstatue von Shivas Reittier befindet. Zum Tempel gehören eine große *mandapa* mit drei Portiken und einer Cella mit einem Linga. In der *mandapa* befinden sich prächtige Säulen von unterschiedlichem Aussehen mit Skulpturen als Konsolen. Decke und Wände zieren Episoden aus den epischen Dichtungen und göttliche Darstellungen, wie zum Beispiel die Dikapalas (Wächter der Himmelsrichtungen), die mit Shiva tanzen. Die vielen Statuen aus schwarzem Basalt beeindrucken aufgrund der scharfen Gesichtszüge, der geschwungenen Augenbrauen und der etwas verlängerten Gliedmaßen, typische Kennzeichen für den Stil der Katakiyas. Die Surasundaris (himmliche Nymphen) in der *mandapa* sind oft tanzend oder in klassischen Posen dargestellt, wie zum Beispiel nackt und mit einer riesigen Kobra um die Schultern. Der Eingang zur Cella ist ebenfalls ungewöhnlich gestaltet. Das Motiv des Tanzes wiederholt sich auf dem Architrav. Es zeigt jedoch Shiva mit den *Saptamatrika*, den sieben Muttergottheiten, und Ganesha, Shivas elefantenköpfigen Sohn.

Obwohl abseits der Touristenrouten gelegen, verdient das Erbe dieser wenig bekannten und kurzlebigen Dynastie durchaus Beachtung, da es die Lebendigkeit der großen brahmanischen Tradition bestätigt, die hier, wenn auch örtlich begrenzt, aufbereitet und erneuert wurde.

260 unten links *Der Ramappa-Tempel betont die vertikal ausgerichtete Cella mit Pilastern, die die Wände optisch strecken. Der Überfluss an Säulen in der* mandapa *ist typisch für die Architektur der Kakatiyas.*

260 unten rechts *Nandi, Shivas Reittier, wird generell liegend dargestellt. Die Merkmale des Stieres – urzeitliche Kraft und sexuelle Potenz – repräsentieren Shiva selbst. Nandis Kraft wurde durch die Askese seines Herrn gezähmt. Die Aufnahme stammt von dem Tempel in Hanamkonda, der Vishnu, Shiva und Surya geweiht war.*

261 *Die Architektur des Tempels in Hanamkonda macht sich den Kontrast der verschiedenen Baumaterialien zunutze: roter Sandstein für das Äußere und schwarzer polierter Basalt für das Innere und die Skulpturen, hier schön zu sehen an der Nandistatue, inmitten der Überreste ihres Pavillons. Die Säulen und Friese mit Miniaturelefanten an der Basis säumten ursprünglich die* vedika *(Balustrade).*

Mahabalipuram und Kanchipuram: Die Wagen der Götter

54 km von Madras entfernt, der Hauptstadt des Staates Tamil Nadu, liegt Mahabalipuram, das antike Mamallapuram („Stadt des Malla"). Malla war der Titel des Königs Narasimhavarman I. (um 630–668), einem der kultiviertesten Herrscher der Pallavas. Griechen und Römern kannten Mamallapuram und die Stadt war im 7. und 8. Jahrhundert der wichtigste Hafen von Todaimandala, dem Pallava-Reich. Außerdem spielte sie eine entscheidende Rolle bei der Verbreitung der indischen Kultur in Südostasien.

Von der einstigen Größe und Pracht der antiken Stadt zeugen die Ruinen von Befestigungsanlagen, die Fundamente ziviler Gebäude und das komplexe Kanalsystem, das Wasser für profane und rituelle Zwecke lieferte.

Die riesige archäologische Stätte wartet mit herrlichen Skulpturen und mit beeindruckenden Beispielen für die Entwicklung der drei architektonischen Typologien jener Epoche auf: *mandapa, ratha* und *vimana. Mandapas* sind hier Felsentempel, die in Höhlen oder unterhalb von Felsvorsprüngen aus dem Stein geschlagen wurden. Man verzierte sie mit Reliefs und schmückte sie mit Veranden, deren Säulen oftmals von einem Löwen getragen werden, jenem Tier, das die kriegerische Pallava-Dynastie symbolisierte. Reihen von Miniaturbauwerken säumen die *kudu,* die Hufeisenbogen mit lächelnden Gesichtern.

Die Mandapa der fünf Pandavas gehört zu den bedeutendsten Felsentempeln. Die Pandavas sind jene Brüder, die im Mittelpunkt des Epos „Mahabharata" stehen, das im Grunde den Kampf zwischen den irdischen Inkarnationen der Devas (Götter) und der Asuras (Dämonen) symbolisiert. Einen Besuch lohnen auch die Heiligtümer, die Varaha, Krishna und Mahishasuramardini geweiht waren sowie die Höhle der Tiger. Die Mandapa des Vahara verherrlicht die Befreiung der Erdgöttin aus dem schlammigen Meeresgrund durch Vahara, der Herabkunft des Gottes Vishnu in Gestalt eines Ebers. Die Mandapa des Krishna feiert eine weitere Inkarnation Vishnus, der den Berg Govardhana mit seinem kleinen Finger hochhob, um die Schäfer der Gegend vor einer Überschwemmung zu schützen, die Indra verursacht hatte, jener Gott, der durch den Krishnakult entthront worden war. Die Mandapa der Mahishasuramardini ist der Göttin Durga geweiht, in ihrer Herabkunft als „diejenige, die den Dämonbüffel Mahisha tötet". Auch die Höhle der Tiger verherrlicht die Göttin und ist mit in den Fels gehauenen Tigerköpfen dekoriert.

Die *ratha*-Gruppe im südlichen Sektor der archäologischen Stätte besteht aus fünf Heiligtümern, die den hölzernen Tempelwagen nachempfunden sind, auf denen die Götterfiguren bei Prozessionen präsentiert wurden. Die monolithischen Tempel, die im 7. Jahrhundert aus Dioritblöcken geschlagen wurden, könnten Votivgaben sein, wahrscheinlicher ist jedoch, dass es sich um Experimente einer lokalen Architektur-Schule handelt. Obwohl sie die Namen der Helden des „Mahabharata" tragen, besteht keinerlei Verbindung zwischen ihnen und dem berühmten Epos.

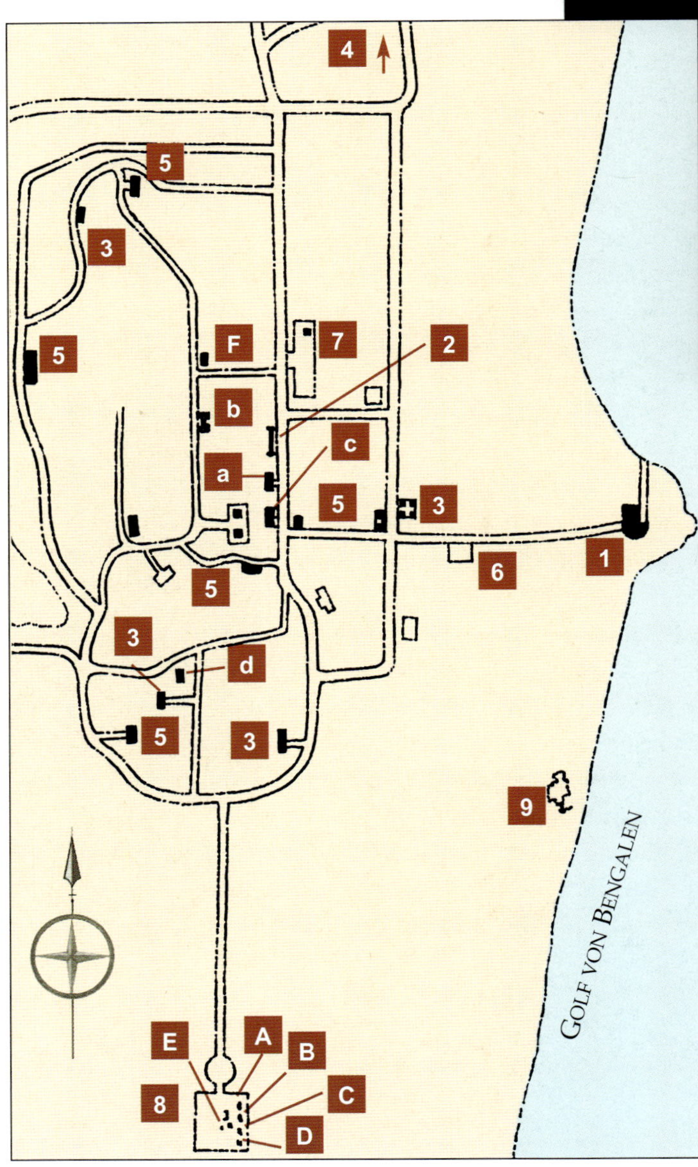

Mahabalipuram

1 Ufertempel
2 Ganges-Relief
3 Mandapas
a Mandapa der fünf Pandavas
b Mandapa des Vahara
c Mandapa des Krishna
d Mandapa der Mahishasuramardini
4 Höhle der Tiger
5 Tempel
6 Wasserreservoir
7 Freiluftmuseum
8 Rathas
A Draupadi Ratha
B Arjuan Ratha
C Bhima Ratha
D Dharmaraja Ratha
E Ratha von Nakula und Sahadeva
F Ganesha Ratha
9 Behauene Felsen

262 Die vahana *(Fahrzeuge) der verschiedenen Götter befinden sich in der Nähe der* ratha *von Mahabalipuram. Auf dem Foto sieht man den Löwen (links im Hintergrund), das Reittier der Göttin Durga (oder Parvati), und den Elefanten, den Indra ritt, der König der Götter.*

262–263 Verschiedene Monolithe am Strand von Mahabalipuram (der alten Hauptstadt der Pallava-Dynastie) wurden im 7. Jahrhundert zu Tempeln behauen. Vier der fünf ratha *(Wagen der Götter) sind hier zu sehen (von rechts nach links): Draupadi, Arjuna, Bhima und Dharmaraja.*

263 Die Mandapa der Mahishasuramardini zieren Darstellungen von den Taten der Göttin Durga, die unter anderem im Kampf gegen den Dämonbüffel Mahisha auf einem Tiger reitet. Die von Löwen getragenen Säulen gehören zu dem Vestibül, das in die Cella führt.

Draupadi Ratha ist nach der gemeinsamen Braut der fünf Pandavabrüder benannt, die im „Mahabharata" letztendlich die Siegreichen sind. Die Hypothese, dass der Tempel der Göttin Durga geweiht war, bekräftigen die Skulpturen des Stieres Nandi (das Reittier Shivas, des Gefährten der Göttin) und eines Löwen, dem Reittier der Kriegergöttin. Dieses *ratha* ist vor allem deshalb interessant, weil es sich dabei um die steinerne Reproduktion einer Initiationshütte aus vedischer Zeit handelt, die nur aus einem Raum mit hölzernen Dekorationen in den Ecken und einem Dach aus Palmwedeln bestand. Eine Treppe führt zum Eingang, der von zwei Dvarapalas (Türwächtern) bewacht wird. Am Architrav und über den Nischen der Göttin an den übrigen Wänden finden sich Makaras, mythologische Wasserwesen. Diese Bauweise konnte jedoch nicht für Tempel übernommen werden, weil das Dach für größere Flächen nicht geeignet war.

Arjuna Ratha ist nach dem berühmtesten der fünf Pandavas benannt und war vermutlich Indra, dem König der Götter geweiht. Als Prototyp des Kriegshelden reitet er auf seinem Elefanten Airavata. Das quadratische Gebäude (5 x 5 m) ruht auf einer Basis, die von Löwen und Elefanten getragen wird. Zwei Löwensäulen flankieren den Portikus vor der Fassade. Die anderen drei Seiten sind in jeweils fünf Quadrate unterteilt und mit Statuen – darunter auch Liebespaare – verziert. Ein Pyramidendach mit zwei Reihen von Miniaturpavillons (abwechselnd quadratisch und rechteckig) krönt das Bauwerk, die Traufe zieren *kudu*. Eine achteckige Kuppel mit Hufeisenbogen bildet den Abschluss.

Bhima Ratha ist nach dem Pandava benannt, der mit herkulischer Stärke ausgestattet war. Die Bauweise dieses *ratha* basiert auf der rechteckigen Form profaner Versammlungsräume. Die separate Veranda zieren von Löwen getragene Säulen. Auch hier finden sich die traditionelle *kudu*-Traufe, eine Reihe Miniaturpavillons und ein Tonnendach mit hufeisenförmigen Fenstern. Die Giebelverzierung ähnelt Schnitzereien in Holzbalken.

Dharmaraja Ratha wurde mit dem Pandava Yudhishthira (dem Inbegriff des demütigen und gerechten Königs) in Verbindung gebracht. Eine Inschrift datiert den Bau in die Zeit der Herrschaft des Königs Narasimhavarman I. (um 630–668), dessen Abbild zwischen den Statuen zu erkennen ist. Das Gebäude hat die Form eines Quadrats (10 x 10 m), eine sehr schöne Basis und einen Portikus mit Löwensäulen. Die Überdachung ähnelt der des Arjuna Ratha, mit drei Reihen Miniaturpavillons über der *kudu*-Traufe und einer achteckigen Kuppel. Das *ratha* war Shiva geweiht, der die Form des Absoluten verkörpert, das sich auflöst, um das Universum neu entstehen zu lassen. Die Nischen auf den verschiedenen Ebenen bergen Götterstatuen des shivaitischen Pantheons, wie zum Beispiel den androgynen Ardhanariswar, der die Polaritäten der Existenz überwindet.

Das Ratha von Nakula und Sahadeva, den Kriegerzwillingen, ist kleiner als die anderen und verfügt über einen von einem Portikus überdachten Eingang. Das halbrunde Design ähnelt buddhistischen Bauwerken in Form eines Elefantenrückens, was die realistische Darstellung eines Elefanten neben dem Gebäude noch unterstreicht. Die beiden Reihen Miniaturpavillons krönt ein Tonnendach mit *kudu*.

Das Ganesha Ratha steht in der Nähe des Ganges-Reliefs und wirkt wie eine Weiterführung der Bauweise des Bhima Ratha. Es weist einen *shala*-Grundriss auf, das heißt, es verfügt über einen zentralen Raum mit einem Portikus und einem Tonnendach, das von neun vasenförmigen Türmen gekrönt

264 Die übereinander liegenden Reihen von Miniaturpavillons am Dharmaraja Ratha repräsentieren die Paläste der Götter auf dem Berg Meru, dem Zentrum des Universums.

265 oben Draupadi Ratha erinnert an die antiken Hütten, in denen die Initiationsriten vorbereitet wurden. Das Dach erwies sich allerdings als ungeeignet für größere Flächen und wurde daher bei Tempeln nicht mehr verwendet.

265 Mitte rechts Die Wände des Arjuna Ratha weisen drei Vorsprünge und zwei Einbuchtungen auf, die die Götterbilder bergen. Hier sieht man unter anderem Shiva mit dem Stier Nandi.

265 Mitte links Das Ratha von Nakula und Sahadeva – den Zwillingen unter den Pandavabrüdern – hat die Form eines Elefantenrückens. Die apsidiale Form wurden von der buddhistischen Architektur übernommen.

265 unten Bhima Ratha ist zweifellos die steinerne Reproduktion eines Holzgebäudes, vielleicht einer Versammlungs- oder Gebetsstätte. Das Tonnendach war zu schwer für große Flächen, so dass man damit nur die gopura *(monumentale Portale) der Tempeleinfriedungen überdachte.*

wird. Diese Türme sollten in der späteren Architektur als Abschlusselemente der *gopura* (monumentale Portale in der Einfriedungsmauer) sehr populär werden, wie zum Beispiel in den Tempelstädten von Tamil Nadu.

Wendet man sich am Strand entlang nach Norden, gelangt man zu dem shivaitischen Ufertempel, der Narasimhavarman II. Rajasimha zugeschrieben wird. Vermutlich wurde das Heiligtum zwischen 680 und 720 erbaut und später mehrmals verändert. Den Seeleuten war der Tempel als Leuchtturm bekannt und der erste Europäer, der ihn in seinen Aufzeichnungen erwähnte, war der Italiener Gasparo Balbi, der das gesamte Gebiet im Jahr 1582 „Bereich der sieben Pagoden" nannte. Damit bezog er sich auf die fünf *ratha* der Pandavas, den Ufertempel und das Ganesha Ratha. Die erste detaillierte Beschreibung von der Stätte lieferte Chambers im Jahr 1788 in seinen „Asiatischen Forschungen".

Der Ufertempel steht in einer breiten Einfriedung und wird über ein kleines *gopura* erreicht, das auf den Indischen Ozean blickt und eines der ersten seiner Art ist. Der Tempel aus Diorit enthält ein Linga und liegt zwischen zwei mit Mauern versehenen Seitenflügeln, die zugleich den Wandelgang bilden. Eine rechteckige Cella hinter dem Hauptteil des Tempels beherbergt ein Felsenrelief von Vishnu, der auf dem primordialen Ozean ruht. Der Wandelgang hat zwei Öffnungen am Ende der Cella, die zum kleineren und quadratischen Tempel führen, in dem man ein Relief Shivas, seiner Gemahlin Uma und seines Sohn Skanda besichtigen kann.

Beiden Tempeln ist jeweils ein Portikus vorgebaut, der Teil des Gebäudes ist und von einem Pyramidendach über der Cella gekrönt wird, einem typischen Merkmal der drawidischen Architektur. Die Dreiecksform des *vimana* bezieht sich auf die Form des kosmischen Berges Meru, um den sich das Universum dreht, aber auch auf die heilige Flamme, die sich zum Himmel erhebt sowie auf das Linga, Shivas Phallussymbol.

Hinter der pyramidenförmigen Bauweise verbirgt sich die hinduistische Philosophie: Ein Tempel ist eine göttliche Form, die vom Himmel herabkam und die den Übergang vom Einen zum Vielfachen ausdrückt. Das *bindu* (ein imaginärer Punkt an der Spitze des Gebäudes) liegt direkt über dem Zentrum der Cella, der *garbhagriha* („Kammer des Embryos"), die den „Schoß" des heiligen Gebäudes darstellt. Hier findet man auch das *murti*, das göttliche Abbild, das die Saat der Existenz symbolisiert und alle Formen der Manifestation enthält, von der kleinsten zur größten, wie zum Beispiel ein pyramidenförmiges Gebäude.

Derartige symbolische Interpretationen lassen sich an einem Tempel auch von der Basis zur Spitze vornehmen. In diesem Fall wird weniger das Herabsteigen des Göttlichen betont, sondern vielmehr der Aufstieg des Menschen und die Auflösung des Universums. Von der einfachsten bis zur vollkommensten Form, vom Vielfachen zur Einheit und zum Einen, vom Immanenten zum Transzendenten strebt der Tempel zum *bindu* hin, zu jenem Punkt, aus dem alles entspringt und an dem alles endet.

Die beiden *vimana* des Ufertempels umfassen vier beziehungsweise drei Etagen. Die unterste und die oberste Etage sind jeweils mit heraldischen Tieren verziert, die mittleren dagegen mit Reihen von Miniaturpavillons. Reste von Wasserreservoiren und Abwasserkanälen deuten darauf hin, dass der Tempel einst von Wasser umgeben war, in dem er sich spiegelte, wie der kosmische Berg, der sich aus dem primordialen Ozean erhebt, in dem alles Leben enthalten ist.

Das Ganges-Relief ist das letzte Meisterwerke von Mahabalipuram. Es ist nach Osten ausgerichtet, 26 x 7 m groß und wurde im Auftrag von Mahendravarman geschaffen, der darauf zusammen mit seinen beiden Gattinnen unter zahlreichen himmlischen Wesen verewigt ist. Das Relief erzählt den Mythos vom Fluss Ganges, der vom Himmel zur Erde hinabstieg. Der Bezug zum Ganges wird dadurch hergestellt, dass sich in der Mitte des Felsens ein Spalt befindet, durch den einst Wasser von einer Zisterne auf dem Felsen in ein darunter befindliches Becken floss.

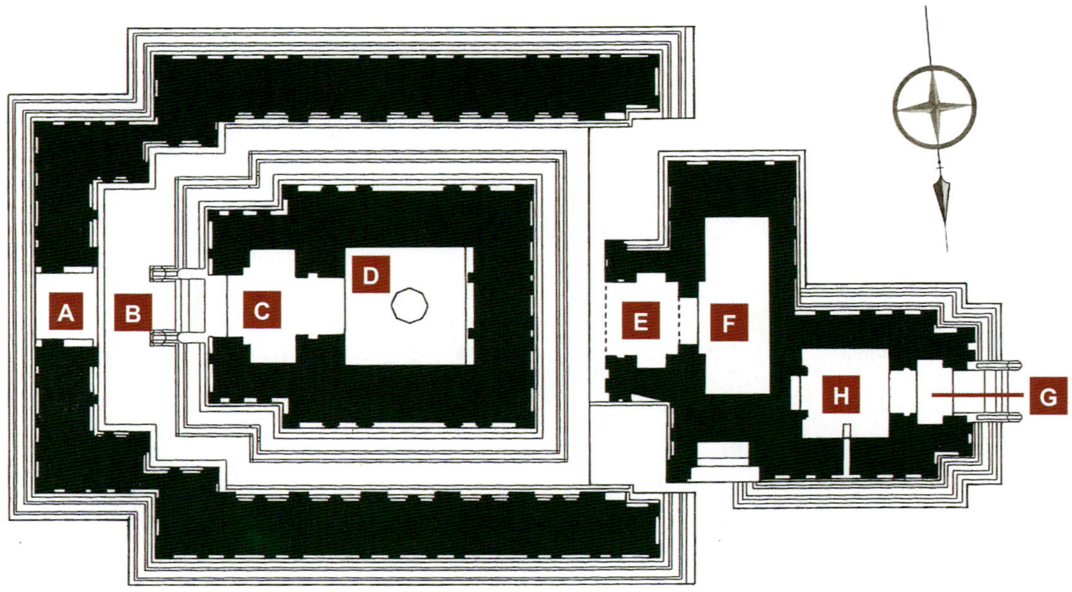

Riva-Tempel

- **A** Gopura (Eingangsportal)
- **B** Wandelgang
- **C** Portikus und Vestibül des Haupttempels
- **D** Cella des Haupttempels
- **E** Vestibül des Vishnu-Tempels
- **F** Cella des Vishnu-Tempels
- **G** Portikus und Vestibül des kleineren Tempels
- **H** Cella des kleineren Tempels

266 Der Riva-Tempel in Mahabalipuram datiert aus dem 7.–8. Jahrhundert und besteht aus Granit. Er ist umgeben von einer Mauer, auf der Nandistatuen thronen. Die Pavillons und ihre Einfriedungen bilden die beiden Etagen des vimana.

267 Die Manifestation des Kosmos, wenn das Eine zum Vielfachen wird, drückt dieses pyramidenförmige Gebäude aus. Die dreieckige Form ist eine Anspielung auf den kosmischen Berg, die Flamme, das Linga und die Askese.

Auf dem Ganges-Relief sind in mehreren Registern Szenen aus dem Leben im Wald zu sehen. Die Figuren stellen Jäger, Eremiten, Bewohner des Waldes und wilde Tiere dar. In der obersten Reihe sieht man den himmlischen Hofstaat mit Apsaras (Nymphen), Gandharvas (Halbgötter in Luft und Wasser), Kinnaras (himmlische Musikanten, halb Mensch, halb Tier) und viele andere Fabelwesen. Bhagiratha, der Asket, der den heiligen Fluss Ganges dazu überredete, auf die Erde zu kommen, ist in Yogahaltung dargestellt, auf einem Bein stehend und mit hoch erhobenen Armen. Den Spalt, durch den das Wasser lief, zieren gewundene Nagas mit ihren Gefährtinnen, den Naginis.

Zu den wilden Tieren gehören zum Beispiel ein Elefantenjunges, das sich mit seinem Rüssel am Schwanz seiner Mutter festhält, eine kniende Antilope, die sich mit einem Huf die Nase reibt oder eine kleine Affengruppe, die sich laust. Man spürt einen Hauch von Ironie in dem Bildnis einer Katze, die sich der Askese verschrieben hat und inmitten ekstatischer Mäuse sitzt. Das Bild ist dem „Pancatantra" einer berühmten Fabelsammlung entnommen, in der die Katze jedoch nicht daran denkt, die Mäuse auf den Pfad der Erleuchtung zu führen, sondern sie am Schluss alle auffrisst.

Diese Verherrlichung des Ganges-Mythos bestätigt die Bedeutung des Flusses im Hinduismus. In der mythologischen Geographie Indiens, in der jeder Stein, jeder Baum, jeder Fluss, jeder Berg und jede Höhle mit göttlicher Macht ausgestattet ist, symbolisiert der Ganges die Hauptschlagader, die durch das Land führt. Ursprünglich jedoch war der Platz von Ganga Ma (Mutter Ganges) im Himmel und es ist nur Bhagiratha, einem heiligen Mann, zu verdanken, dass der Fluss heute auf Erden fließt. Die Legende besagt, dass König Sagara einst seine Herrschaft durch das traditionelle *ashvamedha* bekräftigen wollte. Gemäß dem Ritual, bei dem den Göttern ein weißer Hengst geopfert wurde, erwählte der König ein Pferd, das sich vor der Opferung ein Jahr frei im Territorium bewegen durfte. Eine Eskorte aus 60000 Prinzen – allesamt Söhne Sagaras – sollte den Hengst beschützen und davon abhalten, sich zu paaren. Das Pferd wurde jedoch gestohlen und heimlich an einen Ort gebracht, an dem sich ein weiser Mann in tiefer Meditation befand. Als die Prinzen das Pferd endlich wieder fanden, unterbrachen sie rüde die religiöse Versenkung des Mannes und bezichtigten ihn des Diebstahls. Ebenso mächtig wie jähzornig verbrannte der heilige Mann die Prinzen und ließ ihre Asche ohne Begräbnis zurück, so dass ihre Seelen nicht in den Himmel aufsteigen konnten. Bhagiratha, ein direkter Nachkomme der Prinzen, beschloss, sein Leben ihrer Erlösung zu weihen. Er ging zu den Göttern, um diese durch seine Demut

zu rühren. Der himmlische Fluss Ganges (im Indischen Ganga), der ebenso wie die Milchstraße aus dem linken Fuß Vishnus strömte, erhielt die Erlaubnis zur Erde hinabzusteigen und die Überreste der unglücklichen Prinzen mit seinem heiligen Wasser zu reinigen, so dass sie endlich Einlass in den Himmel fanden. Damit Ganga sich beim Hinabsteigen auf die Erde nicht in einen Wasserfall verwandelte, der die gesamte Welt überflutete, stellte sich Shiva unter sie und ließ sie sanft an seinem Haar entlang hinabgleiten.

Zehntausende Hindu begeben sich daher an bestimmten Feiertagen an das Ufer der Ganga Ma, um in ihrem Wasser zu baden und sich von den Sünden zu reinigen, die sie in diesem oder in früheren Leben begangen haben, damit sie von dem leidvollen Kreislauf der Wiedergeburt erlöst werden. Karma, die Summe aller Handlungen im Leben eines Menschen, die sein Schicksal im nächsten Leben bestimmt, wird durch die heilige Reinigung abgewaschen. Auf den Treppen, die in Benares (heute Varanasi) oder in anderen Städten zum Fluss hinabführen, brennen die Scheiterhaufen der Glücklichen, die ihre Existenz am Ufer des Ganges beenden dürfen. Die Göttin schließt deren Überreste in ihre mütterlichen Arme und führt sie zur himmlischen Quelle, aus der der heilige Fluss entsprang.

Die Entstehung Kanchipurams, der „goldenen Stadt", verliert sich in der mythologischen Vergangenheit. Kanchipuram ist ein hinduistischer Pilgerort, wurde viele Male in der tamilischen Literatur verherrlicht und wird als Hauptstadt der Cholas in frühchristlichen Zeiten erwähnt. Im 3. Jahrhundert wurde Kanchipuram die Hauptstadt der Pallavas. Seine Blütezeit erlebte es im 7. und 8. Jahrhundert, obwohl es zweimal von den Chalukyas aus Badami erobert wurde. Als im 9. Jahrhundert der Niedergang der

268–269 Zu den eindrucksvollsten Felsenreliefs in ganz Indien zählt das Ganges-Relief (7. Jahrhundert). Einige Experten sind der Meinung, dass die Darstellungen die Buße des Arjuna zeigen. Der Fels wird von einer Zisterne überragt, die das Regenwasser auffing und über eine Spalte durch den Fels in ein Becken leitete – eine Allusion auf die Himmelskaskaden der Ganga.

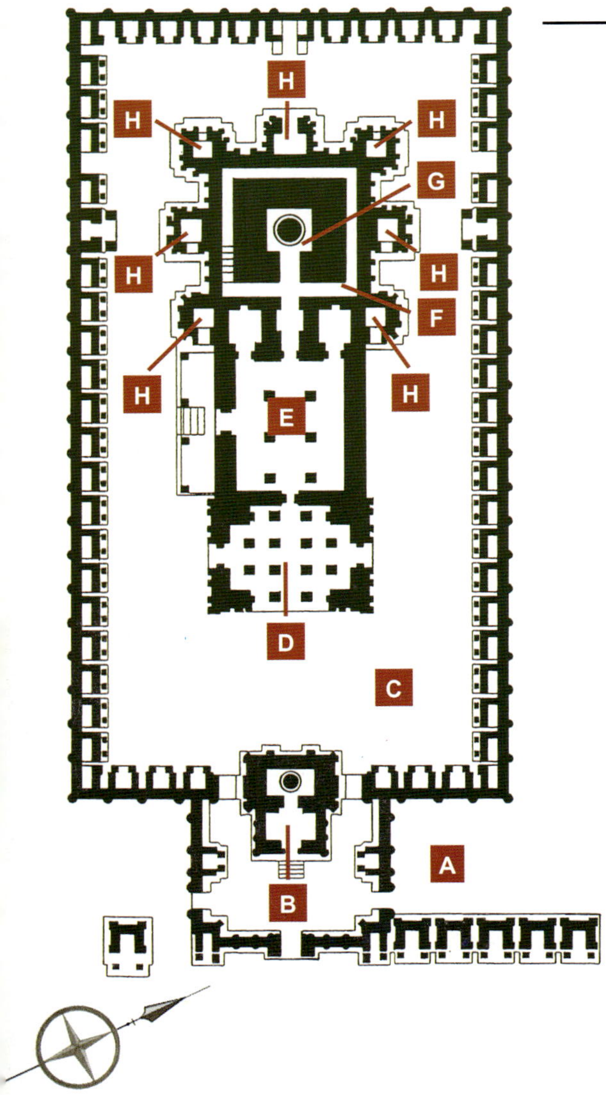

Kailashanatha-Tempel

A Vorbau mit Kapellen
B Gopura mit kleinem Tempel
C Hof mit Einfriedung und Zellen
D Mandapa
E Hintere Mandapa mit seitlicherm Portikus
F Wandelgang
G Cella
H Nebencellae

Pallavas begann, mussten die Herrscher von Kanchipuram die Überlegenheit der Cholas akzeptieren und wurden deren Vasallen.

Die kosmopolitische Tradition und die religiöse Toleranz der Pallavas belegen die hinduistischen Tempel ebenso wie die buddhistischen und jainistischen Siedlungen. Das bedeutendste Monument ist der Kailashanatha-Tempel, die steinerne Darstellung des Berges Kailasha, dem Wohnsitz Shivas. Seine Errichtung wird Narasimhavarman II. Rajasimha (700–728) zugeschrieben. Der Tempel steht in einer Einfriedung und wird durch ein *gopura* betreten, dem eine Art Seitenflügel aus kleinen Cellae mit Lingas vorgebaut ist. Die Überdachung des *gopura* (zu dem auch ein kleiner Nebentempel gehört) ähnelt dem Tonnendach des Bhima Ratha und des Ganesha Ratha in Mahabalipuram, während die kleinen achteckigen Kuppeln über den Cellae an das Arjuna Ratha erinnern.

Die *mahamandapa* („großer Pavillon“) mit zwölf Säulen war ursprünglich von der Cella getrennt und wurde vermutlich für rituelle Tänze benutzt. In einem späteren Versuch, die verschiedenen Teile des Bauwerks zu einer Einheit zu verschmelzen, wurde ein weiterer Pavillon mit Hypostylos und einem Portikus an der Südseite angebaut. Die Cella, umgeben von einem Wandelgang, enthält ein 2,4 m hohes Granitlinga mit 16 Gesichtern. Vier Etagen, die mit Pavillons verziert sind, und eine achteckige Kuppel bilden die Pyramide des *vimana*. An seiner Basis befinden sich sieben Cellae mit Nandistatuen, die den himmlischen Wagen des Tempels zu ziehen scheinen. Mit Ausnahme der Granitbasis besteht der gesamte Tempel aus Sandstein. Die Götterbilder befinden sich in Nischen, die durch Säulen voneinander getrennt werden, die auf Löwen thronen. Vor allem in den Cellae Nr. 34 und Nr. 41 findet man noch Spuren der ursprünglichen Bemalung, wenngleich nur die Farbe Rot die Zeiten überdauerte.

Der Vaikunthaperumal-Tempel hinter dem Kailashanatha war Vishnu geweiht, dem „Herrn des Vaikuntha-Paradieses“. Er wurde unter Nandivarman II. um 750 erbaut. Der Tempel ist von einem schmalen, offenen Wandelgang umgeben, dessen Galerie von Löwensäulen gestützt wird. Ein Flachrelief unterhalb der Galerie zeigt Szenen aus dem Konflikt zwischen Pallavas und Chalukyas und trägt viele Inschriften. Man fügte nicht nur einen Raum mit Hypostylos als Ersatz für den Portikus an den *vimana* an, sondern auch eine Cella auf jeder Etage des *vimana*, umgeben von einem doppelten Korridor. Ein Korridor war für die Treppe bestimmt, der andere für den Wandelgang, der in den oberen Etagen aus Terrassen besteht.

In Uttaramerur, etwa 30 km von Kanchipuram entfernt, befindet sich ein Sundaravarada-Tempel (9. Jahrhundert), der einen kurzen Besuch lohnt. Die drei übereinander gebauten Cellae bergen Bilder von Shiva in stehender, sitzender und liegender Haltung.

270 oben Der Eingang zum Kailashanatha-Tempel in Kanchipuram (8. Jahrhundert) weist ein dvarashala *(rechteckiger Bereich mit Tonnendach) auf, den Vorläufer der* gopura *(monumentale Portale). Die sechs Kapellen, die den rechten Flügel des Eingangs bilden, waren vermutlich auch links geplant.*

270 unten Die Pavillons auf den einzelnen Etagen des vimana *sind an den Ecken quadratisch und an den Seiten rechteckig.*

Die oberste Ebene des Vaikunthaperumal-Tempels (8. Jahrhundert) mit jeweils einem Garuda (Vishnus Reittier) an den Ecken krönt eine achteckige Kuppel.

271 Der aufgerichtete Löwe und der Fliegenwedelträger am Eingang zur ersten mandapa *im Kailashanatha-Tempel zeigen Spuren von weißem Stuck. Dieser diente als Schutzschicht und als Grundlage für die Bemalung, spielte aber auch auf die endgültige Reinigung des Steines an.*

Von Tanjore nach Chidambaram: Die göttlichen Städte der Cholas

272 oben Eines der ersten Beispiele für die Architektur der Cholas ist der Vijayalaya-Choliswar-Tempel in Nartamalai, den vermutlich im Jahr 850 die Vasallenfamilie Muttaraiyar aus dem Kaveridelta errichten ließ. Acht Nebenschreine, die untergeordneten Gottheiten geweiht waren, umgeben den Haupttempel.

272–273 Zum Vijayalaya-Choliswar-Tempel gehört eine mandapa *mit unverzierten Wänden. Von außen erscheint das Heiligtum viereckig, die Cella im Innern ist jedoch rund. Diese Form, die der innere Wandelgang in der zweiten Etage unterbricht, wird in der dritten Etage des* vimana *wieder aufgegriffen. Als Tempel Shivas ist dem Bauwerk ein Nandi-Pavillon vorgebaut. Eine Statue des Stieres ziert auch die Basis der Kuppel.*

272 unten Zwölf Skulpturen Vishnus, der eine Muschel und eine Scheibe in seinen hinteren Händen hält, zieren die Wände der Jaina-Höhle in Nartamalai. Die Geste seiner rechten vorderen Hand bedeutet dem Betrachter, keine Angst zu haben, während die linke Hand auf seinem Oberschenkel ruht.

Die Chola-Dynastie konnte sich unter König Karikala von Urayur einer glorreichen Zeit rühmen, denn dieser zerschlug im Jahr 190 die Koalition der Pandyas und der Ceras, zweier mächtiger südlicher Dynastien. Die Cholas blieben allerdings die Untertanen der Pallavas, bis König Aditya im 9. Jahrhundert die Fesseln des Vasallentums abstreifen konnte und sich in Tanjore niederließ.

Nachdem die Pandya- und die Cera-Dynastie besiegt waren, übernahmen – mithilfe einer Eheallianz – Rajaraja I. (985–1014) und sein Sohn Rajendra I. (1014–1044) die Kontrolle über Kalyani und Venji, die beiden bedeutendsten Städte der Chalukyas. Sie erweiterten das Reich bis nach Bengalen, so dass ihre Dynastie eine der einflussreichsten Seemächte wurde. Die Blütezeit der Cholas endete mit Kulottunga III. (1178–1218), der sich den Pandyas beugen musste.

Den Architekten der Cholas dienten für ihre gedrungenen Konstruktionen Entwürfe der Pallavas als Vorlage, die beinahe ausnahmslos mit Sand- und Ziegelsteinen bauten, sowie die Bauwerke der Pandyas, die Granit bevorzugten. Die vielen Tempel, die im Gebiet des heutigen Tamil Nadu erbaut wurden, ermöglichen das genaue Studium der Sakralarchitektur vom einfachen Heiligtum bis zur Stadt der Götter.

Die ersten Bauwerke der Cholas datieren aus dem 9. Jahrhundert. Sie sind sehr klein und einfach gestaltet: Innerhalb einer Einfriedung mit einem *gopura* befinden sich eine *mandapa* ohne Portikus und eine Cella mit *vimana,* dem pyramidenförmigen Dachaufbau. Es gibt nur wenige Statuen und die Verzierungen zeigen geometrische Muster. Der Shiva-Tempel Vijayalaya Choliswar ist ein typischer Vertreter dieser Art. Er steht in Nartamalai, nahe Tiruchirapalli, innerhalb einer Einfriedung, die acht kleinere Schreine umschließt, die untergeordneten Göttern geweiht waren. Die *mandapa* und die runde Cella mit Wandelgang zieren keine Skulpturen. Beide Räume liegen unter einer quadratischen ersten Etage und einer runden zweiten Etage. Man sollte auch die beiden Höhlen hinter dem Tempel besuchen: die Jaina-Höhle, die eindrucksvolle Vishnustatuen birgt, und die Shiva-Höhle, die aus dem 9. Jahrhundert datiert.

In Kodumbalur befinden sich die Muvarkovil-Tempel aus dem Jahr 880 mit identischen dreistöckigen *vimana,* die von einer quadratischen Kuppel gekrönt werden und von 16 Nebencellae sowie einer Einfriedung mit *gopura* umgeben sind. Nur zwei der ursprünglich drei Tempel stehen heute noch. Die *devakostha* („Nischen der Götter") in den Mauern werden von Säulen unter einem Makara-*torana* gesäumt. Dieses Design entstand durch die Darstellung von zwei mythologischen Seeungeheuern in Form eines Bogens und war später in der Architektur

273 links Die Säulen der Nischen an den Muvarkovil-Tempeln in Kodumbalur lassen mit ihrem flachen, rechteckigen Abakus den Einfluss der Palas erkennen. Das Foto zeigt den lehrenden Shiva Vinadhara beim Spiel der Vina. In der shivaitischen Metaphysik nimmt der Ton allgemein einen hohen Stellenwert ein.

273 rechts Von der anmutigen Dreiergruppe der Muvarkovil-Tempel, die ein Adeliger der Cholas im 9. Jahrhundert in Kodumbalur errichten ließ, sind heute nur noch zwei übrig. Bemerkenswert sind die ghanadvara *(falsche Türen), die die Shivastatuen unterhalb der* kudu *(Hufeisenbogen) einrahmen.*

Brihadiswar-Tempel

- **A** Doppeltes Gopura
- **B** Hof
- **C** Einfriedung mit doppelter Kolonnade und Zellen
- **D** Nandi-Pavillon
- **E** Portikus
- **F** Jüngere Mandapa
- **G** Ältere Mandapa
- **H** Vestibül
- **I** Wandelgang
- **J** Cella
- **K** Devi-Tempel
- **L** Subrahmanya-Tempel

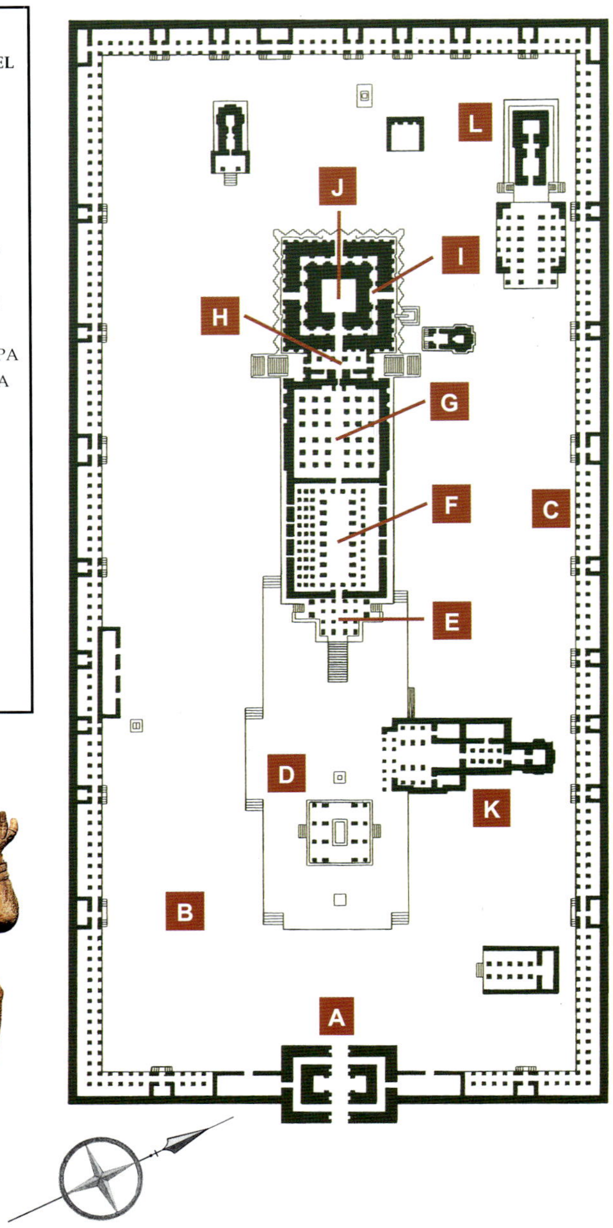

274 oben Die vielen Statuen in den Nischen der Tempel von Tanjore waren ursprünglich bemalt. Das Aufbringen von Stuck und Farbe war ein Ritual, mit dem der Stein transformiert wurde. Dieses Foto zeigt einen Wächter.

der Cholas weit verbreitet. Die Statuen im Innern der Tempel sind wahre Kleinode der Steinmetzkunst.

Der Brahmapuriswar-Tempel in Pullamangi und der Nageshvarasvami-Tempel in Kumbhakonam basieren zwar auf einem einfachen Grundriss, ihre Wände weisen jedoch kunstvolle Vorsprünge und Einbuchtungen auf sowie drei *devakoshta* an den Seiten der Cella.

Die Veränderungen, die der Shivaismus in Südindien herbeiführte, zeigen sich auch in der Tempelarchitektur. Um den Anforderungen des Kultes zu genügen, mussten weitere Räume und Plätze an die Bauwerke angefügt werden. Zu den ältesten Beispielen für diese Entwicklung zählt der Tyagarajasvami-Tempel in Tiruvarur im Kaveridelta. Hier befand sich bis zum 11. Jahrhundert die zweite Hauptstadt der Cholas.

Diese und viele andere Bauwerke in Cholamandalam, dem „Königreich der Cholas", waren jedoch nichts anderes als Wegbereiter für das, was allgemein als Meisterwerk der Architektur der Cholas gilt: der Brihadiswar-Tempel in Tanjore. Auf dem Weg dorthin sollte man unbedingt in Tiruvaiyar anhalten, um dort die Säulen und Skulpturen des Pancanathiswar-Tempels aus dem 11. Jahrhundert zu besichtigen. Er wurde unter Rajendra I. nach der Eroberung von Hemavati erbaut, der Hauptstadt der Nolamba-Dynastie in Andhra Pradesh.

Tanjore, das heutige Thanjavur, war vom 9. bis zum 13. Jahrhundert die Hauptstadt der Chola-Dynastie. Seine Hauptattraktion, der shivaitische Brihadiswar-Tempel, wurde zwischen 1003 und 1010 errichtet und ist auch unter dem Namen Rajarajeswar („Herr von Rajaraja) bekannt. Die vielen Inschriften an den Wänden lassen die Bedeutung und die Pracht des Komplexes erkennen: Er beherbergte mehrere hundert Brahmanen, 400 *devadasi* („Dienerinnen des Gottes"), deren Tänze Bestandteil der Tempelzeremonien waren, 57 Musiker und hunderte von Dienern. Der Tempel wurde mit Gaben und Spenden der königlichen Familie unterhalten und fungierte zugleich als Bank, die Geld verlieh und Handelsunternehmen führte.

Der Tempel liegt am Fluss Kaveri und wird von zwei Einfriedungsmauern umgeben, die mit Statuen des Stieres Nandi verziert sind. Die Eingänge krönen *gopura,* die sich aus dem *shala*-Portal der Pallavas entwickelten und fester Bestandteil der Architektur der Cholas wurden. Im Lauf der Zeit wurden die *gopura* immer höher, um auch aus der Ferne auf die Bedeutung des Tempels aufmerksam zu machen, bis sie schließlich sogar das *vimana* verdeckten. Die enorme Höhe (30 m) des fünfstöckigen *gopura* in der äußeren Einfriedung, gefolgt von einem dreistöckigen in der inneren, sollte dahin gehend ein Standardmerkmal werden, dass die Höhe der Portale abnimmt, je weiter man in den religiösen Komplex vordringt.

Der Innenhof ist von einer doppelten Kolonnade umgeben und mit Fresken dekoriert, auf denen sich Dutzende schwarzer Lingayonis mit Kapellen abwechseln. Der Platz nimmt eine Fläche von 11 250 m² ein und ist in zwei Bereiche unterteilt: Im Zentrum des ersten Sektors steht der Pavillon des Stieres Nandi, im zweiten der Tempel

274 unten Der Brihadiswar-Tempel besteht aus Cella, Wandelgang, Vestibül und mandapa, *verbunden mit einem ähnlichen Raum, der über eine neuere Doppelportikus betreten werden kann. Der* vimana *ist fast 70 m hoch und wird von einer achteckigen monolithischen Kuppel gekrönt. Die außergewöhnliche Größe des Gebäudes brachte ihm den Beinamen Dakshinameru ein, „der Berg Meru des Südens".*

mit der Cella, gekrönt von einer fast 7 m hohen Pyramide und umgeben von einem engen Wandelgang mit interessanten Bildern.

Das Linga in der Cella ist so hoch, dass eine obere Galerie gebaut werden musste, um die rituellen Benetzungen und das Schmücken mit Blumengirlanden durchführen zu können. Die Wände der zweiten Galerie zieren die 108 traditionellen Posen des heiligen Tanzes, von Shiva persönlich dargestellt. Seine Präsenz signalisiert von Außen auch die zweite Etage mit Statuen der Gottheit. Die Nischen wechseln sich ab mit *kumbhapanjara*, Pilastern, die aus einem Gefäß zu wachsen scheinen und als Kapitell einen stilisierten Pavillon besitzen.

Der *vimana* besteht aus Granitblöcken und Ziegelsteinen und ist dreifach unterteilt: in die quadratische Basis, die eigentlich die beiden Etagen der Cella bildet, in die 13-stö-

274–275 Der Brihadiswar-Tempel in Tanjore ähnelt einer Festung. Er ist umgeben von einem Graben und einer doppelte Mauer mit zwei gopura.

275 links Im Hintergrund sieht man die beiden vertikalen Ebenen des vimana *und rechts den Eingangsportikus des Subrahmanya-Tempels aus dem 17. Jahrhundert.*

275 rechts Ein Fabelwesen mit Vogelfüßen (Kinnara) ziert die Säule des Eingangsportikus im Subrahmanya-Tempel.

ckige Pyramide, die mit Reihen von Miniaturpavillons verziert ist, und in die monolithische Kuppel, die 80 Tonnen wiegt. Man weiß bis heute nicht, wie sie auf die Spitze des Tempels gehoben werden konnte. Eine Hypothese lautet, dass dafür eine Rampe aus Lehm und Holz errichtet wurde, auf der Menschen und Elefanten die Kuppel über Rollen hinaufzogen. Reste von Farbe lassen darauf schließen, dass der gesamte *vimana* einst bemalt war. Die beiden *mandapa* mit Hypostylos sind mit dem *vimana* über Eingänge verbunden, die von riesigen Dvarapalas (Türwächtern) flankiert werden und zu den Treppen der vier Vestibüle führen. Die ältere quadratische *mandapa* hat drei Stockwerke, der jüngeren rechteckigen *mandapa* ist ein Portikus vorgebaut.

Die Architektur des Tempels weist zwar viele Stilelemente der Chalukyas und der Pallavas auf, doch die Baumeister der Cholas verwirklichten auch eigene Ideen. Am auffälligsten sind die Verschmelzung der verschiedenen Etagen des *vimana* zu einer harmonischen und wohlproportionierten Einheit aus Solidität und Anmut, aber auch verschiedene Stilelemente wie der Fächer in den *kudu*, das *kumbhapanjara*-Motiv und die langen Tierprozessionen an den Seiten der Basen.

Weitere Gebäude, die später innerhalb der Einfriedung errichtet wurden, änderten die sorgfältig ausbalancierte Anordnung des Brihadiswar-Tempels. Die Pandyas bauten zum Beispiel im 13. Jahrhundert neben dem Nandi-Pavillon einen Tempel, der Shivas Gemahlin Devi geweiht war. Der Subrahmanya-Tempel in der Nordecke des Hofes ist dagegen Shivas Sohn Skanda-Karttikkeya geweiht, stammt aus dem 17. Jahrhundert und ist das Werk der Nayak-Herrscher aus Madurai. Nachträglich angefügt wurden auch der Ganesha-Tempel und die Nataraja-*mandapa*.

Rajendra I. (1014–1044) machte in der zweiten Hälfte seiner Herrschaft Gangaikondacholapuram in der Nähe von Kumbhakonam zu seiner Hauptstadt, um damit die siegreichen Feldzüge nach Bengalen und Benares zu verherrlichen. Der Gangaikondacholeswar-Tempel, der „Herr des Chola-Königs, Bringer des Ganges", wurde in nur zehn Jahren (1025–1035) zu Ehren

276 oben Die Einfriedungsmauer (prakara) *diente nicht nur der Verteidigung, sondern symbolisierte auch die Macht des Göttlichen und trennte den sakralen vom profanen Bereich. Im Brihadiswar-Tempel werden die inneren Mauern von einer doppelten Kolonnade flankiert, unter der sich mehrere Zellen befinden.*

276 Mitte Viele Inschriften bezeugen den einstigen Reichtum des Brihadiswar-Tempels. Durch effiziente Administration war es möglich, die Unmengen von Menschen zu beschäftigen, die für den Erhalt des Tempels nötig waren. Hunderte von Brahmanen, Tänzerinnen, Musikern und Dienstboten lebten hier dank der Spenden der königlichen Familien und von anderen Gläubigen, aber auch dank der Handelsunternehmen, die der Tempel führte.

276 unten und 277 Zwei Dvarapalas (Türwächter) beschützen den Eingang zum Subrahmanya-Tempel.

278 An dem Dreizack, mit dem die Wächter bewaffnet sind, und an deren Furcht erregenden Zähnen und dem wilden Haar erkennt man, dass Gangaikondacholeswar Shiva geweiht war.

278–279 Offensichtlich inspiriert vom vimana *in Tanjore wirkt der Dachaufbau des Gangaikondacholeswar-Tempels (11. Jahrhundert) weniger quadratisch. Der Cella sind ein Vestibül und eine* mandapa *mit 150 Säulen vorgebaut. Dies war bereits ein Vorläufer des „Raumes der tausend Säulen", der in späteren Jahrhunderten in Stadttempeln auftauchte.*

Shivas mit dem besonderen Zweck erbaut, das Wasser des Ganges zu bewahren, das Rajendra als Tribut von den besiegten Königen Nordindiens forderte. Er wollte auf diese Weise eine „flüssige Siegessäule" errichten, wie die Inschriften besagen. Gangaikondacholapuram galt als Machtzentrum und bedeutender Wallfahrtsort, bis es im 13. Jahrhundert von den Pandyas aus Madurai erobert wurde.

Der Tempel steht in Ost-West-Ausrichtung auf einer hohen Basis, die reicher verziert ist als jene in Tanjore. Die Einfriedungsmauer ist mit Bastionen befestigt. Der Tempel verfügt über eine *mahamandapa*, die sich in sehr schlechtem Zustand befindet, ein Verbindungsvestibül, einen Wandelgang und eine Cella mit einem 4 m hohen Linga. Der *vimana* besitzt neun Stockwerke und ist 50 m hoch, aber er wirkt anmutiger als der Dachaufbau in Tanjore, da er eine breitere Basis und ein leicht geschwungenes Profil hat. Dieser Eindruck wird noch verstärkt durch die achteckigen Konstruktionen an den Ecken des Daches. Die beiden Etagen, die auf dem Dach der *mandapa* die Vorsprünge des *vimana* bilden, legen die Vermutung nahe, dass das Gebäude einst mehrere Stockwerke hatte. Die Statuen in den Nischen der Außenwände sind von außergewöhnlicher Qualität.

Die große Nandistatue vor dem Tempel wurde nachträglich angefügt. Das Gleiche gilt für den riesigen Löwen am Eingang zu

279 oben Diese Darstellung Shivas (mit seiner Gemahlin Parvati), der den Turban seines Anhängers Chandesha bindet, wird Chandeshanugrahamurti genannt. Sie befindet sich in einer der Außennischen am Gangaikondacholeswar. Der Gott umfasst die Symbole, die ihn in der Tradition Südindiens kennzeichnen: die Axt und die Antilope.

279 unten Rajendra I., der Stifter des Gangaikondacholeswar-Tempels, ließ einen Teich für das Gangeswasser anlegen, das er als Tribut von den besiegten Königen im Norden einforderte. Die Löwenstatue am Eingang ist eine Rekonstruktion des möglichen Originalmotivs.

dem Teich, in dem das Wasser des Ganges gesammelt wurde. Die vier anderen Heiligtümer des Komplexes sind der Durga-Mahishasuramardini-Tempel aus dem 15. Jahrhundert, der Chandikeswar-Tempel aus dem 11. Jahrhundert, der Ganesha-Tempel aus dem 13. Jahrhundert und der hübsche Tempel der Großen Göttin mit vielen Statuen im Innern sowie einer Darstellung der Göttin selbst. Die beiden letzten Tempel wurden auf Geheiß der beiden Königinnen Rajendras I. erbaut.

Die Reihe bedeutender Heiligtümer der Cholas setzt der Airavateswar-Tempel fort, den Rajaraja II. (1146–1173) bei Kumbhakonam in Darasuram erbauen ließ. In den Schriften wird der Tempel zwar Indra zugeordnet, dem alten König der Götter auf seinem weißen Elefanten Airavata, tatsächlich war er jedoch Shiva geweiht. Das Heiligtum steht innerhalb einer Einfriedungsmauer mit einem *gopura* und einer kleinen *mandapa* außerhalb der Mauern. Trotz seines schlechten Zustandes weist er noch Spuren seiner herrlichen Dekoration auf. Die Statuen sind mit den Namen der Götter versehen, die sie darstellen. Eine Tradition, die jahrhundertelang vernachlässigt wurde, heute jedoch sehr hilfreich beim Identifizieren der Figuren ist.

Der Entwurf des Tempels basiert auf dem Tempelwagen mit Elefanten, Rädern und Pferden, die die Eingangstreppe zur Portikus mit Hypostylos schmücken. Der variantenreiche Dekor der Säulen reicht von archaischen Motiven, wie den Vyalasockeln der Pallavas, bis hin zu dem innovativen Bekrönen der Statuen in den Nischen mit Miniaturgebäuden. Der Cella ist ein Vestibül vorgebaut, das über seitliche Treppen zugänglich ist und von einer fünfstöckigen Pyramide überdacht wird, die jener in Gangaikondacholapuram ähnelt, aber in ihrer Erscheinung durch die achteckigen und runden Miniaturpavillons weniger eckig wirkt.

Die Ebene rund um den *vimana* besteht aus Granitplatten und die gesamte Ausstattung weist darauf hin, dass sich in diesem Bereich früher Wasser befand. Auf den runden Sockeln standen möglicherweise Lampen und man kann sich gut den beleuchteten *vimana* vorstellen, der sich aus dem

280 oben Der shivaitische Airavateswar-Tempel in Darasuram datiert aus dem 12. Jahrhundert und enthält ghora, *die schrecklichen Formen des Gottes, wie zum Beispiel die Kobras, die sich um die Beine Shivas winden.*

280 unten links Yali ist teils Ziege, teils Löwe und teils Elefant. Diese Darstellung befindet sich am Portikus des Airavateswar-Tempels und ist vermutlich eine Weiterentwicklung des Vyala. Die Qualitäten, die man den verschiedenen Tieren zuschrieb, wurden für den Schutz und den Erhalt des Tempels als notwendig erachtet.

280 unten rechts Shiva ist an Pfeil und Bogen, Schwert, Schild und an seinen Haaren zu erkennen, die wie Flammen um seinen Kopf stehen. In dieser Tempelnische erscheint er als Bhairava, „der Schreckliche“, in lalitasana, *in freundlicher Haltung.*

280–281 Der Airavateswar-Tempel entstand in der späten Chola-Zeit und zeigt einige Neuerungen am vimana, *wie zum Beispiel die oktagonalen und runden Pavillons, die das Profil der Pyramide entschärfen. Das Dach des Vestibüls und der* mahamandapa *tragen zu einer harmonischen Ausgewogenheit im Gesamteindruck des Tempels bei.*

281 *Pferd und Rad am Sockel neben den Treppen des Portikus des Airavateswar-Tempels beziehen sich auf* ratha, *den „Wagen der Götter". Zum Tempelzeremoniell gehörte auch eine Prozession der Götterbilder außerhalb des heiligen Bezirks auf speziellen, kunstvoll ausgestatteten Holzwagen.*

Wasser erhob wie der kosmische Berg Meru, der Wohnsitz der Götter, umgeben von Feuer im Mittelpunkt des primordialen Ozeans. Die Kreuzgänge rund um den Hof wurden zu einer *mandapa* vergrößert, in der Tänze und Zeremonien abgehalten wurden. Der Pavillon im Osten war vielleicht eine Opferhalle mit Abbildern des Königs und seiner Gemahlin. Der Pavillon im Westen enthält eine bemerkenswerte Statue von Shiva, der die Frauen der Asketen im Darukavana-Wald bezaubert. Die Dekoration zeigt überwiegend Tänzerinnen und Musikanten als Hinweis darauf, dass der Tempel den himmlischen Pavillon darstellt, wo zum Gefallen der Götter und Könige *nityavinoda* (ewiges Vergnügen) herrscht.

In Darasuram befindet sich auch der elegante Amman-Tempel, der in derselben Epoche erbaut wurde wie der Airavateswar-Tempel. Er war Devi geweiht, der göttlichen Gemahlin Shivas.

Von religiöser Inbrunst erfüllt und in Hingabe an den Gott Adavallan (der tanzende Shiva) bauten die Cholas bereits existieren-

282 Ein Vyala mit Blumengirlanden. Der Schal, den die zwischen die Säulen gemalte Figur trägt, entwickelte sich später zum traditionellen Sari.

283 links Zum täglichen Ritual gehörte das Benetzen des heiligen Bildes in der Cella, daher ist dort immer ein Abfluss (pranala) *vorhanden. Hier hat er das Aussehen eines Genius, typisch ist jedoch das Gesicht eines Tieres.*

283 oben rechts Die Säulen des Airavateswar-Tempels in Darasuram gehören zu den schönsten Beispielen der Architektur der Cholas. Der Schaft links zeigt das citrakhanda*-Design, bei dem Würfel mit Tänzerinnen und floralen Voluten sich mit acht- und sechzehnseitigen Trommeln abwechseln. Die Säule rechts ist mit Reproduktionen der Götternischen verziert.*

283 unten rechts Das Lingodbhavamurti ist das Abbild Shivas, das sich im Linga zeigt. In diesem Fall befindet es sich in einer Wandnische. Dargestellt ist die Verherrlichung der Manifestation einer Feuersäule, deren Ende Brahma und Vishnu (rechts und links von Shiva zu sehen) vergeblich gesucht hatten.

de Tempel um oder fügten Anbauten hinzu. So geschah es zum Beispiel in Chidambaram, der alten und berühmten Gebetsstätte, auch bekannt unter dem Namen Tillai, wo Shiva den kosmischen Tanz *(Tandava)* vollführte. Seinen komplexen Grundriss verdankt der Tempel den Anbauten, die über Jahrhunderte hinweg kontinuierlich angefügt wurden. Vier Einfriedungsmauern aus massiven Steinblöcken säumen große mit Granit gepflasterte Innenhöfe, um die sich sakrale Gebäude gruppieren, aber auch Wohnhäuser, Dienstbereiche und andere Einrichtungen, die zur Aufrechterhaltung einer Götterstadt nötig sind. Die vier *gopura* in der zweiten Einfriedungsmauer sind besonders schön. Das nach Westen ausgerichtete ist am ältesten (vermutlich 12. Jahrhundert) und zeigt als Dekor die 108 traditionellen Posen des heiligen Tanzes, die im „Natyashastra" erwähnt werden. Innerhalb der Einfriedung befindet sich unter anderem der Subrahmanya-Tempel, der im 11.–12. Jahrhundert dem Kriegersohn Shivas geweiht war, sowie der „Raum der hundert Säulen" aus dem 12. Jahrhundert. Der Shivakami-Amman-Tempel (13.–14. Jahrhundert) besteht aus einem Portikus, einer *mandapa* und einer Cella. Er ist Amman (der Großen Göttin) geweiht, die „die Liebe Shivas" ist.

Kulottunga II. (1133–1150) und Kulottunga III. (1178–1218) wird die dritte Einfriedung zugeschrieben. Sie umgibt den Tanzsaal *(nrittasabha)* in Form eines Tempelwagens, der von Pferden gezogen wird. Neben dem Shivaganga-Teich – der heilig ist, weil dort der Tillai *banyan* wächst, der *Ficus indica*, neben dem Shiva seinen Tanz aufgeführt haben soll – steht die Rajasabha-*mandapa* mit 1000 verschieden gestalteten Säulen aus unterschiedlichen Epochen.

Die heiligsten und ältesten Gebäude befinden sich innerhalb der vierten und innersten Einfriedung: das Heiligtum des Shiva Nataraja besteht aus zwei ähnlichen Bauwerken, genannt *citsabha* und *kanakasabha*, die über goldene Dächer miteinander verbunden sind (vermutlich von König Parantaka im 10. Jahrhundert gestiftet). Der erste Tempel ist der sichtbaren Form des Gottes geweiht und enthält verschiedene Statuen, darunter Nataraja, seine Frau Shivakamasundari („die Schöne, die Shivas Liebe ist"), eine Smaragdstatue Shivas und ein kristallenes Linga. Der zweite Tempel ist der unsichtbaren Form des Gottes geweiht, der durch das *akashalinga* repräsentiert wird, das Linga aus dem ätherischen Raum. Nur Priester dürfen diesen leeren Raum betreten, der auch als *Chidambaram-Rahasya* („Geheimnis von Chidambaram") bekannt ist, jener mystische Ort, der mit der Höhle im Herzen des Gläubigen assoziiert wird. Wenn das Bewusstsein im ätherischen Raum wohnt, wird die Erlösung bringende Vision des Herrn erscheinen, der den ewigen kosmischen Tanz vollführt, den frenetischen *Tandava.*

285 Der Komplex von Chidambaram ist eine göttliche Stadt mit vielen Gebäuden. Eines der bedeutendsten ist der Tempel der Shivakamasundari („die Schöne, die Shivas Liebe ist"). Es handelt sich dabei um Parvati, Shivas Gattin. Ebenso wie die Königin ihre Räume im königlichen Palast bewohnte, besaß die göttliche Gemahlin ihre eigene Cella und ihre eigene mandapa *im Tempel, deren prächtige Säulen auf diesem Foto zu sehen sind.*

284 oben links Der Chidambaram-Tempel ist Shiva als Herrn des Tanzes geweiht. Das westliche gopura *zeigt die 108 traditionellen Posen der Tänze, die von den* devadasi *(„Dienerinnen des Gottes") dargebracht wurden.*

284 oben rechts Die Tänzerin auf einem der Reliefs des gopura *ist in der Pose* sampada *dargestellt, im perfekten Gleichgewicht. Die Füße berühren den Boden und die Tänzerin hat ihre Bewegungen entweder noch nicht begonnen oder gerade beendet.*

284 unten Die Hauptnische (auf dem Foto links) zeigt Vishnu auf den Schultern seines Reittieres Garuda. Rechts ist die Große Göttin ungewöhnlicherweise mit dem kucabandha *zu sehen, einem Band, das die Brust stützt.*

Abhayamudra: Geste, die den Betrachter auffordert, ohne Angst näher zu kommen.
Abhinaya: Ausdruckstanz.
Adhishthana: Basis, Plattform.
Akasha: ätherischer Raum.
Akashalinga: Linga aus dem ätherischem Raum.
Alamkara: Ornament.
Alasakanya: Sich zurücklehnendes Mädchen, erotische weibliche Figur als Ornament an Tempelfassaden.
Amalaka: Abschlusselement in Form eines runden Kissens oder einer Stachelbeere am Dach nordindischer Tempel.
Amla: siehe Amalaka.
Amman: südindischer Tempel, der der Großen Göttin geweiht ist.
Anda: Ei, mittlerer Teil eines runden Stupas.
Angashikhara: kleiner Tempelturm, Schmuckelement am Shikhara.
Anjali: Gruß mit gefalteten Händen.
Anjana: Kosmetisches Mittel zum Schwärzen der Augenlider.
Antarala: Halle zwischen der Mandapa und dem Tempelsanktuarium.
Ardhamandapa: Portikus.
Artha: Reichtum und in gewisser Weise Macht; siehe Trivarga.
Ashtadikapala: die acht Wächter der Himmelsrichtungen.
Ashvamedha: Pferdeopfer.
Ashvatta: Bodhi-Baum *(Ficus religiosa).*
Asura: Dämon, finstere Macht.
Atman: Seele, Geist.
Avaranadevata: untergeordnete Gottheit.
Avatar: irdische Manifestation einer Gottheit.
Avidya: Ignoranz, Unwissenheit.

Banyan: Baumart.
Bara: Teil der Tempelmauern in Orissa.
Beki: kleiner Hals, auf dem der Amalaka ruht.
Betta: Jainistische Tempel.
Bhadra: zentraler Vorsprung.
Bhakti: mystische Hingabe.
Bhaktimarga: Pfad der mystischen Hingabe, der zur Erlösung führt.
Bhogamandapa: Opferhalle.
Bhogya: alles, was Freude macht, oder das Universum als Ebene der Freude.
Bhokta: der, der sich freut, oder der seine Neugier befriedigt.
Bhumi: horizontale Oberfläche des Rekha.
Bhumija: Shikhara-Typ.
Bhumisparshamudra: Geste, die die Erde als Zeugin anruft.
Bhuta: Geist.
Bijapuraka: Turm in Form einer Zitrone.
Bindu: Jener Punkt, aus dem alles entspringt und an dem alles endet.
Bodhi: Erleuchtung.
Bodhisattva: Erleuchteter, der den Schritt zum Eingang ins Nirvana hinauszögert, um anderen Menschen zu helfen.
Bombax: Tropischer Baum.
Brahma: Schöpfergott.
Brahmacari: Jünger des Brahma, Student oder die erste Stufe des Lebens als Hindu.
Brahman: das immer währende Absolute.
Brahmane: Angehöriger der Priesterkaste, des höchsten Standes der Hindu.
Brahmarandhra: Öffnung oben am Kopf.
Brahmi-Schrift: Schrift aus dem 9. Jahrhundert v. Chr., die vielleicht vom Phönizischen abgeleitet wurde.

Caityagriha: Caitya-Halle, buddhistische Gebetsstätte mit Apsiden.
Candrika: Element in Form einer umgedrehten Schüssel an der Spitze von Tempeln.
Cankrama: Ort in Bodh Gaya, der durch die Fußtritte Buddhas geheiligt ist.
Chakra: Rad, Kreis, Scheibe.
Chakravarti: derjenige, der das Rad kontrolliert, Weltherrscher.
Chandrashila: sichelförmige Treppe an der Schwelle einer Cella.
Chattravali: Abschlussstab an einem Stupa mit einem oder mehreren Ehrenschirmen.
Chaturmukha: Tempel mit Cella, die auf allen vier Seiten offen ist.
Cintamani: Wunschedelstein.
Citrakandha: Säulenart mit würfelförmigen Einlagen.
Cyprea moneta: Kaurimuschel.

Damaru: sanduhrförmige Trommel, ein Symbol Shivas.
Dandaniti: Herrschen durch den Stock, absolute Monarchie.
Dasa/Dasyu: Völker der Harappakultur.
Deul: Tempel in Orissa.
Deva: Macht des Lichtes (als Gegensatz zur Finsternis); ein Gott.
Devadasi: Dienerinnen des Gottes, heilige Tänzerinnen.
Devakoshta: Nische der Götter.
Dharma: Kosmische Ordnung in der hinduistischen Welt. Bei den Buddhisten die Lehre Buddhas.
Dharmachakra: Das Rad der buddhistischen Doktrin.
Dharmachakramudra: Geste des dharmischen Rades, eine Handstellung, die Bezug nimmt auf die erste Predigt Buddhas.
Dhyanamudra: Meditationshaltung.
Digambara: jainistischer Asket, der keine Kleidung trägt.
Dikapala: Schutzgottheit der Himmelsrichtungen
Dinara: Goldmünze im Wert von 38 Pana oder 16 Silbermünzen.
Dolmen: Megalithisches Bauwerk aus zwei vertikalen und einem horizontalen Stein.
Dvaja: Standarte.
Dvajastambha: Standartenhalterung.
Dvarapala: Türwächter an Hindutempeln.
Dvarashala: rechteckiger Raum mit Tonnendach.
Dvija: „Zweimal geboren"; gilt nur für Männer der obersten Kasten.

Ekagrata: höchste Konzentration.

Gaja: Elefant.
Gala: Hals und architektonisches Element.
Gambhira: die Cella in einem Tempel.
Gandi: Dachteil an den Tempeln in Orissa.
Garbhadana: Eines der Gründungsrituale beim Bau eines Tempels.
Garbhagriha: „Kammer des Embryos"; Leib, Allerheiligstes des Tempels.
Garuda: halb Vogel, halb Mensch; Reittier Vishnus.
Gavaksha: Dekoration in Form von stilisierten Dachfenstern.
Ghanadvara: massive falsche Tür.
Ghanta: glockenförmige Dekoration.
Ghatapallava: Ornament in Form eines Gefäßes mit Blättern.
Ghi: geklärte Butter.
Ghora: Schreckliche Formen eines Gottes.
Gopis: die in Krishna verliebten Schäferinnen.
Gopura: monumentales Bauwerk über dem Eingang zum Tempelbereich.
Grihastha: Hausherr, zweite Stufe im Leben eines männlichen Hindu.
Griva: Hals und architektonisches Element.
Gudha: „bedeckt", bezieht sich auf die Mandapa.
Guna: die drei Qualitäten, die die Prakriti repräsentieren: Sattva, der Schöpfer dessen, was stabil, leuchtend, rein und erfreulich ist, Rajas, die Ursache für das, was dynamisch, leidenschaftlich und leidvoll ist und Tamas, die Wurzel dessen was inert, langsam oder düster ist.
Guru: religiöser Lehrer.

Hamsa: Gans; Reittier Brahmas.
Harmika: Reliquienschrein; quadratischer Aufsatz auf dem Dach des Stupas.

Jagamohana: Pavillon der Gläubigen, die Mandapa in den Tempeln von Orissa.
Jana: Volksstamm.
Janapada: Territorium, das von einem Volksstamm besiedelt wird.
Jiva: inkarnierte Seele.
Jnanamarga: Pfad der Erkenntnis, der zur Erlösung führt.

Kalasha: Wassergefäß; Ornament.
Kalpavalli: mythologische Schlingpflanze, die Wünsche erfüllt.
Kama: Freude, Vergnügen, Liebe.
Kanda: heiliger Teich.
Kanya: Mädchen; verführerische Figur als Ornament.
Kapok: Füllmaterial aus den Früchten des Kapokbaums.
Kapota: Formplatten in traufenartiger Form.
Karma: Tat, Grund und Auswirkung menschlicher Handlungen, gebunden an Samsara, die Wiederkehr der Existenz.
Karmamarga: ritueller Pfad, der zur Erlösung führt.
Karnaka: Säulenplatten in Form von Eiern und Leisten.
Kelasa: Kristall.
Khakhara: längliche Überdachung der Tempel in Orissa in Form einer halbierten Gurke.
Khapuri: sphärische Hülle für das Kalasha.
Kharoshti-Schrift: Schrift des 6. Jahrhunderts v. Chr., aus dem Aramäischen entstanden.
Khatvanga: Stab mit einem Schädel am oberen Ende.
Khura: Formplatte mit runder Plinthe.
Kinnara: Fabelwesen, halb Pferd, halb Mensch.
Kirtimukha: Synonym für Makara; Dämonengesicht.
Kona: Ecke.
Kshatrapa: Satrap, Provinzgouverneur im persischen Reich.
Kshatriya: Angehöriger der Kriegerkaste, des zweithöchsten Standes der Hindu.
Kucabandha: Band, das die Brust stützt.
Kudu: Hufeisenbogen.
Kumbha: Element in Form eines Gefäßes; siehe Kalasha.
Kumbhapanjara: Gefäß, aus dem eine Säule wächst, deren Kapitell die Form eines stilisierten Pavillons aufweist.
Kumuda: konvexe, halbrunde Formplatte.

Lakshana: charakteristisches Merkmal.
Lakula: Stab.
Lalitasana: Position, die Vergnügen bringt.
Lasya: Parvatis Tanz.
Lata: Kletterpflanze.
Latina: Shikhara-Typ.
Lila: nie endendes Spiel der Götter, bei dem das Universum abwechselnd eingesaugt und ausgespuckt wird.
Linga(m): Phallussymbol, das den Gott Shiva verkörpert.
Lingayoni: Vereinigung von Linga und Yoni, Symbol der Einheit, demonstriert durch Mann und Frau, Gott und Göttin.
Logos: das heilige Wort.
Lokapala: siehe Dikapala.

Mahajanapada: Territorien, die von einem Stamm kontrolliert werden; Königtümer.
Mahamandapa: große Mandapa.
Mahamatra: Funktionäre des Maurya-Reiches.
Mahari: heilige Tänzerinnen in Orissa.
Maithuna: rituelle sexuelle Vereinigung.
Makara: mythologisches Seeungeheuer.
Mala: Girlande; Rosenkranz.
Mandala: symbolisches Muster, in dem sich die Ordnung der Seele und des Kosmos spiegelt.
Mandapa: Raum mit Hypostylos oder Pavillon.
Manjari: andere Bezeichnung für Shikhara.
Mastaka: oberer Teil der Tempel in Orissa.
Maya: Illusion, kosmische Relativität.
Mayura: Pfau.
Medhi: Basis eines Stupa.
Mekhala: dekorativer Gürtel.
Mithuna: Liebespaar.
Moksha: endgültige Befreiung vom Kreislauf der Wiedergeburt, oberstes Ziel eines Hindu.
Mridanga: Trommel.
Mudra: magisch-symbolische Handstellung.
Mukhamandapa: Portikus.
Mukhashala: siehe Jagamohana.
Mulaprakriti: primordiale Natur.
Murti: Bildnis des Gottes.

Nada: Vibration, Erzittern des Universums.
Naga: halb Mensch, halb Schlange.
Nagakala: Votivstele, die Schlangen geweiht ist.
Nagara: Architekturstil aus Nordindien.
Nagini: Gefährtin des Naga.
Nandi: Stier; Reittier Shivas.
Natamandira: Tanzpavillon.
Navagraha: neun Planeten: Sonne, Mond, Merkur, Venus, Mars, Jupiter, Saturn, Rahu und Ketu.
Navaranga: in neun Quadrate aufgeteiltes Mandapa.
Navaratha: Tempel mit neun Vorsprüngen.
Navaratna: neun Juwelen.
Nayika: Heldin der romantischen Literatur.
Nigoda: Mikroorganismen.
Nirvana: Ende des leidvollen Kreislaufs der Wiedergeburt, Zustand völliger Ruhe.
Nityavinoda: ewiges Vergnügen.
Nritta: reiner Tanz.

Pada: Quadrate des Gitters des Vastupurushamandala.
Padma: Lotosblüte.
Padmasana: der Lotossitz.
Padmashirsha: siehe Chandrika.
Paga: Tempelvorsprung, auch Raha genannt.
Pana: Silbermünze mit einem Gewicht von 12 g.
Pancaratha: Tempel mit fünf Vorsprüngen.
Pancayatana: Tempel mit fünf Gebäuden, eines in der Mitte, die anderen an den Ecken.
Pandit: Gelehrter.
Panjara: Gittermuster als Grundlage gemalter Bilder.
Parivara: Diener.
Parshvadevata: prinzipielle Inkarnationen eines Gottes.
Pasha: Schlinge.
Pattika: Trommel, die Shikhara und Amalaka verbindet; auch Vorsprung an einem Gebäude.
Pipal: siehe Ashvatta.
Pirha: pyramidenförmige Platten über dem Jagamohana.
Pirha-Deul: Teil der Tempel in Orissa, der den Jagamohana mit einschließt.
Pitha /Pishta: Sockel.
Pradakshina: rituelles Umrunden eines religiösen Objektes im Uhrzeigersinn.
Pradakshinapatha: Wandelgang.
Prajna: perfekte, intuitive Weisheit, verkörpert in einer Göttin.
Prakara: Einfriedung.
Prakasha: Licht oder das Erste Prinzip.
Prakriti: Natur, ewige primordiale Energie; nicht spirituelle, unbewusste und dynamische Energie, aus der das Universum entsteht.
Pralambapadasana: Sitzhaltung mit den Füßen am Boden (westliche Sitzhaltung).
Prana: Odem, der Mikro- und Makrokosmos Leben einhaucht.
Pranala: Abfluss.
Prasada: mehrstöckiges Bauwerk, Hauptgebäude eines Tempels oder eines Palastes; auch heilige Speise.
Puga: Brot mit Arekanüssen.
Puja: Anbetung.
Purnaghata/Purnakalasha: Gefäß des Überflusses.
Purohita: königlicher Geistlicher.

Raga: musikalischer Ton, männliche Melodie.

Ragini: weibliche Melodie.
Raha: zentraler Paga, häufig mit riesigen Nischen verziert, die Statuen enthalten.
Rahasya: Geheimnis.
Raja: Herrscher.
Rajamandala: Kreis der Könige.
Rajas: siehe Guna.
Rangamandapa: Hauptmandapa in jainistischen Tempeln.
Ranj: Farbe.
Rasa: Saft, Quintessenz des ästhetischen Gefühls.
Ratha: hölzerner Tempelwagen, auf dem die Götterstatuen während einer Prozession präsentiert wurden.
Ratnamuda: Anzahl leerer Räume mit flachen Dächern, die das Gewicht des Rekha tragen.
Raudra: wütend, zornig.
Rekha: in Orissa die Cella des Tempels und der Dachaufbau darüber – auch Rekha-Deul genannt.

Sabha: Versammlung.
Sabhamandapa: offener Pavillon für Versammlungen.
Sadhana: spirituelle Disziplin.
Samanta: Barone, lokale Herrscher, die Tribut an den König zahlen.
Samantachakra: Kreis aus feudalistischen Baronen.
Samapada: Position, bei der das Körpergewicht gleichmäßig auf beide Füße verteilt ist.
Samsara: Rückkehr in die Existenz in verschiedenen Gestalten.
Sandhara: Tempel mit Wandelgang.
Sandhya: die Zeit zwischen Licht und Finsternis.
Sangha: Klostergemeinschaft.
Sangharama: Ort, an dem Mönche leben; siehe Vihara.
Sanyasi: reisender Asket, vierte Stufe im Leben eines männlichen Hindu.
Saptaratha: Tempel mit sieben Vorsprüngen.
Sari: traditionelles Kleidungsstück indischer Frauen seit dem 18. Jahrhundert.
Sati-Ritual: Ritual, bei dem sich die tugendhafte Ehefrau auf dem Scheiterhaufen ihres toten Gemahls selbst verbrennt.
Sattva: siehe Guna.
Sekhari: Shikhara-Typ.
Senapati: Armeegeneral
Shakti: weibliche göttliche Energie, die Große Göttin.
Shardula: mythologischer Löwe.
Shastra: traditionelle Texte.
Shikha: Haarknoten am Oberkopf.
Shikhara: Tempelturm nordindischer Heiligtümer.
Shloka: Metrik der epischen Dichtung.
Shreni: Berufsgilde.
Shudra: Diener, Angehöriger der vierten Kaste der Hindu.
Shukanasa: Vorsprung am Shikhara, der zur Mandapa ausgerichtet ist.
Shvetambara: jainistischer Asket, der weiße Kleidung trägt.
Simha: Löwe.
Sitar: Saiteninstrument.
Skambha: kosmische Säule, Stütze des Universums.
Skandha: Schulter und architektonisches Element.
Soma: Getränk, das Halluzinationen hervorruft.
Stambha: Säule.
Stupa: glockenförmiges Reliquiar, das sich aus Grabhügeln entwickelte, später auch ein kosmisches Symbol.
Surasundari: göttliches Mädchen, Expertin der Liebe.
Sutradhara: Architekt.
Svayamvara: Ritterturnier, das abgehalten wurde, um die Hand einer Prinzessin zu erhalten.
Swastika: Symbol der Expansion des Ersten Prinzips in Zeit und Raum.

Tala: Maßeinheit für Statuen; musikalischer Takt.
Tamas: siehe Guna.
Tambula: siehe Puga.
Tandava: Shivas Tanz, der die Auflösung des Universums darstellt.
Tilaka: rotes Stirnmal.
Tirtha: Furt.
Tirthankara: „Furtbereiter"; einer der 24 Propheten des Jainismus.
Torana: Monumentales Portal.
Tribhanga: S-förmige Krümmung einer Figur.
Trikuta: dreifaches Sanktuarium.
Trimurti: göttliche Dreifaltigkeit im Hinduismus. Der Gott als Schöpfer, Bewahrer und Zerstörer des Universums, in den Figuren Brahma, Vishnu und Shiva.
Triratha: Tempel mit drei Vorbauten.
Triratna: „dreifaches Juwel"; Buddha, seine Lehre und die Mönchsgemeinschaft.
Trivarga: die drei Ziele der menschlichen Existenz: Dharma (Ethik), Artha (Reichtum), Kama (Vergnügen).
Trivikrama: drei Stufen.
Tschakra: Schleuderwaffe des Gottes Vishnu.
Tung: Öl des chinesischen Baumes *Aleurites fordii.*

Udgama: Ziergiebel mit Blendbogen.
Ugra: schrecklich, gefährlich.
Upanayana: Initiations-Zeremonie.
Upaya: der „richtige Weg".
Uramanjari: siehe Urashringa.
Urashringa: kleiner Shikhara.
Urna: Haarlocke oder Falte zwischen Buddhas Augenbrauen.
Ushnisha: Erhebung auf Buddhas Kopf.

Vahana: Reittiere der hinduistischen Götter
Vaishya: Händler, Angehöriger der dritten Kaste der Hindu.
Vajra: Diamantzepter, das Symbol der Erkenntnis und der Wahrheit.
Vajralepa: ein harter Lack, der aus dem Saft eines Baumes gewonnen wird.
Vajrashila: Stein, Diamantsitz, auf dem Buddha die Erleuchtung gewann.
Vamana: Inkarnation Vishnus als Zwerg, der mit drei Schritten Luft und Himmel zurückeroberte, die der Dämon Bali gestohlen hatte.
Vanaprastha: Eremit, dritte Stufe im Leben eines männlichen Hindu.
Varadamudra: die Geste des Schenkens.
Varaha: Eber; Herabkunft Vishnus.
Varna: Farbe, Kaste.
Vastupurushamandala: Gittermuster als Grundriss eines Tempels.
Vedika: Einfriedung, Balustrade.
Vesara: hybrider Architekturstil.
Vidhyadevi: Überbringer der Weisheit.
Vihara: Kloster.
Vimana: pyramidenförmiger Dachaufbau mit Terrassen über der Cella in Südindien.
Vimarsha: Reflektion des Göttlichen, zum Beispiel die Welt.
Vina: Saiteninstrument.
Vitarkamudra: die Geste des Lehrens.
Vyala: mythologisches Raubtier.

Yajnopavita: geweihtes Band, das von den Männern der drei ersten Kasten getragen wird.
Yaksha: männlicher Baumgeist.
Yakshi: Baumnymphe.
Yali: Fabelwesen mit Rüssel.
Yantra: symbolisches, geometrisches Diagramm.
Yashti: Indras Fahne.
Yavana: Bezeichnung für Ausländer, hauptsächlich für Griechen.
Yoni: weibliches Geschlecht; Symbol der Großen Göttin.
Yupa: Scheiterhaufen für Opferungen.

Register

Kursive Zahlen weisen auf Bildunterschriften hin.
Fettgedruckte Zahlen beziehen sich auf Haupteinträge.

FOTONACHWEIS

ANTONIO ATTINI/ARCHIVIO WHITE STAR: Seiten 69 rechts, 93, 112 oben, 116, 252 oben links, 252 oben rechts, 252–253, 253 oben, 253 Mitte, 253 unten, 254 oben, 254 unten, 254–255, 255 oben, 255 unten, 256 oben, 256 unten, 256–257, 257 oben, 257 unten, 258 oben, 258 unten, 258–259, 260 oben, 260 unten links, 260 unten rechts, 260–261, 261, 262–263, 263 unten, 264, 265 Mitte unten, 265 unten, 266, 268–269 (Fotocolor), 270 oben, 270 unten, 271, 272 oben, 272 unten, 272–273, 273 oben, 273 unten, 275 unten links, 275 unten rechts, 276 oben, 276 Mitte, 276 unten, 277, 282, 283 links, 283 oben rechts, 283 unten rechts, 284 oben links, 284 oben rechts, 284 unten, 285.

MARCELLO BERTINETTI/ARCHIVIO WHITE STAR: Seiten 66 links, 66 oben, 67 oben, 73 unten , 86–87, 94 oben links, 95 oben, 95 unten, 105 links, 117 oben, 120–121, 138 oben, 146 oben links, 148 unten, 149, 222 oben links, 222 oben rechts, 222–223, 223 oben, 223 unten, 228 oben links, 229 oben, 230–231, 232–233, 236 oben rechts, 262 oben, 265 oben Mitte, 265 oben, 267, 269 oben rechts, 274 oben, 274 unten, 274–275, 280 oben, 280 Mitte, 280 unten, 280–281, 281 unten.

MASSIMO BORCHI/ARCHIVIO WHITE STAR: Seiten 1 oben, 2–3, 6, 9 oben, 14–15, 15 rechts, 40 oben rechts, 40 links, 50, 52–55, 56–57, 63 links, 65 unten, 67 unten, 72 links, 72 rechts, 73 oben, 74 unten, 74–75, 76, 78 unten, 81 links, 82 oben, 88 oben, 88–89, 92 rechts, 94 oben rechts, 94 unten, 98, 102 unten, 104, 107 unten, 108 links, 114 unten, 117 unten, 119, 126–127, 128 links, 129, 135, 138–139, 139 oben, 139 Mitte, 140, 142 oben, 142 Mitte, 142 unten, 143 links, 143 rechts, 144 oben, 144 unten, 144–145, 145 unten rechts, 146–147, 147 oben, 147 unten, 148–149, 150 oben links, 150 unten, 150–151, 151 oben, 151 unten, 152 oben links, 152 oben rechts, 152–153, 153 oben, 153 unten, 154 oben links, 154 oben rechts, 154–155 oben, 154–155 unten, 155 oben rechts, 155 unten, 156 links, 156 oben rechts, 156–157, 157 unten, 158, 158–159, 159, 160 oben, 160 Mitte, 160 unten, 161, 162 oben, 162 unten, 162–163, 163 Mitte, 163 unten, 178 oben, 178–179, 179 oben, 179 unten, 182 oben, 182 Mitte, 182 unten links, 182 unten rechts, 183, 186, 186–187, 187, 188 oben, 188 Mitte, 188 unten, 188–189, 189 oben, 190 oben rechts, 190 unten, 190–191, 191 oben, 191 unten, 192 unten, 192–193, 193 oben links, 193 unten, 194 oben, 194 Mitte, 195 unten, 196 links, 196 rechts, 196–197, 197 oben links, 197 oben Mitte, 197 oben rechts, 198 unten, 198–199, 199 oben, 199 Mitte, 199 unten, 200 oben, 200 unten, 200–201, 201 oben, 201 unten, 202 links, 202–203, 203 oben, 203 unten links, 203 unten rechts, 204 oben rechts, 205 unten links, 205 unten rechts, 206 unten, 206–207, 207 oben, 207 unten, 208 oben, 208 unten, 208–209, 209 unten links, 209 unten rechts, 210 unten, 210–211, 211 oben, 211 unten links, 211 unten rechts, 212 unten, 212–213 (2 Fotocolor), 213 oben links, 213 oben rechts, 214 links, 214 Mitte, 214 oben rechts, 214 Mitte rechts, 214 unten rechts, 215, 216 unten, 216–217, 217 oben, 217 Mitte links, 217 Mitte rechts, 217 unten, 218 unten, 218–219, 219 oben, 219 unten, 220 oben, 220 unten, 221, 226 oben, 226 Mitte, 226 unten, 226–227, 227 unten, 228 unten links, 228 unten rechts, 228–229, 229 rechts, 229 unten, 230, 231 Mitte, 231 unten, 232 links, 233 oben, 233 unten links, 233 unten rechts, 234–235, 235 links, 235 rechts, 236 links, 236 unten rechts, 237.

LIVIO BOURBON/ARCHIVIO WHITE STAR: Seiten 4–5, 13, 86 oben, 106–107, 107 oben, 123 links, 123 rechts, 124–125, 128 oben, 130 oben, 130–131, 131 oben links, 131 oben rechts, 131 unten links, 131 unten rechts, 132–133, 133 oben, 133 Mitte links, 134, 139 unten, 141, 145 unten links, 164 oben, 164 oben Mitte, 164 Mitte unten, 164 unten, 165, 166–167 oben, 166–167 unten, 167 oben, 167 unten links, 167 unten rechts, 168 oben, 168 unten, 168–169, 169 unten, 170 oben, 170 unten, 170–171, 171 oben, 171 unten, 172 oben links, 172 unten links, 172 oben rechts, 172 unten rechts, 173, 174 oben, 174 Mitte, 174 unten, 174–175, 175 unten, 176 oben, 176 Mitte, 176 unten, 176–177, 177 unten, 238 oben, 238 unten, 238–239, 239 oben, 239 unten, 240, 241 oben, 241 Mitte links, 241 Mitte rechts, 241 unten, 242 unten, 242–243, 243 oben, 243 Mitte, 243 unten, 244 oben links, 244 oben rechts, 244 Mitte, 244 unten, 245, 246 oben, 246 unten, 246–247, 247 unten, 248 oben, 248–249, 249 links, 249 oben rechts, 249 unten rechts, 250 oben, 250 Mitte, 250 unten, 250–251, 251 unten links, 251 unten rechts.

ARNAUDET/Réunion des Musées Nationaux: Seiten 10–11, 99.

ASHMOLEAN MUSEUM, OXFORD: Seiten 41, 65 oben, 79, 80, 83 oben rechts.

GIANNI BALDIZZONE E TIZIANA GERLIN BALDIZZONE: Seite 185.

M. BELLOT/Réunion des Musées Nationaux: Seiten 28, 29.

CRISOBENHE BOISVIEUX: Seiten 68–69, 184 oben, 184 unten.

THE BRIDGEMAN ART LIBRARY: Seiten 16 rechts, 17, 19 oben und unten, 20, 22, 25, 32 links, 33, 58–59, 76–77, 92 unten links, 110, 111 rechts, 112–113, 113 oben rechts.

BRITISH MUSEUM: Seiten 42, 43, 58 oben, 100 oben, 100 unten.

ARALDO DE LUCA: Seite 26.
THOMAS DIX, PHOTO DESIGN: Seiten 194 unten, 194–195, 204 unten, 204–205.

JOHN ESKENAZI LTD (mit großzügiger Erlaubnis): Seiten 44, 45, 47, 49, 60.

SUZANNE HELD: Seiten 133 unten, 133 Mitte rechts, 278 unten, 279 unten.

INDEX/FIRENZE: Seite 48.
INDEX/SUMMERFIELD: Seiten 38, 81 rechts.

CHARLES LENARS: Seiten 18, 21 links, 21 rechts, 23.

ERICH LESSING/CONTRASTO: Seiten 34–35, 35 rechts.

H. LEWANDOWSKI/Réunion des Musées Nationaux: Seiten 8–9, 36, 37, 39, 46, 61, 62, 63 rechts, 85 oben rechts, 102 oben, 102–103, 112 unten, 114 oben, 121.

LOS ANGELES COUNTY MUSEUM OF ART:
Seiten 70 links, 84–85, 105 rechts.

ENRICO MARTINO: Seite 77 oben rechts.

T. OLLIVIER/Réunion des Musées Nationaux: Seiten 96 oben, 96 unten, 97, 109.

PHOTOBANK: Seiten 34 oben, 278–279, 279 oben.

RENZO FRESCHI ORIENTAL ART: Seiten 1 unten, 16 unten links, 27 oben, 27 unten, 64, 83 unten, 83 Mitte, 87 oben, 111 links, 114–115.

Réunion des Musées Nationaux: Seite 31.

VICTORIA AND ALBERT MUSEUM: Seiten 6–7, 30, 32 oben rechts, 32 unten rechts, 58 unten links, 78 oben, 82 unten, 101, 108 rechts.

296 Je nach Kulturkreis, in dem sie geschaffen wurde, steht die Figur des Löwen in der indischen Kunst mit Königlichkeit, aber auch mit Gottheiten wie Vishnu, Durga und Parvati in Verbindung. Außerdem gilt sie als Metapher für das Lehren der buddhistischen Doktrin. Dieser Löwe steht vor dem Saciyamata-Tempel in Rajasthan (8.–9. Jahrhundert).